廉洁合规：
英国反贿赂治理之道

吴秀尧　编著

Integrity Compliance: UK' Approach to Anti-Bribery Governance

本书聚焦于：

企业廉洁合规治理

英国暂缓起诉协议制度

反商业贿赂、反海外腐败

SPM
南方传媒　广东人民出版社
·广州·

图书在版编目（CIP）数据

廉洁合规：英国反贿赂治理之道 / 吴秀尧编著 . —广州：广东人民出版社，2022.8

ISBN 978-7-218-15859-4

Ⅰ.①廉… Ⅱ.①吴… Ⅲ.①反贪污贿赂—研究—英国 Ⅳ.① D956.14

中国版本图书馆 CIP 数据核字（2022）第 108924 号

LIANJIE HEGUI: YINGGUO FANHUILU ZHILI ZHI DAO

廉洁合规：英国反贿赂治理之道

吴秀尧　编著

版权所有　翻印必究

出　版　人：肖风华

责任编辑：王庆芳　麦永全
责任技编：吴彦斌　周星奎
版式设计：北京诚德贝文化传媒有限公司

出版发行：广东人民出版社
地　　址：广州市越秀区大沙头四马路 10 号（邮政编码：510199）
电　　话：（020）85716809（总编室）
传　　真：（020）83289585
网　　址：http://www.gdpph.com
印　　刷：珠海市豪迈实业有限公司
开　　本：787mm×1092mm　1/16
印　　张：27　　**字　　数**：400 千
版　　次：2022 年 8 月第 1 版
印　　次：2022 年 8 月第 1 次印刷
定　　价：78.00 元

如发现印装质量问题，影响阅读，请与出版社（020-85716849）联系调换。
售书热线：（020）85716863

前　言

　　英国是世界上最早制定反腐败法律的国家。早在 1889 年，英国就出台了该国第一部反腐败制定法——《1889 年公共机构腐败行为法》（Public Bodies Corrupt Practices Act 1889）。时隔 122 年之后，英国在 2010 年通过了世界上第一部专门的反贿赂法，即于当年 4 月 8 日通过并自 2011 年 7 月 1 日起实施的《2010 年反贿赂法》（Bribery Act 2010）。该法是英国百余年来对其反腐败法最彻底的修订。自出台以来，该法饱受赞誉，被认为是"全球反贿赂立法的黄金标准""发展中国家有效遏制域外贿赂的示范性立法""其他国家更新本国立法的标杆"，甚至被视为"英国的宝贵财富"。[1] 事实上，无论在当时，还是在其正式实施 10 年后的今天，该法都堪称世界上最严格的反腐败立法和为反贿赂立法，尤其是反海外贿赂立法设定全球基准的示范性立法。

　　关于什么是腐败（corruption），世界上有 3 种较为流行的定义。一是联合国采用的通常定义，即腐败是"滥用或误用公权牟取私利"（abuse or misuse of public power for private benefit）[2]。二是世界银行采用的狭义定义，即腐败是指"滥用公职牟取私利"（abuse of public office for private gain）[3]。三是透明国际（Transparency International）采用的广义定义，即腐败是指"滥用受委托的权力牟取私利"或"滥用职权牟取私利"（abuse of entrusted power for private gain）。这 3 种定义的区别在于滥用的对象是公权、公职，还是受委托的权力或职权。实际上，前两种定义的含义极为接近，它们与第三种定

---

[1]　See The Bribery Act 2010: Post-legislative Scrutiny, 14 March 2019, p.14.

[2]　See United Nations, Combating Corruption, https://publicadministration.un.org/en/combatingcorruption.

[3]　See The World Bank, Helping Countries Combat Corruption: The Role of the World Bank, September 1997, p.8.

义的区别在于"将滥用的对象缩小到了政府权力或官方公共权力"。[1]一般而言，腐败的表现形式包括贿赂、贪污、挪用公款、影响力交易、滥用职权、资产非法增加、敲诈勒索、权权交易、权钱交易和权色交易、制造或利用利益冲突、徇私舞弊、非法政治献金、裙带关系和保护主义等。其中，贿赂是目前已知最为普遍、对社会危害最大的腐败形式，并在很多情况下被视为对腐败最狭义的解释。质言之，腐败的外延包含贿赂，贿赂是腐败的一种表现形式，因此，反腐败首要的是反贿赂，反贿赂是反腐败的关键组成部分。

在《联合国反腐败政策指引》（UN Guide for Anti-Corruption Policy）中，贿赂被定义为："为了不适当地影响行为或决定而给予利益。它既可以由索贿者发起，也可以由行贿者发起。"[2]与之类似但更为具体地，透明国际将贿赂定义为："提议、许诺、给予、收受或索取利益，作为非法行为、不道德行为或违背信任行为的诱因（inducement）。诱因可以采取的形式包括金钱、礼物、贷款、费用、报酬或其他利益，例如缴税、服务、捐赠、优惠等。"[3]换言之，这些贿赂款项是指金钱或非金钱的不正当利益（undue advantages），它可以是任何有价值之物（anything of value）。[4]但值得注意的是，无论是在国外政府发布的相关法律文件中，还是在国外学者和实务界人士的论述中，贿赂和腐败经常会一起并列使用，而不对两者进行严格区分。而且，在国外一直存在"反贿赂和反腐败"（Anti-bribery and Corruption）的固定搭配，例如"反贿赂和反腐败合规"又简称"ABC合规"。为行文之便，本书在部分章节也不做严格区分。

从分类上看，贿赂可分为主动贿赂和被动贿赂，前者是指行贿，后者是指受贿；实质性贿赂和非实质性贿赂，前者是指行贿和受贿，后者如商业

---

[1] 关于前两种定义的区别及其理论分析，参见Joseph Pozsgai-Alvarez, The Abuse of Entrusted Power for Private Gain: Meaning, Nature and Theoretical Evolution, Crime, Law and Social Change, Vol.74, No.4, 2020, pp.433−455。

[2] See United Nations Office on Drugs and Crime, UN Guide for Anti-Corruption Polices, November 2003, p.29.

[3] See Transparency International UK, Global Anti-Bribery Guidance Best Practice for Companies in the UK and Overseas.

[4] See AfDB and OECD, Anti-Bribery Policy and Compliance Guidance for African Companies, 2016, p.11.

组织未能防止贿赂；公共部门的贿赂、私营部门的贿赂和其他非营利部门的贿赂，其中，公共部门的贿赂又称公职贿赂，私营部门的贿赂又称商业贿赂；自然人实施的贿赂和组织特别是商业组织实施的贿赂，其中，商业组织通常分为法人或非法人组织，在国外也被称作法人或非法人团体（或实体）；国内贿赂和国外贿赂，后者又称域外贿赂或海外贿赂，往往涉及国际或跨国贿赂；贿赂国内公职人员和贿赂外国公职人员；商业组织的对外贿赂（outbound bribery）和对内贿赂（inbound bribery），前者是指员工对外行贿，后者是指内部员工受贿；等等。

英国《2010年反贿赂法》"虽然只有短短20个条款，但其在立法体例上开创了一体化的贿赂犯罪治理立法模式"[1]，全面涵盖了上述所有类型的贿赂，即通过改革其反腐败刑事法律，提供了一个现代化的、统一的、全面的贿赂犯罪化新方案，特别是强调打击商业贿赂和海外贿赂。该法充分反映了英国致力于打击贿赂和腐败的决心，即英国政府"希望随着时间的推移，该法会促使国际社会和各个国家努力摆脱某些部门或市场中可能持续存在的贿赂文化，并有助于确保国际商业交易中的高道德标准"[2]。该法的颁布实施还表明，英国始终希望在反贿赂和反腐败领域处于世界领先地位，并在国际反腐败事务中发挥主导作用。

在该法确立的反贿赂法律框架基础上，英国在其颁布实施后的10年间，不断通过立法、修法和废法，借由立法机关和执法机构发布了一系列与之配套的法律、条例、指引、准则、手册等有关法律文件，并通过开展立法前评估和立法后审查等方式，填补了这一反贿赂法律框架的"七梁八柱"，从而进一步提高了该法的合理性、协调性、完整性、明确性和可操作性，最终建立了该国焕然一新的反贿赂法律制度体系。

英国议会曾在2018年6月指出，《2010年反贿赂法》主要有4个政策目标，包括：（1）实现英国反贿赂法律的统一和现代化；（2）提供一个覆盖全

---

[1]　参见孙敬芳：《英国〈2010年反贿赂法〉内容和特点》，载《中国社会科学报》2020年11月9日第7版。

[2]　See Bribery Act 2010: Joint Prosecution Guidance of the Director of the Serious Fraud Office and the Director of Public Prosecutions, September 2019.

球的、强大而有效的执法工具；（3）促进公司良好治理；（4）确保立法框架与执法机构起诉政策相吻合。[1] 2021 年是《2010 年反贿赂法》实施 10 周年，目前来看，英国不仅已经在很大程度上实现了这 4 个目标，还为其国内和国际层面的反贿赂与反腐败带来了更广泛、更深远的积极影响。2019 年 3 月，英国上议院审查委员会在历时近 1 年对《2010 年反贿赂法》的实施情况进行审查后，发布了名为《〈2010 年反贿赂法〉：立法后审查》（The Bribery Act 2010: Post-legislative Scrutiny）的报告，同年 5 月，英国大法官兼司法大臣向议会提交了一份报告，即《政府对上议院〈2010 年反贿赂法〉特别委员会的回应》（Government Response to the House of Lords Select Committee on the Bribery Act 2010）。通过分析上述两份报告可知，尽管审查委员会提出了一些建议，但除了支持英国建立一个统一的贿赂举报机制外 [2]，政府对这些建议基本持保留态度，并认为没有太大必要来修订该法和改变当前旨在落实该法的许多做法，因此，可以预计该法在未来的较长一段时期内将具有较高的稳定性。

英国的实践表明：

◆ 全面改革一国的反腐败法是难度极大且代价高昂的，可以先从改革反贿赂法着手，率先实现反贿赂法律制度的统一和现代化，尤其是重点打击商业贿赂和海外贿赂，从而促进企业廉洁合规治理、优化营商环境、维护国家安全和国家利益。

◆ 英国反贿赂法改革领导机构在修法之前首先完成了一项重要的工作，就是对美国等国家的有关法律和相关国际公约进行了系统的比较研究和充分借鉴，然后进行理论和制度创新，用时 17 年才完成反贿赂法的现代化改造。我国要重视比较和研究国外有关理论和制度，并根据外部经济社会约束条件和现实情况进行适当的变通或创新。

◆ 完整的反贿赂法律制度体系涉及方方面面，既要有科学合理的核心制

---

[1] See Bribery Act 2010: Post Legislative Scrutiny Memorandum (Cm 9631), June 2018, pp.6–9.

[2] See The Bribery Act 2010: Post-legislative Scrutiny, 14 March 2019; Government Response to the House of Lords Select Committee on the Bribery Act 2010（Cm 96）, May 2019.

度设计及配套实施机制，又要有有效和有效率的执法体系，还要兼顾到与现有制度的衔接和协调等问题，因此可以运用成本效益分析、影响评估等方法开展广泛的立法前和立法后评估。

◆ 反贿赂执法机构和执法权的合理配置是反贿赂法有效实施的重要保障，但有效执法并不等于大量执法，英国《2010 年反贿赂法》的执法实践表明，针对严重或复杂的金融或经济犯罪的谨慎、克制的执法依然可以起到很好的执法效果，达到遏制贿赂和腐败犯罪的目的。这种"示范性执法"理念值得借鉴。

◆ 英国的暂缓起诉协议（Deferred Prosecution Agreement，DPA）制度建立于 2013 年，并在贿赂案件中得到最多应用。我国刑事合规改革试点始于 2020 年 3 月并在 2021 年 4 月扩大试点范围，即我国将进一步超越英国近 10 年的探索，因此要对国外尤其是英国的相关立法和执法实践进行研究，参考其成熟做法，逐步打通每一个关节，最终建立具有中国特色的合规不起诉制度。

◆ 企业反贿赂和反腐败合规，即企业廉洁合规，已经在全世界范围内成为治理贿赂和腐败犯罪的重要手段。我国应当对全球反贿赂和反腐败治理新趋势作出回应，通过对全球反贿赂合规治理的理论与实践进行比较考察和理论分析，确定适合我国的反贿赂治理模式及治理工具，并针对我国国情和既有制度完善我国的反贿赂法律制度体系。

◆ 通过立法、执法和司法等，可以大大推动全社会尤其是政府和企业的廉洁合规治理，提高社会各界对廉洁、合规等理念的理解、重视和遵守，从而有效预防、治理贿赂和腐败，并促进法治及国家治理体系和治理能力的现代化。

一部好的法律，既需要有好的意图，也需要有好的设计，只有这样才能有好的执行。否则，法律只能是"恶法"或"纸上的法律"，根本无法执行或没人遵守。世界银行首席经济学家兼高级副行长、印度著名经济学家考希克·巴苏（Kaushik Basu）曾指出："发展中国家的法律往往效果不好，并非因为意图欠佳（当然，不论是富国还是穷国，有时候都会存在这样的法律），而是法律往往并未得到有效的执行，此外干预政策的不当设计也加剧了问题的严重性。"[1] 而英国《2010年反贿赂法》之所以能够避免成为"恶法"，并迅速从"纸上的法律"变成"行动中的法律"，就是因为有好的意图、好的设计。

好的意图，毋庸赘言。好的设计，如何体现？

为了回答这个宏大的问题，本书将全景式地对英国的反贿赂法律制度体系进行研究。具体而言：

第一部分（第一章至第五章），从立法的角度，全面剖析英国反贿赂法律制度体系，尤其是《2010年反贿赂法》的立法沿革、核心制度设计及配套实施机制；

第二部分（第六章至第九章），从执法的角度，分析《2010年反贿赂法》的执法机构，特别是新型综合执法机构严重欺诈办公室（Serious Fraud Office，SFO），以及该机构自《2010年反贿赂法》实施以来执法的严重或复杂的贿赂案件；

第三部分（第十章），从合规的角度，基于英国反贿赂立法与执法实践总结出英国反贿赂合规实践指引，以供个人和商业组织尤其是大型跨国企业在加强反贿赂和反腐败合规建设时参考。

最后，由衷地感谢所有关心我、支持我、帮助我的家人和师友，感谢广东人民出版社诸位编辑的辛勤付出，感谢所有为本书写作和出版提供过无私帮助的朋友们。特别要感谢我的小天使Coraline，愿你健康快乐成长，有祖国的大好河山等你去饱览，有那么大的世界等你去看看。

受水平所限，书中错误纰漏之处在所难免，敬请指正，不吝赐教！

吴秀尧
2021年末于深圳南山

---

[1] 参见考希克·巴苏：《法和经济学简史》，载吴敬琏主编《比较》2019年第6辑（总第105辑），中信出版社2019年版，第69页。

目录

第二章 《2010 年反贿赂法》的罪名体系

第三章　《2010 年反贿赂法》的适用、管辖和起诉

第七章　SFO 执法的总体情况分析
——以 39 个贿赂案件为样本

第八章　SFO 执法的 4 个标志性贿赂案件分析

第九章　SFO 签署暂缓起诉协议的 7 个贿赂案件分析

第十章　英国反贿赂合规实践指引

附录一　英国《2010 年反贿赂法》目录

附录二　英国《2010 年反贿赂法》及主要配套法律文件

附录三　SFO 执法的 39 个贿赂案件列表

第一章
《2010 年反贿赂法》的立法沿革

第一节　英国法上原有的反腐败制定法

在英国原有的反腐败刑事法律体系中，与腐败相关的普通法为数不多，分散在不同时期的许多判例中，而且，它们对腐败、贿赂等相关概念的界定既不统一，也不完善。[1] 类似的现象也出现在与腐败相关的制定法中。在《2010 年反贿赂法》颁布实施之前，英国的反腐败制定法主要分散在以下 11 部法律中：

◆《1809 年出卖官职法》(Sale of Offices Act 1809)

◆《1889 年公共机构腐败行为法》(Public Bodies Corrupt Practices Act 1889)

◆《1906 年防止腐败法》(Prevention of Corruption Act 1906)

◆《1916 年防止腐败法》(Prevention of Corruption Act 1916)

◆《1925 年荣誉（防止滥用）法》[Honours (Prevention of Abuses) Act 1925]

---

[1]　英国法上原有的反腐败普通法为数不多，其内容与本书几乎无关，而且已经被《2010年反贿赂法》所废除和替代，因此笔者在此不再展开介绍，有兴趣的读者可以查阅相关资料，参见Legislating the Criminal Code: Corruption(Consultation Paper No.145), 1997, pp.12–15。

◆《1968 年反盗窃法》（Theft Act 1968）

◆《1983 年人民代表法》（Representation of the People Act 1983）

◆《2000 年政党、选举和公民投票法》（Political Parties, Elections and Referendums Act 2000）

◆《2001 年反恐怖主义、犯罪和安全法》（Anti-terrorism, Crime and Security Act 2001）

◆《2005 年税收和海关专员法》（Commissioners for Revenue and Customs Act 2005）

◆《2006 年反欺诈法》（Fraud Act 2006）

在上述反腐败制定法中，最重要的是《1889 年公共机构腐败行为法》《1906 年防止腐败法》和《1916 年防止腐败法》，三者通常被统称为《1889—1916 年防止腐败法》（Prevention of Corruption Acts 1889 to 1916）。而《2001 年反恐怖主义、犯罪和安全法》则首次将域外管辖权引入英国制定法中，并明确规定适用于贿赂犯罪。但除此之外，英国法上原有的反腐败制定法在 1916 年至 2010 年的 95 年间几乎没有任何实质性进步。

一、《1889 年公共机构腐败行为法》

于 1889 年 8 月 30 日获得皇家御准——英国国王或女王对议会法案成为法律的批准——的《1889 年公共机构腐败行为法》是当时英国第一部也是最基本的反腐败制定法。该法尽管只有 10 个条款，但明确将主动贿赂或被动贿赂一切公共机构的成员、官员或员工都定为刑事犯罪；而"在 1889 年以前，贿赂仅仅是一种普通法上的罪行，或者更准确地说，是一系列不同的普通法罪行，它们根据犯罪所适用的职务或职能加以区分"[1]。

---

[1] See The Bribery Act 2010: Post-legislative Scrutiny, 14 March 2019. p.9.

1. 职务腐败的含义（第 1 条）

该法第 1 条规定："职务腐败是轻罪。

（1）行为人如亲自或由他人或联同任何其他人，为自己或任何其他人，以腐败的方式索要、收受或同意收受任何礼物、借款、费用、报酬或利益，不论该等礼物、借款、费用、报酬或利益是作为对本法所定义公共机构的任何成员、官员或员工的诱惑、回报还是作为其他，涉及与该公共机构有关的任何事项、交易或诸如此类事物的实际的或被提议的作为或不作为，均应构成轻罪；

（2）行为人如亲自或由他人或联同任何其他人，向任何人（不论是为了该人获益还是为了其他人获益）以腐败的方式给予、许诺或提议任何礼物、借款、费用、报酬或利益，不论该等礼物、借款、费用、报酬或利益是作为对本法所定义公共机构的任何成员、官员或员工的诱惑、回报还是作为其他，涉及与该公共机构有关的任何事项、交易或诸如此类事物的实际的或被提议的作为或不作为，均应构成轻罪。"

该条款尝试采用列举式立法模式尽可能详尽地规定行贿罪和受贿罪，但随着刑事立法技术的不断进步，这种立法模式已经非常落后。而且，随着时代变迁和经济社会发展，法律实际上根本无法穷尽所有的行贿行为和受贿行为以及相关的范畴。此外，该法只规制"职务腐败"，即发生在公共部门的贿赂犯罪。

2. 处罚和对诉讼的限制（第 2 条和第 4 条）

根据该法第 2 条的规定，行为人被定罪后，法院可以酌情判处以下处罚：

（1）不超过 2 年的监禁——不论是否并处强迫劳役，或者不超过 500 英镑的罚金，或者两者并处；

（2）要求向相关部门支付受贿者收取的任何礼物、贷款、费用、报酬或其任何部分的金额或价值；

（3）自定罪之日起 7 年内不能担任任何公职，并剥夺在定罪时所担任的任何公职；

（4）如因同样罪行再次被定罪，除上述处罚外，可判决永远不能担任公职，并在 7 年内不能登记为选民或在选举中投票；

（5）如果被定罪时是任何公共机构的官员或员工，则可酌情决定剥夺该资格和任何补偿或抚恤金。

该条款尽管规定了 5 种类型的处罚，但在当时规定的最高仅为 2 年监禁和 500 英镑罚金的处罚（仅构成轻罪）在若干年后已经难以再提供足够有效的刑罚和犯罪威慑。

同时，该法第 4 条对起诉进行了限制，即所有的罪行都需要经过总检察长（Attorney General）的同意才能提起诉讼。这条规定在当时引发了争议，因为公众担心这一过度集中的同意权会因受到政治因素影响而使对此类犯罪的起诉变成选择性执法，或者存在司法不公的现象。

3. 相关概念的定义和管辖范围（第 7 条）

该法第 7 条对"公共机构""公职""人""利益"的含义作出了明确界定，具体而言：

（1）"公共机构"是指任何县、市或镇的郡议会、任何市政区议会，以及任何理事会、委员会、精选的祭衣室或其他有权根据任何与地方政府或公共卫生有关的法案行事的部门，或者有权根据任何公共一般法案管理按差饷筹集的款项的其他部门，但不包括在英国以外其他地方存在的上述任何公共机构；

（2）"公职"是指任何人作为该公共机构的成员、官员或员工担任的任何职务或雇佣；

（3）"人"（person）包括法人团体和非法人团体；

（4）"利益"包括任何职务或尊严，以及对要求任何金钱或金钱价值或有价值之物的任何宽容，包括任何援助、投票、同意或影响，或者虚假的援助、投票、同意或影响，还包括任何承诺或采购、协议或努力获得，或者对任何礼物、贷款、费用、报酬或利益的期望。

其中，"但不包括在英国以外其他地方存在的上述任何公共机构"的规定明确排除了"英国以外其他地方"，表明了该法的管辖原则依然是属地管辖。

二、《1906 年防止腐败法》

《1906 年防止腐败法》于 1906 年 8 月 4 日获得皇家御准，并自 1907 年 1 月 1 日起生效。该法只有 4 个条款，其中第 1 条明确将规制范围扩大到私营部门，尤其是涉及代理人的贿赂犯罪。

该法第 1 条"惩罚与代理人的腐败交易"规定：

"如果任何代理人接受或获得，或者同意接受或试图从任何人处为自己或任何其他人获得任何礼物或报酬，作为作为或不作为的诱因或回报，或在本法通过后已经做出或不做出与委托人的事务或业务有关的任何行为，或者对与其委托人的事务或业务有关的任何人表示赞成或不赞成；或者，如果任何人给予或同意给予或提供任何礼物或报酬给任何代理人，以此作为诱因或回报，或在本法通过后做出或不做出任何与其委托人的事务或业务有关的行为，或就其委托人的事务或业务对任何人表示赞成或不赞成；或者，如果任何人明知而给予任何代理人，或者任何代理人明知而使用任何收据、账目或其他文件，而该等文件与委托人有利害关系，而该等收据、账目或其他文件载有虚假、错误或在重要事项上有欠妥之处的陈述，据他所知这是意图误导委托人；则该人构成轻罪，一经公诉程序定罪，可处不超过 2 年的监禁（不论是否劳役）或不超过 500 英镑的罚金或两者并处，或者一经简易程序定罪，可处不超过 4 个月的监禁（不论是否并处强迫劳役），或不超过 50 英镑的罚金，或两者并处。"

其中，"报酬"包括任何种类的有价值的报酬；"代理人"包括被雇佣或代理他人的任何人；"委托人"包括雇主。

值得注意的是，该法依旧沿用了英国反腐败普通法上确立已久的"代理人 / 委托人"模型。然而，代理的概念虽然在反腐败普通法上得到了较好的发展，但在反腐败制定法上却存在作为代理人或为"公众"履行职责的犯罪行为人的概念难以明确界定的问题。[1]而且，这些规定与《1889年公共机构腐败行为法》和反腐败普通法之间存在明显的重叠或冲突，在执法和司法中面临难以适用的问题。

三、《1916年防止腐败法》

于1916年12月22日获得皇家御准的《1916年防止腐败法》同样只有4个条款，它主要从以下3个方面对《1889年公共机构腐败行为法》和《1906年防止腐败法》进行了补充规定。

1. 增加了与政府或公共机构合同有关的贿赂罪的刑罚（第1条）

该法第1条规定，如果与犯《1889年公共机构腐败行为法》和《1906年防止腐败法》规定的罪行有关的事项或交易是与国王陛下或任何政府机构或任何公共机构订立合同或建议订立合同，或是订立分包合同，以执行该合同所包含的任何工程，则可处不超过7年但不少于3年的劳役。连同该条款规定的处罚一起，《1889—1916年防止腐败法》对此类犯罪分别规定了3种处罚标准，但这既会导致适用的混乱，也不利于司法公正。

2. 引入了腐败推定并由此将举证责任转移给了被告一方（第2条）

该法第2条规定，凡在就《1889年公共机构腐败行为法》和《1906年防止腐败法》所规定的罪行对某人提起的任何诉讼中，证明任何金钱、礼物或其他报酬已由持有或寻求从国王陛下或任何政府机构或公共机构取得合约的人或代理人支付或给予或收取，而该等金钱、馈赠或代价须当作该等金钱、馈赠或代价支付、给予和收受该行为所述的引诱或报酬，除非相反证明成立。显然，该条款引入了腐败推定原则，同时也由此将举证责任转移给了被告一方。需要注意的是，该条仅适用于支付给国王陛下、政府机构或公共

---

[1] See Joint Committee on the Draft Corruption Bill Session 2002–03, p.66.

机构员工款项的情形和涉及合同的案件。

3. 扩大了"公共机构"的定义（第4条）

该法第4条第（2）款规定："在本法和《1889年公共机构腐败行为法》中，'公共机构'一词除《1889年公共机构腐败行为法》提到的部门之外，还包括各种类型的地方机构和公共机构。"

四、《2001年反恐怖主义、犯罪和安全法》

于2001年12月14日获得皇家御准并自2002年2月14日起实施的《2001年反恐怖主义、犯罪和安全法》第12部分"贿赂和腐败"首次将域外管辖权引入英国制定法中，即明确将英国法院的管辖权扩大到英国国民或根据英国法律成立的法人团体在英国境外实施的贿赂犯罪。

该法第109条规定，如果英国国民或根据英国任何地方的法律成立的法人团体在英国境外的国家或领土上从事了某种行为，而该行为（如果是在英国完成）构成腐败犯罪，则该行为构成有关罪行并可在英国提起诉讼。其中，"贿赂犯罪"是指任何普通法上的贿赂罪、《1889年公共机构腐败行为法》第1条规定的罪行（即职务犯罪）以及《1906年防止腐败法》第1条规定的前两项罪行（即代理人行贿罪和受贿罪）；"英国国民"是指英国公民、英国属地公民、英国国民（海外）或英国海外公民、根据《1981年英国国籍法》具有英籍人士身份的人或者在该法意义上受英国保护的人。

但是，这一立法尝试在当时仍然是比较克制的，因为该域外管辖权至少受到以下3个方面的限制：[1]

◆ 仅适用于根据"英国"法律成立的法人团体，此处英国指的是大不列颠（包括英格兰、威尔士和苏格兰）及北爱尔兰，不包括英国的属地和海外领土；

◆ 仅适用于特定的自然人和"法人团体"，不包括非法人团体（例如大

---

[1] See The Law Commission, Reforming Bribery, LAW COM No.313, pp.138–139.

多数类型的合伙企业、非法人基金会和协会以及许多信托），但组成
非法人团体的受托人、合伙人等自然人仍可能受到起诉；

◆ 不适用于在苏格兰或北爱尔兰完成的行为。

该法关于域外管辖权的规定不仅有助于更有效地打击英国国内外的恐怖
主义犯罪和其他相关犯罪，也为《2010年反贿赂法》中更细致地规定域外管
辖权进行了有益的立法尝试。但是，该法第12部分并未专门规定如何在打
击贿赂犯罪时适用域外管辖权。

正如英国王室法律顾问科林·尼科尔斯（Colin Nicholls）勋爵所指出
的，英国有关贿赂犯罪的"旧法律是一个旨在处理具体问题的立法的拼凑
（patchwork）"[1]。上文提及的域外管辖权问题及前文所述英国反腐败普通法
与制定法中存在的一系列问题都表明，英国迫切需要制定一部专门的反贿
赂法。

第二节 英国《2010年反贿赂法》出台的历史进程

一、萌芽阶段：1974—1976年

1974年，为了对中央与地方政府及其他公共机构的利益冲突和腐败风
险相关问题进行调查，英国成立了皇家公共生活行为标准委员会（Royal
Commission on Standards of Conduct in Public Life），即萨尔蒙委员会（Salmon
Commission）。在进行了为期近两年的调查之后，该委员会于1976年7
月发布了《皇家公共生活行为标准委员会报告（1974—1976）》（Royal
Commission on Standards of Conduct in Public Life, 1974–1976: Report），明确
建议政府对反贿赂法进行合理化改造。然而，当时的英国政府只是对此表示
接受，而并未真正贯彻执行。尽管如此，萨尔蒙委员会的这份报告首次将反
贿赂法改革纳入英国政府、立法机关等公共机构和广大公众的视野之中。

---

[1] See House of Lords & House of Commons, Joint Committee on the Draft Bribery Bill–Draft Bribery
Bill First Report of Session 2008–09, Vol.II, 16 July 2009, Q76.

二、提出阶段：1994—1995 年

英国真正意义上的反贿赂法改革最早可以追溯至 1995 年诺兰委员会（Nolan Committee）关于公共生活标准的报告，该报告针对公职人员的不道德行为而提出，它建议法律委员会（英格兰和威尔士）[Law Commission(England and Wales)]（以下简称"法律委员会"）[1]可有效地推进对反贿赂制定法的合并。诺兰委员会成立于 1994 年 10 月，全称是公共生活标准委员会（Committee on Standards in Public Life），起初的目的是回应一些政治家的不道德行为。

目前，公共生活标准委员会作为一个独立的非部门公共咨询机构，主要职责是就英格兰整个公共生活中的道德标准向首相提供咨询意见，并监督和报告与所有公职人员行为标准有关的问题。可以说，该委员会在提倡公共生活原则和道德标准方面依旧发挥着重要作用。

1995 年 5 月 1 日，诺兰委员会发布了《公共生活标准委员会第一次报告》（First Report of the Committee on Standards in Public Life）并指出，该委员会通过在 6 个月间对英国议会议员、部长和公务员、行政官员以及国民保健服务机构的公共生活进行调查发现，英国公共生活中的行为标准仍然很高，而且绝大多数人达到了这些高标准，但在维持和执行这些标准的程序中存在缺陷，即人们在公共生活中并不总是像他们应该知道的那样清楚可接受的行为的界限在哪里，这是引起公众普遍不满的主要原因，因此需要采取紧急补救行动。

为此，该委员会提出了非常著名的、至今仍在英国公务员制度中发挥重要作用的"公共生活七原则"（见表 1.1），即所谓的"诺兰原则"（Nolan Principles）。这 7 项原则是无私（selflessness）、廉洁（integrity）、客观

---

[1]　法律委员会根据英国《1965年法律委员会法》（Law Commissions Act 1965）设立，旨在促进法律改革。它"是一个独立的法律部门，设立于1965年，其主要职能是立法及对现有法律的改革提出方案，目标是尽可能地促进法律的公正、现代、简洁、高效；通过对法律的研究、协商从而给议会更多的建议以使其得到更广泛的支持；编纂法律，去除重复的、陈旧的、不必要的法律，减少分割的、零散的法律条款"。参见徐焕：《英国治理商业贿赂的措施与经验》，载《经济社会体制比较》2008年第1期，第129—130页。

（objectivity）、负责（accountability）、公开（openness）、诚实（honesty）和具备领导力（leadership）。"公共生活七原则"对英国后来的政治和法治环境产生了深远的影响。例如，英国依据《2010年宪法改革与治理法》（Constitutional Reform and Governance Act 2010）制定的《公务员准则》（Civil Service Code）明确规定，公务员在履行职责时必须做到廉洁、诚实（包括公开）、客观和公正（impartiality），这既是英国公务员的行为标准，也是英国公务员制度的核心价值观所在。

表1.1　英国"公共生活七原则"的具体要求 [1]

（1）无私：公职人员应完全按照公共利益行事，不应为自己、家人或朋友获得经济利益或其他物质利益而采取行动或作出决定。公职人员必须声明和解决任何利益和关系。

（2）廉洁：公职人员不应对可能试图影响其履行公务的外部个人或组织承担任何经济责任或其他责任。

（3）客观：公职人员必须秉公、公平、择优行事和作出决定，使用最佳的证据，不得带有歧视或偏见。

（4）负责：公职人员对其决定和行动向公众负责，必须接受与其职位成比例的任何审查。

（5）公开：公职人员应公开、透明地行事和作出决定，除非有明确、合法的理由，否则不得向公众隐瞒信息。也即，公职人员应尽可能公开他们所作的所有决定和行动，仅在有更广泛的公众利益明确要求的情况下，才可给出决定理由并限制信息。

（6）诚实：公职人员应诚实正直，有义务宣布与其公职有关的任何私人利益，并采取措施以保护公共利益的方式解决任何冲突。

（7）具备领导力：公职人员应在自己的行为中体现这些原则，通过领导力和榜样作用来积极宣传和大力支持这些原则，并愿意在不正当行为发生时提出异议。

通过分析这7项原则可知，其中的大多数内容与不道德行为、不正当行为或不法行为（尤其是贿赂行为）有关。可以说，贿赂作为一种严重的犯罪行为，会在很大程度上破坏在公共生活和商业领域中作为道德标准基础的廉

---

[1] See Summary of the Nolan Committee's First Report on Standards in Public Life, 1995; Guidance the Seven Principles of Public Life, 1995.

洁、负责和诚实。[1] 因此，该报告建议部分的第 10 条明确提出："政府应当马上采取步骤阐明与议员行贿或受贿有关的法律"。同时，该委员会还提议，可以将对法律的阐明和萨尔蒙委员会在 1976 年提议的反贿赂制定法合并这两项工作同时开展，这样可能更为有益。

三、推进阶段：1996—2005 年

自 1996 年开始，英国政府和议会的相关机构开始扎实推进诺兰委员会和萨尔蒙委员会提出的两项核心建议。

负责推进"政府应当马上采取步骤阐明与议员行贿或受贿有关的法律"建议相关工作的是议会特权联合委员会（Joint Committee on Parliamentary Privilege）。该委员会在科林·尼科尔斯的领导下，于 1999 年 3 月 30 日发布了与之相关的第三号报告。

负责推进"反贿赂制定法合并"建议相关工作的是法律委员会。该委员会于 1997 年发布了《制定刑法典：反腐败（第 145 号咨询文件）》（Legislating the Criminal Code: Corruption），并在 1998 年 3 月 3 日发布了最终的《制定刑法典：反腐败（第 248 号报告）》。该报告系统分析了英国当时的反贿赂普通法和制定法及其存在的不足、在适用于公共机构和其他部门时存在的问题，以及如何制定一部现代化的反腐败法律等，并首次提出了较为明确的反贿赂法改革建议。

与此同时，英国内政部（Home Office）于 1997 年 6 月发布了一份名为《防止腐败》（The Prevention of Corruption）的文件，部分回应了诺兰委员会第一次报告中提出的"政府应当马上采取步骤阐明与议员行贿或受贿有关的法律"的建议。1998 年 4 月，内政部设立了一个部门间工作组，由其负责审议英格兰和威尔士的反腐败法改革，特别是法律委员会提出的报告和法律草案。

公共生活标准委员会也在科林·尼科尔斯的领导下，基于在 1999 年初

---

[1] See Government Response to the House of Lords Select Committee on the Bribery Act 2010 (Cm 96), May 2019, p.4.

进行的广泛调查，于 2000 年 1 月 12 日发布了《公共生活标准委员会第六次报告：加强标准》（Sixth Report of the Committee on Standards in Public Life: Reinforcing Standards）。该报告主要聚焦于诺兰委员会在 1995 年发布的第一次报告中所提出建议的执行情况，特别是回归到反腐败这一主题，明确建议政府尽快提出关于反贿赂刑法的拟议立法，以消除任何有关贿赂法定犯罪的不确定性，并要求明确两院议员的立场。

2000 年 6 月 20 日，内政部部门间工作组在一份名为《提高标准和维护廉洁：防止腐败：英格兰和威尔士政府对反腐败刑法改革的建议》（Raising Standards and Upholding Integrity: The Prevention of Corruption: The Governments Proposals for the Reform of the Criminal Law of Corruption in England and Wales）的讨论文件中，公布了政府改革反腐败法的提议。随后在 2000 年 7 月 26 日，英国政府向议会提交了《政府对公共生活标准委员会第六次报告的回应》（The Governments Response to the Sixth Report from the Committee on Standards in Public Life），明确表示政府打算将两院议员纳入拟议立法的范围，并接受议会特权联合委员会的建议。

上述回应和提议受到了英国社会各界的热烈欢迎，因此内政部部门间工作组在 2003 年发布了一项《反腐败：立法草案》（Corruption: Draft legislation）。该法案草案随后由英国议会联合委员会（Joint Committee of the Parliament of the United Kingdom）进行立法前审查，该委员会于 2003 年 7 月发布了名为《联合委员会关于反腐败法案草案的 2002—2003 年度报告及证据》（Joint Committee on the Draft Corruption Bill Session 2002–03）的报告。然而，上述法案草案未能赢得广泛支持，特别是议会联合委员会对保留"代理人/委托人"模型作为贿赂犯罪的理论基础提出了批评。

2003 年 12 月，英国政府对此作出了回应，发布了《政府对〈反腐败法案草案联合委员会 2002—2003 年度报告〉的回应》（The Government Reply to the Report from the Joint Committee on the Draft Corruption Bill Session 2002–03）。在该回应中，英国政府部分接受了该报告的建议，但对议会联合委员会提出的反对"代理人/委托人"模型的建议表示持保留态度。

2005 年，英国政府又开展了一项名为《反贿赂：防止腐败法改革和严重欺诈办公室在行贿外国官员案件中的权力》（Bribery: Reform of the Prevention of Corruption Acts and SFO Powers in Cases of Bribery of Foreign Officials）的政府咨询活动，其结论是尽管仍有人支持改革，但对改革应采取的形式并没有达成明确的一致同意，因此决定将此事交回法律委员会做进一步审查。[1]

四、完成阶段：2006—2010 年

按照英国政府的要求，法律委员会重新对上述法案草案进行了审查。2007 年 10 月 31 日，法律委员会完成并发布了名为《反贿赂改革（第 185 号咨询文件）》（Reforming Bribery）的报告，并在此基础上于 2008 年 11 月 19 日发布了最终的《反贿赂改革（第 313 号报告）》（Reforming Bribery）。后者详细介绍和论证了其提出的反贿赂法改革方案。

以上述报告中的提议为基础，英国政府于 2009 年 3 月 25 日向议会提交了一份《反贿赂立法草案》（Bribery Draft Legislation）。为此，议会专门成立了一个议会联合委员会，对该草案进行立法前审查。该委员会于 2009 年 7 月 28 日发布了《联合委员会关于反贿赂法案草案的 2008—2009 年度第一次报告》（Joint Committee on the Draft Bribery Bill, First Report, Session 2008–09）。随后在 2009 年 11 月 20 日，英国政府发布了《政府对联合委员会关于反贿赂法案草案结论与建议的回应》（Government Response to the Conclusions and Recommendations of the Joint Committee Report on the Draft Bribery Bill）。

在英国政府作出回应的前一天，《反贿赂法案》被提交给上议院，这意味着该法正式启动立法程序（见表 1.2）。在从 2009 年 11 月 19 日到 2010 年 4 月 8 日的短短不到半年的时间里，英国迅速通过并颁布了该法。

---

[1]　See Bribery Act 2010 - Explanatory Notes, p.2.

表 1.2 《反贿赂法案》提交议会通过的各个阶段和日期 [1]

阶段	日期	阶段	日期
上议院（House of Lords）			
提交议案	2009 年 11 月 19 日	报告	2010 年 2 月 2 日
二读	2009 年 12 月 9 日	三读	2010 年 2 月 8 日
委员会	2010 年 1 月 7、13 日	—	—
下议院（House of Commons）			
一读	2010 年 2 月 9 日	报告	2010 年 4 月 7 日
二读	2010 年 3 月 3 日	三读	2010 年 4 月 7 日
委员会	2010 年 3 月 16、18、23 日	—	—
审议修正案（Consideration of Amendments）			
上议院审议下议院修正案	2010 年 4 月 8 日	皇家御准	2010 年 4 月 8 日

第三节　英国反贿赂法改革过程中的外部因素

一、美国《反海外腐败法》的影响

经济全球化趋势日益深化，使腐败成为一种无国界犯罪，世界上越来越多的国家正在、将要或考虑制定新的、更加复杂的反腐败立法来进行应对。尽管如此，美国 1977 年《反海外腐败法》（Foreign Corrupt Practices Act，FCPA）和英国《2010 年反贿赂法》作为两部具有里程碑意义的反腐败或反贿赂立法，在先进程度和影响力上明显高于其他国家的同等法律。通过颁布实施《2010 年反贿赂法》，英国彻底摆脱了先前的反腐败刑法被诟病为"杂乱无章的过时立法"和"老掉牙"的落后形象，实现了贿赂犯罪化和反贿赂

---

[1] See Bribery Act 2010 - Explanatory Notes, pp.16–17.

法现代化的重大转变。[1] 更重要的是使英国可以在有法可依的前提下，与美国和（或）其他国家一同在全球范围内采取反腐败或反贿赂执法行动，并在国际反贿赂和反腐败事务中发挥着主导作用。

美国《反海外腐败法》及其配套法律文件中的很多法律原则、规则或制度为英国制定《2010 年反贿赂法》提供了可供参考和借鉴的先例。事实上，英国法律委员会及其他相关政府机构和专家学者在制定《2010 年反贿赂法》时做的一项重要工作，就是对美国《反海外腐败法》和其他国家的同等法律以及国际或区域反腐败公约进行了比较法上的研究。同时，美国《反海外腐败法》多年的执法经验，也为英国制定《2010 年反贿赂法》提供了有益的实践探索。对此，通过比较美国《反海外腐败法》与英国《2010 年反贿赂法》的核心条款便可见一斑（见表 1.3）。

表 1.3 美国《反海外腐败法》与英国《2010 年反贿赂法》的比较

	美国《反海外腐败法》	英国《2010 年反贿赂法》
犯罪类型	民事与刑事犯罪	刑事犯罪
行贿外国官员	√，仅适用于行贿外国官员	√
行贿本国官员	×	√
适用于私营部门	×	√，适用于公共部门和私营部门，但行贿外国公职人员罪除外
受贿罪	×	√
犯罪意图	在指控违反反贿赂条款时，政府必须证明被告对其行为具有必要的犯罪意图，即疏忽、轻率或故意	行贿罪、行贿外国公职人员罪和受贿罪的第一种情形需要犯罪意图，其他情形或罪名不需要

[1] See Richard C. Rosalez, Weston C. Loegering and Harriet Territt, The UK's Bribery Act and the FCPA Compared, The Journal of the Committee on Corporate Counsel, Vol.25, No.1, 2010, p.12.

续上表

	美国《反海外腐败法》	英国《2010 年反贿赂法》
通融费（facilitation payments）豁免	√，仅限于为了加快或确保"日常政府行动"的执行，且须是"小额"	×
招待、促销等商业支出豁免	√，肯定性抗辩（合理的、善意的）	√，肯定性抗辩（合理的、成比例的、真实的）
域外适用	√，适用于美国发行人、国内企业及其代理人和员工在美国境外的违法行为，也适用于美国公民或居民在世界任何地方的违法行为	√，适用于与英国之间存在密切联系的自然人，也适用于在英国注册或开展业务的商业组织
对第三方的公司责任	√，公司对第三方行为的责任取决于对该行为概率的实际了解或认识	√，对为商业组织或代表其提供服务的关联人的行为承担责任
关于账簿和记录	√	×，被其他立法所涵盖
罚款上限（刑事处罚）	√，每违反一项反贿赂条款，个人最高 5 年监禁和 25 万美元罚金，实体最高 200 万美元罚金；每违反一项会计条款，个人最高 20 年监禁和 500 万美元罚金，公司最高 2500 万美元罚金（法院判决可以翻倍）	×，个人：最高 10 年监禁和无限额罚金；商业组织：无限额罚金
调查解决机制	民事赔偿、刑事指控、暂缓起诉协议或不起诉协议（Non-Prosecution Agreement，NPA）	民事赔偿、刑事指控、暂缓起诉协议
执法机构及其可提起的诉讼类型	司法部（DOJ）和证券交易委员会（SEC）均可提起民事或刑事诉讼	严重欺诈办公室（SFO）可提起刑事诉讼
公司严格责任	√，但仅限于会计条款	√

续上表

	美国《反海外腐败法》	英国《2010 年反贿赂法》
公司合规计划抗辩	✕，"有效的合规与道德计划"只是可考虑从轻处置的情节或因素	√，"充分程序"可对商业组织未能防止贿赂罪进行全面抗辩
公司自我报告和合作的意义	√	√，但有限

通过分析表 1.3 可知，比美国《反海外腐败法》晚 34 年出台的英国《2010 年反贿赂法》更为科学、全面和严格。实际上，后者保留了很多前者已经取得成功的做法，同时摒弃了部分前者被广为批评或实践证明不那么成功的做法。这些实践做法值得我国在完善反腐败或反贿赂立法时予以重视。

二、国际或区域反腐败公约的影响

英国签署了许多国际或区域反腐败公约，其中对《2010 年反贿赂法》产生较大影响的主要包括：1997 年经济合作与发展组织（Organization for Economic Co-operation and Development, OECD）（以下简称"经合组织"）《关于打击国际商业交易中行贿外国公职人员行为的公约》（Convention on Combating Bribery of Foreign Public Officials in International Business Transactions，以下简称《OECD 反贿赂公约》）及其配套文件、1998 年欧洲委员会《反腐败刑法公约》（Criminal Law Convention on Corruption）和 2003 年《关于反腐败刑法公约的附加议定书》（Additional Protocol to the Criminal Law Convention on Corruption），以及 2005 年《联合国反腐败公约》（United Nations Convention against Corruption）。这些国际条约及标准被认为是英国反腐败斗争的基础。[1]

---

[1] See UK Anti-Corruption Strategy 2017 to 2022, p.22.

1. 经合组织：《OECD 反贿赂公约》

经合组织和《OECD 反贿赂公约》是对英国《2010 年反贿赂法》的制定与颁布实施影响最大的国际组织和国际反腐败公约。透明国际在 2020 年发布的关于《OECD 反贿赂公约》执行情况的进展报告显示，在被评估的 47 个国家或地区（包括除冰岛外的 43 个缔约国和中国内地、中国香港以及印度、新加坡）中，英国是仅有的 4 个被评为"积极执行"（active enforcement）的国家之一。其他 3 个国家是美国、瑞士和以色列，这表示英国对海外贿赂具有强大的威慑力。[1]

1997 年 11 月 21 日通过、12 月 17 日签署并于 1999 年 2 月 15 日生效的《OECD 反贿赂公约》是世界上第一个，也是唯一一个聚焦于贿赂交易"供给侧"（supply side）的国际反腐败协定，它要求各缔约国根据本国法律将行贿外国公职人员的行为定为刑事犯罪，并对这种犯罪行为进行调查、起诉和制裁。该公约对各缔约国具有普遍的法律约束力。目前，共有 44 个国家签署并加入了该公约，包括所有 37 个经合组织成员国和阿根廷、巴西、保加利亚、哥斯达黎加、秘鲁、俄罗斯以及南非。

根据经合组织的最新统计数据，自《OECD 反贿赂公约》于 1999 年生效至 2018 年 12 月 31 日期间，该公约的缔约国为打击海外贿赂作出了共同努力，采取了以下针对个人和实体案件的执法行动：[2]

◆ 至少 615 名个人和 203 个实体因外国贿赂被定罪或刑事制裁；

◆ 至少 86 名个人和 108 个实体因外国贿赂被提起行政或民事诉讼和制裁；

◆ 至少 53 名个人和 96 个实体因相关犯罪（虚假会计或洗钱）被定罪或刑事制裁；

◆ 至少 70 名个人和 165 个实体因相关罪行（虚假会计或洗钱）被提起

---

[1]　See Exporting Corruption - Progress Report 2020: Assessing Enforcement of the OECD Anti-Bribery Convention, 2020.

[2]　See OECD Working Group on Bribery, 2018 Enforcement of the Anti-Bribery Convention Investigations, Proceedings, and Sanctions, December 2019.

行政或民事诉讼和制裁；

◆ 28 个缔约国正在进行 528 项调查；

◆ 12 个缔约国因外国贿赂正在对 157 名个人和 5 个实体提起刑事诉讼；

◆ 2 个国家因外国贿赂正在对 6 个实体提起了行政或民事诉讼。

其中，英国在 1997 年 12 月 17 日签署了该公约，是最早签署该公约的 29 个经合组织成员国和 5 个非成员国国家之一。随后，英国议会在 1998 年 12 月 14 日批准了该公约。如前文所述，在 1997 年和 1998 年前后，英国正处于制定《2010 年反贿赂法》的早期推进阶段。由于英国签署并批准了该公约，负责监督该公约实施和执行工作的经合组织反贿赂工作组（OECD Working Group on Bribery）为督促英国在国内法中落实该公约，在 1999 年至 2010 年间相继发布了一系列报告，包括:《1999 年第 1 阶段报告》《2003 年第 1 阶段第 2 次报告》《2005 年第 2 阶段报告》《2007 年第 2 阶段后续报告》《2008 年第 2 阶段再次报告》以及《2010 年第 1 阶段第 3 次报告》。

在这些报告中，经合组织反贿赂工作组对英国原先的反腐败普通法与制定法进行了评议和批评并提出了具体的修法建议，以帮助英国落实《OECD 反贿赂公约》的要求。例如，在《2008 年第 2 阶段再次报告》中，经合组织就严厉批评英国未能使其反贿赂法符合其根据《OECD 反贿赂公约》承担的国际义务，并敦促英国尽快出台新的立法。对这些评议、批评和建议，英国相关立法机构作出了回应。例如，法律委员会在 2007 年和 2008 年发布的报告《反贿赂改革》中，就对英国反腐败法与该公约不一致的地方和可能的改进方案进行了阐述。毫无疑问，经合组织在推动英国制定《2010 年反贿赂法》方面发挥了积极的作用。而且，《OECD 反贿赂公约》关于行贿外国公职人员罪的核心条款也基本都落实在《2010 年反贿赂法》第 6 条（行贿外国公职人员罪）及相关条款中（见表 1.4）。

表 1.4 《OECD 反贿赂公约》部分条款在英国《2010 年反贿赂法》中的对应

1997 年《OECD 反贿赂公约》	英国《2010 年反贿赂法》
第 1 条（行贿外国公职人员罪）第 1 款和第 2 款："各缔约方应采取必要措施，确保以下行为依据其法律属于犯罪行为：任何人，无论直接还是通过中间方，故意向外国公职人员，为该官员或第三方提议、许诺或给予金钱利益或其他利益，以使该官员在履行公务时作为或不作为，从而在从事国际商业过程中获得或保留商业利益或其他不正当利益。'外国公职人员'包括：在外国担任立法、行政或司法职务的任何人，不论是任命的还是选举担任的；为外国（包括为公共机构或公共企业）行使公共职能的任何人；公共国际组织的任何官员或代理人。"	第 6 条（详见本书第二章第四节）
第 2 条（法人责任）："各缔约方应依照其法律准则采取必要措施，建立针对行贿外国公职人员行为的法人责任。"	
第 3 条（处罚）第 1 款："对行贿外国公职人员的行为应通过有效的、成比例的和劝阻性的刑事处罚予以惩罚。处罚的程度应与适用于行贿缔约方本国公职人员行为的程度相当。对于自然人，应包括剥夺足以使司法互助和引渡有效的自由。"	第 11 条（详见本书第四章第一节）
第 4 条（管辖权）："各缔约方采取必要措施，对全部或部分发生在其领土内的行贿外国公职人员的犯罪行为建立管辖权。"	第 12 条（详见本书第三章第二节）

2. 欧洲委员会：《反腐败刑法公约》

英国虽然已经自 2020 年 1 月 31 日起正式脱离了欧盟，但在其"脱欧"之前签署并批准了相关的欧盟反腐败条约，并在不同程度上通过修改国内法落实了这些条约。

1997 年 6 月 25 日，欧盟通过了于 2005 年 9 月 28 日正式生效的《根据〈欧盟条约〉第 K.3（2）（c）条起草的关于打击涉及欧共体官员或欧盟成员国官员腐败的公约》。英国在 1999 年 1 月 27 日签署了该公约，2003 年 12 月 9 日获得国内正式批准，并于 2004 年 4 月 1 日对英国生效。该公约共 16 个条款，规定了被动腐败（第 2 条）、主动腐败（第 3 条）、处罚（第 5 条）、商业组织负责人的刑事责任（第 6 条）、域外管辖权（第 7 条）等事项。

在其基础上，欧洲委员会于 1999 年 1 月 27 日通过了于 2002 年 7 月 1 日正式生效的《反腐败刑法公约》。该公约在 2003 年 12 月 9 日获得了英国正式批准，并于 2004 年 4 月 1 日对英国生效。该公约共 40 个条款，要求各成员国在国家层面采取必要的立法和其他措施，将以下行为定为刑事犯罪：行贿国内外公职人员（第 2 条和第 5 条）；国内公职人员受贿（第 3 条）；行贿国内外公众集合（public assemblies）成员（第 4 条和第 6 条）；私营部门的主动贿赂和被动贿赂（第 7 条和第 8 条）；行贿国际组织和国际议会集合（international parliamentary assemblies）的官员（第 9 条和第 10 条）；行贿国际法院法官和官员（第 11 条）；等等。同时，它还规定了域外管辖权（第 17 条）、公司责任（第 18 条）等事项。其中，该条约所要求的全面覆盖国内外管辖范围、国内外公职人员、主动贿赂和被动贿赂、公共部门和私营部门等，都体现在了《2010 年反贿赂法》中。

需要指出的是，于 2009 年 12 月 1 日生效的《关于反腐败刑法公约的附加议定书》主要是要求各缔约国将行贿国外仲裁员、国内外仲裁员受贿、行贿国内外陪审员的行为定为刑事犯罪（第 2 条至第 6 条）。该公约也在 2003 年 12 月 9 日获得了英国正式批准，并于 2005 年 2 月 1 日对英国生效。

3. 联合国：《联合国反腐败公约》

2003 年 10 月 31 日，第 58 届联合国大会通过了于 2005 年 12 月 14 日正式生效的《联合国反腐败公约》。该条约由 140 个国家共同签署，截至 2020 年 5 月，缔约方已经达到了 187 个。它涵盖了 5 个主要方面，包括强制性和非强制性条款、预防措施、刑事定罪和执法、国际合作、资产追回以及技术援助与信息交换。

英国于 2006 年 2 月 6 日批准了该公约。与《2010 年反贿赂法》相对有关联的条款主要包括：第 2 条关于"公职人员"和"外国公职人员"的术语界定；第 15 条和第 16 条将行贿本国公职人员、外国公职人员以及国际公共组织官员的腐败行为定为犯罪；第 21 条将私营部门内的贿赂定为犯罪；第

26 条关于法人责任的规定；等等。相对于《OECD 反贿赂公约》和欧盟《反腐败刑法公约》而言，《联合国反腐败公约》对《2010 年反贿赂法》的影响并没有那么大，但无疑在推动该法的制定方面必然会发挥一定程度的作用。

三、透明国际（英国）的影响

透明国际（英国）（Transparency International UK）是英国领先的独立反腐败组织，一直致力于揭露和预防腐败。它是由全世界 100 多个国家分会组成的国际非政府组织——透明国际的主要成员。作为一个非营利性的、独立的非官方组织，自成立以来，它一直处于英国反腐败运动的最前沿，通过与政府、企业和民间社会进行开创性的研究和合作，致力于改变英国国内使腐败根深蒂固的制度。

透明国际（英国）的最大成就之一就是成功推动制定和宣传了英国《2010 年反贿赂法》。特别是在 2003 年，因英国内政部起草的《反腐败：立法草案》遭受议会联合委员会的广泛批评，继而政府对该批评持保留意见而导致立法工作陷入僵局时，透明国际（英国）果断提出自己的意见和立法建议，这在很大程度上使《2010 年反贿赂法》的立法工作得以继续推进。英国反腐败法案草案联合委员会（Joint Committee on the Draft Bribery Bill）在 2003 年 5 月公布的《透明国际（英国）备忘录》[Memorandum from Transparency International (UK)] 显示，透明国际（英国）在当时系统性地提出了自己的反腐败法改革建议，既有宏观层面对英国反腐败法改革急迫性的分析，也有微观层面对法案草案条款设置及其理论基础的深入剖析，例如要符合国际公约的要求、不使新罪名具有溯及力、取消腐败推定的效果、"代理人 / 委托人"模型的适用性、通融费的处理、为公共利益辩护的必要性、起诉的同意等。

透明国际（英国）还提出了以下具体的立法建议：[1]

（1）新的立法应包括一整套具体的腐败犯罪；

---

[1] See Memorandum from Transparency International (UK) (DCB 18).

（2）取消腐败推定原则，即对犯罪的定义中不需要证明不诚实意图，而是以满足支付或其他条件而无须合理解释为基础；

（3）删除对腐败犯罪进行起诉需要经过总检察长同意的要求；

（4）非法人团体和合伙企业应当被列为能够实施腐败犯罪的主体；

（5）将英国境外的腐败扩大到包括那些在英国注册的子公司——如果它们处于实际控制之下，同时就其他子公司、联营公司和合资企业而言，如果在英国注册的公司未能采取适当的措施使其确信外国注册公司或合资企业在其业务开展过程中实施了适当的反腐败政策，则应构成犯罪；

（6）应扩大严重欺诈办公室的权限范围，从而涵盖严重且复杂的腐败犯罪、洗钱犯罪和其他金融与经济犯罪。

这 6 项立法建议分别涉及罪名设置、犯罪构成要件、起诉同意权、犯罪主体、域外管辖权、商业组织未能防止贿赂罪的增设、"充分程序"抗辩、执法机构的权限等问题。它们都是当时英国政府、议会及各界争议的焦点所在。从后来通过的《2010 年反贿赂法》来看，这些建议基本都被该法所采纳，显然这是透明国际（英国）取得的非常了不起的成就。

除了直接或间接参与《2010 年反贿赂法》的立法工作，透明国际（英国）还始终对英国与之相关的立法、执法和司法进行持续关注和评析。例如，在英国《2017 年刑事金融法》（Criminal Finances Act 2017）颁布实施之后，透明国际（英国）全面解析和评价了这部旨在确保英国更好地解决洗钱、腐败、逃税和资助恐怖主义问题，并因确立了"不明财产令"（unexplained wealth orders）条款而获得国际认可的法律。而且，透明国际（英国）将《2010 年反贿赂法》和《2017 年刑事金融法》称为近 30 年来最重要的反腐败立法。[1]

此外，透明国际（英国）还发布了与《2010 年反贿赂法》相关的非官方指引，这些指引都可以在其官网免费下载。例如，它在 2010 年 7 月发布了《关于公司反贿赂计划良好实践程序的英国〈2010 年反贿赂法〉充分程序指

---

[1]　See United Kingdom, Anti-Corruption Strategy 2017–2022, p.20.

引》（The 2010 Bribery Act UK Adequate Procedures Guidance on Good Practice Procedures for Corporate Anti-bribery Programmes，简称《英国〈2010 年反贿赂法〉充分程序指引》），旨在为公司和高管们提供切实可行的建议，并说明如何才能证明他们有充分的程序预防贿赂、如何最好地管理不遵守反贿赂法律的风险以及在面临困境时该怎么做。在上述指引的基础上，透明国际（英国）于 2017 年 10 月发布了升级版的《全球反贿赂指引：英国及海外公司的最佳实践》（Global Anti-Bribery Guidance : Best Practice for Companies in the UK and Overseas）。该指引借鉴了 120 多位一流合规与法律从业者的专业知识以及透明国际丰富的全球经验，为公司提供反贿赂和反腐败最佳实践。该指引在透明国际（英国）官网的下载量高达数万次。

事实上，透明国际（英国）就《2010 年反贿赂法》发布的文章、评论和出版物等数不胜数，所进行的实证调查、分析研判和学术研究等同样数目繁多，而正是这些工作在《2010 年反贿赂法》的制定过程中发挥了重要作用，并在该法颁布实施后继续对其立法、执法和司法贡献着智慧和洞见。

第二章
《2010 年反贿赂法》的罪名体系

英国《2010 年反贿赂法》首先规定了两项一般贿赂罪，即行贿罪（第 1 条）和受贿罪（第 2 条），前者是主动贿赂犯罪，后者是被动贿赂犯罪。这两项一般贿赂罪取代了前文所述与贿赂有关的英国普通法和制定法，尤其是《1889 年公共机构腐败行为法》《1906 年防止腐败法》和《1916 年防止腐败法》。而且，"这两项罪名的提出摒弃了先前法律所依据的'代理人／委托人关系'，转而支持了'基于诱导不正当行为意图的模型'"[1]，即"将贿赂行为解释为行为人违反了成文法所确立的正当行为义务，也就是行为人不正当实施相关行为，侵害了被赋予以诚实、公正、信任方式行事的期望"[2]。概言之，英国《2010 年反贿赂法》"以'不当行为'作为贿赂犯罪的本质，构建了较完备的贿赂罪体系"[3]。其次，该法将行贿外国公职人员罪（第 6 条）从行贿罪中单列出来，作为一项独立的罪名。最后，该法新创设了商业组织未能防止贿赂罪（第 7 条）这项新的罪名。此外，该法明确要求同意或纵容贿赂犯罪的高级管理人员承担个人责任（第 14 条）。因此，本章将详细分析《2010 年反贿赂法》的罪名体系。

---

[1] See Bribery Act 2010 - Explanatory Notes, p.1.

[2] 参见陈瑞华：《企业合规基本理论》，法律出版社2020年版，第317页。

[3] 参见邓若迅：《英国贿赂罪改革研究》，载《中国刑事法杂志》2012年第3期，第111页。

第一节　行贿罪

一、本罪的界定

根据《2010 年反贿赂法》第 1 条的规定，行贿罪包括以下两种情形：

（1）第一种情形：行为人直接或通过第三方间接向他人提议、许诺或给予经济利益或其他利益，意图利用该利益诱使他人不正当履责或活动或者将该利益作为他人不正当履责或活动的回报，而不论被提议、许诺或给予利益的人与将要或已经履责或活动的相关人员是否为同一人；

（2）第二种情形：行为人直接或通过第三方间接向他人提议、许诺或给予经济利益或其他利益，并且知道或相信他人接受该利益的行为本身会构成不正当履责或活动。

在上述两种情形中，需要注意的是：

◆ 无论行为人直接还是通过第三方间接行贿，都构成犯罪；

◆ 无论行贿是否真的完成——即"给予"（give），只要"提议"（offer）或"许诺"（promise），就足以构成犯罪；

◆ 无论被提议、许诺或给予利益的人与将要或已经履责或活动的相关人员是否为同一人，都构成犯罪（仅限第一种情形）。

二、"行为人""他人"等概念中"人"的含义

在《2010 年反贿赂法》中，作为犯罪主体的"行为人"和作为犯罪对象的"他人"指的都是"人"（person）。对此，英国在 1978 年 7 月 20 日颁布的《1889 年解释法》（Interpretation Act 1889）规定，"人"包括法人团体或非法人团体（body of persons corporate or unincorporate）。这就意味着，在英国的制定法中，凡称"人"者，若非另有相反说明，均包括法人团体或非法人团体在内。

因此，就《2010 年反贿赂法》第 1 条行贿罪和下文将分析的第 2 条受贿罪而言，无论犯罪主体，还是犯罪对象，均包括自然人、法人——由法律

创制或由法律认可而产生的人（例如公司）——或非法人组织（例如合伙企业）。这种不区分自然人、法人或非法人组织的立法模式也体现了一般贿赂罪的特征之一。事实上，在该法所有条款中，所有的"人"均指自然人、法人或非法人组织。

三、"提议、许诺或给予"的含义

在一般的道德或法律语境中，提议、许诺或给予可以是产生义务的行为，它们在外部因素的范围内体现了一定程度的确定性；而且提议、许诺或给予可以是明示地（express）或暗示地（implied）——既可以从行为中推断出来，也可以被赋予更为具体的表达方式，例如：如果一个人在另一个人的办公桌上拿着一个打开的公文包，里面装满了钱，然后说这并不意味着"代表"其愿意提供利益，那么毫无疑问，该行为人就是在暗示地提议、许诺或给予他人利益。[1]

四、"经济利益或其他利益"的认定

起初，英国法律委员会打算对"利益"作出一个不太细致的定义，即：（1）行为人在下列情况下应被视为授予利益：（a）他或她做了某事或者不做他或她有权做的事，并且（b）该作为或不作为是出于他人明示或暗示的请求或是他人获益的直接或间接结果；（2）行为人在下列情况下应被视为获得利益：（a）他人做了某事或者不做他或她有权做的事，并且（b）该作为或不作为是出于行为人明示或暗示的请求或是行为人获益的直接或间接结果。[2] 但在考虑再三之后，该委员会最终认为做出这样的定义是没有必要的，因为在他们看来，"利益"是一个完全可以根据常识理解的术语，也就不需要在法律中作出明确规定。

需要指出的是，欧洲委员会 1999 年《反腐败刑法公约》在"利益"的

[1] See The Law Commission, Reforming Bribery, LAW COM No.313, p.23.
[2] See The Law Commission, Reforming Bribery, LAW COM No.313, p.22.

前面加了一个限定语，使用了"不正当利益"的术语。但是，英国法律委员会在制定《2010年反贿赂法》时认为，该法不应当使用"不正当利益"的用法，因为英国的贿赂模式侧重于"行为的不正当"，而不是"利益的不正当"，因此在"利益"的前面加上"不正当"是一种不必要和复杂的限制。[1]尽管如此，1999年《反腐败刑法公约》和1999年提交给欧洲委员会的《关于反腐败刑法公约的解释性报告》（Explanatory Report to the Criminal Law Convention on Corruption）中关于"不正当利益"的解释还是有助于我们更好地理解何谓"利益"。该解释性报告指出："不正当的利益通常具有经济属性，但也可能是非物质性的"，例如"可能包括金钱、假期、贷款、食品和饮料、在更快的时间内处理案件、更好的职业前景等"，但"排除了法律法规允许的利益以及最低限度的、价值很低的或社会认可的礼物"[2]。

关于如何界定《2010年反贿赂法》中的"经济利益或其他利益"，与该法配套的《〈2010年反贿赂法〉——解释性说明》第15条指出："'经济利益或其他利益'的含义有待'事实的裁判所'（Tribunal of Fact）作为常识加以确定。"[3]在英国的皇家刑事法院（Crown Court）[4]，预审法官是"法律的裁判所"（Tribunal of Law），陪审团是"事实的裁判所"。根据上述解释性说明，在具体的贿赂案件中对"经济利益或其他利益"进行认定的权力实际上授予了陪审团，由陪审团根据常识就事实问题做出裁判。

英国皇家刑事法院是根据《1971年法院法》（Courts Act 1971）创立的专门的刑事法院。但是，由于该法的大部分条款已经被废止，根据《1981年高级法院法》（Senior Courts Act 1981）——《2005年宪法改革法》（Constitutional Reform Act 2005）将《1981年最高法院法》（Supreme Court Act 1981）改为《1981年高级法院法》——的相关规定，作为最高法院组成部分的皇家刑事法院的管辖权主要包括：（1）处理起诉书审判；（2）处理由治安法院移交量

---

[1] See The Law Commission, Reforming Bribery, LAW COM No.313, p.24.

[2] See Council of Europe, Explanatory Report to the Criminal Law Convention on Corruption, European Treaty Series - No.173, 1999, p.8.

[3] See Bribery Act 2010 - Explanatory Notes, pp.16–17.

[4] Crown Court也被译为"皇家法院"或"刑事法院"。

刑的罪犯；（3）听审来自治安法院对定罪和（或）刑罚的上诉；（4）对民事事项有综合的管辖权。[1] 在英国的刑事法院系统中，皇家刑事法院是唯一使用陪审团制度的法院。

五、本罪的犯罪构成要件

在本罪中，犯罪主体和犯罪对象都可以是自然人、法人团体或非法人团体。客观要件是行为人直接或通过第三方间接向他人提议、许诺或给予经济利益或其他利益。由于这一客观要件是构成本罪的一个前提条件，因此它又被称为行为要件或必要要件。该罪要求行为人须有主观过错，因此它有以下两个不同的主观要件，即过错要件：（1）意图利用该利益诱使他人不正当履责或活动，或者将该利益作为他人不正当履责或活动的回报（即实际意图）；（2）知道或相信他人接受该利益的行为本身会构成不正当履责或活动（见表2.1）。

表2.1　行贿罪的犯罪构成要件

构成要件	具体内容
犯罪主体	自然人、法人团体或非法人团体
客观要件（必要要件）	行为人直接或通过第三方间接向他人提议、许诺或给予经济利益或其他利益
主观要件：须有过错	（1）意图利用该利益诱使他人不正当履责或活动，或者将该利益作为他人不正当履责或活动的回报；（2）知道或相信他人接受该利益的行为本身会构成不正当履责或活动
犯罪对象	自然人、法人团体或非法人团体

---

[1]　参见〔英〕约翰·斯普莱克：《英国刑事诉讼程序（第九版）》，徐美君、杨立涛译，中国人民大学出版社2006年版，第285页。

六、构成本罪的情境示例

如果行为人（P）从事了以下行为，则构成行贿罪：[1]

P 通过一个朋友——与 X 在同一家公司工作——将 1 万英镑给了 X，以说服 X 向 P 提供 P 想要的与 P 自己的业务有关的公司机密信息。

对此，英国法律委员会提示：[2]

如果你知道向某人付款或者以其他任何方式给予其好处会牵涉某人滥用其职位，就不要付款或给予其好处。

相关法律条款：

《2010 年反贿赂法》

第 1 条 行贿罪（Offences of bribing another person）

（1）行为人（P）如有下述情形之一，即构成犯罪：

（2）第一种情形是，如果：

（a）P 向他人提议、许诺或给予经济利益或其他利益；并且

（b）P 意图：（i）利用该利益诱使他人不正当履责或活动，或者（ii）将该利益作为他人不正当履责或活动的回报。

（3）第二种情形是，如果：

（a）P 向他人提议、许诺或给予经济利益或其他利益；并且

（b）P 知道或相信他人接受该利益的行为本身会构成不正当履责或活动。

（4）在第一种情形中，被提议、许诺或给予利益的人与将要或已经履责或活动的相关人员是否为同一人无关紧要。

（5）在第一种和第二种情形中，利益是由 P 直接还是通过第三方间接提议、许诺或给予无关紧要。

---

[1]　See The Law Commission, Reforming Bribery, LAW COM No.313, p.xiii.

[2]　See House of Lords & House of Commons, Joint Committee on the Draft Bribery Bill–Draft Bribery Bill First Report of Session 2008–09, Vol.I, 16 July 2009, p.15.

第二节 受贿罪

一、本罪的界定

根据《2010 年反贿赂法》第 2 条的规定，受贿罪包括以下 4 种情形。

（1）第一种情形：行为人直接或通过第三方间接索取、同意收受或实际收受或者将要索取、同意收受或实际收受经济利益或其他利益，意图导致行为人本人或他人不正当履责或活动，而不论该利益是或者将是由行为人本人还是他人获益；

（2）第二种情形：行为人直接或通过第三方间接索取、同意收受或实际收受或者将要索取、同意收受或实际收受经济利益或其他利益，并且索取、同意收受或实际收受的行为本身构成行为人不正当履责或活动，而不论该利益是或者将是由行为人本人还是他人获益，也不论行为人是否知道或相信履责或活动是不正当的；

（3）第三种情形：行为人直接或通过第三方间接索取、同意收受或实际收受或者将要索取、同意收受或实际收受经济利益或其他利益，作为对行为人本人或他人不正当履责或活动的回报，而不论该利益是或者将是由行为人本人还是他人获益，也不论行为人是否知道或相信履责或活动是不正当的；

（4）第四种情形：出于行为人直接或通过第三方间接索取、同意收受或实际收受或者将要索取、同意收受或实际收受经济利益或其他利益的预期或缘故，行为人本人或应其要求或经其同意或默许的他人实施了不正当履责或活动，而且，不论该利益是或者将是由行为人本人还是他人获益，也不论行为人是否知道或相信履责或活动是不正当的，同时，如果是除行为人以外的他人正在履责或活动，则不论他人是否知道或相信履责或活动是不正当的。

在上述 4 种情形中，需要注意的是：

◆ 无论行为人直接还是通过第三方间接受贿，都构成犯罪；

◆ 无论受贿是否真的完成——即"实际收受"（accept），只要"索取"（request）或"同意收受"（agree to receive），就足以构成犯罪；

◆ 无论经济利益或其他利益是或者将是由行为人本人还是他人获益，都构成犯罪；

◆ 无论行为人本人还是他人不正当履责或活动，都构成犯罪（仅限第一种、第三种和第四种情形）。

◆ 无论行为人是否知道或相信履责或活动是不正当的，都构成犯罪（仅限第二种、第三种和第四种情形）。

◆ 如果是除行为人以外的他人正在履责或活动，则无论他人是否知道或相信履责或活动是不正当的，都构成犯罪（仅限第四种情形）。

二、严格责任犯罪

在英国现行法律中，刑事犯罪的公司责任可以通过两种方式来确立：一种是通过制定法，对公司员工或代理人的行为规定严格责任（strict liability）或替代责任（vicarious liability）；另一种是通过普通法，根据识别原则（identification principle）产生责任，即如果一个人或一群人的行为和意志状态可以归咎于一个公司，前提是该个人或群体代表了公司的"直接意志和意愿"（directing mind and will）。[1] 与前一种公司责任的适用范围有限不同，后一种公司责任适用于所有类型的犯罪，包括需要犯罪意图的犯罪。

在《2010年反贿赂法》中，针对商业组织的严格责任被认为是该法"最有创意和最为激进（因此也最具争议）的规定"[2]。在英美刑法中，"所谓严格责任，简单地说，就是指一种不问主观过错的刑事责任，即对某些犯罪的构成不要求一般犯罪构成的主观要件，只要行为人的行为符合法律规定，或者导致了法律规定的某种后果，就可以对其进行起诉或定罪处罚"[3]。实际上，就"无论行为人是否知道或相信履责或活动是不正当的，都构成犯罪（仅限第二、三、四种情形）"这句话而言，它指的是这3种情形的受贿罪都是严

---

[1] See Patrick Rappo and Lizzy Bullock, Barclays SFO Trial: is Corporate Criminal Liability Dead?, 24 March 2020, https://www.dlapiper.com/en/netherlands/insights/publications/2020/03/barclays-sfo-trial/.

[2] 参见谭彪：《英国〈反贿赂法〉对跨国公司合规提出新挑战——严格责任及其抗辩》，载《企业经济》2012年第7期，第186页。

[3] 参见刘仁文：《刑法中的严格责任研究》，载《比较法研究》2001年第1期，第46页。

格责任犯罪。显然，第一种情形要求"意图导致行为人本人或他人不正当履责或活动"，因此不属于严格责任犯罪。

要求行为人有主观过错不言自明，但在其他 3 种情形中不要求具有主观过错却在立法过程中引发了争议。对此，英国反贿赂法案草案联合委员会认为，可以在没有关于主观过错的证据的情况下，根据对受贿者过错的客观评价，判处受贿者构成犯罪，这种做法是改变将受贿视为可接受文化的重要组成部分，特别是会鼓励任何希望本着诚信、公正和基于信任的立场行事的人在为个人获益而接受利益之前三思而后行。[1] 当时的英国司法国务大臣认为，"个人在不知情或无意的情况下能够不正当履职是'完全不可能的'"，而且，"如果出现这种'特殊'情形，可以通过检察官的自由裁量权和广泛的量刑权来防止不公正"[2]。

因此，《2010 年反贿赂法》第 2 条受贿罪的第二种、第三种和第四种情形均"不问主观过错"，即"不要求一般犯罪构成的主观要件"，只要"行为人的行为符合法律规定，或者导致了法律规定的某种后果，就可以对其进行起诉或定罪处罚"。具体而言：第二种情形中的要求是"行为人索取、同意收受或实际收受的行为本身构成行为人不正当履责或活动"；第三种情形中的要求是"行为人将经济利益或其他利益作为对其本人或他人不正当履责或活动的回报"；第四种情形中的要求是"行为人本人或应其要求或经其同意或默许的他人实施了不正当履责或活动"。

三、本罪的犯罪构成要件

在本罪中，与行贿罪一样，犯罪主体和犯罪对象都可以是自然人、法人团体或非法人团体。客观要件是行为人直接或通过第三方间接索取、同意收受或实际收受或者将要索取、同意收受或实际收受利益。只有第一种情形要求有主观要件，即须有"意图导致行为人本人或他人不正当履责或活动"的

---

[1]　See House of Lords & House of Commons, Joint Committee on the Draft Bribery Bill–Draft Bribery Bill First Report of Session 2008–09, Vol.I, 16 July 2009, pp.22–23.

[2]　See House of Lords & House of Commons, Joint Committee on the Draft Bribery Bill–Draft Bribery Bill First Report of Session 2008–09, Vol.I, 16 July 2009, p.22.

主观过错，而第二种、第三种和第四种情形都不要求须有过错，仅要求"行为符合法律规定或导致了法律规定的后果"（见表 2.2）。

表 2.2　受贿罪的犯罪构成要件

构成要件	具体内容	
犯罪主体	自然人、法人团体或非法人团体	
客观要件（必要要件）	行为人直接或通过第三方间接索取、同意收受或实际收受或者将要索取、同意收受或实际收受利益，而不论该利益是或者将是由行为人本人还是他人获益	
主观要件	须有过错	（1）意图导致行为人本人或他人不正当履责或活动
	无须过错（行为符合法律规定或导致了法律规定的后果）	（2）索取、同意收受或实际收受的行为本身构成行为人不正当履责或活动；（3）将该利益作为对行为人本人或他人不正当履责或活动的回报；（4）出于行为人索取、同意收受或实际收受经济利益或其他利益的预期或缘故，行为人本人或应其要求或经其同意或默许的他人实施了不正当履责或活动
犯罪对象	自然人、法人团体或非法人团体	

四、构成本罪的情境示例

如果行为人（R）从事了以下行为，则构成受贿罪：[1]

（1）R 要求 P 支付 1 万英镑，以换取 R 或其同事为了帮助 P 与 R 的雇主签订一项合同而销毁竞争对手提交的投标文件；

（2）R 是一名公务员，他为自己索要 1000 英镑来处理一项例行申请；

（3）R 是一名公务员，他在特别快速地处理了 P 的执照申请后，向 P 索要 1000 英镑作为回报；

---

[1]　See The Law Commission, Reforming Bribery, LAW COM No.313, p.xiv.

（4）R 作为代理人，代表公司接受 P 为获得合同而投的标，因为 R 期待 P 亲自秘密地回报他，或者 R 因为接受 P 的投标而接受 P 秘密给的个人回报。

对此，英国法律委员会提示：[1]

不要为了自己或他人获得报酬或其他好处而滥用你的职权。

相关法律条款：

《2010 年反贿赂法》

第 2 条 受贿罪（Offences relating to being bribed）

（1）行为人（R）如有下述情形之一，即构成犯罪：

（2）第三种情形是，如果 R 索取、同意收受或实际收受经济利益或其他利益，意图导致不正当履责或活动，而不论行为人是 R 本人还是他人。

（3）第四种情形是，如果：

（a）R 索取、同意收受或实际收受经济利益或其他利益；并且

（b）索取、同意收受或实际收受的行为本身构成 R 不正当履责或活动。

（4）第五种情形是，如果 R 索取、同意收受或实际收受经济利益或其他利益，作为对不正当履责或活动的回报，而不论行为人是 R 本人还是他人。

（5）第六种情形是，出于 R 索取、同意收受或实际收受经济利益或其他利益的预期或缘故，以下人员实施了不正当履责或活动：

（a）R 本人；或者

（b）应 R 要求或经 R 同意或默许的他人。

（6）在第三至第六种情形中，下列情况无关紧要：

---

[1] See House of Lords & House of Commons, Joint Committee on the Draft Bribery Bill–Draft Bribery Bill First Report of Session 2008–09, Vol.I, 16 July 2009, p.15.

（a）不论 R 是直接还是通过第三方间接索取、同意收受或实际收受或者将要索取、同意收受或实际收受利益；

（b）不论该利益是或者将是由 R 还是他人获益。

（7）在第四至第六种情形中，R 是否知道或相信履责或活动是不正当的无关紧要。

（8）在第六种情形中，如果是除 R 以外的他人正在履责或活动，那么他人是否知道或相信履责或活动是不正当的也无关紧要。

第三节　行贿罪和受贿罪的相关规定

一、"相关职责或活动"的含义

在《2010 年反贿赂法》第 3 条中，"相关职责或活动"一词旨在界定贿赂可能发生的领域，即可被不正当履行的职责或活动的类型，并确保该法平等地适用于公共职责和特定的私人职责。[1] 也即，该"职责包括发生在公共部门和私营部门中的具有公共性质的行为，以及除此之外与商业、交易、执业有关的或雇佣过程中的行为"[2]。不区分公共部门和私营部门同样也体现了行贿罪和受贿罪作为一般贿赂罪的特征之一。根据该条规定，一项"相关职责或活动"需要同时符合以下两个方面的要求：一是属于第 3 条第（2）款规定的职责或活动；二是满足第 3 条第（3）款至第（5）款规定的条件 A 至条件 C 中的一个或多个——在某些情况下，不作为也可构成不正当履行（见表 2.3）。

---

[1]　See Council of Europe, Explanatory Report to the Criminal Law Convention on Corruption, European Treaty Series - No.173, 1999, p.1.

[2]　See House of Lords & House of Commons, Joint Committee on the Draft Bribery Bill–Draft Bribery Bill First Report of Session 2008–09, Vol.I, 16 July 2009, p.15.

表 2.3　"相关职责或活动"的两个要求

属于第 3 条第（2）款规定的职责或活动	满足条件 A 至条件 C 中的一个或多个
◆任何具有公共性质的职责 ◆任何与商业有关的活动 ◆任何人在雇佣期间从事的任何活动 ◆由人组成的团体（不论是法人还是非法人组织）或以其名义从事的任何活动 注意：即使是与英国无关联且履责或活动发生在英国国外的职责或活动，也属于相关职责或活动。	◆条件 A：履责或活动的人被期待善意地履责或活动 ◆条件 B：履责或活动的人被期待公正地履责或活动 ◆条件 C：履责或活动的人由于履责或活动而处于被信任的地位

此外，还需要指出以下两点：一是第 3 条第（2）款第（a）项中的"具有公共性质的职责"一词源自《1998 年人权法》（Human Rights Act 1998）第 6 条第（3）款第（b）项，该项规定"公共权力包括'任何具有公共性质的职责的人'"，但前者的含义并不局限于后者的含义；二是相关职责或活动可在英国或国外被履行，而且无须与英国有任何关联，这主要延续了已被《2010 年反贿赂法》废除的《2001 年反恐怖主义、犯罪和安全法》第 108 条第（1）款的规定，该款规定"就任何普通法贿赂罪而言，如果收受或得到好处的人的职责与英国无关联且在英国以外的国家或地区被履行，则无关紧要"。

二、"不正当履行"的含义

1. 不正当履行的定义

根据《2010 年反贿赂法》第 4 条的规定，与贿赂有关的不正当履行指的是行为人在违背相关期待的情况下履行相关职责或活动，或者行为人未履行该职责或活动且其本身就是违背相关期待，因此亦称不正当履责或活动。其中，"相关期待"就符合条件 A 或条件 B（即违背善意或公正的期待）中的职责或活动而言，是指在该相关条件中被提及的期待；就符合条件 C（即违背信任的期待）中的职责或活动而言，是指由在该条件中提及的信任地位引起的对将要履责或活动的方式或原因的任何期待。需要注意的是，个人由其过去相关履责或活动所引起的或者与该履责或活动有关的任何作为或不作为，均应被视为个人在履责或活动中的作为或不作为。

2. 不正当履行查验

英国法律委员会将《2010 年反贿赂法》第 4 条的规定称为不正当履行查验，并指出在这种旨在明确和可预见地区分非法贿赂和合法付款的法律查验中，陪审团完全有能力决定是否有人期待行为人会善意或公正地行事或者处于被信任地位，以及（如果是的话）行为人是否违背了这种期待。[1] 联合国条约事务司的犯罪公约部门负责人迪米特里·弗拉西斯（Dimitri Vlassis）和科林·尼科尔斯甚至认为，使用一种涉及善意、公正和信任的查验可以成为其他国家反贿赂法的一个模式。[2] 英国上议院和下议院认为，这是一种在简单性、确定性和有效性之间的谨慎平衡，并尽可能不在法律上留下任何空白。[3] 实践中，英国的陪审团在使用该查验方法时也从未遇到特别的困难。而且，这种规定不仅具有较高的可操作性，也易于理解和带来更高的法律遵从度。

3. "不正当履行"的情境示例

如果行为人（R）从事了以下行为，则属于"不正当履行"：[4]

◆ R 是一名员工，他邀请投标者投标，但私下里却向最有钱的投标者表明，如果 R 本人得到回报，那么 R 会看好他们的出价；

---

[1] See House of Lords & House of Commons, Joint Committee on the Draft Bribery Bill–Draft Bribery Bill First Report of Session 2008–09, Vol.I, 16 July 2009, p.15.

[2] See House of Lords & House of Commons, Joint Committee on the Draft Bribery Bill - Written Evidence, Memorandum submitted by Colin Nicholls QC (BB 56), 16 July 2009.

[3] See House of Lords & House of Commons, Joint Committee on the Draft Bribery Bill–Draft Bribery Bill First Report of Session 2008–09, Vol.I, 16 July 2009, p.20.

[4] See The Law Commission, Reforming Bribery, LAW COM No.313, p.xiv.

◆ R 是一个受托人，负责向公司有需要的前员工提供资助，当一个有需要的前员工 X——X 是 R 的家庭成员——说其已经根据 X 的意愿让 R 成为受益人时，R 同意考虑给 X 提供资助；

◆ 作为报酬的交换，R 作为一名保安同意允许竞争对手公司的董事 P 在晚上进入 R 所在的公司，这样 P 就可以仔细地搜机密文件。

对此，英国法律委员会提示：[1]

◆ 如果你知道这会导致某人滥用职权，就不要向某人付款或以任何其他方式给予其好处；

◆ 不要在为自己或他人付款或得到其他好处时滥用你的职权。

三、"可期待性查验"的含义

1. 可期待性查验的定义

根据《2010 年反贿赂法》第 5 条的规定，可期待性查验指的是判断一个英国的理性人（reasonable person）对履行某种相关职责或活动会抱有怎样的期待，而在判断这样的一个人在不受英国任何地区的法律约束下履责或活动方面的期待时，任何当地习俗或惯例均应不予考虑，除非适用于有关国家或地区的制定法允许或要求这样做。其中，"制定法"所指的法律包含在任何适用于相关国家或地区的成文宪法或由立法制定或根据立法制定的法律条款，或者任何适用于相关国家或地区且在公开的书面资料中可予证明的司法判决中。在前文中，关于"相关职责或活动"和"期待"的含义已经相对明确，而"制定法"也有明确的范围。

2. 文化差异——"不考虑当地习俗或惯例"的深层次考量

《2010 年反贿赂法》第 5 条第（2）款之所以规定"任何当地习俗或惯例均应不予考虑"，是出于英国不允许国内外文化差异可能导致贿赂犯罪不受

---

[1] See House of Lords & House of Commons, Joint Committee on the Draft Bribery Bill–Draft Bribery Bill First Report of Session 2008–09, Vol.I, 16 July 2009, p.15.

惩处这一深层次考量。英国上议院和下议院认为，虽然在招待费等问题上考虑文化差异可能偶尔是适当的，但反贿赂法在总体上必须防止个人依靠当地习俗为腐败行为辩解，否则其效力将会受到严重损害。[1] 科林·尼科尔斯也认为："考虑文化差异可能会导致法律中出现'漏洞'"[2]。对于如何解决潜在的国内外文化冲突，英国反贿赂法案草案联合委员会的观点是，"英国政府有意将当地习俗从皇家刑事法院的考虑中剔除，从而'鼓励新兴市场的文化变革'"[3]。从《2010年反贿赂法》实施至今的国际反腐败立法与合规实践来看，该法确实推动了其他一些国家或地区的反腐败立法改革，而且与美国《反海外腐败法》和法国《萨宾第二法案》（Loi Sapin II）等反腐败法将企业反腐败合规推向了一个新的高度。但与此同时，该款和第（3）款也作出了一个限制性规定，即"除非适用于有关国家或地区的制定法允许或要求这样做"，并对哪些属于"制定法"作出了明确界定，从而为潜在的冲突预留了缓和余地和商议空间。

相关法律条款：

《2010年反贿赂法》

第3条 与贿赂有关的职责或活动（Function or activity to which bribe relates）

（1）就本法而言，如果一项职责或活动属于相关职责或活动，则应当符合以下条件：

  （a）符合本条第2款之规定；并且

  （b）满足条件A至C中的一个或多个。

（2）以下职责和活动均属本款之范畴：

---

[1]　See House of Lords & House of Commons, Joint Committee on the Draft Bribery Bill–Draft Bribery Bill First Report of Session 2008–09, Vol.I, 16 July 2009, p.21.

[2]　See House of Lords & House of Commons, Joint Committee on the Draft Bribery Bill–Draft Bribery Bill First Report of Session 2008–09, Vol.II, 16 July 2009, Q85.

[3]　See Gerry Ferguson, Global Corruption: Law, Theory & Practice - Third Edition, University of Victoria, 2018, p.151.

（a）任何具有公共性质的职责；

（b）任何与商业有关的活动；

（c）任何人在雇佣期间从事的任何活动；

（d）由人组成的团体（不论是法人还是非法人）或以其名义从事的任何活动。

（3）条件 A 是，履责或活动的人被期待善意地履责或活动。

（4）条件 B 是，履责或活动的人被期待公正地履责或活动。

（5）条件 C 是，履责或活动的人由于履责或活动而处于被信任的地位。

（6）某一职责或活动即使属于以下情形，也属于相关职责或活动：

（a）与英国无关联；而且

（b）履责或活动发生在英国以外的国家或地区。

（7）在本条中，"商业"包括交易或执业。

第 4 条 与贿赂有关的不正当履行（Improper performance to which bribe relates）

（1）就本法而言，相关职责或活动：

（a）如果是在相关期待被违背的情况下被履行的，则构成不正当履责或活动；并且

（b）如果履责或活动未被履行且其本身就是对相关期待的违背，则亦应被视为不正当履责或活动。

（2）在第（1）款中，"相关期待"：

（a）就符合条件 A 或 B 中的职责或活动而言，是指在该相关条件中被提及的期待；同时

（b）就符合条件 C 中的职责或活动而言，是指由在该条件中提及的信任地位引起的、对将要履责或活动的方式或原因的任何期待。

（3）就本法而言，个人由其过去相关履责或活动所引起的或者与该履责或活动有关的任何作为（或不作为），均应被视为个人在履责或活动中的作为（或不作为）。

第 5 条 可期待性查验（Expectation test）

（1） 就第 3 条和第 4 条而言，可期待性查验是指判断一个在英国的理性人对履行某种相关职责或活动会抱有怎样的期待。

（2） 在判断这样的一个人在不受英国任何地区的法律约束下履责或活动方面的期待时，任何当地习俗或惯例均应不予考虑，除非适用于有关国家或地区的制定法允许或要求这样做。

（3） 在第（2）款中，"制定法"所指的法律包含在以下法律文件之中：

（a）任何适用于相关国家或地区的成文宪法或由立法制定或根据立法制定的法律条款；或者

（b）任何适用于相关国家或地区且在公开的书面资料中可予证明的司法判决。

第四节　行贿外国公职人员罪

一、本罪的界定

根据《2010 年反贿赂法》第 6 条第（1）款至第（4）款的规定，行贿外国公职人员罪是指：

行为人出于获得或保留业务或者在经营活动中的优势地位的意图，向外国公职人员行贿，即直接或通过第三方间接向外国公职人员或者应其要求或经其同意或默许的第三人提议、许诺或给予任何经济利益或其他利益，意图影响其作为外国公职人员对职责的履行，即影响外国公职人员以该等官员的身份履行职责，包括任何对职责履行的不作为，以及任何对外国公职人员作为此等官员的职位的利用——即使不在其权限之内，而适用于该外国公职人员的制定法既不允许也不要求其作为外国公职人员对职责的履行受到该提议、许诺或给予的影响。

其中，需要注意的是：

◆ 无论行为人直接还是通过第三方间接行贿，都构成犯罪；

◆ 无论向外国公职人员行贿，还是向应其要求或者经其同意或默许的第三人行贿，都构成犯罪；

◆ 在适当情况下，例如很难证明受贿者是外国公职人员，也可以依据该法第 1 条行贿罪通过域外管辖权对行贿外国公职人员的行为提起诉讼。[1]

二、"外国公职人员"的含义

通过借鉴《OECD 反贿赂公约》第 1 条第 4 款第（a）项和评注第 17 条的规定，《2010 年反贿赂法》第 6 条第（5）款和第（6）款对"外国公职人员"及相关概念作出了界定。据此，"外国公职人员"共包括以下 3 种类型的个人。

（1）在英国以外的国家或地区或者该国家或地区的任何管辖分区的任何类型的立法、行政或司法机关担任任何职务的人，而不论其是任命的还是选举产生的；

（2）为了或代表英国以外的国家或地区或者该国家或地区的任何管辖分区，或者为了该国家或地区或者管辖分区的任何公共机构或公共企业，行使公共职能的人；

（3）国际公共组织——包括国家或地区、国家或地区的政府、其他国际公共组织以及任何这 3 类组织的结合体——的官员或代理人。

三、"制定法"的含义

根据《2010 年反贿赂法》第 6 条第（7）款的规定，适用于外国公职人员的制定法分为 3 种情形。

（1）第一种情形：如果行为人意图影响外国公职人员对职责的履行将受英国任何地区的法律的管辖，则为英国该地区的法律；

（2）第二种情形：如果不属于第一种情形，而且外国公职人员是国际公共组织的官员或代理人，则为该组织可适用的书面规则；

---

[1] See Bribery Act 2010: Joint Prosecution Guidance of the Director of the Serious Fraud Office and the Director of Public Prosecutions, September 2019.

（3）第三种情形：如果不属于第一种和第二种情形，则为与该外国公职人员作为外国公职人员有关的国家或地区的法律，只要该法律包含在以下法律文件之中：适用于相关国家或地区的任何成文宪法或者由立法制定或根据立法制定的法律条款；任何适用于相关国家或地区且在公开的书面资料中可予证明的司法判决。

四、本罪的犯罪构成要件

在本罪中，犯罪主体是自然人、法人团体或非法人团体；犯罪对象是特殊主体，即 3 种类型的外国公职人员；客观要件是向外国公职人员行贿。与行贿罪和受贿罪不同的是，本罪有以下两个独立的主观要件：一是意图获得或保留业务或者在经营活动中的优势地位；二是意图影响其作为外国公职人员对职责的履行。据此，可以得出本罪的犯罪构成要件（见表 2.4）。

表 2.4　行贿外国公职人员罪的犯罪构成要件

构成要件	具体内容
犯罪主体	自然人、法人团体或非法人团体
客观要件 （行为要件）	向外国公职人员行贿，即直接或通过第三方间接向外国公职人员或者应其要求或经其同意或默许的第三人提议、许诺或给予任何经济利益或其他利益，并且适用于该外国公职人员的制定法既不允许也不要求其作为外国公职人员对职责的履行受到该提议、许诺或赠予的影响
主观要件 （两个独立的 过错要件）	（1）意图获得或保留业务或者在经营活动中的优势地位
	（2）意图影响其作为外国公职人员对职责的履行，即影响外国公职人员以该等官员的身份履行职责，包括任何对职责履行的不作为，以及任何对外国公职人员作为此等官员的职位的利用，即使不在其的权限之内

续上表

构成要件	具体内容
犯罪对象	外国公职人员，包括：（1）在英国以外的国家或地区或者该国家或地区的任何管辖分区的任何类型的立法、行政或司法机关担任任何职务的人；（2）为了或代表英国以外的国家或地区或者该国家或地区的任何管辖分区或者为了该国家或地区或者管辖分区的任何公共机构或公共企业，行使公共职能的人；（3）国际公共组织的官员或代理人

五、构成或不构成本罪的情境示例

如果行为人（P）从事了涉及外国公职人员（R）的以下行为，则有可能构成或不构成行贿外国公职人员罪：[1]

（1）构成本罪：P 要求一名蓝地（Blueland）公务员 R 快速地处理 P 在蓝地提交的建筑工程许可申请，R 说只有当 P 帮助 X——R 的一名亲属——在 X 的土地上进行公寓改造时才有可能实现，而 P 同意提供帮助。

（2）不构成本罪（"合法性"抗辩）：P 要求一名蓝地公务员 R 快速地处理 P 在蓝地提交的建筑工程许可申请，R 说只有 P 帮助在蓝地建立一所新学校，这才有可能实现，P 同意提供帮助，而适用于 R 的法律规定，如果外国企业同意在蓝地为真正的慈善事业提供资金，他们可以得到优惠待遇。

（3）不构成本罪（"合法性"+"有理由相信"抗辩）：P 要求一名蓝地公务员 R 快速地处理 P 在蓝地提交的建筑工程许可申请，R 说只有 P 帮助在蓝地建立一所新学校，这才有可能实现，P 同意提供帮助，而适用于 R 的法律规定，如果外国企业同意在蓝地为真正的慈善事业提供资金，他们可以得到优惠待遇。P 查看了蓝地慈善机构的登记簿，其中登记了负责筹建 P 支付款项的学校的公司。P 或 R 不知道该公司的慈善地位在 1 个月前已经到期，而该登记簿尚未更新。

对此，英国法律委员会提示：[2]

---

[1] See The Law Commission, Reforming Bribery, LAW COM No.313, pp.xv–xvi.

[2] See The Law Commission, Reforming Bribery, LAW COM No.313, p.xvii.

一般而言，对于经常与外国公职人员打交道的人来说，在没有合法理由的情况下，不要故意利用利益试图以商业理由影响外国公职人员。

相关法律条款：

《2010 年反贿赂法》

第 6 条 行贿外国公职人员罪（Bribery of foreign public officials）

（1）如果行为人（P）向外国公职人员（F）行贿并意图影响 F 作为外国公职人员对职责的履行，则构成本罪。

（2）P 还应当意图获得或保留：

（a）业务；或者

（b）在经营活动中的优势地位。

（3）当且仅当存在下列情形时，构成 P 向 F 行贿：

（a）P 直接或通过第三方间接，向（i）F 或者（ii）应 F 要求或经 F 同意或默许的第三人提议、许诺或给予任何经济利益或其他利益；并且

（b）适用于 F 的制定法既不允许也不要求 F 作为外国公职人员对职责的履行受到提议、许诺或给予的影响。

（4）本条所指的"影响 F 作为外国公职人员对职责的履行"是指影响 F 以该等官员的身份履行职责，包括：

（a）任何对职责履行的不作为；以及

（b）任何对 F 作为此等官员的职位的利用，即使不在 F 权限之内。

（5）"外国公职人员"是指以下自然人：

（a）在英国以外的国家或地区或者该国家或地区的任何管辖分区的任何类型的立法、行政或司法机关担任任何职务的人，而不论其是任命的还是选举产生的；

（b）（i）为了或代表英国以外的国家或地区或者该国家或地区的任何管辖分区，或者（ii）为了该国家或地区或者管辖分区的任

何公共机构或公共企业，行使公共职能的人；或者

（c）国际公共组织的官员或代理人。

（6）"国际公共组织"是指其成员来自以下任何一方的组织：

（a）国家或地区；

（b）国家或地区的政府；

（c）其他国际公共组织；

（d）任何上述组织的结合体。

（7）就第（3）款第（b）项而言，适用于 F 的制定法：

（a）如果 P 意图影响 F 对职责的履行将受英国任何地区的法律的管辖，则为英国该地区的法律；

（b）如果（a）项不适用且 F 是国际公共组织的官员或代理人，则为该组织可适用的书面规则；

（c）如果（a）和（b）项不适用，则为与 F 作为外国公职人员有关的国家或地区的法律，只要该法律包含在以下法律文件之中：（i）适用于相关国家或地区的任何成文宪法或者由立法制定或根据立法制定的法律条款，或者（ii）任何适用于相关国家或地区且在公开的书面资料中可予证明的司法判决。

（8）就本条而言，一项交易或一个执业均构成业务。

六、关于通融费的规定

《2010 年反贿赂法》并未对通融费（facilitation payments）作出任何规定。根据《2010 年反贿赂法：严重欺诈办公室主任和检察长联合起诉指引》（Bribery Act 2010: Joint Prosecution Guidance of The Director of the Serious Fraud Office and The Director of Public Prosecutions[1]）的规定，通融费指的是"为确保或加快履行例行或必要的职责或活动而向公职人员支付的非正式款项。它们有时被称为'加速费'（speed payments）或'润滑金'（grease

---

[1] Director of Public Prosecutions 也可被译为"刑事检控专员"。

payments）……通融费并未被法律豁免。根据英国以往的普通法和制定法以及当前的《2010 年反贿赂法》，它们都是非法的"[1]。这与 2009 年经合组织发布的《理事会关于进一步打击在国际商业交易中行贿外国公职人员的建议》（Recommendation of the Council for Further Combating Bribery of Foreign Public Officials in International Business Transactions）中关于通融费的建议是一致的。经合组织指出，鉴于小额通融费的腐蚀性影响，特别是对经济可持续发展和法治的影响，建议成员国鼓励公司禁止或劝阻其在公司内部控制、道德与合规计划或措施中使用小额通融费，并敦促所有国家提高本国公职人员对本国反贿赂法的认识，以制止索取或收受小额通融费的行为。[2] 无论经合组织还是英国，都不认可美国《反海外腐败法》豁免小额通融费的做法。

对此，《〈2010 年反贿赂法〉：商业组织防止关联人贿赂程序指引》（The Bribery Act 2010: Guidance About Procedures Which Relevant Commercial Organisations Can Put into Place to Prevent Persons Associated with Them from Bribing）进一步指出，支付通融费的行为不仅会触犯《2010 年反贿赂法》第 6 条行贿外国公职人员罪，还会在有诱导不正当行为——接受此类付款的行为本身就是不正当的——意图的情况下触犯第 1 条行贿罪和第 7 条商业组织未能防止贿赂罪。[3] 该指引还指出，在国家和国际层面，根除通融费都是一个长期的目标，既需要经济社会进步和对法治的持续承诺，也需要国际组织、各国政府、反贿赂游说团体、商业组织以及行业组织之间的协作和共同努力。

七、关于招待费、促销费等商业支出的规定

与通融费一样，《2010 年反贿赂法》也未对招待费、促销费及其他商业支出作出任何规定。根据《〈2010 年反贿赂法〉：商业组织防止关联人贿赂

---

[1]　See Bribery Act 2010: Joint Prosecution Guidance of the Director of the Serious Fraud Office and the Director of Public Prosecutions, September 2019.

[2]　See Recommendation of the Council for Further Combating Bribery of Foreign Public Officials in International Business Transactions, 26 November 2009.

[3]　See The Bribery Act 2010: Guidance About Procedures Which Relevant Commercial Organisations Can Put into Place to Prevent Persons Associated with Them from Bribing, p.18.

程序指引》的相关规定，合理的、成比例的、真实的招待费、促销费及其他商业支出是合法的，因为它们一直以来都是正常商业活动的重要组成部分，商业组织可以借此改善形象、更好地展示产品和服务以及建立友好关系。但是，不合理的、不成比例的或者不真实的招待费、促销费及其他商业支出有可能导致行为人触犯第 1 条行贿罪、第 6 条行贿外国公职人员和第 7 条商业组织未能防止贿赂罪。

第五节　商业组织未能防止贿赂罪

一、设置本罪的背景和目的

英国《2010 年反贿赂法》第 7 条"商业组织未能防止贿赂罪"有迹可循的法律渊源来自 3 部欧盟条约。欧盟理事会于 1997 年 6 月 19 日通过的《保护欧洲共同体金融利益公约第二议定书》（Second Protocol of the Convention on the Protection of the European Communities' Financial Interests）第 3 条第 2 款规定："除第 1 款已规定的情形外，各成员国应采取必要措施，确保当第 1 款所指人员在缺少监督或控制的情况下根据法人授权有可能为该法人的利益实施欺诈或者积极的腐败或洗钱行为时，法人可以承担责任。"1998 年欧洲委员会《反腐败刑法公约》第 18 条第 2 款几乎完全复制了该条款，即"除第 1 款已规定的情形外，各成员国应采取必要措施，确保当第 1 款所指自然人在缺少监督或控制的情况下根据法人授权有可能为该法人的利益实施第 1 款所规定刑事犯罪时，可追究法人的责任"。随后，欧盟《理事会 2003 年 7 月 22 日关于打击私营部门腐败的第 2003/568/JHA 号框架决定》（Council Framework Decision 2003/568/JHA of 22 July 2003 on Combating Corruption in the Private Sector）第 5 条第 2 款也作出了同样的规定。

在参考上述欧盟条约规定的基础上，为了争取到最容易卷入贿赂犯罪者和最有能力帮助防止贿赂犯罪者的支持，英国采取了设置商业组织未能防止贿赂罪这种"史无前例"的做法，而且人们普遍认为这非常成功，并被透明国际（英国）称为"非常宝贵的激励企业改善行为和检察官在刑法框架内追究公司责任的工具"[1]。概言之，英国通过设置商业组织未能防止贿赂罪，大大降低了公司刑事犯罪的门槛，并显著促进了企业反贿赂和反腐败合规建设。

二、本罪的界定

根据《2010 年反贿赂法》第 7 条第（1）款和第（3）款的规定，如果相关商业组织的关联人出于为该商业组织获得或保留业务或者为其在经营活动中获得或保留优势地位的意图而贿赂他人，并且该关联人已构成或将要构成本法规定的行贿罪或行贿外国公职人员罪——不论该关联人是否已因该犯罪而被起诉，则该商业组织构成商业组织未能防止贿赂罪。

三、"相关商业组织"的含义

只有商业组织才能成为本罪的犯罪主体。根据《2010 年反贿赂法》第 7 条第（5）款的规定，"相关商业组织"指的是以下两种类型的商业组织：（1）根据英国法律注册并开展业务的法人团体或非法人团体，而不论其在哪里开展业务；（2）在英国开展全部或部分业务的其他法人团体或非法人团体，而不论其在何处注册。该条款意味着，在英国没有明显业务——此处所指的"业务"可由交易或执业构成——存在的商业组织不会被依据《2010 年反贿赂法》第 7 条展开调查和提起诉讼。那么，如何判断某个商业组织是"开展业务"的商业组织呢？考虑到具体案件中的特定事实，法院将是判定该商业组织是否构成在英国开展业务的最终裁判者，而且通常只需要运用常识方法进行判断即可。[2]

四、"关联人"的含义

根据《2010 年反贿赂法》第 8 条第（1）款的规定，关联人是指为了或代表相关商业组织提供服务的人。关联人与商业组织之间构成关联关系。

[1] See The Bribery Act 2010: Post-legislative Scrutiny, 14 March 2019. pp.51–52.
[2] See The Bribery Act 2010: Guidance About Procedures Which Relevant Commercial Organisations Can Put into Place to Prevent Persons Associated with Them from Bribing, p.15.

1."关联人"的判断标准

该法第 8 条第（2）款和第（4）款对如何判断关联人确立了一个较为"宽泛"的标准，即应参考所有相关情况，而不能仅仅依据其与商业组织之间关系的性质来确定，尤其是既不论关联人是否正在考虑从事任何贿赂行为，也不论关联人为了或代表该商业组织提供服务的能力如何。概言之，关联人指的是为了或代表相关商业组织提供服务的任何人。

2."关联人"的外延

关联人既可能是商业组织的员工、代理人或子公司（第 8 条第 3 款），也可能包括第三方（例如合资合作伙伴、合营合作伙伴、中间人、外包商、供货商、承包商等）。

3. 子公司作为"关联人"时母公司的责任

根据《〈2010 年反贿赂法〉：商业组织防止关联人贿赂程序指引》的规定，母公司是否应当为子公司承担责任，要考虑每个案件的具体事实，并最终由法院决定作为母公司的商业组织是否应对子公司的贿赂犯罪行为负责，特别是要考虑两个方面的情况：一是对关联人活动的控制程度；二是证明员工或代理人为母公司或其子公司获得或保留业务或者经营活动中优势地位的具体意图。[1]

4. 员工作为"关联人"的特殊情形

该法第 8 条第（5）款特别规定，如果关联人是相关商业组织的员工，除非有相反证据，否则应推定该关联人是为了或代表该商业组织提供服务的人。

---

[1] See British Bankers' Association, Anti-Bribery and Corruption Guidance: Practical Guidance for the Banking Sector in Complying with the Bribery Act 2010 and Meeting FCA Obligations, May 2014, p.9.

五、"合伙企业"的含义及其构成本罪的情形

根据《2010年反贿赂法》第7条第（5）款和第15条的规定，"合伙企业"指的是以下3种类型的企业：（1）《1890年合伙企业法》规定的合伙企业，该法第1条第1款规定，合伙企业是指以盈利为目的共同经营的人之间存在的关系；（2）根据《1907年有限合伙法》登记的有限合伙企业；（3）根据英国境外国家或地区的法律成立的具有类似性质的公司或实体。其中，对合伙企业实施的商业组织未能防止贿赂罪提起诉讼，必须以该合伙企业的名义而非以任何合伙人的名义提出，而且合伙企业因构成本罪所处的罚金应当从该合伙企业的资产中支付。

六、本罪的犯罪构成要件

根据本罪的定义可知，构成本罪的一个前提条件是相关商业组织的关联人已构成或将要构成本法规定的行贿罪或行贿外国公职人员罪，而不论该关联人是否已因该犯罪而被起诉。本罪的犯罪主体是相关商业组织；犯罪对象是他人，即自然人、法人团体或非法人团体；客观要件是相关商业组织的关联人出于为该商业组织获得或保留业务或者为其在经营活动中获得或保留优势地位的意图而贿赂他人。特别值得注意的是，本罪没有主观要件（详见下文所述）。据此，可以得出本罪的犯罪构成要件（见表2.5）。

表2.5　商业组织未能防止贿赂罪的犯罪构成要件

构成要件	具体内容
前提条件	相关商业组织的关联人已构成或将要构成本法规定的行贿罪或行贿外国公职人员罪，而不论该关联人是否已因该犯罪被起诉
犯罪主体	相关商业组织，包括：根据英国法律注册并开展业务的法人团体或非法人团体，而不论其在哪里开展业务；在英国开展全部或部分业务的其他法人团体或非法人团体，而不论其在何处注册

续上表

构成要件	具体内容
主观要件	无
客观要件	相关商业组织的关联人出于为该商业组织获得或保留业务或者为其在经营活动中获得或保留优势地位的意图，贿赂他人，即直接或通过第三方间接向他人提议、许诺或给予经济利益或其他利益
犯罪对象	自然人、法人团体或非法人团体

七、本罪中刑事责任的性质："替代责任"

有观点指出，在《2010 年反贿赂法》颁布之时，该法第 7 条关于商业组织未能防止贿赂罪的规定"在当时创造了一种前所未有的'替代责任'形式，并潜在地具有强大的域外影响"[1]。那么，什么是"替代责任"呢？一般而言，"替代责任"是指公司雇主有可能替代性地对其员工的行为承担责任，例如公司员工在受雇佣期间构成严格责任犯罪的，该公司也可能承担刑事责任，这种责任通常由严格责任犯罪引起，即不需要证明存在故意、轻率、疏忽等犯罪意图，因此，在确定一家公司是否要承担"替代责任"时，首先看设立该罪行的制定法条款规定该罪是一个严格责任犯罪还是要求必须有犯罪意图。[2] 如前文所述，第 7 条商业组织未能防止贿赂罪并不要求作为犯罪主体的相关商业组织存在犯罪意图，或者说该犯罪不要求主观构成要件。也即是说，相关商业组织应当对其关联人的贿赂行为承担"替代责任"。可见，"替代责任"通常是由严格责任犯罪引起的。

对于为何要引入"替代责任"，英国法律委员会在 2008 年的报告《反贿赂改革》中主要强调了以下 3 点内容：[3]

（1）对犯罪承担直接责任并不是一个商业组织因涉及有过错的不法行为

---

[1] See Emmanuel Breen, UK Flexes Extraterritorial Reach with Airbus Settlement, 10 February 2020, https://fcpablog.com/2020/02/10/uk-flexes-extraterritorial-reach-with-airbus-settlement/.

[2] See Guidance on Corporate Prosecutions, https://www.cps.gov.uk/legal-guidance/corporate-prosecutions.

[3] See The Law Commission, Reforming Bribery, LAW COM No.313, pp.105–110.

而承担刑事责任的唯一方式。在英国法上，犯罪的刑事责任——无论是否涉及证明有过错——可以间接施加，例如对未能防止另一人的不法行为而设立组织责任。

（2）有效的激励必须以法律义务为基础，即如果违反这些法律义务，可能会导致采取法律行动以惩罚和遏制不法行为。对关于公司贿赂刑事责任的法律进行更新和加强能够使公司受益，因为这能为避免贿赂提供更好的激励，例如拥有跨国经营或销售业务的公司应当支持的反腐败政策最终会提高市场效率、降低成本并促进竞争。

（3）引入"替代责任"的罪行将使检察官更容易起诉那些实际上通过在没有保障措施的情况下开展业务以延续贿赂文化和做法的公司，从而在易受舞弊诱惑的行业、地区或国家促进高标准的诚信。同时，适用于该罪的过错要件及抗辩，既能强调定罪的严重性，也能确保那些为避免触犯该罪而做出真诚努力的公司免于承担不该有的刑事责任。

可见，《2010年反贿赂法》第7条商业组织未能防止贿赂罪在实质上首先是一种严格责任公司刑事犯罪，因为该罪亦确立了一种不问主观过错的刑事责任。与之类似地，英国《2017年刑事金融法》规定的两项未能防止协助逃税的犯罪也属于此类犯罪，即该法第45条规定的未能防止为英国逃税提供便利罪和第46条规定的未能防止为外国逃税提供便利罪。

八、对"替代责任"的限制："充分程序"抗辩

《2010年反贿赂法》第7条第（2）款赋予了商业组织一项"充分程序"抗辩（"adequate procedures" defense），即如果相关商业组织可以证明自己已经建立了"充分程序"以预防其关联人实施贿赂行为，则构成一种抗辩。该"充分程序"抗辩实质上是一种"合规程序"抗辩[1]，或者说是一种"充分公司治理程序"抗辩，它意味着英国将贿赂犯罪的执法责任从依靠警察、检察

---

[1]　See Jon Jordan, The Adequate Procedures Defense Under the UK Bribery Act: A British Idea for the Foreign Corrupt Practices Act, Stanford Journal of Law, Business & Finance, 2011, Vol.17, Iss.1, pp.28–33.

官和刑事法院来确保企业变革的被动模式转为由公司自己变革的主动模式。[1]
这体现了英国反贿赂法从注重制裁到提倡引导的处罚理念转变[2]，不仅对跨国
公司合规提出了新挑战[3]，也"使得企业被赋予更高的道德要求，将合规体系
的构成作为无罪抗辩的重要事由"[4]。

该抗辩权的存在是对要求商业组织承担本罪刑事责任的一个重要限制。
对此，立法者主要是基于以下两点考虑：（1）引入这一罪名的主要目的是预
防商业组织直接或间接支持与其有业务往来的人的受贿行为或文化，而不是
鼓励商业组织采取更多措施来预防员工或代理人以腐败和自私自利的方式行
事；（2）该法的关注点是将刑法指向那些未能持续和系统地努力确保其关联
人不代表其行贿的商业组织——即使这种行为发生的风险可能很高，而不是
那些在特定案件中犯了错误（哪怕是罪魁祸首）的经营良好的商业组织。[5]
正如英国前总检察长肯尼斯·克拉克（Kenneth Clarke）所言，《2010年反贿
赂法》之所以作出如此严格的规定，是"为了让那些对腐败负有责任的特立
独行者日子不好过，而不是给绝大多数正派的守法者造成不必要的负担"[6]。

为了帮助商业组织更好地了解《2010年反贿赂法》和应对贿赂风险，特
别是告诉商业组织是否有必要及如何建立"充分程序"，《2010年反贿赂法》
第9条以委托立法的方式，将制定和修订相关商业组织预防贿赂指引的权力
授权给了英国国务大臣，同时明确要求其在根据该条规定发布任何事物之
前，都应当咨询苏格兰大臣和北爱尔兰司法部。根据该条规定，英国司法部
于2011年3月30日发布了《〈2010年反贿赂法〉：商业组织防止关联人贿
赂程序指引》（关于该指引的具体内容，详见本书第十章）。

---

[1] See Peter Alldridge, The U.K. Bribery Act: The Caffeinated Younger Sibling of the FCPA, Symposium: The FCPA at Thirty-Five and Its Impact on Global Business, Ohio State Law Journal, 2012, Vol.73, Iss.5, pp.1181–1216.

[2] 参见周振杰：《英国刑法中的商业组织不履行预防贿赂义务罪研究——兼论英国法人刑事责任的转变与发展方向》，载《刑法论丛》2012年第3期。

[3] 参见谭彪：《英国〈反贿赂法〉对跨国公司合规提出新挑战——严格责任及其抗辩》，载《企业经济》2012年第7期。

[4] 参见陈瑞华：《英国〈反贿赂法〉与刑事合规问题》，载《中国律师》2019年第3期，第81页。

[5] See The Law Commission, Reforming Bribery, LAW COM No.313, p.98.

[6] See The Bribery Act 2010: Guidance About Procedures Which Relevant Commercial Organisations Can Put into Place to Prevent Persons Associated with Them from Bribing, p.2.

九、构成或不构成本罪的情境示例

如果商业组织（C）从事了以下行为，则有可能构成或不构成商业组织未能防止贿赂罪：[1]

（1）构成本罪：C决定在蓝地营商。在C公司，没有人关心是否可以代表C支付为获得商业机会而进行的贿赂。C雇佣了一名居住在蓝地的代理人A，由其代表C与蓝地的政府官员建立业务联系。A贿赂这些官员以促使其与C签订合同。尽管众所周知蓝地的官员对贿赂持开放态度，但C公司的董事们并未就其对贿赂的态度向A提供指导。

（2）不构成本罪（"充分程序"抗辩）：C决定在蓝地营商。在C公司，没有人关心是否可以代表C支付为获得商业机会而进行的贿赂。C雇佣了一名居住在蓝地的代理人A，由其代表C与蓝地的政府官员建立业务联系。A贿赂这些官员以促使其与C签订合同。但是，C可以证明已经给了区域经理一项任务，即确保所有的国外代理人都遵守C的反贿赂政策，而该区域经理并未完成该任务，因为她正忙于在竞争对手那里找工作。

相关法律条款：

《2010年反贿赂法》

第7条 商业组织未能防止贿赂罪（Failure of commercial organisations to prevent bribery）

（1）如果相关商业组织（C）的关联人（A）贿赂他人并存在以下意图，则该商业组织构成本罪：

（a）为C获得或保留业务；或者

（b）为C在经营活动中获得或保留优势地位。

（2）但是，如果C可以证明自己已经建立了充分程序以防止其关联人实施贿赂行为，则构成一种抗辩。

---

[1] See The Law Commission, Reforming Bribery, LAW COM No.313, p.xvi.

（3）就本节而言，当且仅当 A 存在以下情形时，才属于 A 贿赂他人：

（a）已构成或将要构成本法第 1 条或第 6 条规定的犯罪（不论 A 是否已因该犯罪被起诉）；或者

（b）在不考虑第 12 条第（2）款第（c）项和第（4）款的情况下，将构成该犯罪。

（4）C 的关联人的含义，见第 8 条；国务大臣发布指南的职责，见第 9 条。

（5）在本条中，

"合伙企业"是指：

（a）《1890 年合伙企业法》规定的合伙企业；或者

（b）根据《1907 年有限合伙法》登记的有限合伙，或者根据英国境外国家或地区的法律成立的具有类似性质的公司或实体。

"相关商业组织"是指：

（a）根据英国任何地区的法律成立并开展业务的法人团体，而不论是在英国还是在其他地方；

（b）在英国任何地区开展全部或部分业务的任何其他法人团体，而不论在何处注册；

（c）根据英国任何地区的法律成立并开展业务的合伙企业，而不论是在英国还是在其他地方；或者

（d）在英国任何地区开展全部或部分业务的任何其他合伙企业，而不论在何处注册；并且就本条而言，一项交易或一个执业均构成业务。

第 8 条 关联人的含义（Meaning of associated person）

（1）就第 7 条而言，如果（不考虑任何正在考虑中的贿赂）一个人（A）是为了或代表 C 提供服务，则 A 与 C 之间构成关联关系。

（2）A 为了或代表 C 提供服务的能力无关紧要。

（3）因此，例如 A 可以是 C 的员工、代理人或子公司。

（4）A 是否是为了或代表 C 提供服务的人，应参考所有相关情况，而不

能仅仅依据 A 与 C 之间关系的性质来确定。

（5）但是，如果 A 是 C 的员工，除非有相反证据，否则应推定 A 是为了或代表 C 提供服务的人。

第 9 条 商业组织防止贿赂指引（Guidance about commercial organisations preventing bribery）

（1）国务大臣应当发布程序指引，相关商业组织可以用来防止其关联人实施第 7 条第（1）款规定的行贿行为。

（2）国务大臣可不时地根据本条规定发布对指引的修订或修订版指引。

（3）国务大臣在根据本条规定发布任何东西之前，都应当咨询苏格兰大臣和北爱尔兰司法部。

（4）本条规定的发布应以国务大臣认为适当的方式进行。

（5）本条中使用的表述与第 7 条中的含义相同。

第 15 条 合伙企业实施的本法第 7 条规定的犯罪（Offences under section 7 by partnerships）

（1）就合伙企业实施的本法第 7 条规定的犯罪提起诉讼，必须以该合伙企业的名义而非以任何合伙人的名义提出。

（2）为实现上述诉讼目的：

（a）与送达文件有关的法院规则具有如同合伙企业是法人团体一样的效力；以及

（b）以下条款如同适用于法人团体一样适用：（i）《1925 年刑事司法法》第 33 条和《1980 年治安法院法》附件 3；（ii）《1945 年刑事司法（北爱尔兰）法》第 18 条和《1981 年治安法院（北爱尔兰）令》附件 4；（iii）《1995 年刑事诉讼（苏格兰）法》第 70 条。

（3）合伙企业因构成第 7 条规定的犯罪所处的罚金应当从该合伙企业的资产中支付。

（4）在本条中，"合伙企业"的含义与第 7 条中的含义相同。

第六节 高级管理人员的责任风险

商业组织的高级管理人员要特别注意《2010 年反贿赂法》第 14 条的规定，该条款规定了"同意或纵容"贿赂犯罪的高级管理人员应当承担的个人责任。

具体而言：《2010 年反贿赂法》第 14 条第 1 款和第 2 款规定，当法人团体或苏格兰合伙企业构成行贿罪、受贿罪或行贿外国公职人员罪时，如果该犯罪经证明是在该法人团体或合伙企业的高级管理人员或者声称以这种身份行事的个人同意或纵容下实施的，则该高级管理人员或个人将与法人团体或合伙企业一样构成该犯罪，可被起诉并受到相应处罚。其中，"高级管理人员"指的是：法人团体的董事、经理、秘书或其他类似的高级职员，或者合伙企业的合伙人（第 14 条第 4 款）。需要注意的是，第 14 条第 3 款规定此类犯罪具有域外管辖权（关于域外管辖权的详细介绍，参见本书第三章第二节）。

此外，如果商业组织未能建立或维持"充分程序"，则该商业组织的高级管理人员很容易受到民事索赔和监管行动的影响（参见本书第四章第一节）。

相关法律条款：

《2010 年反贿赂法》

第 14 条 法人团体以及诸如此类实体实施的本法第 1 条、第 2 条和第 6 条之犯罪（Offences under sections 1, 2 and 6 by bodies corporate etc.）

（1）如果法人团体或苏格兰合伙企业构成本法第 1 条、第 2 条或第 6 条规定的犯罪，则本条适用。

（2）如果该犯罪经证明是在以下人员的同意或纵容下实施的：

（a）法人团体或苏格兰合伙企业的高级管理人员；或者

（b）声称以这种身份行事的个人，

则该高级管理人员或个人以及法人团体或合伙企业构成该犯罪，可被起诉并受到相应处罚。

（3）但是，在因第12条第（2）款至第（4）款而根据第1条、第2条或第6条构成犯罪的情形下，本条第（2）款不适用于高级管理人员或声称以这种身份行事的个人，除非他们与英国之间存在密切联系——在第12条第（4）款所指的范围内。

（4）在本节中：

"董事"就其事务由其成员管理的法人团体而言，是指该法人团体的成员。

"高级管理人员"的含义是：

（a）就法人团体而言，指该法人团体的董事、经理、秘书或其他类似的高级职员；以及

（b）就苏格兰合伙企业而言，指该合伙企业的合伙人。

第三章

《2010 年反贿赂法》的适用、管辖和起诉

第一节　适用范围

《2010 年反贿赂法》第 18 条规定了该法适用的领土范围，即适用于包括英格兰、威尔士、苏格兰和北爱尔兰在内的整个英国。同时，对该法任一条文所作的任何修订、废除或撤销，其适用范围与该条文相同 [第 18 条第（2）款]，但《2006 年武装部队法》的修订和废除不适用于海峡群岛 [第 18 条第（3）款]，《2001 年国际刑事法院法》修正案和《1982 年民用航空法》的废除不适用于海峡群岛、马恩岛或英国海外领土 [第 18 条第（4）款和第（5）款]。在此基础上，《2010 年反贿赂法——解释性说明》第 12 条至第 14 条作出了如下进一步说明：[1]

◆ 苏格兰：苏格兰议会于 2010 年 2 月 11 日根据《塞维尔协议》（Sewel Convention）通过了一项立法许可动议，该动议的出台是因为该法中的条款涉及与贿赂有关的苏格兰刑法，而该协议规定，在没有苏格兰议会同意的情况下，英国议会一般不得就苏格兰的自治事项立法；

---

[1] See Bribery Act 2010 - Explanatory Notes, p.3.

◆ 威尔士:《2010 年反贿赂法》将如同适用于英国其他地方一样适用于威尔士，但这不会改变威尔士国民议会（National Assembly for Wales）的立场，也不会影响到威尔士部长们的权力；

◆ 北爱尔兰:《2010 年反贿赂法》将如同适用于英国其他地方一样适用于北爱尔兰，这不会改变北爱尔兰议会（Northern Ireland Assembly）的立场。

相关法律条款：

《2010 年反贿赂法》

第 18 条 适用范围（Extent）

（1）本法的适用范围延伸至英格兰、威尔士、苏格兰和北爱尔兰。

（2）除第（3）款至第（5）款另有规定外，附件 1 或附件 2 所作的任何修订、废除或撤销，其适用范围与经修订、废除或撤销的条文相同。

（3）《2006 年武装部队法》的修订和废除不适用于海峡群岛。

（4）《2001 年国际刑事法院法》修正案仅适用于英格兰、威尔士和北爱尔兰。

（5）第（2）款不适用于《1982 年民用航空法》中的废除。

第二节　域外管辖权及例外情形

一、《2010 年反贿赂法》规定的域外管辖权

在《2001 年反恐怖主义、犯罪和安全法》第 109 条的基础上，《2010 年反贿赂法》第 12 条进一步扩大了域外管辖权的范围。需要指出的是，第 12 条第（1）款规定的是域内管辖权，即如果构成犯罪组成部分的任何作为或不作为发生在英国的英格兰和威尔士、苏格兰或北爱尔兰，则构成本法第 1 条行贿罪、第 2 条受贿罪或第 6 条行贿外国公职人员罪。第 12 条第（2）

款、第（3）款、第（5）款和第（6）款规定的才是域外管辖权，其两种情形如下：

（1）第一种情形：如果构成本法第 1 条、第 2 条或第 6 条之犯罪组成部分的作为或不作为未发生在英国境内，但行为人在英国境外的作为或不作为（如在英国完成或做出）构成此种犯罪的组成部分，并且该行为人与英国之间存在密切联系，则该作为或不作为构成上述犯罪的组成部分，可在英国的任何地方就该犯罪提起诉讼；

（2）第二种情形：构成第 7 条商业组织未能防止贿赂罪的，不论构成该犯罪组成部分的作为或不作为是在英国还是在其他地方发生，该法都有管辖权，而且，即使构成第 7 条之犯罪组成部分的作为或不作为并未发生在英国，也可在英国的任何地方就该犯罪提起诉讼。

其中，需要注意的是：[1]

◆ 第 12 条第（1）款是指，如果行为要素的任何部分发生在英国的任何地方，则第 1 条、第 2 条或第 6 条之罪行是在英国的任何地方犯下的；

◆ 第 12 条第（2）款至第（4）款的效果是，即使所有相关行为都发生在国外，但如果从事这些行为的人是英国国民或通常居住在英国的居民个人、在英国成立的法人团体或苏格兰合伙企业，则这些行为仍然构成犯罪。

◆ 第 12 条第（5）款至第（6）款规定的是，就第 7 条之犯罪而言，犯罪行为要素的发生地无关紧要，即无论犯罪行为是否发生在英国，都不影响构成该罪和在英国就该犯罪提起诉讼。

通过上述分析可知，尽管有一些限制条件，但完全可以说，具有任何国籍或公民身份的人在世界任何地方从事的贿赂行为，都有可能被依据英国《2010 年反贿赂法》第 12 条予以管辖，并依据该法第 1 条、第 2 条、第 6 条或（和）第 7 条被逮捕、起诉、定罪和（或）处罚。也即，英国《2010 年反

---

[1] See Bribery Act 2010 - Explanatory Notes, p.10.

贿赂法》"为英国执法机关提供了广泛的国际执法基础"[1]。但需要指出的是，这种范围被扩大的域外管辖权并不意味着英国就会对在世界任何地方发生的贿赂犯罪提起诉讼，其一般原则仍然是贿赂犯罪通常由犯罪发生国的法院进行管辖和审理，只有当被告在犯罪发生国没有被起诉但实际居住在英国的司法管辖区内（有可能需要引渡），同时有足够的证据证明有可能定罪且起诉符合公共利益时，英国法院才可能会进行起诉。

二、"密切联系"原则

根据《2010年反贿赂法》第12条第（4）款的规定，判断构成该法第1条、第2条或第6条之犯罪的行为人是否与英国之间存在密切联系的标准是：当且仅当相关作为或不作为是以下行为人之一完成或做出时，该人与英国之间存在密切联系：（a）英国公民；（b）英国海外领土公民；（c）英国国民（海外）；（d）英国海外公民；（e）根据《1981年英国国籍法》具有英籍人士身份的人；（f）在该法所指的范围内受英国保护的人；（g）通常居住在英国的居民个人；（h）根据英国任何地方的法律成立的法人团体；（i）苏格兰合伙企业。这一标准通常被称为"密切联系"原则。显然，对于企业而言，"密切联系"意味着要在英国注册；对于个人而言，"密切联系"则意味着要成为英国国民或通常居住在英国等（见表3.1）。

特别需要指出的是，就第7条商业组织未能防止贿赂罪而言，"在英国注册或者开展全部或部分业务"意味着：《2010年反贿赂法》对在海外经营的英国公司和在英国有业务的海外公司都具有域外效力。

---

[1] 参见刘旭升、武长海：《英国：如何指导商业组织"反贿赂"》，载《中国纪检监察报》2013年3月20日第4版。

表 3.1 《2010 年反贿赂法》的域外管辖权与适用[1]

	一般贿赂罪 （行贿罪和受贿罪）	行贿外国 公职人员罪	商业组织未能 防止贿赂罪
个人	与英国之间存在密切联系，例如英国公民或常住居民		—
商业组织	在英国注册（如果构成犯罪组成部分的作为或不作为发生在英国，则国籍、联结点或注册地无关紧要）		在英国注册或者开展全部或部分业务
商业组织的高级管理人员	犯罪必须是在与英国有密切联系的高管的同意或纵容下实施的（如果构成犯罪组成部分的作为或不作为发生在英国，则国籍、联结点或注册地无关紧要）		—
行贿地点	世界上的任何地方		

三、可起诉的法院

根据《2010 年反贿赂法》第 12 条第（7）款和第（8）款的规定，当就某贿赂犯罪在苏格兰对某人提起诉讼时，可提起诉讼的法院是：在该人被逮捕或羁押的任何郡法院（Sheriff Court）辖区，或者在苏格兰检察长（Lord Advocate）可以决定的此类郡法院辖区。其中，根据《1995 年刑事诉讼（苏格兰）法》第 307 条第（1）款的规定，"郡法院辖区"延伸到郡治安官对刑事案件有管辖权的范围（不论依据的是制定法还是普通法）。也即是说，凡在苏格兰针对某人提起法律诉讼，该等法律诉讼可在该人被逮捕或羁押的任何郡法院辖区内，或者在苏格兰检察长指定的郡法院辖区内提起。[2]

---

[1]　See Transparency International, The 2010 Bribery Act UK Adequate Procedures Guidance on Good Practice Procedures for Corporate Anti-Bribery Programmes, p.8.

[2]　See Bribery Act 2010 - Explanatory Notes, p.10.

四、例外情形

《2010 年反贿赂法》第 13 条规定了管辖权的例外情形，即情报部门和武装部队相关职能的适当行使。该条第（1）款规定，被指控构成相关贿赂犯罪的人，如能证明其行为的实施是正当地行使情报部门的任何职能，或者在服现役时正当地行使武装部队的任何职能，则构成一项辩护。

其中，需要注意的是：

◆ "相关贿赂犯罪"包括：第 1 条行贿罪（但不构成第 6 条行贿外国公职人员罪）；第 2 条受贿罪；协助、教唆、怂恿或促使犯第 1 条或第 2 条罪行的犯罪；企图或串谋犯或煽动犯第 1 条或第 2 条罪行的犯罪；与第 1 条或第 2 条罪行有关且符合《2007 年严重犯罪法》（Serious Crime Act 2007）（鼓动或协助犯罪）第 2 部分规定的犯罪。

◆ "武装部队"是指《2006 年武装部队法》（Armed Forces Act 2006）规定的英国女王陛下的部队。

◆ "情报部门"是指英国安全局、秘密情报局或政府通讯总部（GCHQ）。

相关法律条款：

《2010 年反贿赂法》

第 12 条 本法中的犯罪：适用的领土范围

（1）如果构成犯罪组成部分的任何作为或不作为发生在英国的英格兰和威尔士、苏格兰或北爱尔兰，则构成本法第 1 条、第 2 条或第 6 条之犯罪。

（2）在以下情形下，适用第（3）款：

（a）构成本法第 1 条、第 2 条或第 6 条之犯罪组成部分的作为或不作为未发生在英国境内；

（b）行为人在英国境外的作为或不作为（如在英国完成或做出）构

成此种犯罪的组成部分；并且

（c）该行为人与英国之间存在密切联系。

（3）在这种情形下：

（a）该作为或不作为构成第（2）款第（a）项之犯罪的组成部分；
以及

（b）可在英国的任何地方就该犯罪提起诉讼。

（4）就第（2）款（c）项而言，当且仅当相关作为或不作为是以下行为
人之一完成或做出时，该人与英国之间存在密切联系：

（a）英国公民；

（b）英国海外领土公民；

（c）英国国民（海外的）；

（d）英国海外公民；

（e）根据《1981 年英国国籍法》具有英籍人士身份的人；

（f）在该法所指的范围内受英国保护的人；

（g）通常居住在英国的居民个人；

（h）根据英国任何地方的法律成立的法人团体；

（i）苏格兰合伙企业。

（5）构成第 7 条之犯罪的，不论构成该犯罪组成部分的作为或不作为是
在英国还是在其他地方发生。

（6）即使构成第 7 条之犯罪组成部分的作为或不作为并未发生在英国，
也可在英国的任何地方就该犯罪提起诉讼。

（7）如依据本条规定就某犯罪在苏格兰对某人提起诉讼，则适用第
（8）款。

（8）在以下情形下，可提起此类诉讼：

（a）在该人被逮捕或羁押的任何郡法院辖区内，或者（b）在苏格
兰检察长可以决定的此类郡法院辖区内。

（9）在第（8）款中，"郡法院辖区"应根据《1995 年刑事诉讼（苏格
兰）法》第 307 条（1）项进行解读。

第 13 条 对某些贿赂罪以及诸如此类犯罪的辩护

（1）被控犯有相关贿赂犯罪的人，如能证明其行为是在以下必要情形下实施，则构成一项辩护：

（a）正当地行使情报部门的任何职能；或者

（b）在服现役时正当地行使武装部队的任何职能。

（2）各情报部门的负责人应当确保其机构已作出安排，以确保情报部门成员的任何行为，如在其他情形下会构成相关贿赂犯罪，则须为第（1）款第（a）项范围内的目的所需。

（3）国防委员会应当确保武装部队有适当的安排，以确保以下人员的行为如在其他情形下会构成相关贿赂犯罪，则须为第（1）款第（b）项范围内的目的所需：

（a）现役武装部队的成员；或者

（b）在支援（a）项所指人员时，须受武装部队纪律约束的平民。

（4）依据第（2）款或第（3）款作出的安排，应当是国务大臣认为令人满意的安排。

（5）就本条而言，如果任何人的行为是为实现第（1）款第（a）项或第（b）项所指之目的而必须的，则该人的行为应当是指以下情形：

（a）否则即属第 2 条之犯罪；而且

（b）涉及另一人的行为，而若非因第（1）款第（a）项或第（b）项之规定，该行为即属第 1 条之犯罪。

（6）在本节中：

"现役"是指：

（a）对敌人采取的行动；

（b）在不列颠群岛以外为保护生命或财产而采取的行动；或者

（c）对外国或外国领土采取的军事占领。

"武装部队"是指女王陛下的部队（《2006 年武装部队法》所指的）。

"受武装部队纪律约束的平民"和"敌人"的含义与《2006 年武装部队法》所指的含义相同。

"政府通讯总部（GCHQ）"具有《1994 年情报服务法》第 3 条第（3）项所指的含义。

"负责人"的含义是：

（a）就安全局而言，为安全局局长；

（b）就秘密情报局而言，为秘密情报局局长；以及

（c）就政府通讯总部（GCHQ）而言，为政府通讯总部（GCHQ）主任。

"情报部门"是指安全局、秘密情报局或政府通讯总部（GCHQ）。

"相关贿赂犯罪"是指：

（a）第 1 条之犯罪，而该犯罪并不亦属第 6 条之犯罪；

（b）第 2 条之犯罪；

（c）协助、教唆、怂恿或促致犯第（a）款或第（b）款之罪的犯罪；

（d）企图或串谋犯或煽动犯第（a）款或第（b）款之罪的犯罪；或者

（e）与第（a）款或第（b）款之罪相关且符合《2007 年严重犯罪法》（鼓动或协助犯罪）第 2 部分规定的犯罪。

第三节　同意起诉

一、"亲自同意"的含义

《2010 年反贿赂法》第 10 条第 1 款至第 4 款将英国旧法（已废除）规定的提起诉讼需要经过总检察长同意的要求，改为需要经过相关检察机关负责人的"亲自同意"。与通常的同意不同的是，该种给出同意的权力不能委托给（英格兰和威尔士的）皇家检察官（Crown Prosecutor）。[1]具体而言：

（1）第一种情形：在英格兰和威尔士，就本法规定的犯罪提起诉讼，需

---

[1] See The Code for Crown Prosecutors, p.2, https://www.cps.gov.uk/sites/default/files/documents/publications/Code-for-Crown-Prosecutors-October-2018.pdf.

要经过检察长或严重欺诈办公室主任（Director of the Serious Fraud Office，DSFO）的同意；

（2）第二种情形：在北爱尔兰，就本法规定的犯罪提起诉讼，需要经过北爱尔兰检察长（Director of Public Prosecutions for Northern Ireland）或严重欺诈办公室主任的同意。

实际上，2010 年 4 月 8 日通过并于 2011 年 7 月 1 日起实施的《2010 年反贿赂法》最初规定的是"在英格兰和威尔士，根据该法提起的诉讼必须得到 3 个高级检察机关最高长官——即检察长、严重欺诈办公室主任以及税务和海关检控主任（Director of Revenue and Customs Prosecutions）——之一的同意"[1]，但根据 2014 年 3 月 27 日起实施的英国《2014 年公共机构（检察长与税务和海关检控主任合并）令》[The Public Bodies (Merger of the Director of Public Prosecutions and the Director of Revenue and Customs Prosecutions) Order 2014] 第 3 条的规定，英国的税务和海关检控主任已经被废除，其法定职能被转交给检察长。因此，要想在英格兰和威尔士根据该法提起诉讼，只需要得到检察长或严重欺诈办公室主任的同意即可。

关于检察长和严重欺诈办公室主任的介绍如下：

◆ 检察长是英格兰和威尔士的主要公诉机关皇家检控署（Crown Prosecution Service，CPS）的负责人。皇家检控署是根据《1985 年犯罪起诉法》（Prosecution of Offences Act 1985）第 1 条设立的。检察长在对国会负责的总检察长的督察下开展皇家检控署的工作。皇家检控署负责起诉英格兰和威尔士警方和其他调查机构调查的刑事案件，独立于警方和政府独立运作，其职责是确保正确的人因正确的罪行而受到起诉，并尽可能将违法者绳之以法，但它也与警方、法院、司法部门和其他合作者密切合作，以实现正义。[2]

◆ 严重欺诈办公室主任是英国严重欺诈办公室的负责人。该办公室于 1988 年根据《1987 年刑事司法法》（Criminal Justice Act 1987）成立，

---

[1] See Bribery Act 2010 - Explanatory Notes, p.10.
[2] See Data Protection and the CPS, https://www.cps.gov.uk/about-cps.

是一个专门的侦查和起诉机构，负责处理最高级别的严重或复杂的欺诈、贿赂和腐败案件，作为英国刑事司法系统的组成部分，管辖范围包括英格兰、威尔士和北爱尔兰，但不包括苏格兰、马恩岛或海峡群岛。[1] 显然，该办公室是《2010 年反贿赂法》的执法机构。同时，严重欺诈办公室也是英格兰和威尔士调查（在某些情况下与警方联合）和起诉海外腐败案件的牵头机构（皇家检察署也对警方调查的海外贿赂犯罪进行起诉）。该办公室由主任负责，现主任是于 2018 年 8 月 28 日上任的丽莎·奥索夫斯基（Lisa Osofsky）。值得注意的是，丽莎·奥索夫斯基曾担任美国联邦检察官、联邦调查局（FBI）副总法律顾问和道德官（Ethics Officer）以及高盛国际公司洗钱报告官（Money Laundering Reporting Officer），并长期从事合规咨询与调查工作。

概言之，有权批准对贿赂犯罪提起诉讼的人是：检察长（即皇家检控署检察长或北爱尔兰检察长）和严重欺诈办公室主任。

二、同意权的"委托或授权行使"

根据《2010 年反贿赂法》第 10 条第 5 款至第（10）款的规定，检察长和严重欺诈办公室主任可以委托指派或根据相关法律的授权将同意起诉的职权交由他人代其行使。但需要注意的是，他人必须亲自行使该职权。具体而言，可分为以下两种情形：

（1）第一种情形：委托指派＋他人亲自行使。

在英格兰和威尔士，当检察长或严重欺诈办公室主任不在且有他人根据其书面委派在其不在时代为行使任何此类职权时，他人可以亲自行使给予同意的职权。

（2）第二种情形：法定授权＋他人亲自行使。

在北爱尔兰，经北爱尔兰检察长同意之后，北爱尔兰副检察长可以依据《2002 年司法（北爱尔兰）法》第 30 条第（4）款或第（7）款（授权副检察

---

[1]　See About Us, https://www.sfo.gov.uk/about-us/.

长行使检察长的职权）亲自行使给予同意的职权。（《2002 年司法（北爱尔兰）法》第30 条第（4）款规定，副检察长拥有检察长的一切权力，但必须在检察长的领导和管理下行使这些权力；第（7）款规定，如果检察长不在或空缺，则检察长的一切职能都由副检察长行使。）

相关法律条款：

《2010 年反贿赂法》

第 10 条 同意起诉

（1）除非经以下人员同意，否则不得在英格兰和威尔士就本法规定的犯罪提起诉讼：

（a）检察长；[或]

（b）严重欺诈办公室主任…

（c）…………………………

（2）除非经以下人员同意，否则不得在北爱尔兰就本法规定的犯罪提起诉讼：

（a）北爱尔兰检察长；或

（b）严重欺诈办公室主任。

（3）除非经相关负责人同意，否则以下人员不得在英格兰、威尔士或北爱尔兰就本法规定的犯罪提起诉讼：

（a）（i）根据检察长 [或严重欺诈办公室主任] 的指示或命令，或

（ii）代表上述机构负责人，采取行动的人；或

（b）被上述机构负责人指派此种职权的人。

（4）检察长 [和严重欺诈办公室主任] 应当亲自行使第（1）款、第（2）款或第（3）款规定的给予同意的职权。

（5）唯一的例外情形是，如果：

（a）相关机构负责人不在；并且

（b）有他人根据负责人的书面委派在其不在时代为行使任何此类职权。

（6）在上述情形中，他人可以行使这一职权，但应当是亲自行使。

（7）第（4）款至第（6）款替代任何其他条款，适用于检察长［或严重欺诈办公室主任］依据第（1）款、第（2）款或第（3）款之规定所行使的给予同意的职权由有关负责人以外的人行使的情形。

（8）除非经北爱尔兰检察长的同意，否则不得依据《2002 年司法（北爱尔兰）法》第 36 条（将北爱尔兰检察长的职权委托给副检察长以外的人）在北爱尔兰就本法规定的犯罪提起诉讼。

（9）北爱尔兰检察长应当亲自行使第（2）款或第（8）款规定的任何给予同意的职权，除非该职权由北爱尔兰副检察长依据《2002 年司法（北爱尔兰）法》第 30 条第（4）款或第（7）款（授权副检察长行使检察长的职权）亲自行使。

（10）第（9）款替代《2002 年司法（北爱尔兰）法》第 36 条，适用于与北爱尔兰检察长和副检察长依据或（视情况而定）因前述第（2）款和第（8）款规定行使给予同意的职权的情形。

《2014 年公共机构（检察长与税务和海关检控主任合并）令》

"附件 2" 第 74 条：

（1）《2010 年反贿赂法》第 10 条（同意起诉）做如下修改。

（2）在第（1）款中：

　　（a）在第（a）项"检察长"后插入"或"；

　　（b）省略第（c）项及其前面的"或"。

（3）在第（3）款第（a）项第（i）小节中，将"，严重欺诈办公室主任或税务和海关检察署署长"替换为"或严重欺诈办公室主任"。

（4）在第（4）款中，将"，严重欺诈办公室主任和税务和海关检察署署长"替换为"和严重欺诈办公室主任"。

（5）在第（7）款中，将"，严重欺诈办公室主任或税务和海关检察署署长"替换为"或严重欺诈办公室主任"。

第四节　如何起诉

2019 年 9 月经审查的最新版《2010 年反贿赂法：严重欺诈办公室主任和检察长联合起诉指引》旨在规定严重欺诈办公室主任和检察长就该法所规定的罪行做出诉讼决定的方法，但不适用于苏格兰和北爱尔兰。同时，该指引既受制于英国《皇家检察官准则》（Code for Crown Prosecutors），也要结合《公司起诉指引》（Guidance on Corporate Prosecutions）进行解读。其中，《皇家检察官准则》是检察长依据《1985 年检控犯罪法》（Prosecution of Offences Act 1985）第 10 条颁布的，其最新版本是 2018 年 10 月更新的《皇家检察官准则》（第八版），而《公司起诉指引》，又称《公司起诉联合起诉指引》（Joint Prosecution Guidance on Corporate Prosecutions），则规定了检察长和严重欺诈办公室主任在英格兰和威尔士起诉公司犯罪（公司过失杀人罪等除外）的一般方法——该指引也应结合《皇家检察官准则》进行解读，并从属于该准则。

一、起诉贿赂犯罪的一般方法

1.《全套准则查验》（Full Code Test）

与处理其他刑事犯罪一样，检察官必须根据《皇家检察官准则》中规定的《全套准则查验》来决定是否对贿赂犯罪提起诉讼。《皇家检察官准则》（第八版）第 4.2 条规定，《全套准则查验》分为两个阶段，即证据阶段（Evidential Stage）和公众利益阶段（Public Interest Stage）。根据该准则第 4.4 条的规定，在大部分案件中，检察官应当在考虑是否有足够证据起诉之后，再考虑公众利益，但在有的案件中，在查验所有证据之前就能清楚进行起诉不符合公众利益，此时检察官就可以直接做出不继续诉讼程序的决定。根据《皇家检察官准则》的相关规定，检察官在《全套准则查验》的两个阶段至少需要考虑表 3.2 列出的问题。

表 3.2　检察官在《全套准则查验》的两个阶段需要考虑的问题[1]

证据阶段
（1）证据能否在法庭上使用？（评估证据被采纳的可能性和证据的重要性） （2）证据是否可靠？（考虑是否有理由质疑证据的可靠性，包括其正确性或完整性） （3）证据是否可信？（考虑是否有理由质疑证据的可信度） （4）是否有其他信息材料有可能影响证据的充足性？（在本阶段和整个案件处理过程中，都要考虑是否有任何信息材料会影响对证据充足性的评估）
公共利益阶段
（1）罪行有多么严重？（罪行越严重，就越有可能需要起诉；在评估罪行的严重性时，要考虑嫌疑人的罪责和造成的伤害，具体可参考问题 2 和问题 3） （2）嫌疑人的罪责等级如何？（罪责等级越高，就越有可能需要起诉；罪责可能取决于嫌疑人的参与程度、犯罪预谋和（或）预先计划的程度、嫌疑人从犯罪行为中获益的程度、嫌疑人是否曾有犯罪记录等因素） （3）受害者的情况和所受伤害如何？（受害者的情况越脆弱或其自认的脆弱程度越高，就越有起诉的必要；若犯罪针对的受害者在被害时为公众服务，就更有必要起诉；要考虑犯罪对受害者造成的影响；但是，检察官必须对公共利益形成一个整体的看法） （4）嫌疑人在犯罪时的年龄和成熟度如何？（嫌疑人越小，就越不可能被起诉；然而，有时候尽管嫌疑人未满 18 周岁或不够成熟，但起诉也会符合公共利益，其中包括犯罪情节严重、嫌疑人过去的记录表明只能起诉以及未认罪导致庭外处置不可用） （5）对社区有什么影响？［犯罪行为对社区的影响越大，就越有可能需要起诉；社区不局限于由地点确定的社区，也可能与具有某些特征、经历或背景的人群有关，包括职业群体；可通过"社区影响声明"（Community Impact Statement）获得对社区影响的证据］ （6）起诉是否是成比例的反应？（要考虑起诉是否与可能的结果成比例，其中司法成本可能是一个相关因素，同时还应按照有效管理案件的原则起诉案件，例如在涉及多个嫌疑人的案件中，可能只对主要参与者提起诉讼，以避免诉讼程序过长和复杂） （7）信息来源是否需要保护？（在不适用公共利益豁免的案件中，起诉时应特别谨慎，因为可能需要公开细节，而这可能会损害信息来源、正在进行的调查、国际关系或国家安全。必须不断审查这些案件）

---

[1]　See The Code for Crown Prosecutors, pp.7–11, https://www.cps.gov.uk/sites/default/files/documents/publications/Code-for-Crown-Prosecutors-October-2018.pdf.

需要指出的是，在有限的情况下，即使没有通过《全套准则查验》，也可以使用《门槛查验》（Threshold Test）来起诉嫌疑人。《皇家检察官准则》（第八版）第 5.3 条至第 5.10 条规定，《门槛查验》由以下 5 个条件组成：（1）有合理的理由怀疑被起诉的人已构成犯罪；（2）有进一步的证据可以为定罪提供现实可能性；（3）案件的严重性或情节能够证明做出立即起诉决定的正当性；（4）根据《1976 年保释法》（Bail Act 1976）有持续的充分理由反对保释，并且在案件的所有情况下，这样做是适当的；（5）起诉嫌疑犯符合公共利益。[1] 在使用《门槛查验》时，必须同时满足上述 5 个条件，才能考虑任何其他条件或提起诉讼。但是，未经过证据阶段的案件，无论多么严重、多么敏感，都不得起诉，而如果有足够的证据证明起诉是正当的，检察官就必须考虑是否为了公共利益提起诉讼，并在每一个案件中都根据案件本身的事实和是非曲直，严格按照《皇家检察官准则》进行审查。[2] 显然，在英国，符合公共利益是一个非常重要的理念。

2. 英国"举报人"（Whistleblower）制度

英国的"举报人"制度也和"公共利益"紧密相关。"举报人"，通常又被称为"吹哨人""告密人"或"揭发人"。"吹哨人"一词，起源于维多利亚时代的英国警察，他们在发现犯罪分子或犯罪行为发生时会吹响随身携带的哨子，以引起同事和周围民众的注意。与之相应的"举报行为"或"吹哨行为"（Whistleblowing）指的是员工举报工作中可疑的不正当行为。[3] 在英国，为"举报人"提供法律保护的主要是《1998 年公共利益揭露法》（Public Interest Disclosure Act 1998）。该法规定在《1996 年就业权利法》（Employment Rights Act 1996）第 IV 部分后面插入第 IVA 部分"受保护的揭露"（Protected Disclosure）。

---

[1] See The Code for Crown Prosecutors, pp.12–13, https://www.cps.gov.uk/sites/default/files/documents/publications/Code-for-Crown-Prosecutors-October-2018.pdf.

[2] See Bribery Act 2010: Joint Prosecution Guidance of the Director of the Serious Fraud Office and the Director of Public Prosecutions, September 2019.

[3] See Information for Victims, Witnesses and Whistleblowers, https://www.sfo.gov.uk/publications/information-victims-witnesses-whistleblowers/.

根据该法第 1 条的规定，"受保护的揭露"是指"举报人"基于合理的相信而揭发关于以下事项的一项或多项信息：（a）刑事犯罪已经、正在或可能被犯下；（b）有人已经、正在或可能不履行其应承担的任何法律义务；（c）司法不公已经、正在或可能发生；（d）个人健康或安全已经、正在或可能受到威胁；（e）环境已经、正在或可能受到损害；（f）能够说明以上任何事项的信息已经、正在或可能被故意隐瞒。英国官方称之为"为公共利益而揭露"。显然，如果有合理的理由相信有贿赂犯罪已经、正在或可能被犯下，"举报人"就可以进行举报。

为了保护为公共利益而揭露某些信息的个人，该法第 2 条规定了"不受侵害权"（Right Not to Suffer Detriment），即员工有权不因其雇主的任何作为或故意不作为而受到任何侵害，理由是该员工进行了"受保护的揭露"。但需要注意的是，本条不适用于被解雇的员工。

英国《1998 年公共利益揭露法》和《1996 年就业权利法》以及相关的法律文件为"举报人"提供了有效的法律保护，因此《2010 年反贿赂法》并未专门设置关于"举报人"保护的条款。

二、行贿罪和受贿罪的起诉

1. 证据阶段

在判断是否对某个案件就行贿罪或受贿罪提起诉讼时，检察官除了需要判断是否符合行贿罪或受贿罪的犯罪构成要件，尤其是必要要件和过错要件（如果有的话）外，还需要考虑是否存在关于行贿罪或受贿罪各自不同情形的任何直接证据（书证或其他），以及能否从包括利益价值在内的情境中将其推断出来。同时，由于在行贿罪或受贿罪的各自不同情形中，过错要件（如果有的话）是不同的，因此检察官需要根据不同的情形起草单独的诉状或罪状，并明确该诉状或罪状是否是可供选择的。

2. 公共利益阶段

检察官需要比较有利于起诉的公共利益因素和不利于起诉的公共利益因素，并通常在前者大于后者的情况下提起诉讼。在就行贿罪或受贿罪提起诉讼时，检察官会考虑的公共利益因素可参见表 3.3。

表 3.3　就行贿罪或受贿罪提起诉讼需要考虑的公共利益因素 [1]

有利于起诉的公共利益因素	不利于起诉的公共利益因素
◆对贿赂的定罪有可能被判重刑 ◆犯罪往往是有预谋的，而且可能包含受贿人的腐败因素 ◆犯罪可能是为了促成更严重的犯罪 ◆涉嫌贿赂的人可能担任要职或处于被信任的地位，并利用了该职位或地位	◆法院可能只会判处轻微的刑罚 ◆损害轻微，而且是由单一事件造成的 ◆已经采取了"真正积极主动"（proactive）的做法，包括自我报告（self-reporting）和补救行动

三、行贿外国公职人员罪的起诉

1. 证据阶段

在判断是否对某个案件就行贿外国公职人员罪提起诉讼时，检察官需要判断是否符合该罪的犯罪构成要件，尤其是一个客观要件和两个独立的主观要件。同时，"在适当情况下，也可以根据第 1 条利用延伸的域外管辖权对贿赂外国公职人员的行为提起诉讼。例如，如果很难证明受贿者是外国公职人员，就可以采取这种做法。但是，应当指出的是，根据第 1 条提起诉讼需要证明不正当履行的要件" [2]。在行贿外国公职人员罪的起诉中，需要强调的两个具体问题是：通融费；招待费和促销费。一方面，通融费并没有被

---

[1]　See Bribery Act 2010: Joint Prosecution Guidance of the Director of the Serious Fraud Office and the Director of Public Prosecutions, September 2019.

[2]　See Bribery Act 2010: Joint Prosecution Guidance of the Director of the Serious Fraud Office and the Director of Public Prosecutions, September 2019.

《2010 年反贿赂法》豁免，它们是非法的；另一方面，合理的、成比例的、真实的招待费和促销费是法律允许的，但此类费用既可能形成行贿罪或行贿外国公职人员罪的基础，也可能构成以犯商业组织未能防止贿赂罪为目的而进行的贿赂——具体而言：在行贿罪中，必须证明有"不正当履行"的要件；在行贿外国公职人员罪中，必须证明提供招待费或促销费是意图影响外国公职人员，以获得或保留业务或者在经营活动中的优势地位。[1] 此外，还要考虑招待费或支出的奢侈程度（例如超出在特定情况下可能合理的标准）、与合法商业活动之间有无明确关联或被隐瞒等。

2. 公共利益阶段

检察官需要比较有利于起诉的公共利益因素和不利于起诉的公共利益因素，并通常在前者大于后者的情况下提起诉讼。

就通融费而言，在就行贿外国公职人员罪提起诉讼时，检察官会考虑的公共利益因素可参见表 3.4。

表 3.4　就通融费提起诉讼时需要考虑的公共利益因素 [2]

有利于起诉的公共利益因素	不利于起诉的公共利益因素
◆大额或重复付款更有可能被判重刑 ◆通融费支付是有计划的或被作为营商的一种标准方式而接受，这有可能表明犯罪是有预谋的 ◆通融费支付可能表明官员在犯罪方式上存在积极腐败的因素 ◆如果商业组织有明确和充分的、规定个人在被要求支付通融费时应遵守程序的政策，但却未得到正确地遵守	◆小额通融费支付可能只会被判处轻微的刑罚 ◆通融费支付曝光是由于采取了"真正积极主动"的做法，包括自我报告和补救行动 ◆如果商业组织有明确和充分的、规定个人在被要求支付通融费时应遵守程序的政策，而且得到正确地遵守 ◆通融费支付者由于被要求支付而处于弱势地位

---

[1] See Bribery Act 2010: Joint Prosecution Guidance of the Director of the Serious Fraud Office and the Director of Public Prosecutions, September 2019.

[2] See Bribery Act 2010: Joint Prosecution Guidance of the Director of the Serious Fraud Office and the Director of Public Prosecutions, September 2019.

就招待费和促销费而言，在就行贿外国公职人员罪提起诉讼时，检察官会考虑的公共利益因素亦可参见表3.3。

四、商业组织未能防止贿赂罪的起诉

1. 证据阶段

在判断是否对某个案件就商业组织未能防止贿赂罪提起诉讼时，检察官需要判断是否符合该罪的犯罪构成要件，尤其是"如果'相关商业组织'的关联人贿赂他人（意图为该商业组织获得或保留业务或者为其在经营活动中获得或保留优势地位），该相关商业组织将被起诉，但前提是关联人已犯或将犯第1条或第6条罪行（第2条'被动贿赂'与第7条之罪行无关）"[1]。同时，还需要注意以下4点：一是第7条不要求起诉第1条和第6条罪行的上游犯罪，但需要有足够的证据证明此类犯罪符合政策的刑事标准（在这种情况下，关联人无须与英国有密切关联）；二是该罪的管辖范围很广，即只要该商业组织在英国注册或成立，或者该组织在英国开展全部或部分业务，英国法院就有管辖权，而不论构成犯罪组成部分的作为或不作为可能在世界上任何地方发生；三是该罪不是实质性贿赂犯罪，不会取代或免除公司对贿赂的直接责任；四是相关商业组织享有"充分程序"抗辩，即如何能够证明它建立了"充分程序"来防止其关联人行贿，那么该组织就可以免责，但需要注意的是，一个单一的贿赂案件并不一定意味着一个组织的反贿赂程序是不适当的（例如，代理人或员工的行为可能是故意违反非常严格的公司合同规定）。[2]

2. 公共利益阶段

检察官需要比较有利于起诉的公共利益因素和不利于起诉的公共利益因

---

[1] See Bribery Act 2010: Joint Prosecution Guidance of the Director of the Serious Fraud Office and the Director of Public Prosecutions, September 2019.

[2] See Bribery Act 2010: Joint Prosecution Guidance of the Director of the Serious Fraud Office and the Director of Public Prosecutions, September 2019.

素，并通常在前者大于后者的情况下提起诉讼。在就商业组织未能防止贿赂罪提起诉讼时，检察官会考虑的公共利益因素亦可参见表 3.3。同时，《公司起诉指引》中规定的附加公共利益因素也应当予以重视和考虑（见表 3.5）。

表 3.5　起诉公司时需要考虑的附加公共利益因素[1]

有利于起诉的公共利益因素	不利于起诉的公共利益因素
◆有类似行为的历史记录（包括以前对其采取的刑事、民事和监管执法行动）；在一再公然违反法律的情况下，不起诉可能是不适当的，也无法提供足够的威慑效果 ◆所起诉的行为是公司已确立的商业惯例的组成部分 ◆所起诉的罪行是在公司合规计划无效的时候犯下的 ◆公司以前曾受到警告、制裁或刑事起诉，但未能采取适当行动预防未来的违法行为，或者继续从事这种行为 ◆未能在犯罪曝光后的合理时间内报告非法行为（检察官还需要考虑是否应起诉对未能报告行为或该非法行为负责的公司高管） ◆未能适当和完整地报告非法行为的真实程度	◆公司管理团队在发现违法行为时采取了"真正积极主动"的方法，包括自我报告和补救行动（如赔偿受害者、提供信息和证人、披露内部调查细节等） ◆没有类似行为的历史记录（包括以前对其采取的刑事、民事和监管执法行动） ◆有"真正积极主动"和有效的公司合规计划 ◆可以采取的民事或监管补救措施可能是有效的和更加成比例的 ◆犯罪行为体现的是个人（例如一个行为失常的董事）独自的行动 ◆违法行为并非最近才发生，而以当前形式存在的公司实际上已经是与犯下这些罪行的公司不同的实体 ◆根据欧盟法律，定罪可能会对公司产生不利影响，但要始终牢记犯罪严重性和任何其他相关的公共利益因素 ◆公司正在停业整顿中

[1] See Bribery Act 2010: Joint Prosecution Guidance of the Director of the Serious Fraud Office and the Director of Public Prosecutions, September 2019.

第五节　刑事调查解决机制

执法机构在对违反《2010 年反贿赂法》的案件进行刑事调查后，主要有 3 种类型的解决机制，包括民事追缴（Civil Recovery）、暂缓起诉协议和刑事指控（Criminal Charge）。其中，一旦被刑事指控，被告就必须决定是否认罪，即作出无罪答辩（Not Guilty Plea）或认罪答辩（Guilty Plea）。（见图3.1）

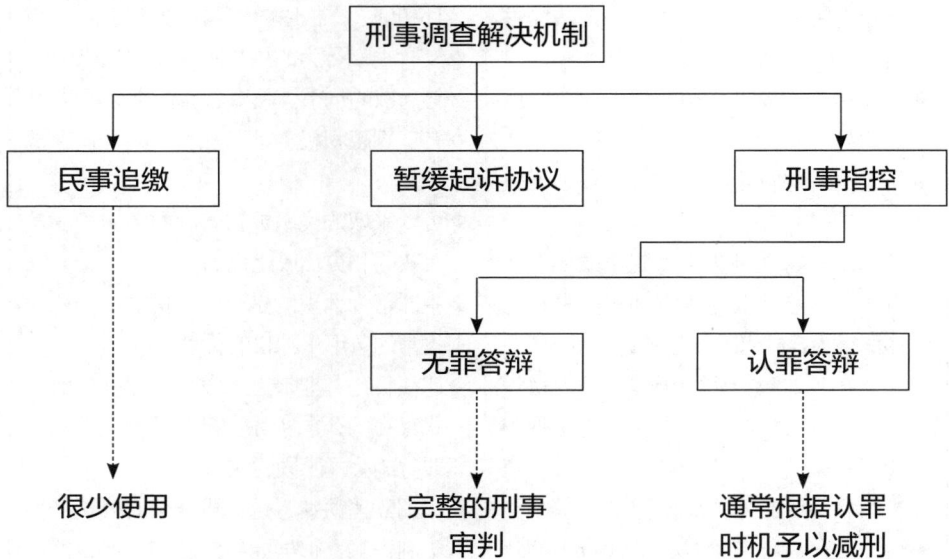

```
                        ┌──────────────────┐
                        │  刑事调查解决机制  │
                        └──────────────────┘
        ┌───────────────────────┼────────────────────────┐
   ┌─────────┐            ┌────────────┐            ┌─────────┐
   │ 民事追缴 │            │ 暂缓起诉协议 │            │ 刑事指控 │
   └─────────┘            └────────────┘            └─────────┘
                                                ┌────────┴────────┐
                                          ┌──────────┐     ┌──────────┐
                                          │ 无罪答辩  │     │ 认罪答辩  │
                                          └──────────┘     └──────────┘
        ┆                                     ┆                  ┆
   很少使用                             完整的刑事            通常根据认罪
                                          审判              时机予以减刑
```

图 3.1 《2010 年反贿赂法》的刑事调查解决机制 [1]

（1）民事追缴：尽管执法机构主要是提起刑事指控，但在适当情况下，也会使用民事追缴令作为刑事指控的替代。根据《2002 年犯罪所得法》（Proceeds of Crime Act 2002）的规定，检察机关有权拒绝提起刑事诉讼，而

---

[1] See JENNER & BLOCK, Anti-Corruption Enforcement (2019–2020): A Guide to the FCPA, UK Bribery Act and International Anti-Corruption Laws, p.59.

是通过向民事法院提起诉讼追回被指控犯罪活动的收益（详见本书第四章第一节）。

（2）暂缓起诉协议：根据《2013 年犯罪和法院法》（Crime and Courts Act 2013）附件 17 的规定，构成贿赂犯罪的商业组织（即法人团体或非法人团体，但不能是自然人）可以对其犯罪行为作出弥补，而不必直接面对刑事定罪及其随之而来的一系列严重后果，尤其是不会留下被定罪的犯罪记录（详见本书第五章）。

（3）无罪答辩：如果被告不认罪，将进行完整的刑事审判。《2010 年反贿赂法》第 1 条行贿罪、第 2 条受贿罪和第 6 条行贿外国公职人员罪均可在治安法庭或皇家刑事法院进行审判，具体取决于罪行的严重性——由于皇家刑事法院的量刑权比治安法院大，如果治安法官认为其权力不足，则有可能被治安法官定罪并移交皇家刑事法院判刑；同时，第 7 条商业组织未能防止贿赂罪只能在皇家刑事法院审理。

（4）认罪答辩：认罪答辩必须由被指控者本人亲自提出，在认罪答辩"之后就不需要组成陪审团，因为被指控者已经亲口对自己定罪。法院可以直接进行量刑。如果它需要被指控者的更多信息，它可以休庭准备报告"，但"如果被指控者对一项罪状答辩有罪而对另一项答辩无罪，法官将对他承认有罪的罪状的判决推迟到'无罪'答辩的审判之后。如果陪审团裁决他有罪，法官可以一次对所有的犯罪量刑"。[1] 认罪答辩往往能够为被指控者带来减刑。根据《治安法院量刑指南》（Magistrates' Court Sentencing Guidelines）的规定，减刑的程度应反映犯罪人表示愿意认罪的阶段，因此对减刑额采用滑动比例法（sliding scale），即通常是三分之一（如果认罪是在第一个合理的机会作出），但可减少到四分之一（如果审判日期已经确定）或十分之一（如果认罪是在"法院门口"或审判开始后作出）。[2]

---

[1] 参见〔英〕约翰·斯普莱克:《英国刑事诉讼程序（第九版）》，徐美君、杨立涛译，中国人民大学出版社2006年版，第344页。

[2] See Sentencing Council, Magistrates' Court Sentencing Guidelines, p.16.

第四章
贿赂犯罪的处罚和量刑

第一节　处罚

如果自然人和商业组织（即法人团体或非法人团体）构成《2010 年反贿赂法》规定的贿赂犯罪，则不仅会受到相应的刑事处罚，还有可能面临被定罪后的附带后果，即民事与监管处罚。

一、刑事处罚

根据《2010 年反贿赂法》第 11 条第（1）款和第（2）款的规定，构成该法第 1 条行贿罪、第 2 条受贿罪和第 6 条行贿外国公职人员罪的，如果被告是自然人，一经简易程序定罪，可处不超过 12 个月的监禁，或者不超过法定最高限额的罚金，或者两者并处；一经公诉程序定罪，可处不超过 10 年的监禁，或者罚金，或者两者并处。但是，如果被告是法人团体或非法人团体（即商业组织），则一经简易程序定罪，可处不超过法定最高限额的罚金；一经公诉程序定罪，可处罚金。同时，根据第 11 条第（3）款的规定，构成该法第 7 条商业组织未能防止贿赂罪的法人团体或非法人团体，一经公诉程序定罪，可处罚金。

其中，需要注意的是：

◆ 根据英国《1980 年治安法院法》（Magistrates' Courts Act 1980）第 32 条和第 133 条、《1981 年治安法院（北爱尔兰）令》[Magistrates' Courts (Northern Ireland) Order 1981] 附件 3 的相关规定，罚金的"法定最高限额"为 5000 英镑（北爱尔兰为 10000 英镑）；

◆ 《2010 年反贿赂法》第 11 条第（1）款第（b）项、第（2）款第（b）项和第（3）款规定的"罚金"都是指无限额罚金（unlimited fine）；

◆ 根据《2010 年反贿赂法》第 11 条第（4）款的规定，在适用于英格兰和威尔士且与《2003 年刑事司法法》（Criminal Justice Act 2003）第 154 条第（1）款生效前所实施的犯罪有关时，以及适用于北爱尔兰时，监禁的"12 个月"按照 6 个月解释适用。

据此，可以得出《2010 年反贿赂法》规定的贿赂犯罪的刑事处罚标准（见表 4.1）。

表 4.1　贿赂犯罪的刑事处罚标准

行贿罪、受贿罪和行贿外国公职人员罪		
	经简易程序定罪	经公诉程序定罪
自然人	不超过 12 个月的监禁，或者不超过法定最高限额的罚金，或者两者并处	不超过 10 年的监禁，或者无限额罚金，或者两者并处
商业组织	不超过法定最高限额的罚金	无限额罚金
商业组织未能防止贿赂罪		
	—	经公诉程序定罪
商业组织	—	无限额罚金

注：（1）罚金的"法定最高限额"为 5000 英镑（北爱尔兰为 10000 英镑）；（2）在适用于英格兰和威尔士且与《2003 年刑事司法法》第 154 条第（1）款生效前所实施的犯罪有关时，以及适用于北爱尔兰时，监禁的"12 个月"按照 6 个月解释适用。

相关法律条款：

《2010 年反贿赂法》

第 11 条　处罚

（1）构成本法第 1 条、第 2 条或第 6 条之犯罪的个人，应受以下处罚：

> （a）一经简易程序定罪，可处不超过 12 个月的监禁，或者不超过法定最高限额的罚金，或者两者并处；

> （b）一经公诉程序定罪，可处不超过 10 年的监禁，或者罚金，或者两者并处。

（2）构成本法第 1 条、第 2 条或第 6 条之犯罪的法人或非法人，应受以下处罚：

> （a）一经简易程序定罪，可处不超过法定最高限额的罚金；

> （b）一经公诉程序定罪，可处罚金。

（3）构成本法第 7 条之犯罪的法人或非法人，一经公诉程序定罪，可处罚金。

（4）在以下情形中，第（1）款第（a）项中规定的 12 个月应当按照 6 个月解释适用：

> （a）在适用于英格兰和威尔士且与《2003 年刑事司法法》第 154 条第（1）款生效前所实施的犯罪有关时；以及

> （b）在适用于北爱尔兰时。

二、被定罪后的附带后果：民事与监管处罚

1. 民事处罚：没收令和（或）赔偿令

法院一旦就《2010 年反贿赂法》规定的贿赂犯罪定罪，就有权依据《2002 年犯罪所得法》发布"没收令"（confiscation order）或其他民事追逃令，以追回所有的犯罪所得，而这会对贿赂犯罪产生具有惩罚性的效果，例

如，某人向某公司的股东提出价值 1500 万英镑的收购要约，并向该公司的首席执行官（CEO）行贿 5 万英镑以确保他们同意收购，如果行贿得逞且该人被判行贿罪名成立，则该人有可能失去公司及其资产的全部价值，也即行贿 5 万英镑的处罚可能高达 1500 万英镑。[1] 可见，从事贿赂犯罪的代价是极为高昂的。

根据《2002 年犯罪所得法》第 6 条第（5）款、第 7 条和第 13 条的规定，如果法院裁定被告从相关的犯罪行为中获益，则必须决定可收回的金额——可收回的金额相当于被告从相关犯罪行为中获益的金额，并发出命令（即没收令）要求其支付这笔钱。如果法院发出没收令，必须就相关罪行进行处理，而且在对被告处以罚款之前，必须考虑没收令或者"赔偿令"（compensation order）等其他命令。根据《2020 年量刑法》（Sentencing Act 2020）第 133 条的规定，赔偿令是指就犯罪行为发出的命令，它要求犯罪人赔偿因犯罪或法院在宣判该罪行时所考虑的任何其他罪行造成的任何人身伤害、损失或损害，或者就任何该等罪行引致的死亡而支付丧葬费或丧亲费。需要指出的是，无论没收还是赔偿，法院都要以"成比例和合理"的方式行使其职权。

2. 监管处罚：禁止参与公共合同授予程序

（1）英国公共合同授予程序：禁止参与。

2015 年 2 月，英国发布了废止和替代《2006 年公共合同条例》的《2015 年公共合同条例》（Public Contracts Regulations 2015）。该条例第 57 条"强制排除"（mandatory exclusions）第（a）款、第（b）款、第（c）款和第（d）款规定，缔约官方通过根据第 59 条、第 60 条和第 61 条核实或以其他方式知道某经济经营者被判犯有下列任何罪行的，应排除该经济经营者参与采购程序：《1977 年刑事法》第 1 条或第 1A 条所指的共谋；《1889 年公共机构腐败行为法》第 1 条第（2）款或者《1906 年防止腐败法》第 1 条所指的

---

[1] See House of Lords & House of Commons, Joint Committee on the Draft Bribery Bill–Draft Bribery Bill First Report of Session 2008–09, Vol.I, 16 July 2009, p.63.

腐败；普通法上的贿赂罪；《2010 年反贿赂法》第 1 条、第 2 条或第 6 条或者《1983 年人民代表法》第 113 条所指的贿赂。

根据上述条款，一旦构成腐败或贿赂犯罪（包括共谋），自然人和商业组织（即法人团体或非法人团体）将被排除在公共采购程序之外，也即被禁止参与英国的公共合同授予程序。需要注意的是，该条款针对的是实质性贿赂犯罪，不包括非实质性贿赂犯罪（即《2010 年反贿赂法》第 7 条商业组织未能防止贿赂罪）。

（2）欧盟公共合同授予程序：从绝对禁入到有限禁入。

在 2015 年之前，构成《2010 年反贿赂法》规定的贿赂犯罪的自然人、法人团体或非法人团体，除了有可能受到刑事处罚和民事处罚，还有可能遭受监管处罚，特别是在欧盟范围内面临"禁入风险"（debarment risk），即公共采购禁令。欧洲议会和理事会于 2004 年 3 月 31 日颁布的《关于公共工程合同、公共供应合同和公共服务合同授予程序协调的第 2004/18/EC 号指令》（通常简称为《公共机构采购指令》）第 45 条第 2 款第（c）项规定，根据（成员国）该国法律规定被具有既判力的判决定罪的经济经营者可以被排除在合同之外。同时，该指令第 34 条详述（Recital）[1] 规定："如果（成员国）国内法中有这方面的规定，不遵守这些义务可能被视为严重的不法行为或有关经济经营者职业行为的犯罪行为，可能导致该经济经营者被排除在公共合同授予程序之外。"第 43 条详述规定："一旦缔约国知道根据其国内法作出的具有既判力的关于此类犯罪的判决，应当立即将此类经济经营者排除在外。"对此，英国《2006 年公共合同条例》（Public Contracts Regulations 2006）明确规定适用该指令。因此，在英国国内被判有罪（包括贿赂罪、欺诈罪和洗钱罪等）的公司将自动和永久性地被禁止在欧盟范围内参与公共竞争。显然，这是一种绝对禁入。

但是，该规定受到了广泛批评。例如，英国富时 100 指数（FTSE 100）

---

[1]　详述（Recital）是欧盟法的一部分，其中包含采用该法的理由陈述，被置于引用（Citation）和制定条款（Enacting Term）之间，通常以"鉴于："（Whereas:）一词开始，并以编号点逐项展开。参见European Union, Joint Practical Guide of the European Parliament, the Council and the Commission for Persons Involved in the Drafting of European Union legislation, 2015, p.31。

总顾问和公司秘书协会 GC100 指出，该条例没有给公司"自我净化"（Self-cleansing）的余地，这意味着一家公司可能会因为过去很多年前所发生的行为而面临制裁，与之不同的是，美国总统发布的第 12549 号和第 12689 号行政命令就规定此类禁入是可以自由裁量的，而且有一个"自我净化"的过程，尤其是相关决定必须在咨询司法部后才能作出。[1] 然而，英国法中并没有这种自由裁量权和相关制约。而且，这种规定有一个最大的弊端，就是会导致公司拒绝主动配合调查，甚至隐瞒犯罪行为。为此，英国上议院和下议院建议在欧洲层面采取行动，防止公司在定罪后自动和永久性地被禁入，同时探索采取短期措施，以防止同时施加不成比例的处罚，而且英国政府必须确保英国拥有自由裁量权。[2]

2014 年 2 月 26 日，欧洲议会和理事会发布了废止和替代 2004 年《公共机构采购指令》的《关于公共采购和替代第 2004/18/EC 号指令的第 2014/24/EU 号指令》。新指令虽然仍旧在原则上规定将被判决有罪的经济经营者排除在公共采购程序之外，但其第 57 条第 6 款明确规定了抗辩理由，即：如果经济经营者有充分证据证明尽管存在相关的排除理由，但该经营者采取的措施足以证明其可靠性，则该经营者不应当被排除在采购程序之外；为此，该经营者应当证明其已就刑事犯罪或不法行为所造成的损失支付或承诺支付赔偿，并积极配合调查机关全面查明事实和情况，采取具体的技术措施、适当的组织和人事措施，以防止进一步的刑事犯罪或不法行为。同时，新指令第 57 条第 7 款还规定，成员国的相关法律法规应当规定该条的实施条件，如果经济经营者没有采取第 6 款规定的措施来证明其可靠性，则应特别规定最长为 5 年或 3 年的"排除期"（Period of Exclusion）。英国《2015 年公共合同条例》明确规定，不再适用第 2004/18/EC 号指令，而是适用新的第 2014/24/EU 号指令。

自此之后，对于构成《2010 年反贿赂法》规定的贿赂犯罪的自然人、法

---

[1]　See House of Lords & House of Commons, Joint Committee on the Draft Bribery Bill–Draft Bribery Bill First Report of Session 2008–09, Vol.I, 16 July 2009, p.64.

[2]　See House of Lords & House of Commons, Joint Committee on the Draft Bribery Bill–Draft Bribery Bill First Report of Session 2008–09, Vol.I, 16 July 2009, p.65.

人团体或非法人团体而言，有可能面临的"禁入风险"不再是自动和永久性的，而是可以抗辩和有"排除期"的，这不仅为商业组织留下了"自我净化"的余地，也通过赋予相关国家自由裁量权为帮助涉嫌犯罪的商业组织以后依法合规经营留下了空间。

第二节　量刑

2014 年 5 月 23 日，英国的英格兰和威尔士量刑委员会（Sentencing Council For England and Wales）（以下简称"量刑委员会"）发布了适用于英格兰和威尔士法院的《欺诈、贿赂和洗钱犯罪：最终指引》（Fraud, Bribery and Money Iaundering Offences: Definitive Guideline）。该指引于 2014 年 10 月 1 日起实施，并于 2016 年 5 月 16 日更新（仅对洗钱指引部分进行了一处微小的修改）。其中，该指引就如何对构成《2010 年反贿赂法》所规定的 4 种贿赂犯罪进行量刑作出了较为细致的规定，而这些规定可分为个人犯罪和公司犯罪两种情形进行适用。

一、个人构成贿赂犯罪的情形

个人有可能触犯行贿罪、受贿罪和行贿外国公职人员罪，但不可能触犯商业组织未能防止贿赂罪。在一般情况下，如果行为人构成了《2010 年反贿赂法》第 1 条行贿罪、第 2 条受贿罪和第 6 条行贿外国公职人员罪，法院通常会进行 8 个步骤的司法裁判（见表 4.2）。

表 4.2　个人犯罪情形下贿赂犯罪的司法裁判步骤 [1]

第一步：确定犯罪类别。法院应在评估罪责和损害的基础上确定犯罪类别。
第二步：确定起刑点和类别范围。法院应使用相应的起刑点，在具体的类别范围内作出判决。起刑点适用于所有罪犯，而不论其是否认罪或有前科。
第三步：考虑任何可能的减刑因素，例如协助起诉。法院应考虑到《2005 年严重有组织犯罪和警察法》（被告协助：减刑或复审）第 73 条和第 74 条以及任何其他法律规则，根据这些规则，罪犯可因向检察官或调查人员给予（或提供）协助而获得减刑。
第四步：认罪减刑。根据《2003 年刑事司法法》第 144 条和自 2017 年 6 月 1 日起生效的《认罪指引》(Guilty Plea Guideline)，法院应考虑到任何因认罪而可能引发的减刑。
第五步：总体性原则。如果对一名罪犯判处一项以上的罪行，或罪犯已经在服刑，则应考虑总的量刑是否公正、是否与整个犯罪行为成比例。
第六步：没收令、赔偿令和附属命令。如果检察官要求法院发出没收令或者法院认为这样做是适当的，则法院必须着手作出没收令。如罪行已造成损失或损害，法院必须考虑是否作出赔偿令。如果法院同时发出没收令和赔偿令，但法院认为罪犯将没有足够的手段完全满足这两项命令，法院必须指示从没收令收回的款项中支付赔偿金（根据《2002 年犯罪收益法》第 13 条）。法院亦可考虑是否作出附属命令，可能包括剥夺令、财务报告令、严重犯罪防止令（serious crime prevention order）和取消担任公司董事的资格等。
第七步：理由。《2003 年刑事司法法》第 174 条规定，有义务解释判决的理由和效力。
第八步：对保释时间的考虑。法院必须考虑是否根据《2003 年刑事司法法》第 240 条第 A 款的规定，对保释时间给予抵免。

1. 贿赂犯罪的 3 种罪责等级

　　要确定贿赂犯罪的类别，首先需要评估和确定贿赂犯罪的罪责等级。根据《欺诈、贿赂和洗钱犯罪：最终指引》的规定，"罪责等级是通过权衡案件的所有因素来确定的，以确定罪犯的作用、犯罪计划的程度和实施犯罪的复杂程度"。就《2010 年反贿赂法》规定的行贿罪、受贿罪和行贿外国公职人员罪而言，罪责等级可分为 3 种，包括重大罪责、中等罪责和较轻罪责（见表 4.3）。

---

[1]　See Fraud, Bribery and Money Laundering Offences: Definitive Guideline, pp.42–45.

表 4.3　个人犯罪情形下贿赂犯罪的 3 种罪责等级 [1]

罪责	
A–重大罪责	当犯罪是团体活动时起主导作用
	通过施压、影响他人使其参与其中
	滥用重要的权力、信用（trust）或职责 (responsibility)
	履行公共职责的高级官员有意地（直接或间接）腐败
	执法人员有意地（直接或间接）腐败
	犯罪性质复杂 / 计划庞大
	犯罪行为持续了一段时间
	出于获得可观的经济、商业或政治收益的期望
B–中等罪责	不存在类别 A 或 C 特征的所有其他情形
	当犯罪是团体活动时起重要作用
C–较轻罪责	由于遭受胁迫、恐吓或利用而卷入其中
	不是为了个人利益
	在有组织活动中起次要作用
	机会主义的"一次性"犯罪；很少或根本没有计划
	对腐败活动程度的认识或理解有限

2. 贿赂犯罪的 4 种损害类别

在确定贿赂犯罪的罪责等级后，还需要确定损害类别，然后才能确定贿赂犯罪的类别。根据《欺诈、贿赂和洗钱犯罪：最终指引》的规定，"损害评估是根据犯罪行为所造成的任何影响（不论是对可识别的受害者还是在更广泛的范围内）以及对罪犯的实际或预期收益作出的"。就《2010 年反贿赂法》规定的行贿罪、受贿罪和行贿外国公职人员罪而言，其损害类别共分为 4 种（见表 4.4）。

---

[1]　See Fraud, Bribery and Money Laundering Offences: Definitive Guideline, p.42.

表4.4　个人犯罪情形下贿赂犯罪的4种损害类别[1]

损害	
类别1	对个人造成严重的不利影响（例如因腐败行为而提供不合格的货物或服务）
	严重的环境影响
	对地方或中央政府、企业或公共服务的适当职能造成严重损害
	给罪犯或他人带来严重的实际或预期经济利益或者给他人造成严重的损失
类别2	对个人造成重大的不利影响
	重大的环境影响
	对地方或中央政府、企业或公共服务的适当职能造成重大损害
	给罪犯或他人带来重大的实际或预期经济利益或者给他人造成重大的损失
	类别1损害的风险
类别3	对个人、环境、政府、商业或公共服务的不利影响有限
	类别2损害的风险
类别4	类别3损害的风险

3. 贿赂犯罪的起刑点和类别范围

法院通过评估并确定罪责等级和损害类别确定了贿赂犯罪的类别，接下来就可以在此基础上确定具体的起刑点和类别范围，从而作出初步的量刑决定。根据《欺诈、贿赂和洗钱犯罪：最终指引》的规定，《2010年反贿赂法》规定的行贿罪、受贿罪和行贿外国公职人员罪的起刑点和类别范围共分为12种（见表4.5）。

---

[1]　See Fraud, Bribery and Money Laundering Offences: Definitive Guideline, p.42.

表 4.5　个人犯罪情形下贿赂犯罪的起刑点和类别范围 [1]

损害	罪责		
	A	B	C
类别 1	起刑点：7 年监禁 类别范围： 5—8 年监禁	起刑点：5 年监禁 类别范围：3—6 年监禁	起刑点：3 年监禁 类别范围： 18 个月—4 年监禁
类别 2	起刑点：5 年监禁 类别范围： 3—6 年监禁	起刑点：3 年监禁 类别范围： 18 个月—4 年监禁	起刑点：18 个月监禁 类别范围： 26 周—3 年监禁
类别 3	起刑点：3 年监禁 类别范围： 18 个月—4 年监禁	起刑点：18 个月监禁 类别范围： 26 周—3 年监禁	起刑点：26 周监禁 类别范围：中级社区令—1 年监禁
类别 4	起刑点：18 个月监禁 类别范围： 26 周—3 年监禁	起刑点：26 周监禁 类别范围：中级社区令—1 年监禁	起刑点：中级社区令 类别范围：B 级罚款—高级社区令

　　需要指出的是，表 4.5 中所指的社区令（community order）在英国量刑指引委员会于 2008 年 5 月发布的《治安法院量刑指引》中有明确规定。根据该指引的相关规定，法院可以根据犯罪的严重性（低、中、高）等因素确定要使用哪种级别（初级、中级、高级）的社区令，以及提出一项或多项要求（见表 4.6）。

---

[1]　See Fraud, Bribery and Money Laundering Offences: Definitive Guideline, p.43.

表 4.6　英国法院 3 种级别的社区令 [1]

初级社区令	中级社区令	高级社区令
适当的要求可能包括： ◆ 40—80 小时无薪工作 ◆ 最低程度的宵禁（例如每天最多 12 小时，持续数周） ◆ 为期数月的排除令（无须电子监督） ◆ 禁止活动 ◆ 管教中心要求（如有）	**适当的要求可能包括：** ◆ 更多小时的无薪工作（例如 80—150 小时） ◆ 中等程度的宵禁（例如每天最多 12 小时，持续 2—3 个月） ◆ 为期 6 个月内的排除令 ◆ 禁止活动	**适当的要求可能包括：** ◆ 150—300 小时无薪工作 ◆ 最多 60 天的活动要求 ◆ 最高程度的宵禁（例如每天最多 12 小时，持续 4—6 个月） ◆ 为期 12 个月的排除令

4. 增加或减少贿赂犯罪严重性的因素

在确定贿赂犯罪的类别、起刑点和类别范围之后，法院还要考虑各种增加或减少贿赂犯罪严重性的因素，其中增加犯罪严重性的因素又分为法定加重因素和其他加重因素，而减少犯罪严重性的因素还包括减轻罪行的因素（见表 4.7）。

---

[1]　See Sentencing Guidelines Council, Magistrates' Court Sentencing Guidelines, p.161.

表 4.7 个人犯罪情形下增加或减轻贿赂犯罪严重性的因素 [1]

增加犯罪严重性的因素	减少犯罪严重性（或减轻罪行）的因素
法定加重因素 ◆有前科（考虑到：与定罪有关的罪行的性质及其与当前罪行的相关性；自定罪以来经过的时间） ◆保释期间犯罪 **其他加重因素** ◆为防止被害人报告或获得协助和（或）协助或支持起诉而采取的手段 ◆企图隐瞒或处理证据 ◆关于社区或更广泛影响的既定证据 ◆不遵守现行法院命令 ◆关于许可的犯罪 ◆考虑犯罪 ◆未能对有关行为的警告作出反应 ◆跨境犯罪 ◆错怪别人 ◆对另一方施加压力 ◆为便利其他犯罪活动所犯罪行	◆无前科或者无相关或近期定罪 ◆悔恨 ◆品行端正 ◆几乎没有成功的可能性 ◆需要紧急、集中或长期治疗的严重医疗状况 ◆影响罪犯责任的年龄和（或）不成熟 ◆被捕后的时间间隔（如果这不是由罪犯行为引起的） ◆精神障碍或学习障碍 ◆供养亲属的唯一或主要照顾者 ◆罪犯配合调查，提前认罪和（或）主动举报违法

二、公司构成贿赂犯罪的情形

与个人犯罪的情形不同，当公司触犯行贿罪、受贿罪和行贿外国公职人员罪尤其是商业组织未能防止贿赂罪时，法院进行司法裁判需要遵循 10 个步骤（见表 4.8）。其中，在确定贿赂犯罪的类别、起刑点和类别范围之前，需要首先决定是否以及如何作出赔偿令、没收令或经济命令。

---

[1] See Fraud, Bribery and Money Laundering Offences: Definitive Guideline, p.44.

表 4.8　公司犯罪情形下贿赂犯罪的司法裁判步骤 [1]

第一步：赔偿令。法院必须考虑作出赔偿令，要求罪犯在考虑到证据和犯罪者的经济能力后，按法院认为适当的数额，就犯罪行为所造成的任何人身伤害、损失或损害支付赔偿金。如果罪犯的经济能力有限，应优先支付赔偿金，而不是支付任何其他经济处罚（financial penalty）。[见《2000 年皇家刑事法院（量刑）权限法》第 130 条]

第二步：没收令。如果法院要求或认为适当，则必须考虑作出没收令。没收令必须在任何其他罚款令或经济命令（赔偿令除外）之前处理。（见《2002 年犯罪所得法》第 6 条、第 13 条）

第三步：确定犯罪类别。法院应根据罪责和损害确定犯罪类别。

第四步：确定起刑点和类别范围。在确定罪责等级后，法院应确定不同类别范围内的起刑点。起刑点适用于所有罪犯，而不论其是否认罪或有前科。

第五步：罚款调整。在达到罚款水平后，法院应考虑是否有其他因素表明要调整罚款数额。法院应该"退后一步"，考虑其命令的整体效果。赔偿令、没收令和罚款的结合应达到以下目的：消除所有犯罪收益；适当予以额外惩罚；威慑。

第六步：考虑任何可能的减刑因素，例如协助起诉。法院应考虑到《2005 年严重有组织犯罪和警察法》（被告协助：减刑或复审）第 73 条和第 74 条以及任何其他法律规则，根据这些规则，罪犯可因向检察官或调查人员给予（或提供）协助而获得减刑。

第七步：认罪减刑。根据《2003 年刑事司法法》第 144 条和自 2017 年 6 月 1 日起生效的《认罪指引》，法律应考虑到任何因认罪而可能引发的减刑。

第八步：附属命令。在所有情况下，法院都应当考虑是否作出任何附属命令，可能包括剥夺令、财务报告令、严重犯罪防止令和取消担任公司董事的资格等。

第九步：总体性原则。如果对一名罪犯判处一项以上的罪行，或罪犯已经在服刑，则应考虑总的量刑是否公正，是否与整个犯罪行为成比例。

第十步：理由。《2003 年刑事司法法》第 174 条规定，有义务解释判决的理由和效力。

---

[1]　See Fraud, Bribery and Money Laundering Offences: Definitive Guideline, pp.48-53.

1. 贿赂犯罪的 3 种罪责等级和损害

与个人犯罪的情形不同，在公司犯罪情形下确定犯罪类别要评估和确定 3 种类型的罪责等级，而损害则原则上以犯罪所得的毛利润金额表示（见表 4.9）。

表 4.9　公司犯罪情形下贿赂犯罪的 3 种罪责等级和损害[1]

	罪责
A-重大罪责	公司在有组织、有计划的犯罪中起主导作用（不论是单独行动还是与他人合作）
	故意妨碍侦查（例如销毁证据、误导调查人员、收买员工）
	通过施压或胁迫让他人（例如员工或供应商）参与
	以弱势受害者或大量受害者为目标
	地方或中央政府官员或部长腐败
	执法官员腐败
	滥用市场支配地位或者被信任或承担责任的地位
	犯罪行为持续了一段时间
	企业文化是员工或代理人故意无视犯罪和不致力于建立有效的制度（仅限《2010 年反贿赂法》第 7 条）
B-中等罪责	公司在他人组织的犯罪活动中起重要作用
	一开始并不违法的活动
	公司轻率地作出虚假陈述（《1994 年增值税法》第 72 条）
	不存在类别 A 或 C 特征的所有其他情形

---

[1] See Fraud, Bribery and Money Laundering Offences: Definitive Guideline, p.49.

续上表

罪责	
C-较轻罪责	公司在他人组织的犯罪中起次要作用
	为落实预防腐败措施做了一些努力，但不足以构成抗辩（仅限《2010年反贿赂法》第 7 条）
	由于遭受胁迫、恐吓或利用而卷入其中

损害 [已获得或意图获得（或者已避免或意图避免）的金额]
◆适当的数字通常是因犯罪而获得、保留或寻求合同所带来的毛利润
◆对第 7 条商业组织未能防止贿赂罪的另一种替代性措施可能是因未能采取充分措施预防贿赂而产生的成本，而如果实际收益或预期收益无法确定，则可以是法院认为在所有情况下都有可能实现的金额
◆在没有足够证据证明可能获得的金额的情况下，为相关收入的 10% 至 20%
◆在一些大的贿赂案件中，真正的损害通常是对商业或市场的普遍损害，这就为使用超常规措施确定损害金额提供了正当理由

2. 贿赂犯罪的起刑点和类别范围

同样与个人犯罪的情形不同，在公司犯罪情形下确定贿赂犯罪的起刑点和类别范围要依据罪责等级区分为 3 种情形（见表 4.10）。通过将确定的犯罪损害金额乘以代表罪责的相关百分比数字，就可以对贿赂犯罪作出初步的量刑决定。需要注意的是，起刑点适用于所有罪犯，而不论犯罪分子是否认罪或有前科。

表 4.10　公司犯罪情形下贿赂犯罪的起刑点和类别范围 [1]

	罪责		
	A	B	C
损害	起刑点：300%	起刑点：200%	起刑点：100%
	类别范围：250%—400%	类别范围：100%—300%	类别范围：20%—150%

---

[1]　See Fraud, Bribery and Money Laundering Offences: Definitive Guideline, p.50.

3. 增加或减少贿赂犯罪严重性的因素

与个人犯罪的情形一样，在确定贿赂犯罪的类别、起刑点和类别范围之后，法院也要考虑各种增加或减少贿赂犯罪严重性的因素（见表 4.11）。

表 4.11　公司犯罪情形下增加或减少贿赂犯罪严重性的因素 [1]

增加犯罪严重性的因素	减少犯罪严重性（或减轻罪行）的因素
◆先前的相关定罪或受到先前相关民事或监管执法行动的影响 ◆为从事欺诈行为而成立公司或子公司 ◆公司内部普遍存在欺诈行为 ◆企图隐瞒不法行为 ◆犯罪受害人或受犯罪影响的第三方遭受的实质性伤害（不论是经济上的还是其他方面的） ◆损害风险大于实际或预期损害（例如银行/信贷欺诈） ◆对市场的廉洁或信心造成重大损害 ◆对地方或中央政府的廉洁性造成重大损害 ◆潜在犯罪活动的严重性（洗钱罪） ◆跨越国界或司法管辖区的犯罪行为	◆既往无相关定罪或相关民事或监管执法行动 ◆受害者得到自愿补偿或赔偿 ◆受害者没有遭受实际损失 ◆公司配合调查，提前认罪和（或）主动举报违法 ◆前任董事或经理犯罪 ◆犯罪几乎没给公司带来实际收益

4. 对罚款进行调整时可考虑的因素

在第五步罚款调整中，法院要出于整体效果而考虑是否有其他因素表明要调整罚款数额，以确保经济处罚达到消除所有犯罪收益、适当予以额外惩罚和威慑的目的，例如，法院要考虑犯罪组织的规模和财务状况以及罪行的严重性，而且，足够大的罚款数额才能产生真正的经济影响——在极端情况下罚款导致罪犯停业也是可以接受的。但是，法院可酌情允许犯罪组织在特

---

[1]　See Fraud, Bribery and Money Laundering Offences: Definitive Guideline, p.49.

定时间支付罚款或分期付款，并考虑拟定罚款数额是否会对第三方造成不可接受的损害。为此，《欺诈、贿赂和洗钱犯罪：最终指引》提供了一个供法院参考的"非详尽清单"（non-exhaustive list），法院可根据这些因素或其他相关因素增加或减少罚款数额（见表 4.12）。

表 4.12　公司犯罪情形下调整罚款水平时可考虑的因素 [1]

调整罚款水平时可考虑的因素
◆罚款实现了惩罚、威慑和消除收益的目的
◆罪犯的价值、作用或可用手段
◆罚款削弱了罪犯向受害者赔偿的能力
◆罚款对罪犯实施有效合规计划能力的影响
◆罚款对员工就业、服务使用者、客户和当地经济（但不包括股东）的影响
◆罚款对履行公共或慈善功能的影响

---

[1]　See Fraud, Bribery and Money Laundering Offences: Definitive Guideline, p.52.

第五章
英国的暂缓起诉协议制度

现任英国严重欺诈办公室主任丽莎·奥索夫斯基明确指出："暂缓起诉协议是一个打击严重欺诈、贿赂和腐败的宝贵工具，不仅能够惩罚公司的犯罪行为，而且能够确保公司恢复名誉并成为更好的企业公民（corporate citizen）。这有助于我们营造一个人人遵守规则的商业环境，而这只会使英国公司受益。"[1] 需要指出的是，自英国《2013 年犯罪和法院法》附件 17 于 2014 年 2 月 24 日生效起，严重欺诈办公室和皇家检控署是负责与商业组织进行暂缓起诉协议谈判和签署的英国执法机构。截至 2021 年 7 月 1 日，严重欺诈办公室已经在 10 个案件中与商业组织签署了暂缓起诉协议，其中 7 个案件为贿赂案件（详见本书第九章）。

---

[1] See Serious Fraud Office releases guidance on Deferred Prosecution Agreements, 23 October 2020, https://www.sfo.gov.uk/2020/10/23/serious-fraud-office-releases-guidance-on-deferred-prosecution-agreements/.

第一节　英国暂缓起诉协议制度的建立

一、英国暂缓起诉协议制度的法律框架

2012 年 10 月 23 日，英国政府宣布将引入暂缓起诉协议制度，将其作为帮助检察官打击贿赂、欺诈、洗钱等公司犯罪的新措施。这项名为《打击经济犯罪的新工具》（New Tool to Fight Economic Crime）的计划由英国司法部提出，其核心要点在于：只要符合严格的条件，检察官就可以与某一法人团体或非法人团体达成一项暂缓起诉协议，从而延缓对所起诉的经济不法行为提起诉讼。[1] 同时，同意签订暂缓起诉协议的法人团体或非法人团体必须满足暂缓起诉协议规定的要求，包括：支付罚款、向受害者进行赔偿、通过改进其做法预防不法行为再次发生等等。暂缓起诉协议由独立的法官监督，在公开法庭上达成一致，并公布结果以确保透明度。在暂缓起诉协议到期时，检察官如果确信法人团体或非法人团体已经履行其义务，就不予起诉；反之，则予以起诉。

对此，当时的英国总检察长达米安·格林（Damian Green）指出："经济犯罪是一个严重的问题。据估计，仅欺诈一项，英国每年就要损失 730 亿英镑，然而，只有极少数严重案件被诉诸司法。暂缓起诉协议将为检察官提供一个有效的新工具，以解决日益复杂的问题。这将确保更多不可接受的企业行为得到处理。"[2] 显然，英国政府试图通过引入暂缓起诉协议制度，为检察官提供一个打击贿赂等经济犯罪的新措施、新工具，特别是在提起公诉不利于公共利益的情况下，使用暂缓起诉协议对各方而言可能都是更合适的选择。

2013 年 4 月 25 日，在获得皇家御准之后，英国颁布了《2013 年犯罪和法院法》。该法第 45 条规定："附件 17 对暂缓起诉协议作出规定"。该法附件

---

[1]　See New tool to Fight Economic Crime, 23 October 2012, https://www.gov.uk/government/news/new-tool-to-fight-economic-crime.

[2]　See New tool to Fight Economic Crime, 23 October 2012, https://www.gov.uk/government/news/new-tool-to-fight-economic-crime.

17"暂缓起诉协议"共39条，对暂缓起诉协议的特征、效果、签订、内容、法院批准、违反、变更、适用、期满终止、可订立暂缓起诉协议的罪行等方面作出了明确规定。其中，该附件第6条规定，检察长和严重欺诈办公室主任应当联合发布一份检察官准则，为检察官在实务中如何就暂缓起诉协议进行具体操作提供指引。根据该条规定，这份检察官准则应当就以下事项提供指引：（1）用于确定暂缓起诉协议在特定情况下是否可能适用的一般原则；（2）在就暂缓起诉协议进行谈判的过程中和达成暂缓起诉协议后，检察官向当事人进行的信息披露；（3）检察官在就暂缓起诉协议进行谈判的过程中所获得信息的使用；（4）暂缓起诉协议的变更；（5）暂缓起诉协议的终止以及检察官在其终止后可能采取的步骤；（6）当检察官怀疑暂缓起诉协议被违反时，检察官可能采取的步骤；等等。

2013年6月27日，英国检察长和严重欺诈办公室主任联合发布了一份实务准则草案并公开征求意见，该草案对检察官如何使用暂缓起诉协议作出了规定。截至2013年9月20日，共有32个个人和组织审查了该草案并提出了意见。2014年2月14日，检察长和严重欺诈办公室主任在对公众咨询做出回应的同时，正式发布了《暂缓起诉协议实务准则》（Deferred Prosecution Agreements Code of Practice）。根据英国在2014年2月11日发布的《〈2013年犯罪和法院法〉2014年（第8号实施）令》[Crime and Courts Act 2013 (Commencement No.8) Order 2014] 第2条的规定，该准则自2014年2月24日起生效，检察官在办案时即可使用。

2013年12月，英国刑事诉讼规则委员会（Criminal Procedure Rules Committee）发布了《2013年刑事诉讼（第2号修正案）规则》[Criminal Procedure (Amendment No. 2) Rules 2013] 和《〈2013年刑事诉讼（第2号修正案）规则〉指引》[A Guide to the Criminal Procedure (Amendment No. 2) Rules 2013]。《2013年刑事诉讼（第2号修正案）规则》第2条规定，附件"规则7"（Rule 7）自2014年2月24日起实施。该"规则7"对暂缓起诉协议作出了进一步的规定。通过上述法律、准则和规则以及其他相关法律文件，英国最终建立了具有该国特色的暂缓起诉协议制度。

英国《2015 年刑事诉讼规则》（The Criminal Procedure Rules 2015）第 11 部分"暂缓起诉协议"对依据《2013 年犯罪和法院法》附件 17 在皇家刑事法院提起诉讼进一步作出程序性规定，主要涉及法院权力的行使、协议条款等事项的批准、法官的职责等。该法案的最新版是《2020 年刑事诉讼规则》（The Criminal Procedure Rules 2020）。

特别值得注意的是，严重欺诈办公室于 2020 年 10 月 23 日在其《SFO 操作手册》（SFO Operational Handbook）中增加了新的一章，名为《暂缓起诉协议》（以下统称《SFO 暂缓起诉协议指引》），就如何处理暂缓起诉协议以及该办公室如何与可能达成协议的公司进行交涉提供了更为全面的指引。但实质上，该指引是将英国之前出台或发布的相关立法进行了整合和介绍，因此本书不再对其进行单独介绍（见表 5.1）。

表 5.1　与暂缓起诉协议有关的英国立法

（1）《2013 年犯罪和法院法》附件 17
（2）《暂缓起诉协议实务准则》
（3）《2020 年刑事诉讼规则》第 11 部分
（4）《皇家检察官准则》（Code for Crown Prosecutors）
（5）《公司起诉指引》（又称《公司起诉联合起诉指引》）
（6）《〈2010 年反贿赂法〉：严重欺诈办公室主任和检察长联合起诉指引》
（7）《欺诈、贿赂和洗钱犯罪：最终指引》
（8）《SFO 公司合作指引》
（9）《SFO 合规计划评估指引》

综上所述，自 2014 年 2 月 24 日起，受委任的检察官（即严重欺诈办公室和皇家检控署）可以邀请商业组织参与暂缓起诉协议谈判，并将其作为所面临起诉的替代方案，但暂缓起诉协议仅适用于经济犯罪，包括贿赂和腐败犯罪，而且可适用于该法生效之前（即 2014 年 2 月 24 日之前）的犯罪行为。

相关法律条款：

《2013 年犯罪和法院法》

第 45 条

附件 17 对暂缓起诉协议作出规定。

附件 17 "暂缓起诉协议"

【DPA 准则】

第 6 条

（1）检察长和严重欺诈办公室主任应当联合发布一份检察官准则，为以下事项提供指引：

（a）用于确定 DPA 在特定情况下是否可能适用的一般原则；以及

（b）在就 DPA 进行谈判的过程中和达成 DPA 后，检察官向 P 进行的信息披露。

（2）准则还可就任何其他相关事项提供指引，包括：

（a）检察官在就 DPA 进行谈判的过程中所获得信息的使用；

（b）DPA 的变更；

（c）DPA 的终止以及检察官在其终止后可能采取的步骤；

（d）当检察官怀疑 DPA 被违反时，检察官可能采取的步骤。

（3）准则应当在检察长根据《1985 年刑事检控法》第 9 条向总检察长提交的报告中列出，该报告应是在准则发布的当年。

（4）经以下人员同意，准则可不定期地进行修改或更新：

（a）检察长；

（b）严重欺诈办公室主任；以及

（c）在根据第（3）款发布命令时指定的任何检察官。

（5）如果准则被修改或更新，新的准则必须在检察长根据《1985 年刑事检控法》第 9 条向总检察长提交的报告中列出，该报告应是在准则被修改或更新的当年。

（6）检察官在行使本附件规定的职责时应当将《准则》纳入考虑范围。

《〈2013 年犯罪和法院法〉2014 年（第 8 号实施）令》

第 2 条 《2013 年犯罪和法院法》的以下条款自 2014 年 2 月 24 日起生效：

（a）第 45 条（暂缓起诉协议）；以及

（b）附件 17 "暂缓起诉协议"。

二、英美暂缓起诉协议制度的比较

与英国不同，美国的暂缓起诉协议制度由暂缓起诉协议和不起诉协议构成。相对于暂缓起诉协议而言，不起诉协议意味着检察官只是同意不起诉，而不是推迟或保留将来起诉的权力。

起初，暂缓起诉是美国为了更好地改造未成年犯（美国《家庭法典》第53.03 条）和毒品犯而创设的，被视为正式判决的替代性选择。后来，美国联邦检察官使用暂缓起诉协议和不起诉协议的数量急剧增加。自 1999 年以来，司法部制定了关于起诉商业组织和公司的指引。2008 年，司法部的《美国律师手册》（U.S. Attorneys' Manual）（9-16.325）允许考虑因附带后果而不起诉或暂缓起诉公司刑事犯罪，并讨论了辩诉协议（Plea Agreements）、暂缓起诉协议和不起诉协议。为了推行暂缓起诉协议制度，美国的相关法律文件作出了配套规定。例如，2011 年，《快速审判法》（Speedy Trial Act）第 3161条第（h）款第（2）项规定："政府律师根据与被告达成的书面协议推迟起诉的任何延误期，是指经法院批准为了让被告证明其良好行为的任何一段时间。"又如，2012 年，《美国量刑指南》（U.S. Sentencing Guidelines）第 4A1.2条第（f）款明确规定："如果法院没有认定被告有罪，并且被告没有在法庭上作出认罪答辩或以其他方式认罪，则以往的暂缓起诉将不计入被告的犯罪史。"可见，要想达成暂缓起诉协议或不起诉协议，被告需要放弃诉讼时效权利，但很可能换来就涉案罪行的无犯罪记录。

就美国《反海外腐败法》而言，暂缓起诉协议和不起诉协议是该法的两个执法机构美国司法部和证券交易委员会的重要结案方式。其中，司法部负责相关的刑事诉讼，证券交易委员会负责相关的民事诉讼。迄今为止，司法部和证券交易委员会已经累计签署了几百份暂缓起诉协议或不起诉协议。

在暂缓起诉协议下，司法部或证券交易委员会与配合调查的公司或个人达成书面协议，然后向法院提交诉状，但同时又会要求暂缓起诉，即通过暂缓起诉，暂缓对其发起执法行动，并给公司或个人以立功表现的机会。暂缓起诉协议"通常要求被告同意支付一定的罚金，放弃诉讼时效权利，与政府合作，承认相关事实，并做出一定的合规和补救承诺，其中可能包含聘任合规监控人（monitor）的条款……如果公司能（在）协议期限（通常3年）内成功地履行其义务"，执法机构"将会向法院提出放弃起诉要求。公司成功地履行暂缓起诉协议，将不会被视作被刑事定罪"[1]。

在不起诉协议下，司法部或证券交易委员会"仍保留提起公诉的权力，但基于协议条件，为了让公司有立功表现的机会而不提起诉讼"，与暂缓起诉协议不同的是，不起诉协议"并未提交给法院，而是由协议双方保存"，而与延期协议类似的是，不起诉协议也"通常要求被告在支付一定罚金基础上，同意放弃诉讼时效权利，与政府合作，承认相关实质性事实，并做出一定的合规和补救承诺"[2]。如果公司或个人完全履行协议条款，执法机构也将不予起诉。

英国和美国的暂缓起诉协议制度之间存在明显的差异，这是所有的公司和个人都需要特别加以注意的（见表5.2）。

---

[1] 参见科文顿·柏灵律师事务所翻译的《美国〈反海外腐败法〉信息指引（第二版）》，第84页，https://fcpablog.com/wp-content/uploads/2020/08/A_Resource_Guide_to_the_US_Foreign_Corrupt_Practices_Act_Second_Edition_chinese.pdf。
[2] 参见科文顿·柏灵律师事务所翻译的《美国〈反海外腐败法〉信息指引（第二版）》，第85页，https://fcpablog.com/wp-content/uploads/2020/08/A_Resource_Guide_to_the_US_Foreign_Corrupt_Practices_Act_Second_Edition_chinese.pdf。

表 5.2　英国和美国的暂缓起诉协议制度之间的差异[1]

	英国	美国
是否有法定依据	有，是立法的产物（《2013 年犯罪和法院法》第 45 条和附件 17）。	无，是在实践中发展起来的。
执法机构	在英国，只有受委任的检察官（即严重欺诈办公室和皇家检控署）有权签订暂缓起诉协议。	在美国，联邦、州和县检察官以及其他有权执行联邦和州法规的职务人员均有权签订暂缓起诉协议，但就《反海外腐败法》而言是指司法部和证券交易委员会。
适用的犯罪类型	只适用于《2013 年犯罪和法院法》附件 17 第 2 部分规定的欺诈、贿赂、腐败、逃税、洗钱等法定的经济犯罪。	可适用于更广泛的犯罪类型，但最常用于《反海外腐败法》规定的贿赂和腐败犯罪以及环境、健康和安全犯罪。
检察官的指派和权力	只有"受委任的检察官"，通常指严重欺诈办公室主任和检察长，才有权签订协议。检察官的自主权和自由裁量权均有限。	联邦、州和县检察官以及其他被授权执行联邦和州法规的人均有权签订协议。个别检察官可能有很大的自主权和自由裁量权。
执法机构及其执法的案件类型	严重欺诈办公室，仅执法法定的刑事案件。	司法部，执法刑事案件；证券交易委员会，执法民事案件。

[1]　本表参考了美国摩根路易斯律师事务所（Morgan Lewis & Bockius LLP）的一篇文章。参见Deferred Prosecution Agreements: Key Differences Between the US and UK, 2018, p.2, https://www.marsh.com/content/dam/marsh/Documents/PDF/US-en/Marsh%20Insights_Deferred%20Prosecution%20Agreements.pdf。

续上表

	英国	美国
司法参与的程度和后果	参与程度很高。启动谈判、签订协议和修改协议条款都需要司法批准。法院必须确信协议有利于司法公正，而且协议条款是公平、合理和成比例的。因此，法官可以对《2010年反贿赂法》等法律进行充分的司法审查和监督。	参与程度很低（如果有的话）。协议由检察官谈判，几乎没有司法参与。尽管最终协议需要司法批准，但法官几乎没有拒绝余地，也不会在公开前作重大修改。协议使用的显著增加导致对《反海外腐败法》等法律的司法审查和监督只能是有限的。
协议的类型	只有暂缓起诉协议。	除了暂缓起诉协议，还有可在特殊情况下使用的不起诉协议。
签订协议的对象	只能是商业组织（即法人团体或非法人团体），不能是自然人。	既可以是公司，也可以是自然人。
商业组织的内部调查	官方（特别是严重欺诈办公室）不太可能理所当然地依赖私营部门的调查，并可能表示，他们不希望由第三方，如该商业组织的律师进行初步面谈。	官方对聘请外部律师进行调查的商业组织有一套更完善的方法。检察官通常承认这些调查及其结果，并由检察官进行仔细审查，以便适当地解决案件。
谈判、签订和执行的过程	相对公开、透明。除达成一致的事实陈述外，协议的声明和法院推理等也会被公开。	相对不公开、不透明。

第二节　暂缓起诉协议在贿赂犯罪中的应用

一、暂缓起诉协议的含义

根据《2013年犯罪和法院法》附件17第1条的规定，暂缓起诉协议是指受委任的检察官与其正在考虑就该法第二部分所列罪行（即"被起诉的犯罪"）起诉的人之间达成的协议。具体而言，英国的暂缓起诉协议指的是检察官与可能被起诉的商业组织在法官的监督下达成的协议，该协议允许在规定期限内中止起诉，前提是该商业组织符合某些条件，尤其是合规要求。

其中，相关概念的具体含义如下：

（1）"受委任的检察官"，是指严重欺诈办公室主任、检察长以及根据该法第3条由国务大臣命令指定的任何检察官。同时，签署"暂缓起诉协议"的权力只能由其亲自行使，或者当其不在时由被其书面授权的人亲自行使。也即，严重欺诈办公室和皇家检控署是英国有权向商业组织提供并与之签订暂缓起诉协议的执法机构。

（2）"被起诉的人"，指的是法人团体、合伙企业或非法人组织（后两者即非法人团体），但绝不能是个人。同时，如果暂缓起诉协议是检察官与合伙企业或非法人组织之间签订的，则该合伙企业或非法人组织必须以合伙企业或非法人组织的名义（而不得以任何合伙人或组织成员的名义），而且根据暂缓起诉协议支付的任何款项必须从该合伙企业或非法人组织的资金中支付。

（3）"被起诉的犯罪"，就《2010年反贿赂法》而言，是指该法规定的全部4种贿赂犯罪，即行贿罪、受贿罪、行贿外国公职人员罪和商业组织未能防止贿赂罪。但需要指出的是，其在《2013年犯罪和法院法》中指的是欺诈、贿赂、洗钱以及其他金融或经济犯罪。也即，该法附件17广泛适用于这些罪行，而不仅仅适用于上述4种贿赂犯罪。

二、暂缓起诉协议的法律效果

根据《2013 年犯罪和法院法》附件 17 第 1 条和第 2 条的相关规定，暂缓起诉协议的法律效果主要有以下 3 点。

（1）被起诉的法人团体、合伙企业或非法人组织同意遵守该协议对其提出的要求；

（2）一旦检察官以提交起诉状和经法官批准的暂缓起诉协议的方式就相关罪行向皇家刑事法院提起诉讼，诉讼将自动中止；

（3）当诉讼中止时，除非检察官在暂缓起诉协议无效后向皇家刑事法院提出解除中止的申请，否则任何其他人不得就所起诉的罪行起诉该法人团体、合伙企业或非法人组织。

可见，暂缓起诉协议作为一种解决公司案件的机制，实质上是一种非正式的缓刑形式，但它不同于认罪答辩或缓刑判决（被告被判有罪），即被告如果履行协议规定的要求或条件，在协议到期后将不会留下犯罪记录，因此，美国司法部（DOJ）将暂缓起诉协议称为起诉一家公司和拒绝提出全部指控之间的"重要中间地带"，因为通过暂缓起诉协议，可以避免因起诉一家公司而造成严重的附带后果，以及对无辜的第三方造成伤害，尤其是导致大量无辜的员工失业。[1]

公司签订暂缓起诉协议至少可以带来以下好处：一是避免诉讼和可能被定罪带来的羞耻；二是虽然必须就事实陈述达成一致，但不要求认罪；三是在最终发布声明之前，可以是私下进行的；四是能够加快调查过程，并节省全面刑事调查带来的成本和工作能力的丧失；五是相对于全面刑事调查而言，暂缓起诉协议允许公司施加更多的影响和控制；六是为公司提供彻底解脱和确定性；七是改善公司的合规和犯罪预防文化；八是避免因定罪而使公司被取消公共合同采购资格。[2]

---

[1]　See MoloLamken LLP, What's a Deferred Prosecution Agreement?, https://www.mololamken.com/knowledge-Whats-a-Deferred-Prosecution-Agreement.

[2]　See Ethical Business Conduct: an Enforcement Perspective, 6 March 2014, https://www.sfo.gov.uk/2014/03/06/ethical-business-conduct-enforcement-perspective/.

相关法律条款：

《2013 年犯罪和法院法》附件 17 "暂缓起诉协议"

【暂缓起诉协议的性质】

第1条

（1）暂缓起诉协议（DPA）是指受委任的检察官与其正在考虑就本法第二部分所列罪行（即"被起诉的犯罪"）起诉的人（P）之间达成的协议。

（2）根据 DPA：

  （a）P 同意遵守该协议对 P 提出的要求；

  （b）在 DPA 经法院批准后（见第 8 条），检察官同意第 2 条适用于对 P 所犯罪行的起诉。

【DPA 对法院诉讼的效果】

第2条

（1）检察官以提交起诉状起诉 P 所犯罪行的方式 [见《1933 年司法（杂项条文）法》第 2 条第（2）款第（ba）项（所提交的起诉状连同经过皇家刑事法院法官批准的 DPA）]，在皇家刑事法院就所起诉的罪行提起诉讼。

（2）一旦根据第（1）款提起诉讼，诉讼将自动中止。

（3）只有在检察官向皇家刑事法院提出申请后，才可解除中止；在 DPA 生效时，任何时候都不得提出此类申请。

（4）在根据第（2）款中止诉讼时，任何其他人不得就所起诉的罪行起诉 P。

【受委任的检察官】

第3条

（1）以下人员为受委任的检察官：

  （a）检察长；

  （b）严重欺诈办公室主任；

（c）根据本条款由国务大臣命令指定的任何检察官。

（2）受委任的检察官必须亲自行使签署 DPA 的权力，因此，使受委任的检察官的职能能够由有关检察官以外的人行使的任何法令都不适用。

（3）但是，如果受委任的检察官不在，则可以由受委任的检察官书面授权的人亲自行使签署 DPA 的权力。

【可与检察官签订 DPA 的人】

第 4 条

（1）P 可以是法人团体、合伙企业或非法人组织，但不能是个人。

（2）如果 DPA 是检察官与合伙企业之间签订的，则：

（a）合伙企业签订 DPA 必须以合伙企业的名义（而不得以任何合伙人的名义）；

（b）根据 DPA 支付的任何款项必须从合伙企业的资金中支付。

（3）如何 DPA 是检察官与非法人组织之间签订的，则：

（a）非法人组织签订 DPA 必须以该组织的名义（而不得以任何该组织成员的名义）；

（b）根据 DPA 支付的任何款项必须从该组织的资金中支付。

【可订立 DPA 的制定法罪行】

第 26 条

违反以下任何一条《2010 年反贿赂法》规定的犯罪：

（a）第 1 条（行贿罪）；

（b）第 2 条（受贿罪）；

（c）第 6 条（行贿外国公职人员罪）；

（d）第 7 节（商业组织未能防止贿赂罪）。

三、暂缓起诉协议的内容

根据《2013 年犯罪和法院法》附件 17 第 5 条的规定，一份暂缓起诉协议应当包含以下内容。

（1）与被起诉罪行有关的事实陈述，其中可能包括法人团体、合伙企业或非法人组织的供述。

（2）有效期，即在非因法人团体、合伙企业或非法人组织违反暂缓起诉协议而导致该协议终止的情况下，该协议失效的日期。

（3）对法人团体、合伙企业或非法人组织提出的要求，包括但不限于：

◆ 向检察官支付罚款（检察官和其商定的任何罚款金额，必须与法院在其认罪后就其被起诉的罪行对其所判处的罚款金额大致相当）；

◆ 赔偿所起诉罪行的受害人；

◆ 向慈善机构或其他第三方捐款；

◆ 从所起诉的罪行中上缴法人团体、合伙企业或非法人组织赚取的任何利润；

◆ 实施合规计划，或者对与法人团体、合伙企业或非法人组织的政策或其员工培训或两者皆相关的现有合规计划进行整改；

◆ 配合与所起诉罪行有关的任何调查；

◆ 向检察官支付与所起诉的罪行或暂缓起诉协议有关的任何合理费用。

同时，暂缓起诉协议中还可以包含以下非强制性的内容：

◆ 法人团体、合伙企业或非法人组织必须遵守该协议相关要求的期间；

◆ 法人团体、合伙企业或非法人组织未能遵守暂缓起诉协议的后果。

相关法律条款：

《2013 年犯罪和法院法》附件 17 "暂缓起诉协议"

【DPA 的内容】

第 5 条

（1）DPA 应当包含与所起诉罪行有关的事实陈述，其中可能包括 P 的供述。

（2）DPA 应当具体规定一个有效期，即如果 DPA 尚未根据第 9 条（违反 DPA）终止，则 DPA 失效的日期。

（3）DPA 有可能对 P 施加的要求，包括但不限于：

（a）向检察官支付的罚款；

（b）赔偿所起诉罪行的受害人；

（c）向慈善机构或其他第三方捐款；

（d）从所起诉的罪行中上缴 P 赚取的任何利润；

（e）实施合规计划，或者对与 P 的政策或 P 的员工培训或两者皆相关的现有合规计划进行整改；

（f）配合与所起诉罪行有关的任何调查；

（g）向检察官支付与所起诉的罪行或 DPA 有关的任何合理费用。

DPA 可规定期限，在该期限内，P 必须遵守对 P 施加的要求。

（4）检察官和 P 商定的任何罚款金额必须与法院在 P 认罪后就其被起诉的罪行对 P 所判处的罚款金额大致相当。

（5）DPA 可包含一个条款，列出 P 未能遵守 DPA 任何条款的后果。

四、暂缓起诉协议的司法程序

根据《2013 年犯罪和法院法》附件 17 第 7 条和第 8 条的规定，法院在批准暂缓起诉协议时需要进行两个阶段的法庭审理。

1. 预审（preliminary hearing）

在暂缓起诉协议谈判开始后，但在协议达成一致前，检察官应当申请皇家刑事法院声明（即"预审声明"）：与法人团体、合伙企业或非法人组织签订一项暂缓起诉协议可能有利于司法公正，而且拟定的协议条款是公平、合理和成比例的。对此，法院应当决定是否作出该声明，并说明理由。但需要注意以下两点：一是如果法院拒绝作出声明，则检察官有权再次向法院申请声明；二是预审、声明和说明理由都应当非公开举行。

2. 终审（final hearing）

当协议双方都同意暂缓起诉协议条款时，检察官应当申请皇家刑事法院声明（即"终审声明"）：暂缓起诉协议有利于司法公正，而且其条款是公平、合理和成比例的。对此，法院应当决定是否作出该声明，并说明理由。在法院批准该协议后，检察官应当公布该协议、法院决定作出的预审声明和终审声明及其理由以及法院最初决定拒绝作出声明的理由，除非有制定法或法院出于避免损害诉讼过程中司法公正的考虑而发布命令阻止检察官这样做。

同时，还应当注意以下 4 点：一是检察官要想申请法院作出终审声明，必须在此之前得到法院作出的预审声明；二是只有在法院作出终审声明后，暂缓起诉协议才会生效；三是终审可非公开举行，也即可以选择公开举行；四是如果法院决定批准暂缓起诉协议并作出终审声明，则应当在公开的法庭上予以批准并说明理由。

相关法律条款：

《2013 年犯罪和法院法》附件 17 "暂缓起诉协议"

【法院批准 DPA：预审】

第 7 条

（1）在检察官和 P 就 DPA 开始谈判后，但在就 DPA 条款达成一致前，检察官应当申请皇家刑事法院声明：

（a）与 P 签订一项 DPA 可能有利于司法公正，而且

（b）拟定的 DPA 条款是公平、合理和成比例的。

（2）法院应当决定是否根据第（1）款作出声明，并说明理由。

（3）如果法院拒绝作出声明，检察官可在先前的申请之后根据第（1）款进一步向法院申请作出声明。

（4）决定本条所指申请的审理应当非公开举行，而且根据第（1）款作

出的任何声明应当以非公开方式作出，根据第（2）款说明的理由必须以非公开方式说明。

【法院批准 DPA：终审】

第 8 条

（1）当检察官和 P 同意 DPA 条款时，检察官应当申请皇家刑事法院声明：

　　（a）DPA 有利于司法公正；而且

　　（b）DPA 条款是公平、合理和成比例的。

（2）但是，除非法院已根据第 7 条第（1）款作出声明（预审声明），否则检察官不得根据第（1）款提出申请。

（3）只有在皇家刑事法院根据第（1）款作出声明后，DPA 才会生效。

（4）法院应当决定是否根据第（1）款作出声明，并说明理由。

（5）对根据本条提出的申请作出裁定的审理可非公开举行。

（6）但是，如果法院决定批准 DPA 并根据第（1）款作出声明，则应当在公开的法庭上予以批准并说明理由。

（7）在法院批准 DPA 后，检察官应当公布：

　　（a）DPA；

　　（b）法院根据第 7 条作出的声明及其决定作出声明的理由；

　　（c）在法院最初拒绝根据第 7 条作出声明的情况下，法院作出该决定的理由；以及

　　（d）法院根据本条作出的声明及其决定作出声明的理由。

　　除非有制定法或法院根据第 12 条（为避免损害诉讼而推迟公布）发布的命令阻止检察官这样做。

【法院命令检察官推迟公布信息】

第 12 条

法院可命令检控官将根据第 8 条第（7）款、第 9 条第（5）款、第（6）款、第（7）款或第（8）款、第 10 条第（7）款或第（8）款或者第 11

条第（8）款对信息的公布推迟一段法院认为必要的期间，条件是如果法院认为为了避免在任何法律诉讼程序中存在损害司法公正的重大风险而有必要推迟。

五、违反暂缓起诉协议的情形

根据《2013 年犯罪和法院法》附件 17 第 9 条第（1）款至第（4）款的规定，在暂缓起诉协议生效期间，如果检察官认为行为人没有遵守协议条款，检察官可以根据本条向皇家刑事法院提出申请，然后由法院根据"概然性衡平"（balance of probabilities）原则决定该行为人有没有遵守协议条款，而一旦法院发现该行为人没有遵守，法院就可以要求检察官与该行为人商定补救措施或者直接终止协议（同时需要说明理由）。第 9 条第（5）款至第（8）款规定的是法院和检察官在做出有关行为人违反暂缓起诉协议的决定时需要公开的信息，即除非有制定法或法院根据第 12 条（为避免损害诉讼而推迟公布）作出的命令阻止检察官这样做，否则都需要公开相关的申请、事实、决定及其原因和（或）理由。

相关法律条款：

《2013 年犯罪和法院法》附件 17 "暂缓起诉协议"

【违反 DPA】

第 9 条

（1）在 DPA 生效的任何时候，如果检察官认为 P 没有遵守 DPA 条款，检察官可以根据本条向皇家刑事法院提出申请。

（2）根据第（1）款提出的申请，法院应当根据"概然性衡平"原则决定 P 是否没有遵守 DPA 的条款。

（3）如果法院发现 P 没有遵守 DPA 的条款，法院可以：

（a）要求检察官与 P 商定用于补救 P 未能遵守 DPA 的建议；或者

（b）终止 DPA。

（4）法院应当就根据第（2）款和第（3）款作出的决定说明理由。

（5）如果法院判定 P 没有不遵守 DPA 的条款，检察官应当公布法院的决定及其作出该决定的理由，除非有制定法或法院根据第 12 条（为避免损害诉讼而推迟公布）作出的命令阻止检察官这样做。

（6）如果法院请检察官和 P 商定用于补救 P 不遵守 DPA 的建议，检察官应当公布法院根据第（2）款和第（3）款作出的决定以及作出这些决定的理由，除非有制定法或法院根据第 12 条（为避免损害诉讼而推迟公布）作出的命令阻止检察官这样做。

（7）如果法院根据第（3）款第（b）项终止了 DPA，检察官应当公布：

（a）法院因 P 未能遵守 DPA 条款而决定终止 DPA 的事实；以及

（b）法院根据第（2）款和第（3）款作出决定的理由，

除非有制定法或法院根据第 12 条（为避免损害诉讼而推迟公布）作出的命令阻止检察官这样做。

（8）如果检察官认为 P 未能遵守 DPA 的条款，但决定不根据本条向皇家刑事法院提出申请，则检察官必须公布与该决定有关的细节，包括：

（a）检察官认为 P 未能遵守 DPA 的原因；以及

（b）检察官决定不向法院提出申请的理由，

除非有制定法或法院根据第 12 条（为避免损害诉讼而推迟公布）作出的命令阻止检察官这样做。

六、暂缓起诉协议的变更

根据《2013 年犯罪和法院法》附件 17 第 10 条第（1）款的规定，在暂缓起诉协议生效期间，检察官可以与法人团体、合伙企业或非法人组织一致同意对该暂缓起诉协议进行变更。可对暂缓起诉协议进行变更的情形有以下两种。

（1）第一种情形：因违反协议而被法院要求补救所导致的变更。

如果法院在发现法人团体、合伙企业或非法人组织没有遵守暂缓起诉协议的条款并要求检察官与其商定相关补救措施后，要求双方变更协议，那么检察官和该法人团体、合伙企业或非法人组织可在协议生效期间的任何时候同意变更该协议的条款。

（2）第二种情形：情势变更。

如果有必要变更暂缓起诉协议，以避免法人团体、合伙企业或非法人组织在检察官或该法人团体、合伙企业或非法人组织（在订立协议时）没有预见到也不可能预见到的情况下无法遵守该协议，那么检察官和该法人团体、合伙企业或非法人组织亦可在协议生效期间的任何时候同意变更该协议的条款。

经检察官申请后，法院需要裁定是否同意变更暂缓起诉协议，并作出声明和说明理由。该裁定的作出必须符合以下两个标准：一是变更有利于司法公正；二是变更是公平、合理和成比例的。需要注意的是，法院作出裁定时是非公开的，但发布批准变更声明时则应当是公开的。同时，除非有制定法或法院根据第 12 条（为避免损害诉讼而推迟公布）作出的命令阻止检察官这样做，否则检察官需要在法院批准变更时公布暂缓起诉协议的变更和法院的决定及其理由，或者在法院不批准变更时公布法院的决定及其理由。

相关法律条款：

《2013 年犯罪和法院法》附件 17 "暂缓起诉协议"

【DPA 的变更】

第 10 条

（1）在 DPA 生效期间的任何时候，检察官和 P 可同意变更其条款，如果：

（a）法院已根据第 9 条第（3）款第（a）项要求双方变更 DPA；或者

（b）有必要变更 DPA，以避免 P 在检察官或 P（在订立 DPA 时）没有预见到也不可能预见到的情况下无法遵守 DPA。

（2）当检察官和 P 同意变更 DPA 条款时，检察官应当向皇家刑事法院申请声明，声明：

（a）该变更有利于司法公正；而且

（b）DPA 条款的变更是公平、合理和成比例的。

（3）只有在皇家刑事法院根据第（2）款作出声明后，DPA 的变更才生效。

（4）法院必须决定是否根据第（2）款作出声明，并说明理由。

（5）对根据本条提出的申请作出裁定的审理可非公开举行。

（6）但是，如果法院决定批准变更并根据第（2）款作出声明，则应当在公开的法庭上予以批准并说明理由。

（7）如果法院决定不批准变更，检察官应当公布法院的决定及其理由，除非有制定法或法院根据第 12 条（为避免损害诉讼而推迟公布）作出的命令阻止检察官这样做。

（8）如果法院决定批准变更，检察官应当公布：

（a）DPA 的变更；以及

（b）法院根据本条作出的声明及其决定作出声明的理由，

除非有制定法或法院根据第 12 条（为避免损害诉讼而推迟公布）作出的命令阻止检察官这样做。

七、暂缓起诉协议的期满终止

1. 期满终止的效果及其例外情形

根据《2013 年犯罪和法院法》附件 17 第 11 条第（1）款和第（2）款的规定，在有效的暂缓起诉协议到期后，检察官应通知皇家刑事法院诉讼将终止，并告知其不希望诉讼继续进行，而且不得就所起诉的罪行对行为人提起新的刑事诉讼。但是，第 11 条第（3）款规定了"不得提起新刑事诉讼"的例外情形，即：如果检察官在暂缓起诉协议到期后发现行为人在协议谈判过程中向检察官提供了不准确的、误导性的或不完全的信息，而且该行为人知道或应该知道这些信息是不准确的、误导性的或不完全的，那么检察官可以对该行为人提起新的诉讼。

2. 终止诉讼后的信息披露

根据《2013 年犯罪和法院法》附件 17 第 11 条第（8）款的规定，除非有制定法或法院根据第 12 条（为避免损害诉讼而推迟公布）作出的命令阻止检察官这样做，否则检察官应当在终止诉讼后，公布诉讼程序已终止的事实和行为人遵守暂缓起诉协议的详情。

3. 暂缓起诉协议不被视为到期的特殊情形

根据《2013 年犯罪和法院法》附件 17 第 11 条第（4）款至第（7）款的规定，如果在暂缓起诉协议中规定的到期日存在以下 3 种情形，则不应将协议视为已到期。

◆ 第一种情形：检察官在行为人违反协议后向法院提出的相关申请尚未得到法院的裁决（也即，除非法院终止协议，否则：如果法院判定行为人没有不遵守协议条款或者虽未能遵守但尚未采取行动，则应视为协议到期；如果法院请当事人同意补救措施，则当双方达成此类协议且行为人已遵守协议时，应视为协议到期）；

◆ 第二种情形：在检察官提出上述申请后，法院已邀请双方商定补救措施，但双方尚未达成协议（也即，当双方达成协议且行为人已遵守协议时，应视为协议到期）；

◆ 第三种情形：法院已经同意相关补救措施，但行为人尚未遵守协议（也即，当行为人遵守协议时，应视为协议到期）。

相关法律条款：

《2013 年犯罪和法院法》附件 17 "暂缓起诉协议"

【DPA 期满时的终止程序】

第 11 条

（1）如果 DPA 在到期日前仍然有效，则在 DPA 到期后，检察官应通知皇家刑事法院根据第 2 条第（1）款提起的诉讼将终止，并告知其不希望诉讼继续进行。

（2）一旦根据第（1）款终止诉讼，就不得就所起诉的罪行对 P 提起新的刑事诉讼。

（3）但是，如果检察官在 DPA 到期后发现在 DPA 谈判过程中存在以下情形，则第（2）款并不妨碍对 P 提起新的诉讼：

（a）P 向检察官提供了不准确的、误导性的或不完全的信息；而且

（b）P 知道或应该知道信息是不准确的、误导性的或不完整的。

（4）如果在 DPA 中规定的到期日存在以下情形，则就第（1）款而言不应将 DPA 视为已到期：

（a）检察官根据第 9 条（违反）提出的申请尚未得到法院的裁决；

（b）在根据第 9 条提出申请后，法院已邀请双方当事人商定用于补救 P 违约的建议，但双方尚未达成协议；或者

（c）双方当事人已在法院根据第 9 条第（3）款第（a）项发出邀请后同意用于补救 P 违约的建议，但 P 尚未遵守协议。

（5）在第（4）款第（a）项所述的情形中，

（a）如果法院判定 P 没有不遵守 DPA 的条款，或者 P 虽未能遵守但尚未根据第 9 条第（3）款采取行动，则在决定申请时应将 DPA 视为到期；

（b）如果法院终止 DPA，则 DPA 将被视为在其到期日之前未保持有效［因此，第（1）项不适用］；

（c）如果法院邀请当事人同意用于对 P 不遵守 DPA 进行补救的建议，则当双方达成此类协议且 P 已遵守时，DPA 将被视为到期。

（6）在第（4）款第（b）项所述的情形下，当双方达成协议且 P 已遵守时，DPA 应视为到期。

（7）在第（4）款第（c）项所述的情形下，当 P 遵守协议时，DPA 应视为到期。

（8）根据第（1）款终止诉讼的，检察官应当公布：

（a）诉讼程序已终止的事实；以及

（b）P 遵守 DPA 的详情，

除非有制定法或法院根据第 12 条（为避免损害诉讼而推迟公布）作出的命令阻止检察官这样做。

八、根据暂缓起诉协议收取的款项归入统一基金

根据《2013 年犯罪和法院法》附件 17 第 14 条的规定，检察官根据暂缓起诉协议条款收取的任何款项均应支付到统一基金（Consolidated Fund）。

英国的统一基金是指政府在英格兰银行开设的一般银行账户。从这个账户支付的款项必须事先得到下议院的批准。政府以统一基金票据的形式提出使用该款项的"请求"。统一基金的资金来源于税收收入和其他政府收入，并用于为公共开支提供资金。由统一基金和国家贷款基金、或有基金以及汇率均衡账户组成的财政部中央基金（HMT Central Funds）均由英国财政部（Her Majesty's Treasury）负责管理，包括编制年度账目。

根据英国下议院于 2020 年 9 月 29 日发布的最新报告《统一基金账户（2019—2020 年）》（Consolidated Fund Account 2019–20）中的介绍，统一基金最早成立于 1787 年，是一个使各种公共收入源源不断地流动起来并为各种服务提供资金支持的基金。英国财政部根据《1866 年国库和审计部门法》（Exchequer and Audit Departments Act 1866）对统一基金进行财务运作。1968 年 4 月 1 日通过的英国《1968 年国家贷款法》（National Loans Act 1968）设立了国家贷款基金，并将其与统一基金分开，前者负责政府借贷，后者负责政府收支。上述《统一基金账户（2019—2020 年）》的最新统计数据显示，2019—2020 年度统一基金的总收入和总支出为 5917.42 亿英镑，相比前一年度的 5579.83 亿英镑，增长了 337.59 亿英镑。[1] 值得注意的是，自 2014 年建立暂缓起诉协议制度以来，严重欺诈办公室向统一基金支付的款项已超过

---

[1] See Consolidated Fund Account 2019–20, September 2020, https://assets.publishing.service.gov.uk/government/uploads/system/uploads/attachment_data/file/922518/CF_Annual_Accounts_2019–20.pdf.

7.1 亿英镑。[1]

相关法律条款：

《2013 年犯罪和法院法》附件 17 "暂缓起诉协议"

【检察官根据 DPA 收取的款项】

第 14 条

检察官根据 DPA 条款（规定 P 向检察官支付罚款或上缴从所起诉犯罪中得到的利润）收取的任何款项，均应支付到统一基金。

第三节　关于暂缓起诉协议的重要补充规定

一、影响暂缓起诉协议启用的其他因素

通过前文分析可知，暂缓起诉协议是《2013 年犯罪和法院法》创设的一种自由裁量工具，旨在提供一种对所指控的犯罪行为作出反应的方式，即检察官可以请商业组织与其进行谈判，以商定暂缓起诉协议作为起诉的替代方案。[2] 至于是否要启用暂缓起诉协议，负责办理贿赂案件的检察官需要根据《皇家检察官准则》的相关规定进行两个阶段的《全套准则查验》，尤其要特别考虑有利于或不利于起诉的其他公共利益因素（见表 5.3）。检察官在决定是否启用暂缓起诉协议时，通常需要确信以下 3 点：（1）符合证据阶段或基于一些可接受的证据合理怀疑商业组织犯了罪；（2）所指控的犯罪行为已全部查明；（3）启用暂缓起诉协议很可能符合公共利益。

---

[1]　See About Us, https://www.sfo.gov.uk/about-us/.

[2]　See Deferred Prosecution Agreements Code of Practice, p.3, https://www.cps.gov.uk/sites/default/files/documents/publications/dpa_cop.pdf.

表 5.3　决定是否启用暂缓起诉协议时需要考虑的公共利益因素 [1]

有利于起诉的公共利益因素	不利于起诉的公共利益因素
◆ 有类似行为的历史记录（包括以前对其采取的刑事、民事或监管执法行动） ◆ 所起诉的行为是公司已确立的商业惯例的组成部分 ◆ 罪行发生时，公司没有合规计划或者没有有效的合规计划，而且自那时起，其合规计划一直没有显著改进 ◆ 公司以前曾受到警告、制裁或刑事指控，但未能采取适当行动预防未来的违法行为，或者继续从事这种行为 ◆ 未能在犯罪曝光后的合理时间内报告非法行为 ◆ 检举了不法行为但未能查证，或者明知或相信其是不实的、误导性的或不完整的但却进行了检举 ◆ 直接或间接对不法行为的受害者造成重大伤害，或者对市场、地方或中央政府的廉洁或诚信造成重大不利影响	◆ 合作（详见本章第四节）：及时向检察官报告自己的违法行为并采取补救措施，包括赔偿受害者、提供证人和证据资料、提供任何关于内部调查的报告，包括原始文件 ◆ 缺少类似行为的历史记录（包括以前对其采取的刑事、民事或监管执法行动） ◆ 在违法行为发生时和报告时，有积极主动的公司合规计划，但未能发挥作用 ◆ 犯罪行为体现的是个人（例如一个行为失常的董事）独自的行动 ◆ 违法行为并非最近才发生，而以当前形式存在的公司实际上已经是与犯下这些罪行的公司不同的实体 ◆ 根据国内法，定罪很可能会对另一个司法管辖区的法律（包括但不限于欧盟的法律）产生不成比例的后果 ◆ 定罪可能会对公众、商业组织的员工和股东或商业组织和（或）机构养老金持有人产生附带影响

二、暂缓起诉协议的谈判邀请程序

根据《暂缓起诉协议实务准则》第 3.1 条至第 3.11 条的规定，在暂缓起诉协议的谈判邀请程序中需要注意以下几点：（1）如果检察官决定启动暂缓起诉协议谈判，检察官会向其发出正式的邀请函，并在其中概述进行任何谈判的基础；（2）暂缓起诉协议完全是自愿协议，检察官没有义务邀请商业组

[1]　See Deferred Prosecution Agreements Code of Practice, pp.5–6, https://www.cps.gov.uk/sites/default/files/documents/publications/dpa_cop.pdf.

织进行谈判，商业组织也没有义务接受该邀请，而且任何一方都没有义务同意其中的任何特定条款；（3）检察官和商业组织都要承担各自相应的保密义务，即在谈判过程中，除出于谈判目的或法律要求外，不得向任何其他方披露相关信息。[1]

三、暂缓起诉协议可能包含的其他条款

根据《暂缓起诉协议实务准则》第 7.10 条的规定，检察官和商业组织可以商定的其他条款至少还包括：[2]

◆ 禁止商业组织参与某些活动；

◆ 财务报告义务；

◆ 制定强有力的合规和（或）监督计划；

◆ 与全部门调查的合作。

四、独立合规监控人制度

根据《暂缓起诉协议实务准则》的相关规定，达成暂缓起诉协议的一个重要考虑因素是商业组织是否已经有一个"真正积极主动"和有效的公司合规计划，因此是否委派合规监控人将取决于每个商业组织的实际情况，但必须始终遵循公平、合理和成比例的基本原则（第 7.11 条）。合规监控人的主要职责是评估和监督商业组织的内部控制、为降低受暂缓起诉协议约束的行为在未来再次发生的风险而提出必要的合规改进建议，以及向检察官报告具体的不正当行为（第 7.12 条）。如果暂缓起诉协议的条款要求委派合规监控人，则商业组织在其监督期间承担其与监督有关的选择、任命、报酬以及合理费用（第 7.13 条）。在监督期间，商业组织应当按照合规监控人的要求，允许合规监控人完全访问其业务的所有相关方面（第 7.14 条）。如果商业组织的政策运行正常且合规监控人表示满意，则不需要进一步的监控，否则就

---

[1]　See Deferred Prosecution Agreements Code of Practice, pp.7–8, https://www.cps.gov.uk/sites/default/files/documents/publications/dpa_cop.pdf.

[2]　See Deferred Prosecution Agreements Code of Practice, p.13, https://www.cps.gov.uk/sites/default/files/documents/publications/dpa_cop.pdf.

应当继续在暂缓起诉协议的有效期间内继续履行监控职责（第7.19条）。

值得注意的是，在英国的独立合规监控人模式下，如果要任命一个合规监控人，将由作为被告的商业组织提名3个候选监控人，并指定其首选的候选监控人，然后由检察官、法院和商业组织协商决定监控人，而检察官和法院都可以反对。

根据《暂缓起诉协议实务准则》第7.21条的规定，"监控人协议"中可包含但不限于确保商业组织已经建立了以下政策和程序：[1]

◆ 行为准则；

◆ 适当的培训和教育计划；

◆ 报告行为问题的内部程序（使管理人员和员工能够以安全和保密的方式报告问题）；

◆ 识别关键战略风险领域的流程；

◆ 对批准任命代表和支付佣金的合理保障；

◆ 礼物和招待政策；

◆ 合理的承诺程序；

◆ 对潜在项目、收购、业务合作伙伴、代理商、代表、分销商、分包商和供应商进行尽职调查；

◆ 尽量减少不正当行为发生机会的采购程序；

◆ 法人团体、合伙企业或非法人组织与其业务合作伙伴、分包商、分销商及供应商之间的合同条款，包括明确的合同义务和与不正当行为有关的补救措施；

◆ 内部管理和审计程序，包括适当时对不正当行为进行的合理控制；

◆ 法人团体、合伙企业或非法人组织尽合理努力，确保其所有子公司和运营项目、拥有管理控制权的合资企业以及没有管理控制权的合资企业，连同关键的分包商和代表一起尽可能熟悉的政策和流程，以及被要求尽可能遵守的行为准则；

---

[1] See Deferred Prosecution Agreements Code of Practice, pp.14–15, https://www.cps.gov.uk/sites/default/files/documents/publications/dpa_cop.pdf.

◆ 符合洗钱条例的程序；

◆ 关于慈善和政治献金的政策；

◆ 与外部控制有关的条款，例如选择适当慈善机构的程序；

◆ 与内部调查资源、员工纪律程序和潜在员工合规性筛选相关的政策；

◆ 与高级管理层在多大程度上负责执行惯例和程序有关的政策；

◆ 审查法人团体、合伙企业或非法人组织经营所在的业务和司法管辖区相关政策和程序有效性的机制；

◆ 消除不道德行为激励的薪酬结构。

五、违反暂缓起诉协议的情形（变更和终止）

根据《暂缓起诉协议实务准则》第 12.4 条和第 12.5 条的规定，只有当变更暂缓起诉协议符合司法公正且变更后的协议条款公平、合理和成比例时，法院才会批准。这种机制一般运用于纠正当事人在没有法院参与的情况下无法商定补救措施的相对较小的违反协议的行为，但如果所指控的违反协议的行为更具实质性，或者当事各方无法商定适当的补救措施或法院不批准拟定的补救措施，则法院可以命令终止协议。

第四节　商业组织如何进行反贿赂合作

受美国《反海外腐败法》的影响，英国《2010 年反贿赂法》的立法实践体现了反贿赂合作的理念。[1] 如前文所述，在执法机构决定是否启用暂缓起诉协议时需要考虑的公共利益因素中，合作是一个不利于起诉的因素。

事实上，"决定暂缓起诉协议是否是处理公司案件的正确途径的关键在于，严重欺诈办公室会考虑公司向其提供合作的程度"，正如该办公室主任所言，"启用暂缓起诉协议是否正确将取决于 3 件事：合作、合作及合作"，但需要强调的是，"暂缓起诉协议不是公司起诉的捷径"，"并不适用于所有

---

[1]　参见万方:《美国反贿赂合作机制及对我国反腐败机制发展的启示》，载《法学杂志》2018 年第 6 期，第 128 页。

案件"，而且暂缓起诉协议的使用既受制于《皇家检察官准则》规定的《全套准则查验》或《门槛查验》，也受制于法院的司法审查和批准。[1]

为此，严重欺诈办公室于 2019 年 8 月发布了关于商业组织合作问题的《SFO 公司合作指引》。该指引旨在协助评估商业组织的合作情况，因为商业组织的合作能够使其更快、更可靠地了解事实、获取可接受的证据，并将调查推进到检察官可以对事实适用法律的阶段，从而有利于公共利益和促进司法公正。[2]

一、反贿赂合作的含义和做法示例

根据《SFO 公司合作指引》的规定，"合作"是指商业组织向严重欺诈办公室提供超出或超越法律要求的协助。在执法实践中，严重欺诈办公室期待公司与其进行真正的合作，以全面查明所指控的不法行为，同时希望公司能够接受其违法这一事实，而且不会将合作视为逃避承担任何刑事责任的手段，因此该办公室不会接受任何只具有表面价值的自我报告，而不论其内容多么全面。[3] 该指引例举了几种合作或不合作的典型做法，商业组织可以从中更好地理解如何与严重欺诈办公室进行合作（见表 5.4）。

---

[1] See Enforcing the UK Bribery Act – The UK Serious Fraud Office's Perspective, 17 November, 2014, https://www.sfo.gov.uk/2014/11/17/stuart-alford-qc-enforcing-uk-bribery-act-uk-serious-fraud-offices-perspective/.

[2] See Corporate Co-operation Guidance, https://www.sfo.gov.uk/publications/guidance-policy-and-protocols/sfo-operational-handbook/corporate-co-operation-guidance/.

[3] See The Role and Remit of the SFO, 18 May 2016, https://www.sfo.gov.uk/2016/05/18/role-remit-sfo/.

表 5.4 商业组织合作或不合作的做法示例 [1]

合作的做法示例	不合作的做法示例
◆ 与责任人（不论其在组织中的资历或职位如何）一起识别出可疑的不法行为和犯罪行为 ◆ 在疑点曝光后的合理时间内向严重欺诈办公室报告 ◆ 保存现有证据，并以可靠的证据格式及时向严重欺诈办公室提供	◆ 保护特定的个人或无理指责他人 ◆ 引起嫌疑人注意，并造成篡改证据或证言的风险 ◆ 对挑选的问题保持沉默 ◆ 战术上的延误或信息过载

此外，商业组织还可以采取其他"真正积极主动"的合作方式，包括：采取补救行动，包括酌情赔偿受害者；指认有关证人、披露证人的账目和向证人出示的文件；在切实可行的情况下，应要求提供证人进行面谈；提供任何内部调查的报告，包括原始文件；[2] 适当放弃公司所享有的特权（privilege）[3]（尽管公司既不能被迫放弃特权，也不能因为不放弃特权而受到惩罚）；等等。其中，值得注意的是严重欺诈办公室对放弃特权的态度是："当然不会反对任何一方正当地主张特权的决定；但是，有什么比公开和坦率地看待特权主张更好的方式来证明'合作'呢？"[4] 显然，英国执法机构的态度是希望作为被告的商业组织主动放弃特权，并向其提供所有相关资料和全面合作，从而帮助其有效地开展调查。

二、反贿赂合作的要点：保存和提供证据

《SFO 公司合作指引》的大部分内容是指导企业如何保存和提供证据，

---

[1]　See Corporate Co-operation Guidance, https://www.sfo.gov.uk/publications/guidance-policy-and-protocols/sfo-operational-handbook/corporate-co-operation-guidance/.

[2]　See Deferred Prosecution Agreements Code of Practice, p.5, https://www.cps.gov.uk/sites/default/files/documents/publications/dpa_cop.pdf.

[3]　此处的特权，是指法律职业特权（legal professional privilege），包括咨询特权和诉讼特权等。

[4]　See Enforcing the UK Bribery Act–The UK Serious Fraud Office's Perspective, 17 November 2014, https://www.sfo.gov.uk/2014/11/17/stuart-alford-qc-enforcing-uk-bribery-act-uk-serious-fraud-offices-perspective/.

特别是数字材料，但同时也规定了如何提供面谈记录等，而这是近年来存在争议的地方（见表 5.5）。

表 5.5　商业组织的合作：保存和提供证据 [1]

> （1）良好的一般做法
>
> ◆使用可降低文件破坏或损坏风险的方法保存数字和纸制相关材料
>
> ◆当获得材料尤其是数字材料时，确保数字完整性得到保护
>
> ◆应要求及时获取并提供材料，以响应严重欺诈办公室的要求并遵守约定的时间
>
> ◆提供相关文件保管人和文件位置（不论是数字还是物理位置）的列表
>
> ◆以有用的、结构化的方式提供材料，例如：根据严重欺诈办公室的要求，汇编选定的文件（包括纸制记录、数字通信、显示现金流的记录）；特别是按个别或特定问题分类的相关材料；内部调查收集的相关资料；关于商业组织的基本背景信息（包括组织结构图；列表、职务、联系人和相关人员的个人信息；数据保存类型——如电子邮件、音频、聊天记录等）
>
> ◆以商定的方式滚动提供材料
>
> ◆如怀疑资料遗失、删除或销毁，请立即通知严重欺诈办公室
>
> ◆确定第三方掌握的相关材料，可要求该商业组织为第三方材料的制作提供便利
>
> ◆提供商业组织掌握或控制的在国外持有的相关材料
>
> ◆及时提供基于特权扣留的文件清单，包括主张特权的依据
>
> ◆如果一个商业组织决定对相关材料（如首次报告、内部调查面谈或其他文件）主张法律特权，则严重欺诈办公室可在其认为有必要或适当情况下质疑该主张
>
> ◆协助确定可能被合理地认为能够协助任何被告或潜在被告或者破坏起诉案件的材料
>
> （2）数字证据和设备
>
> ◆以严重欺诈办公室要求的格式提供数字材料，即采用可供严重欺诈办公室的文件审查平台接收和查看的格式。该办公室可要求商业组织提供其正在制作的相关文件的时间表，以及用于提取文件的搜索词、"种子集"或用于提取文档的其他搜索方法
>
> ◆创建和维护关于数字材料和设备的采购和处理的审计跟踪记录，并指定一个人来提供一份关于连续性的证人证词
>
> ◆对老化的技术或定制系统保持警惕，并在调查和任何起诉和上诉期间保存读取数字文件的方式

---

[1]　See Corporate Co-operation Guidance, https://www.sfo.gov.uk/publications/guidance-policy-and-protocols/sfo-operational-handbook/corporate-co-operation-guidance/.

续上表

◆提醒严重欺诈办公室注意该商业组织无法访问的相关数字材料，例如在内部调查中曝光的相关私人电子邮件账户、消息应用程序或社交媒体

◆保存并提供相关数字设备的密码、恢复密钥、解密密钥等

（3）纸制证据和物证

◆创建和维护关于纸制与物理资料的获取和处理的审计跟踪记录，并指定一个人来提供一份关于连续性的证人证词

（4）财务记录和分析

◆提供显示相关资金流动的记录

◆以结构化的方式提供相关的组织财务文件，包括银行记录、发票、转账、合同、会计记录和其他类似文件

◆提醒严重欺诈办公室注意该组织无法获取的相关财务资料，例如资金流入的银行账户

◆使会计师和（或）其他相关人员（包括内外部的）能够制作和审查财务记录，并解释它们是什么以及它们显示了资金流动的什么方面

◆建立和维护关于财务资料获取和处理的审计跟踪记录，并指定一个人来制作证物并使其具有连续性

◆提供与利润、支出、罚款计算和支付能力相关的财务信息和计算方式

（5）行业和背景信息

◆提供行业的知识、背景及常见做法

◆识别出特定于市场或行业的潜在防范措施，提供相关市场中其他参与者的信息

◆通知严重欺诈办公室与该组织联系或向其报告的任何其他政府机构（包括国内或国外的执法机构或监管机构）

（6）个人

◆为避免妨碍调查，在会见潜在证人或嫌疑人、采取人事或人力资源行动或者采取其他公开的步骤之前，应当及时咨询严重欺诈办公室

◆确定潜在的证人，包括第三方

◆避免破坏潜在证人的记忆，例如，通过分享或邀请他人评论另一个人的叙述，或者出示他们以前从未见过的证人记录

◆让员工和（如有可能）代理人接受严重欺诈办公室的面谈，包括在必要时安排他们返回英国

◆如有要求，请提供前员工、代理人和顾问的最新联系方式

三、作为合作重要方面的自我报告

在嫌疑被曝光后的合理时间内自愿对可疑的不法行为进行自我报告是合作的一个重要方面，而检察官在考虑公司所作的自我报告时，会考虑公司所提供信息的整体性、犯罪行为（如果有的话）先前被执法机构知悉的程度以及公司提供信息时的自愿程度——即不存在第三方即将披露的威胁或强迫。[1]

1. 英国公司自我报告制度的发展

在严重欺诈办公室最早发布的关于公司自我报告的指引中，曾暗示任何向该办公室举报不法行为的公司几乎都可以保证仅会被处以民事处罚，而不会被处以更严重的刑事处罚，但后来该办公室认为这种做法在原则上是错误的。[2]因此，它在 2012 年 10 月发布了修订后的《SFO 公司自我报告指引》，并在关于公司自我报告政策的重述中作出了如下解释：在决定是否起诉时，在该指引规定的范围内，法人团体自我报告的事实本身将是一个相关的考虑因素。

公司在发现不法行为后采取自我报告这种"真正积极主动"的做法，应当被视为不利于起诉的公共利益因素。其中，"真正积极主动"的表现之一是公司提供充分的信息，包括提供证人和披露任何内部调查的细节，以便全面了解公司的运行情况。[3] 这就意味着，严重欺诈办公室绝不会接受任何只具有表面价值的自我报告，而不论其内容多么全面。[4] 如果是错误地、不完整地报告不法行为，将被视为有利于起诉的公共利益因素。而且，尽管公司是否对其行为进行自我报告是严重欺诈办公室决定是否提供暂缓起诉协议的重要因素。[5] 但公司进行了自我报告并不意味着就有权签订暂缓起诉协议，

---

[1]　See Deferred Prosecution Agreements, October 2020, https://www.sfo.gov.uk/publications/guidance-policy-and-protocols/guidance-for-corporates/deferred-prosecution-agreements-2/?preview=true#_ftn15.

[2]　See The Role and Remit of the SFO, 18 May 2016, https://www.sfo.gov.uk/2016/05/18/role-remit-sfo/.

[3]　See Corporate Self-reporting, https://www.sfo.gov.uk/publications/guidance-policy-and-protocols/corporate-self-reporting/.

[4]　See The Role and Remit of the SFO, 18 May 2016, https://www.sfo.gov.uk/2016/05/18/role-remit-sfo/.

[5]　See Deferred Prosecution Agreements Code of Practice, https://www.cps.gov.uk/sites/default/files/ documents/publications/dpa_cop.pdf.

甚至并不意味着有被邀请进行暂缓起诉协议谈判的权利，因为每个案件的情况都不一样，只能具体案件具体分析。

值得注意的是，"自 2011 年以来，苏格兰建立了'自我报告'制度，鼓励公司在发现自己组织内的贿赂或腐败行为时向皇家办公室和财政检察官署（Crown Office and Procurator Fiscal Service，COPF）报告，希望他们能够避免被起诉，并被移送民事追缴科（Civil Recovery Unit）进行民事和解。如果公司希望被考虑采取主动行动，就必须遵守严格的条件，而且不能保证自我报告将允许公司避免被起诉；皇家律师（Crown Counsel）在决定民事和解是否适当时会考虑各种因素。在与公司达成和解的情况下，董事和员工仍有可能受到起诉。自我报告制度必须每年由苏格兰检察长审查和批准，现在已经延长了几次，这被视为衡量其有效性的一项措施。一些原本可能不会曝光的腐败案件，通过该计划得到了有力的解决。避免了冗长的起诉，追回了相当一部分通过腐败获得的利润，并重新投入苏格兰社区"[1]。

可见，在英国的贿赂犯罪执法过程中，就是否可以获得民事和解或暂缓起诉协议并免于被起诉而言，自我报告并非唯一的决定因素，而只是一个"关键因素"，因为公司与检察机关之间的合作程度至少同样重要，同时，其他各种因素都会在不同程度上影响甚至决定执法者的态度。正如严重欺诈办公室前主任大卫·格林所言，公司向严重欺诈办公室自我报告所涉嫌犯罪行为的原因至少有：一是自我报告不会自动导致刑事诉讼，但至少可以大大降低公司被起诉的可能性，并提供了获得暂缓起诉协议或民事追缴的可能性；二是自我报告在道德和声誉上都是必需的，这是正确的做法，并表明公司重视行为的合乎道德性；三是自我报告有助于量化不当行为所带来的风险；四是公司犯罪有很多潜在的曝光渠道（包括举报人、交易对手、竞争对手、英国刑事司法系统的其他机构、与严重欺诈办公室有联系的海外机构以及严重欺诈办公室自身不断发展的情报能力），如果犯罪行为被掩盖，然后通过任何一种渠道被发现，公司将在股东愤怒、交易对手和竞争对手不信任、声誉

[1]　See Bribery Act 2010: Post Legislative Scrutiny Memorandum (Cm 9631), June 2018, pp.31–32.

受损、被采取监管行动以及个人和公司可能被提起诉讼等方面付出沉重代价；五是根据英国《2002 年犯罪所得法》第 327 条至第 329 条的规定，隐瞒上述有关信息可能涉及与洗钱有关的刑事犯罪。[1]

2. 向严重欺诈办公室进行自我报告的流程

严重欺诈办公室在 2012 年 10 月发布的《SFO 公司自我报告指引》规定了公司向严重欺诈办公室进行自我报告的流程。具体如下：[2]

（1）初次接触以及随后的所有交流都必须通过严重欺诈办公室的情报科（Intelligence Unit）以"获取报告表"（secure reporting form）的形式进行，因为情报科是严重欺诈办公室内唯一被授权处理自我报告的业务部门；

（2）列明任何内部调查的性质和范围的纸质版报告都必须作为自我报告流程的组成部分提供给情报科；

（3）所有支持性证据，包括但不限于电子邮件、银行证据和证人证言，都必须作为自我报告流程的组成部分提供给情报科；

（4）在任何正在进行的内部调查过程中，都可以提供进一步的支持性证据；

（5）除上述提供的信息外，严重欺诈办公室不会就自我报告所需的格式向公司或其顾问提出建议，而且，在流程完成之前也不会就自我报告的可能结果提供任何建议。

上述"获取报告表"需要在严重欺诈办公室官网打开和填写。该链接网页的标题为"报告严重的欺诈、贿赂和腐败"，所提供的 3 个选项框中的一个是："我想提供有关严重欺诈、贿赂或腐败案件的信息（例如作为举报人或代表公司进行自我报告）"。[3]继续点击该选项框会进入新的网页，内容是包括欢迎报告、如何处理信息、保护自己的身份以及与其他当局共享信息等在

---

[1]　See Ethical Business Conduct: an Enforcement Perspective, 6 March 2014, https://www.sfo.gov.uk /2014/03/06/ethical-business-conduct-enforcement-perspective/.

[2]　See Corporate Self-reporting, October 2012.https://www.sfo.gov.uk/publications/guidance-policy-and-proto-cols/guidance-for-corporates/corporate-self-reporting/.

[3]　See Reporting Serious Fraud, Bribery and Corruption, https://www.sfo.gov.uk/contact-us/reporting-seri-ous-fraud-bribery-corruption/.

内的有关信息说明。在该网页的末尾附有名为"获取报告表"的链接，点击该链接即可正式进入报告填写程序。该《自我报告表》主要由 3 部分组成，包括说明性信息、个人信息和要报告的信息（见表 5.6）。

表 5.6　严重欺诈办公室官网的《自我报告表》[1]

秘密提供信息

（1）你是否有关于严重或复杂欺诈、贿赂或腐败的信息？如果有的话，我们想知道。

（2）为了有助于我们进行评估，并帮助我们确定你希望报告的信息是否与最严重或最复杂的欺诈、贿赂和腐败有关，请提供尽可能完整的描述。如果你不提交以下信息，我们可能无法进一步推进此检举。

（3）我们特别需要你提供以下信息：

◆ 何时、何地和发生了什么可疑的犯罪

◆ 参与其中的个人或公司是谁，他们的行为获益了吗

◆ 是否有任何人或任何组织遭受金钱损失。如果是的话，金额有多少

◆ 你有哪些文件或其他证据支持您的指控

◆ 你是否已向任何其他执法机构或公共部门报告此事。如果有的话，是哪个或哪些机构或部门

◆ 是什么使你怀疑有严重或复杂的欺诈、贿赂或腐败

（4）如果你正在报告的公司或合伙企业从事的可疑犯罪未能防止关联人以刑事手段协助逃税，请尽可能详细地提供你所掌握的以下信息：

◆ 公司或合伙企业

◆ 为该有关团体或代表该团体提供服务的人

◆ 纳税人偷逃的境外税款

请不要为了向严重欺诈办公室提交信息而收集你尚未掌握的信息。

---

[1]　该表经过笔者的处理，原表可参见 https://sforeporting.egressforms.com。

续上表

必填问题——个人详细信息

（1）称呼：先生、夫人、小姐、女士或者其他。

（2）姓名：_____

（3）你以什么身份进行此次报告：公司自我检举（Self-Referral）、举报人、受害者、

专业顾问（非公司自我报告）、竞争者或者其他。

（4）电子邮件：_____

（5）电话号码：_____

（6）地址：_____

必填问题——报告详细信息

（1）（打算报告的）信息：_____

（2）如果有可以用其他格式（例如电子或纸制文件）向严重欺诈办公室提供的更多证

据，你会如何选择：无更多证据提供、如果需要可以提供纸制证据、如果需要可以提

供电子证据或者如果需要可以提供纸制和电子证据。

（3）本表提交过程中收集的个人数据将根据《2018年数据保护法》处理。

（4）是否同意你的个人数据被传给任何有关的严重欺诈办公室调查小组（已理解如果

有必要，严重欺诈办公室会这么做）：同意或者不同意。

（5）是否同意严重欺诈办公室在有法律、监管或操作方面的原因的情况下将你的个人

数据或身份信息与警方、地方当局或其他政府部门共享：同意或者不同意。

第六章

新型综合执法机构：严重欺诈办公室（SFO）

在英格兰和威尔士，《2010 年反贿赂法》由严重欺诈办公室（SFO）和皇家检控署（CPS）负责执法，而在苏格兰和北爱尔兰，则分别由皇家检察官办公室暨财政检察官局（Crown Office and Procurator Fiscal Service，COPFS）和北爱尔兰公共检控署（Public Prosecution Service for Northern Ireland，PPSNI）负责执法。[1] 此外，国家打击犯罪调查局（National Crime Agency，NCA）和各地警察局——特别是伦敦市警察（City of London Police，COLP）——也会参与贿赂和腐败案件的调查工作。在英国的刑事执法机构中，严重欺诈办公室可以说是独一无二的，因为它既调查又起诉自己的案件，而且，作为英国反贿赂和反腐败的领导机构，它处理的案件往往涉及具有国家、国际和战略意义的公司。[2] 因此，严重欺诈办公室被认为是起诉《2010 年反贿赂法》所规定贿赂犯罪的"首席检察官"。[3] 本章将对严重欺诈办公室的产生、职能和权力、角色定位以及治理模式等进行分析。

---

[1] 需要指出的是，严重欺诈办公室也有权在北爱尔兰对属于其"严重或复杂"职权范围的案件执法。参见Bribery Act 2010: Post Legislative Scrutiny Memorandum (Cm 9631), June 2018, p.27。

[2] See Enforcing the UK Bribery Act–The UK Serious Fraud Office's Perspective, 17 November 2014, https://www.sfo.gov.uk/2014/11/17/stuart-alford-qc-enforcing-uk-bribery-act-uk-serious-fraud-offices-perspective/.

[3] See Raymond L. Sweigart, UK Bribery Act: Serious Fraud Office announces its first prosecutions, 15 August 2013, https://www.lexology.com/library/detail.aspx?g=eedb2f65-db64-46bf-a18b-ff7d8b4aab8a.

第一节　产生背景、设立及改革

20 世纪 70 年代末 80 年代初，英国公众对政府调查和起诉严重或复杂欺诈犯罪案件的制度相当不满。因此，英国政府在 1983 年成立了独立的欺诈审判委员会（Fraud Trials Committee）。在罗斯基尔（Roskill）大法官的领导下，该委员会考虑通过修改法律和刑事诉讼程序引入更有效的打击欺诈的手段。1986 年 1 月 14 日，欺诈审判委员会发布了《欺诈审判委员会报告》，即所谓的"罗斯基尔报告"。

在该报告中，欺诈审判委员会提出的建议多达 112 条，其中高度批评了当时防控欺诈的制度安排以及投入这项工作的人员数量和质量，并建议紧急设立一个统一的机构来调查和起诉所有的欺诈行为，以取代当时的欺诈调查小组———一个于 1985 年在检察长的指导下成立的律师和会计师小组。该报告明确指出："从一个严重欺诈案件被发现的第一刻起……一个有足够能力的指定人员应负责从一开始就控制案件，并负责所有后续阶段直至判决……与在案件中听取简报的控方律师一起，案件控制员应当对案件准备和陈述过程中出现的任何缺陷和任何不必要的延误负责……不应在案件处理过程中更换案件控制员。"[1] 换言之，该报告的主要建议之一是成立一个新的机构，由其负责发现、调查和起诉严重欺诈案件，而其组织架构应当要求调查人员和检察官从案件一开始就一起工作，因此这被称为"罗斯基尔模式"。[2]

为了落实上述建议，《1987 年刑事司法法》明确要求成立严重欺诈办公室。该法第 1 条"严重欺诈办公室"第（1）款和第（2）款规定，英格兰、威尔士和北爱尔兰应设立严重欺诈办公室，并由总检察长任命一人担任严重欺诈办公室主任，该主任应在总检察长的监督下履行其职能。依据该条款，严重欺诈办公室于 1988 年正式开始运作。

---

[1]　See Michael Levi, Reforming the Criminal Fraud Trial: An Overview of the Roskill Proposals, Journal of Law and Society, Vol.13, No.1, 1986, p.120.

[2]　See SFO Historical Background and Powers, https://www.sfo.gov.uk/publications/corporate-information/sfo-historical-background-powers/.

在英国，严重欺诈办公室是独立于政府的，而且它虽然接受总检察长的监督，但并不受其指挥。严重欺诈办公室官员斯图尔特·阿尔福德（Stuart Alford）曾指出，正是能够独立于政府开展工作这一点，对于维护最基本的法治以及可能卷入案件中的政治家和律师的廉洁而言至关重要。[1]那么，为什么英国赋予并特别强调严重欺诈办公室的独立地位呢？其中的一个重要因素就是《2010 年反贿赂法》出台前夕发生的"BAE 事件"或"BAE 丑闻"。

BAE 指的是英国最大的军火公司、全球几大军火巨头之一的英国航天系统公司（British Aerospace Systems，BAS）。这起案件始于 2004 年，起因是总部位于英国的英国航天系统公司秘密向沙特阿拉伯前驻华盛顿大使支付了 20 亿美元作为内部援助，以获得向沙特阿拉伯政府出售台风战斗机的订单。在严重欺诈办公室对该公司在捷克、罗马尼亚、南非和坦桑尼亚涉嫌腐败和虚假会计犯罪行为展开调查之后，尤其是当该办公室获得了英国航天系统公司与沙特阿拉伯就 20 世纪 80 年代中期某次军火交易有关的瑞士银行账户时，沙特阿拉伯政府威胁如果不停止调查就立即终止向英国购买飞机和与英国分享反恐情报。2006 年，时任英国首相托尼·布莱尔（Tony Blair）命令严重欺诈办公室撤销调查。当时在英国总检察长彼得·戈德史密斯（Peter Goldsmith）勋爵和严重欺诈办公室主任罗伯特·沃德（Robert Wardle）的领导下，严重欺诈办公室决定停止调查英国航天系统公司的贿赂行为，从而受到广泛批评。

2007 年 1 月，英国的两个非政府组织"打击武器贸易运动"（Campaign Against Arms Trade，CAAT)和"角落空间"（Corner House）试图通过法院司法审查，迫使英国政府撤回该命令。2008 年 4 月 10 日，英国高等法院裁定严重欺诈办公室主任停止调查的行为非法，但这一决定后来被上议院推翻。而在 2007 年 3 月，戈德史密斯勋爵认为严重欺诈办公室"需要彻底改头换面"，因此他邀请曼哈顿地区检察官助理杰西卡·德·格拉齐亚（Jessica

---

[1] See Enforcing the UK Bribery Act–The UK Serious Fraud Office's Perspective, 17 November 2014, https://www.sfo.gov.uk/2014/11/17/stuart-alford-qc-enforcing-uk-bribery-act-uk-serious-fraud-offices-perspective/.

de Grazia）"不受职权范围限制地"对该办公室进行评估。[1] 随后，格拉齐亚提交了一份长达 157 页的最终报告，该报告对严重欺诈办公室提出了许多负面评价，直接导致该办公室主任沃德和几名高级官员被辞退，并由英国税务海关总署（HM Revenue & Customs）高级律师理查德·奥尔德曼（Richard Alderman）接任主任一职。

在奥尔德曼的领导下，严重欺诈办公室"对其角色、文化和运作方式展开十分重大的反思"，他提出严重欺诈办公室应当在英国有更大的影响，并发挥自己的作用，以便为英国作为"一个领先的金融中心提供所需的框架"，同时，针对法院审判冗长的问题，他提倡使用暂缓起诉协议这种有效和成本效益高的方式替代通过法院进行的长期诉讼，因为这种合规协议可以通过激励企业自我监督并向政府报告不法行为，从而实现企业改革。[2]

第二节　角色定位和治理模式

2019 年 1 月 21 日，严重欺诈办公室与英国的律政官员（Law Officers）[3] 签署了《律政官员与严重欺诈办公室主任之间的框架协议》（简称《框架协议》）。该《框架协议》不仅重新定位了严重欺诈办公室的角色和职责、治理结构以及战略方向和目标的制定和设定，还明确界定了律政官员与严重欺诈办公室的关系和合作方式。

---

[1]　See David Leppard, She came, she saw, she scythed through the SFO, February 01, 2009, https://www.thetimes.co.uk/article/she-came-she-saw-she-scythed-through-the-sfo-prb3nsfbnsx.

[2]　See Jessica Naima Djilani, The British Importation of American Corporate Compliance, Brooklyn Law Review, 2010, Vol.76, Iss.1, p.317.

[3]　在英国，律政官员指的是英国政府、苏格兰政府、威尔士政府和北爱尔兰行政部门的高级法律顾问。律政官员的职能主要是咨询、诉讼及行政上的，包括：监督相关司法管辖区的检察机关；监督其他政府法律部门；在诉讼中代表相关政府或行政人员；向内阁和部长提供法律咨询；向相关立法机构或国王提供法律建议；等等。目前，根据英国的宪法安排，共有8个律政官员职位，4个由英国政府任命并对其负责，其他4个则向下设机构提供咨询并对其负责。参见 https://www.sfo.gov.uk/download/deferred-prosecution-agreement-sfo-v-icbc-sb-plc/?wpdmdl=7600。

一、角色定位

1. 严重欺诈办公室的使命和战略目标

2021 年 5 月 13 日，严重欺诈办公室发布了《2021—2022 年度商业计划》（Business Plan 2021/22），其中明确阐述了该办公室的使命和战略目标。根据该报告，严重欺诈办公室的使命被确定为：打击复杂的经济（金融）犯罪，为受害者伸张正义，保护英国作为安全营商之地的声誉。[1]

在此基础上，严重欺诈办公室进一步细化并提出了 4 个战略目标，包括：（1）调查和起诉最严重或最复杂的欺诈、贿赂和腐败案件；（2）维护法治，为受害者伸张正义，追回经济（金融）犯罪所得；（3）威慑犯罪分子，要求违法公司进行改革，以保护英国经济和作为安全投资和营商之地的全球声誉；（4）与英国和海外的伙伴合作，确保犯下严重经济（金融）犯罪的人没有避风港。[2]

值得注意的是，严重欺诈办公室于 2021 年上半年在其官网首页的显著位置增加了 3 句话，即：打击欺诈、贿赂和腐败；伸张正义；保护英国经济。显然，严重欺诈办公室不仅仅致力于打击犯罪，更是始终强调捍卫英国在开放、经济和法治方面的全球声誉，从而维护英国作为安全营商和投资之地的廉洁性。[3]

2. 严重欺诈办公室的角色定位

根据《框架协议》的规定，严重欺诈办公室是一个"由主任领导的非部级部门"，负责"专门调查和起诉严重和复杂的欺诈、贿赂和腐败"，"作

---

[1]　需要指出的是，严重欺诈办公室在该报告中提到的是"打击复杂的金融犯罪（financial crime）"，但在其官网有关介绍中提到的是"打击复杂的经济犯罪（economic crime）"，因此笔者在此处和接下来论及该办公室的战略目标时均使用了"经济（金融）犯罪"的用语。参见 SFO publishes Annual Business Plan 2021/22, 13 May 2021, https://www.sfo.gov.uk/2021/05/13/sfo-publishes-business-plan-for-2021-22/; SFO Business Plan 2021/22, https://www.sfo.gov.uk/download/sfo-business-plan-2021-22/。

[2]　See SFO Business Plan 2021/22, https://www.sfo.gov.uk/download/sfo-business-plan-2021-22/.

[3]　See Lisa Osofsky, We're Defending the UK as a Safe Place for Business, 30 June 2021, https://www.sfo.gov.uk/2021/06/30/were-defending-the-uk-as-a-safe-place-for-business/.

为英国刑事司法系统的组成部分，其职权范围涵盖英格兰、威尔士和北爱尔兰。其使命是减少高级别的经济犯罪所造成的危害，以及维护和提升英国作为可安全营商之地的声誉。为此，它选定一些大型的复杂案件进行调查，并酌情起诉或在司法监督下进行处置。它还追捕犯罪分子，以追回非法的经济收益"。[1] 值得注意的是，《2010 年反贿赂法》赋予其调查和起诉海外贿赂案件的权力，而《2017 年刑事金融法》（Criminal Finances Act 2017）则使其有权自 2017 年 9 月 30 日起调查和起诉该法第 46 条规定的新型公司经济犯罪，即公司企业未能防止协助海外逃税罪。

正如现任严重欺诈办公室主任丽莎·奥索夫斯基所言，"严重欺诈办公室在英国更广泛的执法和诉讼议程中发挥着独特的作用"[2]。简言之，其独特性体现在既调查也起诉案件，因为其处理的案件都很复杂，需要律师和调查人员从一开始就合作。因此，严重欺诈办公室的主要作用不同于监管机构，不是告诉人们如何才能不违法犯罪，而是抓住那些违法犯罪分子并追究其法律责任。

3. 严重欺诈办公室主任的角色定位

根据《框架协议》的规定，严重欺诈办公室主任由总检察长根据《1987 年刑事司法法》第 1 条第 1 款任命，既是公务员，同时也是该办公室的会计官（Accounting Officer）。该职位在公务员系统内为总干事（Director General）级，其任命应遵守相关的公务员任用规则，并由总检察长办公室（Attorney General's Office）和公务员委员会（Civil Service Commission）共同管理任命程序。

主任的职责主要包括以下方面：[3]

◆ 与总检察长办公室合作编制严重欺诈办公室的部门计划，以实现严重

---

[1]　See Framework agreement between the Law Officers and the Director of the Serious Fraud Office, 21 January 2019, pp.2–3, https://assets.publishing.service.gov.uk/government/uploads/system/uploads/attachment_data/file/772685/SFO_Framework_Agreement.pdf.

[2]　See Future Challenges in Economic Crime: A View from the SFO, 9 October 2020, https://www.sfo.gov.uk/2020/10/09/future-challenges-in-economic-crime-a-view-from-the-sfo/.

[3]　See Framework agreement between the Law Officers and the Director of the Serious Fraud Office, 21 January 2019, pp.2–9, https://assets.publishing.service.gov.uk/government/uploads/system/uploads/attachment_data/file/772685/SFO_Framework_Agreement.pdf.

欺诈办公室的战略目标和优先事项；

◆ 随时向总检察长办公室通报执行这些计划的进展情况及为此部署的资源；

◆ 向总检察长办公室提供有关预算和其他财务事项的及时预测和管理信息；

◆ 与总检察长办公室合作准备支出审查；

◆ 向总检察长办公室通报涉及重大公共利益、可能影响更广泛的政府优先事项或对法律制定有影响的案件；

◆ 负责任命严重欺诈办公室的工作人员；

◆ 负责在与律政官员协商后，任命严重欺诈办公室的高级工作人员；

◆ 负责任命适当数量（至少3名）的严重欺诈办公室非执行主任；

◆ 决定是否调查和起诉、调查和起诉什么罪行以及是否寻求其他措施（如民事追讨犯罪所得、暂缓起诉协议或庭外处置等），这是主任的一项准司法职能；可不时与总检察长及其他执法机构磋商并公布相关指引或原则；主任在单个案件工作决定（包括调查和起诉）中具有独立性。

4. 严重欺诈办公室与律政官员的关系

根据《框架协议》的规定，律政官员对议会负责，行使其对严重欺诈办公室的支持和法定监督职能。一方面，支持集中体现在律政官员要负责保障严重欺诈办公室在作出单独调查及起诉决定时的独立性；另一方面，监督集中体现在律政官员（和严重欺诈办公室主任）将每隔不超过3年对严重欺诈办公室的运作进行审查，而且在任命任何新的主任或总检察长后，还将对其进行审查。

二、内部组织架构

如前文所述，严重欺诈办公室由主任担任最高长官，并领导由总法律顾问（General Counsel）、首席运营官（Chief Operating Officer）和所有非执行主任组成的严重欺诈办公室委员会——该委员会每年至少召开 6 次会议，其首要目标是为严重欺诈办公室提供战略领导，并确保其战略与业务目标得以有效落实。其中，主任全面负责战略方向、案例决策和组织管理（关于历任主任的介绍见表 6.1）。

表 6.1　严重欺诈办公室成立以来的历任主任

任职时间	主任
1988—1990 年	约翰·伍德（John Wood）
1990—1992 年	芭芭拉·米尔斯（Barbara Mills）
1992—1997 年	乔治·斯泰普（George Staple）
1997—2002 年	罗莎琳德·赖特（Rosalind Wright）
2002—2008 年	罗伯特·沃德（Robert Wardle）
2008—2012 年	理查德·奥尔德曼（Richard Alderman）
2012—2018 年	大卫·格林（David Green）
2018 年	马克·汤普森（Mark Thompson）（临时）
2018 年 8 月至今	丽莎·奥索夫斯基（Lisa Osofsky）

总法律顾问负责为案件进展、审判准备和组织管理提供监督、咨询和质量控制。首席运营官负责运营交付、组织价值观、战略和参与、组织学习和专业标准，分管首席情报官（Chief Intelligence Officer）、案件工作处（Casework Divisions）以及犯罪所得和国际援助处（Proceeds of Crime & International Assistance）。首席能力官（Chief Capability Officer）负责战略与经营规划、绩效和人才管理以及监督工作，分管首席调查官（Chief Investigator Officer）、战略和政策处（Strategy & Policy Division）、首席技术官（Chief Technology Officer）和企业服务主管（Head of Corporate Services）。此外，主任还下设了私人办公室（Private Office），主要负责秘书工作（见图 6.1）。

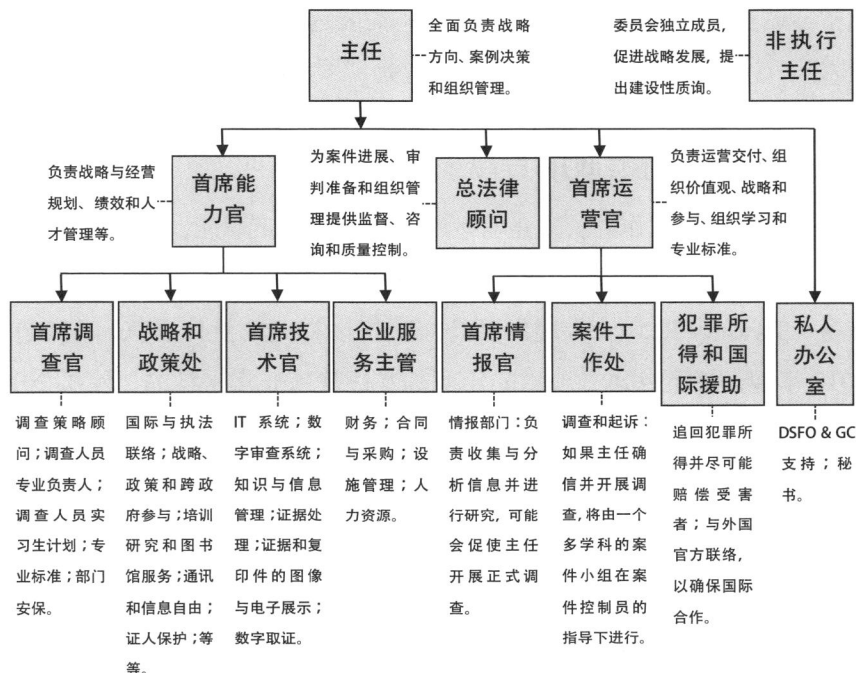

图 6.1　严重欺诈办公室的组织架构图 [1]

值得注意的是，当前严重欺诈办公室共任命了 4 名非执行主任。关于非执行主任的职责，《框架协议》明确规定：他们"对主任和律政官员发挥重要的咨询和质询作用。他们通过担任委员会成员，提供建议和从外部视角审视严重欺诈办公室的业务。他们还可以就主任的工作情况，向总干事（总检察长办公室）和律政官员提供反馈。他们定期（每年至少两次）与律政官员会面，他们没有'行政'决策权。"[2]

此外，首席运营官下设的案件工作处（Casework Divisions）负责案件的调查和起诉工作，如果主任确信并开展调查，将由一个多学科案件小组在案件控制员的领导下进行。该小组一般由律师、调查人员、法务会计师（Forensic Accountants）、外部律师和其他专家组成。实践中，严重欺诈办公

---

[1]　See About Us, https://www.sfo.gov.uk/about-us/.

[2]　See Framework Agreement between the Law Officers and the Director of the Serious Fraud Office, 21 January 2019, pp.3–5, https://assets.publishing.service.gov.uk/government/uploads/system/uploads/attachment_data/file/772685/SFO_Framework_Agreement.pdf.

室通常会调查那些既需要拥有法律权力也需要运用多学科方法予以应对的案件，因此，这种联合调查起诉案件小组也是"罗斯基尔模式"的充分体现。

三、预算和对财政的贡献

为了保障严重欺诈办公室正常运营并履行其法定职能，严重欺诈办公室每年都有一个核心预算，即基本拨款（Core Funding），同时在必要时由财政储备（Treasury Reserve）提供额外拨款加以补充。整体而言，在2009年至2018年间，严重欺诈办公室的年度基本拨款是非常平稳的，除了2013—2014年度略少（2960万英镑），其他年度均在3320万英镑至3570万英镑之间；但在2018年之后的两个年度中，严重欺诈办公室的年度基本拨款有了大幅提高，分别达到了5270万英镑和5246万英镑（见图6.2）。

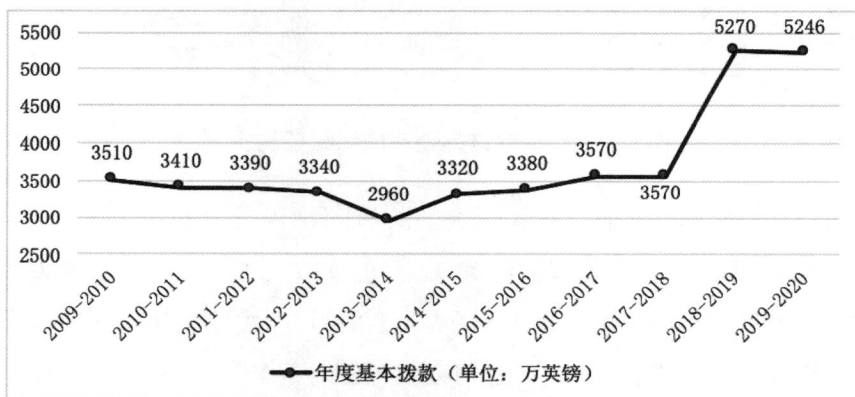

图 6.2　2009—2020 年间 SFO 的年度基本拨款情况[1]

自2012年至今，严重欺诈办公室的年度总支出也相对较为平稳，最低为4093.9万英镑，最高为6118.1万英镑，平均约为5404.9万英镑。其中特别值得注意的是，自英国于2014年2月24日正式引入暂缓起诉协议制度以来，严重欺诈办公室为英国财政带来的收益已经远超其运营的财政成本（见表6.2）。根据严重欺诈办公室最新的数据统计，在2017年至2020年的4年

---

[1]　本图根据SFO官网披露的信息并经整理而得出。See About Us, https://www.sfo.gov.uk/about-us/.

间，该办公室通过罚款和其他处罚为财政部贡献了超过 13 亿英镑。[1]

表 6.2　2012-2019 年间 SFO 对公共财政的影响（单位：万英镑）[2]

年份	总支出	对财政部的贡献	净影响	净影响（滚动总计）
2018—2019	5812.7	15544.1	9731.4	46100
2017—2018	5658.2	13604.8	7946.6	36368.6
2016—2017	5293.7	51825.2	46531.5	28422
2015—2016	6118.1	2655.2	−3462.9	−18109.5
2014—2015	5643.7	305.1	−5338.6	——
2013—2014	5214.1	0	−5214.1	——
2012—2013	4093.9	0	−4093.9	——

注：（1）总支出是指运营严重欺诈办公室的公共财政总成本；（2）对财政部的贡献包括罚金和其他经济处罚、通过暂缓起诉协议获得的毛利润追缴以及从资产追缴激励计划（Asset Recovery Incentivisation Scheme）获得的收入，但不包括对受害者的赔偿。

四、外部制约与合作

1. 部长级战略委员会（Ministerial Strategic Board）

为了监督严重欺诈办公室的战略方向，并要求其负责实现其战略目标，英国设立了部长级战略委员会。该委员会由总检察长或副检察长领导，总检察长办公室设秘书处并由其主任担任委员会秘书，其成员包括律政官员、严重欺诈办公室主任、总干事、严重欺诈办公室首席运营官以及一位合适的严重欺诈办公室非执行主任。该委员会每年召开 3 次会议，英国皇家检控署监察局（HM Crown Prosecution Service Inspectorate）的首席监察员（Chief Inspector）也会按要求应邀出席。

[1]　See Lisa Osofsky, We're Defending the UK as a Safe Place for Business, 30 June 2021, https://www.sfo.gov.uk/2021/06/30/were-defending-the-uk-as-a-safe-place-for-business/.

[2]　本表根据SFO官网披露的信息和发布的最新年报数据并经整理而得出，其中，2018—2019年度的数据为笔者根据严重欺诈办公室所披露信息估算的数据。参见https://www.sfo.gov.uk/publications/corporate-information/impact-sfo-public-purse/; Annual Report and Accounts 2019-2020, 22 July 2020, p.90, https://www.sfo.gov.uk/download/annual-report-2019-2020/.

2. 国家经济犯罪中心（National Economic Crime Centre）

2018 年 10 月 31 日，为了提高英国打击严重和有组织犯罪尤其是经济犯罪的能力，英国成立了国家经济犯罪中心，该中心首次将执法机构与司法机关、政府部门、监管机构和私营部门聚集在一起，共同致力于打击那些给英国带来最大风险的犯罪，以保护公众并维护英国作为金融中心的繁荣和声誉。简言之，国家经济犯罪中心负责领导英国打击严重和有组织犯罪，其中包括贿赂和腐败犯罪。

国家经济犯罪中心的官员或代表来自英国的国家打击犯罪调查局、严重欺诈办公室、金融行为监管局（Financial Conduct Authority，FCA）、伦敦市警察、税务海关总署、皇家检控署和内政部。就国际贿赂和腐败犯罪指控而言，国家打击犯罪调查局和严重欺诈办公室是英格兰和威尔士的主要调查机关，严重欺诈办公室和皇家检控署是英格兰和威尔士的主要检察机关——当然，苏格兰警方和苏格兰地方检察官（Procurator Fiscal）以及北爱尔兰的同等机构也可以在苏格兰和北爱尔兰起诉案件；金融行为监管局仅可以协助调查，但不能起诉；目前，伦敦市警方正在清理相关遗留案件。国家经济犯罪中心主要通过开发情报和提供专业行动能力为合作伙伴提供定期支持，尤其是致力于加强海外反腐败保护，即所有关于外国贿赂的指控都在国家经济犯罪中心的主导下由英国执法机构进行审议，并分配给最合适的执法机构考虑进一步调查。其中，国家打击犯罪调查局的国际反腐败科（International Corruption Unit）负责调查国际贿赂、腐败及相关的洗钱犯罪。在英国，国家打击犯罪调查局国际反腐败科和严重欺诈办公室共同承担着调查国际贿赂和腐败指控的主要责任。皇家检察署负责起诉由国家打击犯罪调查局和其他调查机构调查的国际腐败犯罪。需要注意的是，有关英国贿赂或腐败的指控不属于严重欺诈办公室的职权范围，应向当地警方报告。

3. 英国的反海外腐败执法情况（1999—2016 年）

经合组织反贿赂工作组发布的英国反海外腐败执法数据显示，英国在 1999 年至 2016 年的 18 年间共提起了约 110 项海外贿赂指控，而在 2017 年至 2019 年的 3 年间则提起了约 40 起海外贿赂指控（见图 6.3 和图 6.4）。可见，英国的上述部分执法机构均参与了执法行动。

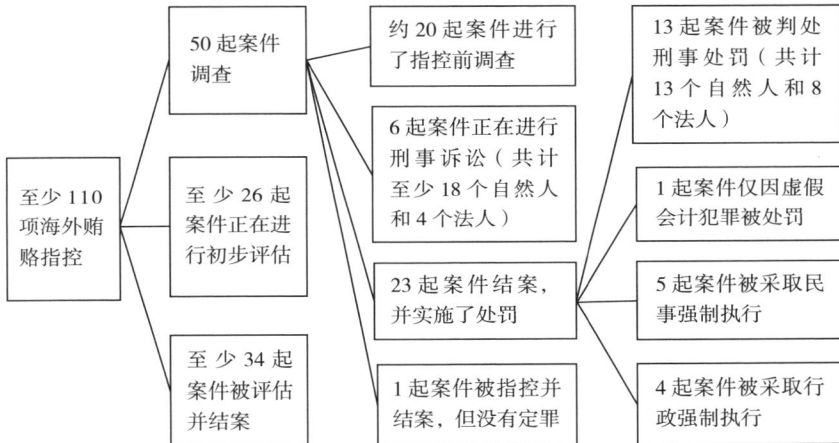

图 6.3　1999—2016 年英国执法的国外贿赂案件情况

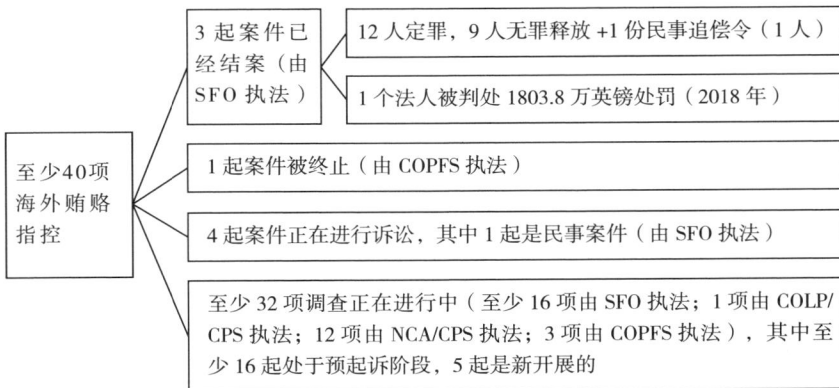

图 6.4　2017—2019 年英国执法的国外贿赂案件情况 [1]

---

[1] See Phase 4 Two-year Follow-up Report: United Kingdom, 2019, pp.4–5, https://www.oecd.org/corruption/United-Kingdom-phase-4-follow-up-report-ENG.pdf.

第三节　执法权：主任的调查和起诉权

以英国皇家检控署为例，它作为传统的检察机关，仅负责起诉英格兰、威尔士警方和其他调查机关调查的刑事案件。与之不同的是，严重欺诈办公室作为新型的执法机构，同时具有行政执法机构（即警察）的调查权和司法执法机构（即检察机关）的起诉权。具言之，《1987 年刑事司法法》第 1 条、第 2 条和第（2A）条赋予了该办公室主任调查和起诉权——当然，该法还要求主任应履行总检察长不时委派的与欺诈有关的其他职能，因此也会在这种情况下具有与之相应的权力。可以说，严重欺诈办公室的设立完全采用了"罗斯基尔模式"。

一、调查权的类型和内容

1. 一般调查权

根据《1987 年刑事司法法》第 1 条第（3）款至第（4）款的规定，严重欺诈办公室主任有权调查任何有合理理由确信涉及严重或复杂欺诈的可疑罪行，而且，如果认为适当，可以联同警方或主任认为与之相关且合适的任何其他人，开展任何此类调查。因此，这种具有普适性的调查权可以称为一般调查权。此外，严重欺诈办公室还负责追查犯罪分子从犯罪中获得的经济利益，并协助海外司法机构调查严重和复杂的欺诈、贿赂和腐败案件，而自 2017 年 9 月 30 日起，它有权调查和起诉公司未能防止海外逃税的新罪名。但值得注意的是，这种一般调查权只有在案件正式接受调查后，才会被允许行使。

2. 预先调查权（Pre-investigation Powers）

《1987 年刑事司法法》第 2A 条第（1）款允许将第 2 条第（2）款和第（3）款作为决定是否开始调查某些贿赂或腐败犯罪（具有外国或国际元素）

的程序的组成部分。[1]

实际上，《1987 年刑事司法法》最初并未规定预先调查权。于 2008 年 7 月 14 日生效的《2008 年刑事司法和移民法》第 59 条才首次规定在《1987 年刑事司法法》第 2 条之后增加第 2A 条（主任与贿赂和腐败有关的预先调查权：外国官员等）。自此之后，严重欺诈办公室主任就有权在开展与海外贿赂和腐败案件有关的正式调查之前，行使《1987 年刑事司法法》第 2 条赋予的权力。需要指出的是，《2008 年刑事司法和移民法》第 59 条增加的第 2A 条第（5）款和第（6）款规定的是："（5）本条适用于由于《2001 年反恐怖主义、犯罪和安全法》（贿赂和腐败：外国官员等）第 108 条的缘故而构成腐败犯罪（不论发生在何处）的任何行为。（6）以下为本条所指的腐败犯罪：（a）任何普通法上的贿赂犯罪；（b）《1889 年公共机构腐败行为法》（公职腐败）第 1 条规定的犯罪；（c）《1906 年防止腐败法》（与代理人的腐败交易）第 1 条规定的犯罪。"随着《2010 年反贿赂法》的出台，该法将上述两款替换为："（5）本条适用于以下任何行为：（a）由于《2010 年反贿赂法》第 3 条第（6）款的缘故，构成英格兰、威尔士或北爱尔兰法律下该法第 1 条或第 2 条规定的罪行；或者（b）构成英格兰、威尔士或北爱尔兰法律下该法第 6 条规定的罪行。"

根据第 2A 条第（1）款的规定，严重欺诈办公室主任有权行使根据第 2 条所具有的权力，以使其能决定在其认为本条可适用的行为可能已发生的情形下，是否根据第 1 条展开调查。而根据该条第（5）款的规定，该条适用于以下两种行为：一是第（a）项规定的"由于《2010 年反贿赂法》第 3 条第（6）款的缘故，构成英格兰、威尔士或北爱尔兰法律下该法第 1 条或第 2 条规定的罪行"。其中，《2010 年反贿赂法》第 3 条第（6）款规定的是：某一职责或活动即使与英国无关联，而且履责或活动发生在英国以外的国家或地区，也属于相关职责或活动。也即，在这种情况下，如果构成《2010 年反贿赂法》第 1 条行贿罪或第 2 条受贿罪，严重欺诈办公室就可以行使预先调

---

[1]　See Section 2 Notices, pp.1–3, https://www.sfo.gov.uk/download/section-2-powers/.

查权。二是第（b）项规定的"构成英格兰、威尔士或北爱尔兰法律下该法第6条规定的罪行"，即如果构成行贿外国公职人员罪，严重欺诈办公室也可以行使预先调查权。概言之，在构成海外行贿或受贿罪和行贿外国公职人员罪的情形下，严重欺诈办公室就可以根据第2条所具有的权力决定是否根据第1条开展调查。

3. 调查权的内容

《1987年刑事司法法》第2条规定了严重欺诈办公室主任调查权的内容，即所谓的"第2条权力"（Section 2 powers），同时，它们也是严重欺诈办公室的3种主要调查工具。在《严重欺诈办公室操作手册》中就有专门的一章被命名为《第2条权力》，对"第2条权力"的行使进行了解释。

第一，要求回答问题或提供信息的权力。根据该法第2条第（2）款的规定，严重欺诈办公室主任可通过书面通知的方式，要求被调查者或其有理由相信掌握相关信息的任何其他人，在指定的地点和指定的时间或立即就与调查有关的任何事项回答问题或以其他方式提供信息。需要注意的是，此项权力和下一项权力，都必须以书面通知的方式予以行使。

第二，要求出示文件的权力。根据第2条第（3）款的规定，严重欺诈办公室主任可通过书面通知的方式，要求被调查者或任何其他人，在通知书所指定的地点立即或在指定的时间，出示主任认为与调查相关的任何事项有关的任何指定的文件，或者出示主任认为与此类事项有关的任何指定的文件。同时，对于被出示的文件，主任有权进行复制或摘录和要求出示文件者作出解释，而对于没有被出示的文件，主任则有权要求出示文件者尽其所知所信说明文件在何处。

第三，搜查营业场所、扣押文件或采取其他必要措施的权力。根据第2条第（4）款至第（7）款的规定，严重欺诈办公室主任可以向治安法官申请搜查令，而治安法官只要根据严重欺诈办公室成员提供的信息确认有人不履行出示文件的法定义务，且无法送达通知书或送达通知书可能会严重损害调查，就可以发出授权警员搜查其营业场所的搜查令。根据该搜查令，警员可以在严重欺诈办公室成员或经主任授权的非办公室成员陪同下，进入并搜查该营业场所（必要时可使用武力），以及扣押任何相关文件或采取相关的任何其他必要措施保护此类文件和预防其受到干扰。

二、不配合调查的法律后果

《1987年刑事司法法》第2条第（13）款至第（17）款规定了行为人不配合调查的法律后果。这3种情形如下。

1. 构成拒不配合调查罪

任何人无合理理由而不遵守根据第2条对其施加的要求，即构成犯罪。根据第2条调查权的内容，可细分为"拒不回答问题或提供信息罪"［第2条第（2）款］、"拒不出示文件罪"［第2条第（3）款］和"拒不配合搜查罪"［第2条第（4）款至第（7）款］。在这种情况下，只需要经过简易程序定罪，便可处不超过6个月的监禁，或者不超过标准比额表（standard scale）第5级的罚金，或者两者并处。根据《1982年刑事司法法》（Criminal Justice Act 1982）第37条的规定，第5级罚金的数额为5000英镑。因此，构成该罪的刑事处罚是不超过6个月的监禁，或者不超过5000英镑的罚金，或者两者并处。

2. 构成虚假或误导性陈述罪

如果声称遵守第2条规定之要求的人作出一项他明知在要项上是虚假或误导性的陈述，或者轻率地作出虚假或误导性的陈述，即构成犯罪。对犯此罪者，一经简易程序定罪，可处不超过6个月的监禁，或者不超过法定最高限额（即除了北爱尔兰为10000英镑，其他都为5000英镑）的罚金，或者两者并处；而一经公诉程序定罪，则可处2年以下监禁，或者罚金（无限额），或者两者并处。

3. 构成非法处置相关文件罪

任何人知道或怀疑警方或严重欺诈办公室正在或可能会对严重或复杂欺诈进行调查，并且伪造、隐瞒、销毁或以其他方式处置，或者导致或允许伪造、隐藏、销毁或处置其知道或怀疑与此类调查有关的文件，除非能够证明其无意向进行此类调查的人隐瞒文件所披露的事实，否则即构成犯罪。对犯此罪者，一经简易程序定罪，可处不超过 6 个月的监禁，或者不超过法定最高限额（即除了北爱尔兰为 10000 英镑外，其他都为 5000 英镑）的罚金，或者两者并处；而一经公诉程序定罪，则可处不超过 7 年的监禁，或者罚金（无限额），或者两者并处。

三、起诉权的行使

根据《1987 年刑事司法法》第 1 条第（5）款和第（6A）款的规定，严重欺诈办公室主任有权提起并进行其认为与这种欺诈有关的任何刑事诉讼，以及在任何阶段接管任何此类诉讼的进行。同时，主任具有《2002 年犯罪所得法》第 2 部分、第 4 部分、第 5 部分、第 7 部分或第 8 部分（英格兰、威尔士和北爱尔兰的没收程序、民事追讨程序、洗钱和调查）赋予的或与之相关的职能，因此也就有权行使与之相应的权力。

而且，根据《1987 年刑事司法法》第 1 条第（7）款至第（14）款的规定，严重欺诈办公室主任有权指定作为严重欺诈办公室成员的出庭律师或事务律师，由他们代表主任并按照主任的指示提起和进行诉讼。在诉讼过程中，此类出庭律师或事务律师依法享有旁听权和出庭作证权。

相关法律条款：

《1987 年刑事司法法》

第 1 条 严重欺诈办公室（The Serious Fraud Office）

（1）英格兰、威尔士和北爱尔兰应设立严重欺诈办公室。

（2）总检察长应任命一人担任严重欺诈办公室主任（在本法本部分中称为"主任"），该主任应在总检察长的监督下履行其职能。

（3）主任可调查任何有合理理由确信涉及严重或复杂欺诈的可疑罪行。

（4）主任如认为适当，可联同警方或主任认为与之相关且合适的任何其他人，开展任何此类调查。

（5）主任可：

（a）提起并进行其认为与这种欺诈有关的任何刑事诉讼；以及

（b）在任何阶段接管任何此类诉讼的进行。

（6）主任应履行总检察长不时委派的与欺诈有关的其他职能。

[（6A）主任具有《2002年犯罪所得法》（c.29）第2部分、第4部分、第5部分、第7部分或第8部分（英格兰、威尔士和北爱尔兰的没收程序、民事追讨程序、洗钱和调查）赋予的或与之相关的职能。]

（7）为施行上述第（5）款，主任可指定严重欺诈办公室的以下任何成员：

（a）英格兰、威尔士或北爱尔兰的出庭律师；

（b）[高级法院]的事务律师；或

（c）[北爱尔兰司法法院的事务律师]。

（8）任何获此指定的成员，在不损害以该办公室成员身份所获的任何职能的原则下，在提起和进行法律诉讼方面，具有主任的一切权力，但应在主任的指示下行使该等权力。

（9）……………

（10）……………

（11）……………

（12）任何获此指定作为北爱尔兰出庭律师或[北爱尔兰司法法院事务律师]的人员，应当享有：

（a）在任何法院由[北爱尔兰司法法院事务律师]享有的旁听权，以及在北爱尔兰皇家刑事法院根据下述第（14）款规定的其他旁听权；以及

（b）在北爱尔兰皇家刑事法院由北爱尔兰检察长雇佣的出庭律师享有的出庭作证权。

（13）除下述第（14）款另有规定外，上述第（12）款第（a）项所提及的［北爱尔兰司法法院事务律师］享有的旁听权，是指在北爱尔兰皇家刑事法院享有的受北爱尔兰首席大法官根据《1978 年 M1 司法（北爱尔兰）法》[M1Judicature (Northern Ireland) Act 1978] 第50 条发出的任何指示所限制的权利。

（14）为使任何获此指定作为北爱尔兰出庭律师或［北爱尔兰司法法院事务律师］的人员在北爱尔兰皇家刑事法院有额外的旁听权，北爱尔兰首席大法官可指示其根据上述《1978 年 M1 司法（北爱尔兰）法》[M1Judicature (Northern Ireland) Act 1978] 第50 条发出的任何指示不适用于此类人员。

（15）本法附件 1 应当生效。

（16）就本条（包括该附件）而言，凡提及任何诉讼的进行，包括提及正在中止的诉讼，以及提及可能就此类诉讼而采取的任何步骤（包括就保释申请提出上诉及作出申述）。

（17）在本条（包括该附件）对北爱尔兰的适用中，对总检察长的提及应解释为对其作为［北爱尔兰总检察长］身份的提及。

第 2 条 主任的调查权（Director's investigation powers）

（1）主任根据本条所具有的权力，只可为上述第 1 条所指的调查而行使，［或者应马恩岛、泽西岛或根西岛总检察长的请求，根据与该条相应的法律行使，并在其（官方有权提出此项要求）的岛上有效，］在任何情况下，如他认为有充分理由为调查任何人的事务或事务的任何方面而这样做。

［（1A）有权要求主任行使其根据本条所具有的权力的官方是：

（a）马恩岛、泽西岛或根西岛的总检察长，根据与本法第 1 条相应的法律行事，并在总检察长提出请求的岛上具有效力；以及

（b）国务大臣，其行事是：(i) 根据《2003 年犯罪（国际合作）

法》第15条第（2）款，应该法第13条第（2）款所规定的人士的请求，或者（ii）根据《2017年刑事司法（欧洲调查令）条例》第51条，关于参与国官方发布的欧洲调查令（在该条例第3部分含义的范围内）的转介。

（1B）在收到国务大臣因收到海外机构的请求而根据上述第（1A）条第（b）项的规定行事而提出的请求时，主任不得行使其权力，除非主任有合理理由认为要求他取得证据的犯罪涉及严重或复杂的欺诈。]

（2）主任可通过书面通知，要求被调查的人（"被调查者"）或其有理由相信掌握相关信息的任何其他人 [，在指定的地点和指定的时间或立即，就与调查有关的任何事项回答问题或以其他方式提供信息]。

（3）主任可通过书面通知，要求被调查者或任何其他人，[在通知书所指定的地点立即或在指定的时间，] 出示主任认为与调查相关的任何事项有关的任何指定的文件，或者出示主任认为与此类事项有关的任何指定的文件；而且

（a）如出示任何此类文件，主任可以：（i）对此类文件进行复制或摘录；（ii）要求出示此类文件的人对其中任何一项作出解释。

（b）如果有任何此类文件没有被出示，主任可要求被要求出示此类文件的人尽其所知所信，说明此类文件在何处。

（4）如果治安法官根据严重欺诈办公室成员宣誓提供的信息，就任何文件而言，确信有合理的理由认为：

（a）（i）任何人未能履行本条规定的义务出示这些文件；（ii）根据上述第（3）款就此类人员送达通知书是不可行的；或者（iii）就此类人员送达此类通知书可能会严重损害调查；以及

（b）他们处于信息中所指明的营业场所他可发出下述第（5）款规定的搜查令。

（5）上述搜查令可授权任何警员：

（a）进入（使用为此目的而合理需要的武力）并搜查该营业场所；

以及

（b）扣押信息中所指明的看起来属于上述文件的任何文件，或者采取与任何看似此类文件有关的任何其他必要的措施，以保护它们和预防它们受到干扰。

（6）除非在有关情况下是不可行的，否则执行根据上述第（4）款发出的搜查令的警员应由适当人员陪同。

[（6A）凡有适当人员陪同的警员，可行使第（5）款所赋予的权力，但只可在有警员陪同的情况下并在该警员的监督下行使。]

（7）在本条中"适当人员"是指：

（a）严重欺诈办公室的成员；或者

（b）不是该办公室的成员，但经主任授权陪同警员的人员。

（8）任何人根据本条规定的要求所作的陈述，只能在以下诉讼中作为对其不利的证据：

（a）就下述第（14）款规定的犯罪提起的诉讼；或者

（b）对其他犯罪提起的诉讼，其中他在作证时所作的陈述与其不符。

[（8AA）然而，该陈述不得根据第（8）款第（b）项对该人使用，但如该人或其代表在检控所引起的法律诉讼中援引与该人有关的证据，或者提出与该人有关的问题，则属例外。]

（8A）主任取得的供海外官方使用的任何证据，应[交予提出要求的海外官方，或者交给国务大臣并由其转交给该海外官方]。

（8B）…………

（8C）如果主任取得供海外官方使用的包括文件在内的任何证据，则正本或副本应[予送交]；如果此类证据由任何其他物品组成，则该物品本身或该物品的描述、照片或其他再现，应[予转交]，这可能是为遵守海外官方的要求而需要的。

（8D）上述第（8A）款至第（8C）款中提及的由主任取得的证据，包括提及在根据上述第（4）款发出的搜查令授权搜查过程中，由警员

[或适当人员] 行使《2001 年刑事司法和警察法》第 50 条授予的权力而取得的证据。

（9）任何人如在高等法院的法律诉讼中有权以法律专业特权为由拒绝披露或出示任何资料或文件，则不得根据本条规定披露或出示，但可要求律师提供其当事人的姓名或名称及地址。

（10）任何人如因经营任何银行业务而负有保密义务，则不得根据本条规定披露资料或出示文件，除非：

（a）负有保密义务的人同意披露或出示；或者

（b）主任已授权提出该要求，或者如果他无法亲自行事，则由他为本款之目的指定的严重欺诈办公室的一名成员已授权提出该要求。

[（10A）本条中的任何内容均不得理解为，使任何人能够确信在未经运营商同意的情况下，通过电信运营商或邮政运营商披露通信数据。

（10B）在第（10A）款中，"通信数据""邮政运营商"和"电信运营商"具有与《2016 年调查权力法》中相同的含义（见该法第 261 条和第 262 条）。]

（11）在不损害主任向严重欺诈办公室成员指派职能的权力的原则下，主任可授权任何并非该办公室成员的符合要求的调查员（警员除外）代其行使本条所赋予的全部或任何权力，但除非是为了调查监督所指明的人的事务或事务的任何方面，否则不得授予此类权力。

（12）任何人无义务遵守根据上述第（11）款授予的任何权力而行使权力的人所施加的任何规定，除非该人在被要求时出示其权力的证据。

（13）任何人无合理理由而不遵守根据本条对其施加的要求，即构成犯罪，一经简易程序定罪，可处不超过 6 个月的监禁，或者不超过标准比额表第 5 级的罚金，或者两者并处。

（14）声称遵守本条规定之要求的人：

（a）作出一项他明知在要项上是虚假或误导性的陈述；或者

（b）轻率地作出虚假或误导性的陈述，即构成犯罪。

（15）犯上述第（14）款所规定之罪行的人：

（a）一经公诉程序定罪，可处2年以下监禁，或者罚金，或者两者并处；以及

（b）一经简易程序定罪，可处不超过6个月的监禁，或者不超过法定最高限额的罚金，或者两者并处。

（16）任何人：

（a）知道或怀疑警方或严重欺诈办公室正在或可能会对严重或复杂欺诈进行调查；并且

（b）伪造、隐瞒、销毁或以其他方式处置，或者导致或允许伪造、隐藏、销毁或处置其知道或怀疑与此类调查有关的文件，

即构成犯罪，除非能够证明其无意向进行此类调查的人隐瞒文件所披露的事实。

（17）犯上述第（16）款所规定之罪行的人：

（a）一经公诉程序定罪，可处不超过7年的监禁，或者罚金，或者两者并处；以及

（b）一经简易程序定罪，可处不超过6个月的监禁，或者不超过法定最高限额的罚金，或者两者并处。

[（18）在本条中：

"文件"包括以任何形式记录的信息，以及就并非以可阅形式记录的资料而言，对其制作的提及包括以清晰的形式制作信息的副本；

"证据"，就上述第（1B）款、第（8A）款和第（8C）款而言，包括文件和其他物品。

"海外管理局"是指第（1A）款第（b）项第（i）目所述的人员或第（1A）款第（b）项第（ii）目所述的官方。]

（19）在本条适用于苏格兰时，凡提及治安法官均应解释为提及行政司法长官；而在本条适用于北爱尔兰时，上述第（4）款将如同提及告发之处已由提及控诉所取代一样具有效力。

第 2A 条　主任与贿赂和腐败有关的预先调查权：外国官员等（Director's pre-investigation powers in relation to bribery and corruption: foreign officers etc.）

（1）主任根据第 2 条所具有的权力亦可予行使，以使他能决定在其认为本条可适用的行为可能已发生的情形下，是否根据第 1 条展开调查。

（2）但是，

（a）第 2 条第（2）款规定的权力，只有在主任认为为使其能作出该项决定而要求其认为有相关资料的人按该款所述行事是合宜的，方可如此行使；以及

（b）第 2 条第（3）款规定的权力，只有在主任认为为此目的而要求任何人如该款所述行事是合宜的，方可如此行使。

（3）据此，凡主任在第 2 条下的权力可按照上述第（1）款和第（2）款行使：

（a）在该条第（2）款中，凡提及被调查的人或主任有理由相信有相关资料的任何其他人，均应解释为提及上述第（2）款第（a）项所述的任何此类人；

（b）在该条第（3）款中，凡提及被调查的人或任何其他人，均应解释为提及上述第（2）款第（b）项所述的任何此类人；以及

（c）该条第（2）款、第（3）款或第（4）款所提及的调查，均应解释为提及作出上述第（1）款所述的任何决定。

（4）在第 2 条第（16）款中，凡提及严重欺诈办公室对严重或复杂欺诈进行的调查，均包括提及作出上述第（1）款所述的任何此类决定。

［（5）本条适用于以下任何行为：

（a）由于《2010 年反贿赂法》第 3 条第（6）款的缘故，构成英格兰、威尔士或北爱尔兰法律下该法第 1 条或第 2 条规定的罪行；或者

（b）构成英格兰、威尔士或北爱尔兰法律下该法第 6 条规定的罪行。］

第七章
SFO 执法的总体情况分析
——以 39 个贿赂案件为样本

英国严重欺诈办公室贿赂和腐败处（Bribery and Corruption Division）联合主管马修·瓦格斯塔夫（Matthew Wagstaff）在 2016 年 5 月 18 日指出，严重欺诈办公室处理的贿赂和腐败案件都是最严重或最复杂的案件，这些案件通常涉及大量材料，证据和犯罪嫌疑人往往分布在许多不同的国家或司法管辖权，尤其是对大型公司实体的国外贿赂进行调查往往是一个漫长的过程，在检察官能够决定是否有足够的证据提起诉讼之前需要花费大量的时间。[1] 因此，严重欺诈办公室自成立以来执法的贿赂案件数量并不多。值得注意的是，国际合作是严重欺诈办公室工作的主要部分，其受理的许多案件是国际范围的，即如果外国司法机关需要该办公室协助，"只需要致函英国内政部审核，审核通过后转交"其"审查，合格后即可协助侦查"[2]。为全面了解该办公室对贿赂案件的执法情况，笔者收集了其官网披露的 39 个贿赂案件（截至 2021 年 7 月 1 日），并对其进行分析。

---

[1] See The Role and Remit of the SFO, 18 May 2016, https://www.sfo.gov.uk/2016/05/18/role-remit-sfo/.

[2] 参见徐焕：《英国治理商业贿赂的措施与经验》，载《经济社会体制比较》2008年第1期，第130页。

第一节　案件简介

通过对严重欺诈办公室执法的 39 个贿赂案件进行总体分析，可以总结出该办公室的执法思路、方法和趋势等，因为这些案件基本涵盖了处于不同状态的案件，涉及不同规模、行业或领域的商业组织，而且，涉及不同程度的罪行和不同的司法管辖区（见表 7.1）。

表 7.1　严重欺诈办公室执法的 39 个贿赂案件的情况

序号	犯罪主体、案情介绍及案件状态
	ABB Ltd（通用电气布朗 – 博韦里有限公司）案
1	2017 年 2 月 10 日，SFO 宣布在接到瑞典通用电气布朗 – 博韦里 (Asea Brown Boveri，ABB) 有限公司代表的自我报告后，对该公司的英国子公司、高级职员、员工以及代理人涉嫌贿赂和腐败的活动展开调查，这项调查与 SFO 正在对摩洛哥石油公司尤那石油进行的刑事调查有关。 2020 年 5 月 19 日，SFO 结束调查，并认定该案未通过"准则查验"。
	案件状态：调查结束，不予起诉
	Airbus SE（空客公司）案
2	详见本书第九章第五节
	案件状态：暂缓起诉协议生效中
	Airline Services Limited（航空服务有限公司）案
3	详见本书第九章第六节
	案件状态：已签订暂缓起诉协议

续上表

序号	犯罪主体、案情介绍及案件状态
	ALCA Fasteners Ltd（ALCA 紧固件有限公司）案
4	2017 年 12 月 20 日，SFO 开始对 ALCA 及其高级职员、员工、代理人以及关联人在商业经营中涉嫌贿赂和洗钱的活动展开调查，这是 ALCA 及其 3 名董事自我检举的结果。经查明，在 2011 年 7 月 1 日至 2016 年 7 月 31 日期间，ALCA 前董事卡罗尔·安·霍德森（Carole Ann Hodson）为帮助 ALCA 获得价值 1200 万英镑的合同向 ALCA 的客户沃思集团（Würth Group of Companys）的采购经理泰杰·莫伊（Terje Moe）行贿共计 29.323475 万英镑。根据这项一直持续到莫伊退休的计划，莫伊将获得其公司向 ALCA 发出的每笔订单总额的 2.5%。这些贿赂款项是以现金形式按月分期支付的，在此期间共发生了 64 笔。2018 年 7 月 6 日，莫伊在挪威承认了 2 项违反挪威刑法的贿赂指控。2019 年 5 月 30 日，霍德森承认了 1 项违反《2010 年反贿赂法》第 1 条的贿赂指控。2019 年 6 月 27 日，霍德森在伍尔弗汉普顿皇家刑事法院（Wolverhampton Crown Court）被判处 2 年监禁，被取消 7 年的公司董事资格，并被命令向 SFO 支付 449.454146 万英镑的没收令和 47.8351 万英镑的费用。2019 年 10 月 16 日，霍德森寻求许可对她的判决提出上诉，但被伍尔弗汉普顿皇家刑事法院驳回。
	案件状态：审判进行中

续上表

序号	犯罪主体、案情介绍及案件状态
5	**Alstom Network UK Ltd & Alstom Power Ltd** **[阿尔斯通网络（英国）有限公司和阿尔斯通电力有限公司] 案** 2009 年，SFO 开始对英国阿尔斯通集团（Alstom Group）所属的公司涉嫌行贿进行刑事调查。经查明，阿尔斯通网络（英国）有限公司为获得突尼斯的一项价值 8500 万欧元的电车和基础设施合同，向一家名为 Construction et Gestion Nevco Inc. 的公司支付了 240 万欧元，该公司承认这是腐败的幌子，因为该公司决定不在合同中支付 24 万欧元的最终款项。而且，阿尔斯通电力有限公司锅炉改造部门的前全球销售总监尼古拉斯·雷诺兹（Nicholas Reynolds）和前业务发展经理约翰·文斯库斯（John Venskus）及阿尔斯通电力瑞典有限公司（Alstom Power Sweden AB）前区域销售总监戈兰·维克斯特伦（Göran Wikström）被指控共谋向立陶宛一家发电厂的官员和立陶宛高级政治家行贿，以赢得两份价值 2.4 亿欧元的合同。在此期间，阿尔斯通公司为获得合同支付了超过 500 万欧元的贿赂款项。在本案中，共有 8 名个人和 2 名法人被控犯有《1906 年防止腐败法》规定的腐败罪和《1977 年刑事法》（Criminal Law Act 1977）规定的共谋腐败罪。雷诺兹于 2018 年 12 月 21 日被判处 4 年 6 个月监禁和支付 5 万英镑费用。文斯库斯于 2018 年 5 月 4 日被判处 3 年 6 个月监禁和 41.078614 万英镑没收令。维克斯特伦于 2018 年 7 月 9 日被判处 2 年 7 个月监禁和支付 4 万英镑费用。 2019 年 11 月 25 日，阿尔斯通网络（英国）有限公司因共谋腐败罪被命令支付总计 1640 万英镑（包括 1500 万英镑的罚款和 140 万英镑费用）。阿尔斯通电力有限公司被命令支付总计 1803.8 万英镑（包括 637.5 万英镑罚款、赔偿立陶宛政府 1096.3 万英镑和 70 万英镑费用）。 案件状态：已结案

续上表

序号	犯罪主体、案情介绍及案件状态
6	**Amec Foster Wheeler Energy Limited** （**阿美科福斯特惠勒能源有限公司**）**案** 见本书第九章第七节 案件状态：暂缓起诉协议生效中
7	**Anna Machkevitch（安娜·马奇维奇）案** 2013 年 4 月 25 日，SFO 宣布已对欧亚自然资源股份有限公司（Eurasian Natural Resources Corp. PLC，后来改为有限公司，简称 ENRC）展开刑事调查。 2019 年 6 月 14 日，SFO 宣布 ALM 服务（英国）有限公司（ALM Services UK Ltd）董事安娜·马奇维奇（Anna Machkevitch）被指控与正在进行的涉及 ENRC 及其相关公司的腐败调查有关。尽管马奇维奇不是腐败调查的嫌疑人，但由于非法拒绝遵守 SFO 要求其提供相关文件的通知书，她被勒令支付 800 英镑的罚款、181 英镑的受害人附加费（Victim Surcharge）以及 SFO 的全部费用。SFO 对 ENRC 的调查仍在进行中，调查的重点是与收购和保留大量矿产资产有关的严重欺诈、贿赂和腐败指控。 案例状态：1 人被定罪；被判支付罚款、受害人附加费和 SFO 费用

续上表

序号	犯罪主体、案情介绍及案件状态
	Barclays Bank（巴克莱银行）案
8	2012 年，SFO 开始对巴克莱银行展开调查。2018 年 10 月 26 日，法官杰伊（Jay）一审驳回了 SFO 对巴克莱银行的起诉，理由是负责谈判和争取卡塔尔国及其时任卡塔尔首相谢赫·哈马德（Sheikh Hamad）投资的个人不能被视为构成该银行以筹集资金为目的的"直接意志和意愿"，而且资产重组的最终权力和责任仍由董事会及其相关的小组委员会承担。随后，SFO 向英国高等法院（High Court）申请恢复指控，但该案于 2018 年 11 月被戴维斯（Davis）法官驳回。戴维斯法官的判决是对英国法下公司刑事责任归属原则的开创性裁决，并对英国的公司刑事责任概念以及作为检察机关的 SFO 产生了重大影响，即：只有当个人对公司相关职责具有"完全的自由裁量权，可以独立于指示行事"的情况下，个人才构成公司的"直接意志和意愿"，并且不应对其履行职责的方式向董事会负责。也即，董事会及其委员会才是最终的决策者，而公司的首席执行官等高级管理人员通常只有一定程度的自由裁量权且最终是在执行上级命令。本案是英国首次对 2008 年金融危机期间银行家的不法行为进行审判。
	案例状态：对公司的起诉被法院驳回，3 人被判犯有共谋欺诈罪
	Bombardier Inc（庞巴迪公司）案
9	2020 年 11 月 5 日，SFO 宣布正在调查庞巴迪公司涉嫌与印度尼西亚鹰航公司（Garuda Indonesia）的合同和（或）订单有关的贿赂和腐败活动。
	案件状态：调查进行中
	British American Tobacco（英美烟草股份有限公司）案
10	2017 年 8 月 1 日，SFO 宣布正在对英美烟草股份有限公司及其子公司和关联人在商业经营中涉嫌腐败的活动展开调查。 2021 年 1 月 15 日，SFO 宣布经过广泛调查及全面审查现有证据，本案证据不符合《皇家检察官准则》规定的起诉标准，因此结束调查。
	案件状态：调查结束，不予起诉

续上表

序号	犯罪主体、案情介绍及案件状态
11	**Chad Oil（乍得石油公司）案** 2013 年，加拿大乍得石油公司对在加拿大的腐败指控作出认罪答辩并被罚款。在该案中，格里菲斯能源公司（Griffiths Energy）通过腐败交易达成独家合同，利用乍得石油公司的"乍得石油"贿赂乍得驻美国和加拿大的外交官，即美国前乍得事务副团长的妻子伊克拉姆·萨利赫（Ikram Saleh）以每股不到 0.001 加元的价格购买了 80 万股股票，随后出售并获得可观的利润。在格里菲斯能源公司被一家英国公司收购并通过一家英国经纪人出售股票后，该腐败所得进入英国司法管辖区，SFO 随即启动民事追讨程序，以确保从萨利赫那里获得 440 万英镑的股份出售利润。 2014 年 7 月 29 日，SFO 获得了冻结该 440 万英镑的财产冻结令（property freezing order）。2015 年，萨利赫申请解除财产冻结令，但被法院驳回。2017 年 1 月，萨利赫对高等法院的判决提出上诉，上诉法院作出了有利于 SFO 的裁决。 2018 年 3 月 22 日，高等法院批准了 SFO 提出的上述 440 万英镑的民事追偿令。这笔钱将由 SFO 托管并进入统一基金，之后由当时的英国国际发展部将其投资于乍得的人道主义援助计划，并通过支持安全网来帮助该国解决贫困问题。这是英国首次在民事追讨案件中向海外返还资金。 案件状态：已结案
12	**Chemring Group PLC and Chemring Technology Solutions Ltd（化学集团股份有限公司和化学技术解决方案有限公司）案** 2018 年 1 月 18 日，SFO 证实已对化学集团股份有限公司及其附属公司化学技术解决方案有限公司（包括任何高级职员、员工、代理人以及与其有关联的人）在商业经营中涉嫌贿赂、腐败和洗钱的活动展开刑事调查。 案件状态：调查进行中

续上表

序号	犯罪主体、案情介绍及案件状态
13	**Dartnell and Mundy [1]（达特内尔和蒙迪）案** 2015 年 1 月 9 日，SFO 首次宣布总资产有限公司（Total Asset Limited）的斯蒂芬·达特内尔（Stephen Dartnell）和为 KBC 银行工作的西蒙·蒙迪（Simon Mundy）被指控共谋提供腐败款项。经查明，达特内尔和他人曾共谋设计、签署和出售 H2O 公司虚假夸大或完全虚构的合同给商业贷款机构巴克莱银行（Barclays Bank）和 KBC 银行。达特内尔以 KBC 银行"内部人"的身份向蒙迪支付了近 90 万英镑，以使其批准 KBC 银行向总资产融资（Total Asset Finance）提供资金。在 2007 年至 2010 年间，诈骗的金额接近 1.6 亿英镑。2017 年 2 月，达特内尔因 1 项共谋支付腐败款项罪和 2 项共谋虚假陈述欺诈罪被判处 10 年监禁和 45.404512 万英镑的没收令，蒙迪因 1 项共谋支付腐败款项罪和 1 项共谋虚假陈述欺诈罪被判处 7 年监禁和 72.409171 万英镑的没收令。此外，达特内尔还于 2017 年 2 月 12 日被取消 10 年的公司董事资格。 案件状态：2 人因贿赂犯罪被定罪判刑；没收程序进行中
14	**De La Rue PlC（德拉鲁股份有限公司）案** 2019 年 7 月 23 日，SFO 证实已对德拉鲁集团（De La Rue Group）及其关联人在南苏丹涉嫌腐败的活动展开调查。2020 年 6 月 16 日，SFO 宣布经过广泛调查和对现有证据进行彻底和详细的审查，本案不符合《皇家检察官准则》所界定的有关查验标准。 案例状态：调查结束，不予起诉
15	**ENRC Ltd（欧亚自然资源有限公司）案** 2013 年 4 月 25 日，SFO 宣布正在对欧亚自然资源股份有限公司（ENRC）进行刑事调查，调查的重点是围绕收购大量矿产资产的欺诈、贿赂和腐败指控。 案件状态：调查进行中

---

[1] 在SFO官网上，该案被命名为"Alexander and Others（亚历山大等人）"，但需要指出的是，在该案中，乔治·亚历山大（George Alexander）和部分其他人仅构成欺诈罪，只有斯蒂芬·达特内尔（Stephen Dartnell）和西蒙·蒙迪（Simon Mundy）构成贿赂犯罪，因此本部分仅分析后两者的犯罪行为及其定罪和处罚。See https://www.sfo.gov.uk/cases/r-v-alexander-others/.

续上表

序号	犯罪主体、案情介绍及案件状态
16	**F.H. Bertling Ltd (Angola operations)** **[伯特林有限公司（安哥拉运营公司）]案** 2014 年 9 月，SFO 对伯特林有限公司（安哥拉）的指控展开了未经宣布的调查。2016 年 7 月 13 日，SFO 指控总部位于德国的伯特林集团（Bertling Group）在英国的子公司伯特林有限公司和 7 名个人犯有 1 项支付腐败款项罪。经查明，在 2005 年 1 月至 2006 年 12 月期间，伯特林有限公司及其集团首席财务官（CFO）乔尔格·布隆伯格（Joerg Blumberg）、英国子公司总经理德克·朱尔根森（Dirk Juergensen）和负责非洲市场的经理马克·施魏格（Marc Schweiger）共谋与伯特林有限公司和彼得·费迪南德（Peter Ferdinand）、斯蒂芬·埃姆勒（Stephen Emler）、德克·朱尔根森（Dirk Juergensen）、朱塞佩·莫雷尔（Giuseppe Morreale）以及拉尔夫·彼得森（Ralf Peterson）一起向安哥拉国家石油公司的代理人索南戈尔（Sonangol）支付了腐败款项，此款项与该公司在安哥拉的货运代理业务和一份价值约 2000 万美元的合同有关。2016 年 9 月 1 日，伯特林有限公司、莫雷尔和埃姆勒承认共谋支付腐败款项，违反了《1977 年刑事法》第 1 条和《1906 年防止腐败法》第 1 条。彼得森也承认共谋支付腐败款项，但已死亡。2017 年 9 月 21 日，陪审团宣布费迪南德无罪释放。2017 年 10 月 19 日，布隆伯格、朱尔根森和施魏格在南华克皇家刑事法院（Southwark Crown Court）被判刑，每人被判处 20 个月监禁（缓期 2 年执行）、2 万英镑罚款（3 个月内支付，否则将被判支付 1 年违约金），并被取消 5 年的公司董事资格。 案件状态：已结案

续上表

序号	犯罪主体、案情介绍及案件状态
17	**F.H. Bertling Ltd (Project Jasmine)** **［伯特林有限公司（贾斯敏项目）］案** 2014年9月，SFO开始就本案对伯特林有限公司展开调查。经查明，在2010年至2013年间，伯特林有限公司为获得一份康菲公司（ConocoPhillips）的货运代理合同而行贿，该合同的最终价值超过1600万英镑，用于北海的一个石油勘探项目。同时，双方的另一份协议还同意进一步行贿，以确保伯特林有限公司对其他货运服务收取的虚高价格在康菲公司员工投诉的情况下得以通过。科林·巴格韦尔（Colin Bagwell）、罗伯特·麦克纳利（Robert McNally）、乔治娜·艾尔斯（Georgina Ayres）、朱塞佩·莫雷尔（Giuseppe Morreale）、斯蒂芬·埃姆勒（Stephen Emler）和彼得·史密斯（Peter Smith）都被指控：在2010年1月至2013年12月期间的不法行为违反了《1906年防止腐败法》第1条规定的共谋支付腐败款项罪。莫雷尔和埃姆勒在审判前对指控表示认罪。巴格韦尔、克里斯托弗·莱恩（Christopher Lane）和史密斯分别被指控：在2010年1月至2010年12月期间的不法行为违反了《1906年防止腐败法》第1条规定的共谋支付或接受腐败款项罪。莱恩在审判前承认了这一罪行。艾尔斯、麦克纳利和史密斯于2018年11月27日被无罪释放。巴格韦尔第一项指控被宣告无罪，第二项指控与莱恩共谋罪名成立。2019年1月11日，埃姆勒因SFO的安哥拉调查被判处18个月监禁（缓期2年执行）和1.5万英镑罚款，因贾斯敏指控被判处12个月监禁（缓期2年执行）；莫雷尔因SFO的安哥拉调查被判处2年监禁（缓期2年执行）和2万英镑罚款，因贾斯敏指控被判处15个月监禁（缓期2年执行）；莱恩被判处6个月监禁（缓期2年执行）和为期28天的电子宵禁令；巴格韦尔被判处9个月监禁（缓期2年执行）并被命令支付5000英镑罚款。
	案件状态：4人被定罪判刑
18	**GlaxoSmithKline PLC（葛兰素史克股份有限公司）案** 2014年5月27日，SFO宣布对全球医疗保健公司葛兰素史克股份有限公司进行调查，调查重点是该公司、其子公司和关联人的商业行为。2019年2月22日，SFO宣布在对现有证据进行详细审查和评估公共利益后，本案不再起诉。
	案件状态：调查结束，不予起诉

续上表

序号	犯罪主体、案情介绍及案件状态
19	**Glencore Group of Companies（嘉能可集团公司）案**
	2019 年 12 月 5 日，SFO 证实正在调查嘉能可集团旗下公司、其官员、员工、代理人和关联人在商业经营中涉嫌贿赂的活动。
	案件状态：调查进行中
20	**GPT Special Project Management Ltd（GPT 特殊项目管理有限公司）案**
	2012 年 8 月 7 日，SFO 宣布对 GPT 特殊项目管理有限公司及 3 名个人在沙特阿拉伯的经营行为展开调查。2020 年 7 月 30 日，SFO 宣布对该公司及 3 人提起诉讼。经查明，在 2007 年 1 月至 2012 年 12 月期间，GPT 特殊项目管理有限公司及其前总经理杰弗里·库克（Jeffrey Cook）和财务官约翰·梅森（John Mason）以及其分包商西梅克（Simec）和杜兰顿（Duranton）的部分所有人，涉嫌为沙特阿拉伯国民警卫队授予 GPT 特殊项目管理有限公司合同而从事腐败活动。库克还被指控在 2004 年 9 月至 2008 年 11 月期间在公职上行为不端，涉及他与 ME 顾问有限公司（ME Consultants Ltd）签订的国防部合同支付给他的佣金。特伦斯·多萝西（Terence Dorothy）被控协助和教唆这一罪行。最终，GPT 特殊项目管理有限公司、库克和梅森被联合指控犯有 1 项腐败罪，违反了《1906 年防止腐败法》第 1 条。同时，库克还被指控在公职上行为不端违反了普通法，多萝西被指控协助和教唆这一罪行。2021 年 4 月 28 日，GPT 公司认罪，被法官判令支付 2060.3 万英镑的没收令、752.192 万英镑的罚款以及向 SFO 支付 220 万英镑的费用。
	案件状态：公司认罪；3 人被起诉

续上表

序号	犯罪主体、案情介绍及案件状态
	Graham Marchment（格雷厄姆·马什门特）案
21	2015年5月11日，SFO宣布和伦敦金融城警方联合调查了一系列高价值基础设施项目的合同授予犯罪，格雷厄姆·马什门特作出认罪答辩。马什门特是英国国民，原籍西苏塞克斯郡，但案发前几年居住在菲律宾。经查明，在2004年至2008年间，马什门特担任采购工程师，故意向投标人泄露价值约4000万英镑合同的机密信息，以换取伪装成佣金的付款。这些利润丰厚的合同涉及埃及、俄罗斯和新加坡的油气工程项目。在马什门特认罪之前，安德鲁·雷贝克（Andrew Rybak）、罗纳德·桑德斯（Ronald Saunders）、菲利普·哈蒙德（Philip Hammond）和巴里·史密斯（Barry Smith）在审判后被定罪，罪名是参与同一计划，涉及伊朗、埃及、俄罗斯、新加坡和阿布扎比的石油和天然气合同，总金额达6600万英镑。马什门特被判处2.5年监禁和3.264528万英镑的没收令。2018年3月，他又因未能缴纳没收款而被判处2年监禁。2018年12月17日，SFO获得了针对马什门特的合规令（compliance order），阻止他在全额支付没收令之前离开英国。该命令于2020年3月13日作了进一步修改，要求他提供有关资产的具体信息，并确保没收令的支付。在2020年9月17日的听证会上，该合规令再被延长1个月，以允许他提供特定信息，但也再次阻止他在全额支付没收令之前离开英国。如果该案没有明显进展，法院将考虑在命令中增加藐视法庭罪的刑事通知。这项由SFO领导的调查涵盖多个外国司法管辖区，历时长达7年，体现了执法机构对这起国际腐败案件进行公正审判的决心。
	案例状态：1人被定罪；正在追讨犯罪所得
	Güralp Systems Ltd（古拉普系统有限公司）案
22	详见本书第九章第四节
	案件状态：暂缓起诉协议生效中

续上表

序号	犯罪主体、案情介绍及案件状态
	Innospec Ltd（因诺佩克有限公司）案
23	2008 年 5 月，SFO 开始重点调查因诺佩克有限公司在印度尼西亚涉嫌贿赂的活动。2012 年 6 月 11 日，因诺佩克有限公司 [因诺佩克股份有限公司（Innospec Inc）的英国子公司，前身是联合奥克泰尔公司（Associated Octel Corporation）] 前首席执行官保罗·詹宁斯（Paul Jennings）在南华克皇家刑事法院出庭受审，并承认了以下 2 项共谋腐败的指控：向印尼政府（2002 年 2 月 14 日至 2008 年 12 月 31 日期间）和伊拉克（2003 年 1 月 1 日至 2008 年 1 月 31 日期间）的公职人员和其他代理人支付或同意支付腐败款项，以此诱使该国政府与因诺佩克有限公司签订供应其产品（包括四乙基铅）的合同或者将其作为回报。当时担任因诺佩克有限公司亚太区销售总监的米尔托斯·帕帕克里斯托斯（Miltos Papachristos）和联合奥克泰尔公司的首席执行官丹尼斯·凯里森（Dennis Kerrison）作出无罪辩护。他们一起被指控在 2002 年 2 月 14 日至 2008 年 12 月 31 日期间共谋向印尼政府的公职人员和其他代理人支付或同意支付腐败款项，以此诱使该国政府与因诺佩克有限公司签订供应其产品（包括四乙基铅）的合同或者将其作为回报。需要指出的是，因诺佩克有限公司于 2010 年 3 月承认贿赂了受雇于国有炼油厂印尼国家石油公司（Pertamina）的印尼政府官员，并被罚款 1270 万美元；因诺佩克前销售和营销总监大卫·特纳（David Turner）在 2012 年 1 月承认了 2 项共谋腐败的罪名；詹宁斯在 2012 年 6 月和 7 月承认了 3 项共谋腐败的罪名。凯里森和帕帕克里斯托斯都在 2014 年 6 月被判共谋腐败。最终，詹宁斯被判处 2 年监禁，帕帕克里斯托斯被判处 18 个月监禁，凯里森被判处 4 年监禁，特纳被判处 16 个月监禁（缓期 2 年执行）和 300 小时无薪工作。帕帕克里斯托斯和凯里森于 2014 年 9 月 9 日对其定罪提出上诉，凯里森还对刑期长短提出上诉，但上诉法院维持了对两人的定罪，仅将凯里森的刑期从 4 年减至 3 年。此后，印度尼西亚官方对其他涉案公司和个人进行了进一步的定罪和判刑，从而结束了这起全球性的腐败案件。
	案例状态：没收程序进行中；4 人被定罪

续上表

序号	犯罪主体、案情介绍及案件状态
	Julio Faerman（胡里奥·费尔曼）案
24	2015年6月，SFO开始对巴西国民胡里奥·费尔曼的资产进行民事追偿调查，他对在巴西与"洗车行动"（Operation Carwash）有关的贿赂活动作出了认罪答辩，该行动揭露了为赢得巴西国家石油公司（Petrobras）的合同而进行的系统性贿赂。在接受巴西检察机关调查期间，费尔曼承认为赢得荷兰SBM Offshore NV公司的合同而行贿，而他是该公司的代理人。在费尔曼在巴西被起诉后，SFO对怀疑费尔曼用犯罪所得购买的英国资产展开民事追偿调查。SFO的调查集中在位于塔克洛奇8号（8 Tasker Lodge）的一套价值425万英镑的豪华公寓，以及一些瑞士银行账户和离岸公司，据信这些账户和公司为购买西伦敦房产提供了部分资金。调查显示，这些账户收到了费尔曼在巴西担任SBM Offshore NV公司代理人期间获得的款项。2019年1月，SFO获得了对塔克洛奇8号的财产冻结令，以预防其在调查进行期间被出售，以及一项披露令（disclosure order），使SFO能够追查为便利费尔曼购买塔克洛奇8号而向其支付的佣金。SFO现已与费尔曼达成和解协议（Settlement Agreement），根据该协议，与塔克洛奇8号相关的财产冻结令和披露令将继续有效，直到费尔曼支付119.842478万英镑的和解金和向SFO支付5.7万英镑的费用。2020年11月12日，SFO宣布已从费尔曼手中获得119.842478万英镑。
	案例状态：调查结束，达成和解协议
	KBR, Inc.（凯洛洛·布朗·路特有限公司）案
25	2017年4月28日，SFO证实已就美国的工程设计、设备采购和施工建设公司凯洛洛·布朗·路特有限公司在英国的子公司、其高级职员、员工和代理人涉嫌贿赂和腐败的活动展开调查。
	案件状态：调查进行中

续上表

序号	犯罪主体、案情介绍及案件状态
26	**Petrofac PLC（派特法股份有限公司）案** 2017 年 5 月 12 日，SFO 证实对派特法股份有限公司、其子公司及高级职员、员工和代理人涉嫌贿赂、腐败和洗钱的活动展开调查。这项调查与 SFO 正在进行的对 Unaoil 的调查有关。 2019 年 2 月 6 日，派特法国际有限公司（Petrofac International Limited）的英国籍全球销售主管大卫·卢夫金（David Lufkin）在威斯敏斯特治安法院承认犯有 11 项贿赂罪行，违反了《2010 年反贿赂法》第 1 条第（1）款和第（2）款。这些罪行涉及提供腐败款项，以影响派特法在伊拉克价值超过 7.3 亿美元、在沙特阿拉伯超过 35 亿美元的合同授予。该款项包括：（1）在伊拉克巴德拉，派特法公司于 2012 年 2 月就伊拉克巴德拉油田 3.297 亿美元的"工程、采购和施工"（EPC）合同（即"巴德拉一期工程总承包合同"）向两个代理人支付了约 220 万美元的款项，同时，该公司还向 1 个代理人提出给予腐败款项，以影响该合同的变更授予和延长巴德拉"运营和维护"（O&M）合同，但派特法公司未能获得这些合同，也没有向代理人付款。（2）在伊拉克的联合国粮农组织码头，派特法公司最终向 1 个代理人支付了约 400 万美元的款项，涉及粮农组织在伊拉克码头项目的一项运营和维护合同（即"粮农组织码头运营和维护合同"），其中派特法公司于 2012 年 8 月被授予粮农组织码头运营和维护合同，并于 2013 年、2014 年和 2015 年分别被给予年度延期（合同价值约 4 亿美元）。（3）在沙特阿拉伯，派特法公司在 2012 年 7 月至 2015 年 11 月期间向其代理人支付了约 4500 万美元，涉及该公司在沙特阿拉伯签订的以下合同：（a）派特法公司最终向其代理人支付了约 580 万美元的款项，涉及于 2012 年 7 月被授予的拉比格石油（Petro-Rabigh）二期石化扩建项目的 EPC 合同，价值约 4.63 亿美元；（b）派特法公司最终向其代理人支付了约 2140 万美元的款项，涉及于 2012 年 12 月被授予的吉赞炼油厂和码头项目的 EPC 合同，价值约 17 亿美元；（c）派特法公司最终向其代理人支付了约 1950 万美元的款项，该合同是 2015 年 11 月授予的法迪利天然气厂项目的一部分，价值约 15.6 亿美元；（d）派特法公司在当时还向其代理人提出给予腐败款项，以获得其他合同。但是，派特法公司未能获得这些合同，也没有向其代理人付款。

续上表

序号	犯罪主体、案情介绍及案件状态
	2021 年 1 月 14 日，卢夫金在威斯敏斯特治安法院承认了另外 3 项违反《2010 年反贿赂法》第 1 条第（1）款和第（2）款的行贿罪。这些罪行涉及 2012 年至 2018 年期间为影响在阿联酋向派拉法授予价值约 33 亿美元的合同而进行的腐败给予和付款。他承认向代理人提供和支付腐败款项，以影响 2013 年（以及 2014 年授予的合同的变更）就 Upper Zakum UZ750 油田开发项目向派拉法授予 EPC 合同，以及 2014 年就位于阿布扎比的 Bab 综合设施项目向派拉法授予前端工程设计（FEED）合同。派拉法就上述合同向这些代理人支付或将支付的款项总额约为 3000 万美元。本案已于 2021 年 2 月 11 日提交南华克皇家刑事法院宣判。但是，SFO 仍然在继续调查派特法及其官员、员工和代理人涉嫌贿赂、腐败和洗钱的活动。
	案件状态：调查进行中
27	**Rio Tinto Group（力拓集团）案**
	2017 年 7 月 24 日，SFO 宣布正在调查跨国性矿产及资源集团力拓集团、其员工和其他与之有关联的人在几内亚共和国开展业务时涉嫌腐败的行为。
	案件状态：调查进行中
28	**Rolls-Royce PLC（劳斯莱斯股份有限公司）案**
	详见本书第九章第三节
	案件状态：暂缓起诉协议生效中
29	**Sarclad Ltd（沙克拉德有限公司）案**
	详见本书第九章第二节
	案件状态：已结案，暂缓起诉协议到期，3 人无罪释放

续上表

序号	犯罪主体、案情介绍及案件状态
	Securency PTY Ltd（安保有限公司）案
30	2016 年 5 月 12 日，聚合体钞票制造商安保有限公司的前经理彼得·迈克尔·查普曼（Peter Michael Chapman）在南华克皇家刑事法院经过 5 周的审判后，被判违反《1906 年防止腐败法》向外国官员支付腐败款项的 4 项罪名成立。此前，严重欺诈办公室和澳大利亚联邦警察对安保国际有限公司（Securency International PTY Ltd）进行了联合调查。经查明，查普曼向尼日利亚安全印刷和铸币公司（Nigerian Security Printing and Minting PLC）的一个代理人行贿约 20.5 万美元，以获得从安保公司购买大量聚合物基板的订单。该案涉及澳大利亚、尼日利亚、巴西、塞舌尔、南非、加拿大和西班牙等范围广泛的司法管辖区。澳大利亚储备银行（RBA）和安保公司于 2009 年 5 月向澳大利亚联邦警察局（AFP）提交了腐败指控，即当时由 RBA 和英国诺尼维电影有限公司（Innovia Films Ltd）共同拥有的安保公司通过代理人向外国政府官员行贿，以获得与亚洲和非洲某些国家政府签订的印钞合同。查普曼每项罪名被判处 30 个月监禁，4 项罪名共计被判处 10 年监禁。上诉法院于 2017 年 3 月 31 日维持了对他的定罪。
	案件状态：已宣判，等待进入没收程序
	Skansen Interiors Limited（斯堪森室内有限公司）案
31	详见本书第八章第四节
	案件状态：已结案，公司已歇业（休眠）
	Smith and Ouzman Ltd（史密斯和欧兹曼有限公司）案
32	详见本书第八章第二节
	案件状态：已结案

续上表

序号	犯罪主体、案情介绍及案件状态
33	**Soma Oil & Gas（索马石油天然气公司）案**
	2015 年 7 月 31 日，SFO 证实已对索马石油天然气控股有限公司（Soma Oil & Gas Holdings Ltd）、索马石油天然气勘探有限公司（Soma Oil & Gas Exploration Limited）、索马管理有限公司（Soma Management Limited）等在索马里腐败的指控展开刑事调查。2016 年 12 月 14 日，SFO 宣布结束调查并得出结论，虽然有合理的理由怀疑该公司涉嫌腐败罪行，但对现有证据的详细审查表明本案没有足够的证据提供定罪的现实可能性，而且不符合证据查验。
	案件状态：已结案，不予起诉
34	**Standard Bank PLC（标准银行股份有限公司）案**
	详见本书第九章第一节
	案件状态：已结案，暂缓起诉协议结束
35	**Sustainable Agroenergy PLC and Sustainable Wealth Investments UK Ltd[可持续农业能源股份有限公司和可持续财富投资（英国）有限公司] 案【以下简称可持续农业能源和财富投资公司】案**
	详见本书第八章第一节
	案件状态：已结案
36	**Sweett Group（斯威特集团）案**
	详见本书第八章第三节
	案件状态：公司被判刑

续上表

序号	犯罪主体、案情介绍及案件状态
37	**Swift Group（斯威夫特集团）案**
	2010 年 8 月，在伦敦金融城警方的转交下，本案被 SFO 接受并展开调查。斯威夫特集团是英国石油和天然气行业的人力资源提供商，在超过 35 个国家雇佣了 3000 多名承包商。这次起诉是在 SFO 与伦敦金融城警方联合调查有关该集团的员工或代理人向税务官员行贿，以逃避、减少或延迟为该集团安排的工人纳税的指控后提起的。这些费用与据说支付给尼日利亚里弗斯州国内税务局和拉各斯州国内税务局代理人的款项有关。据称这些款项是在 2008 年和 2009 年支付的。据称行贿的价值约为 18 万英镑。斯威夫特集团一直在配合 SFO 调查。2015 年 6 月 2 日，斯威夫特技术解决方案有限公司（Swift Technical Solutions Ltd）的 3 名员工巴拉特·苏达（Bharat Sodha，前税务经理）、尼迪·维亚斯（Nidhi Vyas，前财务总监）和特雷弗·布鲁斯（Trevor Bruce，前尼日利亚地区总监）被判无罪。
	案件状态：已结案，3 人被判无罪
38	**Ultra Electronic Holdings PLC（超电子控股股份有限公司）案**
	2018 年 4 月 19 日，SFO 在超电子控股股份有限公司进行自我报告后，对该公司、其子公司、员工和关联人在阿尔及利亚涉嫌腐败的商业行为展开刑事调查。
	案件状态：调查进行中

续上表

序号	犯罪主体、案情介绍及案件状态
	Unaoil Group（尤那石油集团）案
39	2016 年 7 月 19 日，SFO 宣布对摩洛哥石油公司尤那石油及其高级职员、员工以及代理人涉嫌贿赂、腐败和洗钱的活动展开刑事调查。SFO 指控 4 名个人共谋支付腐败款项，以确保将在伊拉克的合同授予尤那石油的客户 SBM 离岸公司（SBM Offshore）。尤那石油在伊拉克的前合伙人巴兹尔·贾拉（Basil Al Jarah）和伊拉克地区经理齐阿德·阿克勒（Ziad Akle）、曾任 SBM 离岸公司高级销售经理的保罗·邦德（Paul Bond）以及曾任尤那石油伊拉克、哈萨克斯坦和安哥拉地区总经理的 SBM 离岸公司前副总裁斯蒂芬·怀特利（Stephen Whiteley）分别被控犯有 2 项共谋支付腐败款项的罪行，违反了《1977 年刑事法》第 1 条和《1906 年防止腐败法》第 1 条。2018 年 5 月，SFO 对贾拉和阿克勒提出了涉及腐败付款的额外指控，该笔付款用以确保向利顿承包商新加坡私人有限公司（Leighton Contractors Singapore PTE Ltd）授予价值 7.33 亿美元的合同，该合同规定将在伊拉克南部修建两条输油管道，违反了《1977 年刑事法》第 15 条。2018 年 5 月 16 日，阿克勒还被指控共谋支付腐败款项，违反了《1977 年刑事法》第 1 条。2019 年 7 月，贾拉承认共谋支付腐败款项的 5 项罪行。2020 年 7 月，南华克皇家刑事法院陪审团裁定怀特利构成 1 项共谋支付腐败款项的罪名，被判处 3 年监禁；同谋者阿克勒被判犯有 2 项共谋支付腐败款项的罪名，每项罪名被判处 5 年监禁。
	案件状态：1 人认罪；2 人被陪审团定罪；等待判决

第二节　执法状况、特征及趋势分析

一、案件状态和类型

1. 案件状态

在上述 39 个贿赂案件中，只有 1 个案件中对公司的起诉被法院驳回（即案件 8），有 5 个案件结束调查并决定不予起诉（即案件 1、案件 10、案件 14、案件 18 和案件 33），有 8 个案件仍在调查中（即案件 9、案件 12、案件 15、案件 19、案件 25、案件 26、案件 27 和案件 38），同时，其他 25 个案件已被定罪判刑或等待判决（包括达成暂缓起诉协议）。实际上，严重欺诈办公室对所起诉案件的胜诉率是很高的。严重欺诈办公室发布的《2019—2020 年度报告和账目》数据显示，在过去 4 年间（2016—2020 年），该办公室的胜诉率按照被告计算为 62%，而按照案件计算则高达 95%，但考虑到该办公室每年接获的案件数目相对较少，其定罪率会有很大波动。[1] 可以说，95% 的案件胜诉率充分说明了严重欺诈办公室在处理案件时的高质量。

2. 案件类型

在这 39 个贿赂案件中，有 4 个是个人犯罪案件，占比约为 10%；有 35 个是公司犯罪案件，占比约为 90%（见图 7.1）。需要指出的是，案件 7 和案件 15 均涉及欧亚自然资源有限公司，但前者针对涉案个人，后者针对涉案公司，即涉案个人和公司被分别立案和提起诉讼。显然，公司是严重欺诈办公室的主要执法对象。

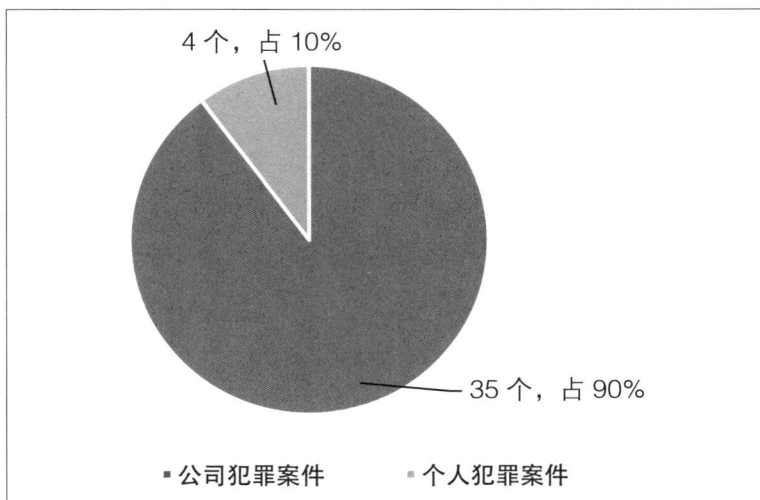

图 7.1　39 个贿赂案件的类型

---

[1]　See Serious Fraud Office, Annual Report and Accounts 2019–2020, 22 July 2020, p.16.

二、案件涉及的行业和高发环节

1. 涉案公司或个人所属的行业或领域

在 39 个贿赂案件中，涉案公司或个人所属的行业或领域共有 16 个（见表 7.2）。

表 7.2　39 个贿赂案件中涉案公司或个人所属的行业或领域

序号	案件类型	案件号	数量合计
1	电力电气	案件 1、案件 5、	2
2	航空航天	案件 2、案件 3、案件 9	3
3	机械制造	案件 4、案件 22、案件 28、案件 29、案件 38	5
4	咨询服务	案件 6、案件 36	2
5	农业 / 矿产资源	案件 7（案件 15）、案例 19、案件 27、案件 35	4
6	金融（银行）	案件 8、案件 13、案件 34	3
7	烟草	案件 10	1
8	石油天然气	案件 11、案件 24、案件 26、案件 33、案件 37、案件 39	6
9	化学化工	案件 12、案件 23	2
10	印钞	案件 14、案件 30	2
11	运输	案件 16、案件 17	2
12	医疗保健	案件 18	1
13	军火贸易	案件 20	1
14	工程基建	案件 21、案件 25	2
15	装修装饰	案件 31	1
16	安全印刷	案件 32	1

其中，执法数量最多的是石油天然气行业（6 次），第二是机械制造业（5 次），第三是农业／矿产资源行业（4 次），第四是航空航天业（3 次）和金融（银行）业（3 次），第五是电力电气行业（2 次）、咨询服务业（2 次）、化学化工行业（2 次）、印钞业（2 次）、运输业（2 次）和工程基建行业（2 次），最少的是烟草业（1 次）、医疗保健行业（1 次）、军火贸易行业（1 次）、装修装饰业（1 次）和安全印刷业（1 次）。（见图 7.2）

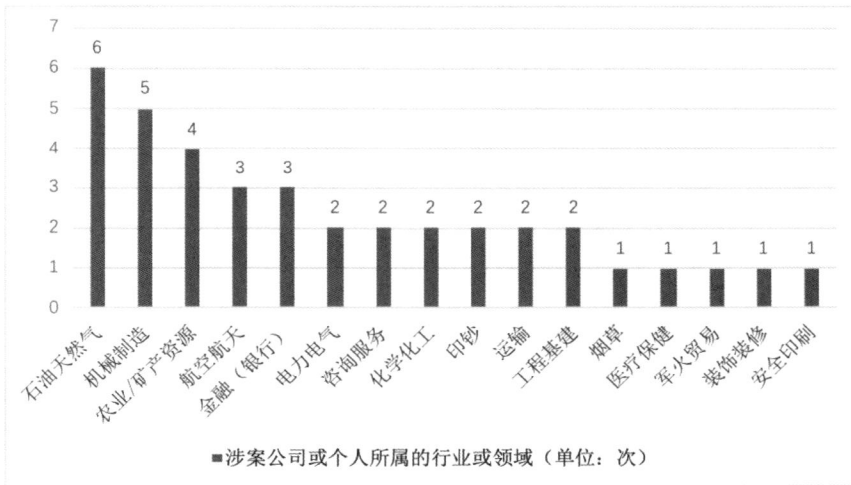

图 7.2 39 个贿赂案件中涉案公司或个人所属的行业或领域

2. 涉及代理人贿赂的案件数量

通过分析 39 个贿赂案件可知，代理人和其他中间人是贿赂的高发环节之一，尤其是在国防、采掘业、建筑业等政府大量参与的行业或部门。在所有的 39 个案件中，至少有 20 个案件（包括案件 1、案件 2、案件 3、案件 4、案件 6、案件 12、案件 16、案件 17、案件 19、案件 23、案件 24、案件 25、案件 26、案件 29、案件 30、案件 32、案件 34、案件 36、案件 37 和案件 39）涉及代理人的贿赂行为，占比高达 51%（见图 7.3）。

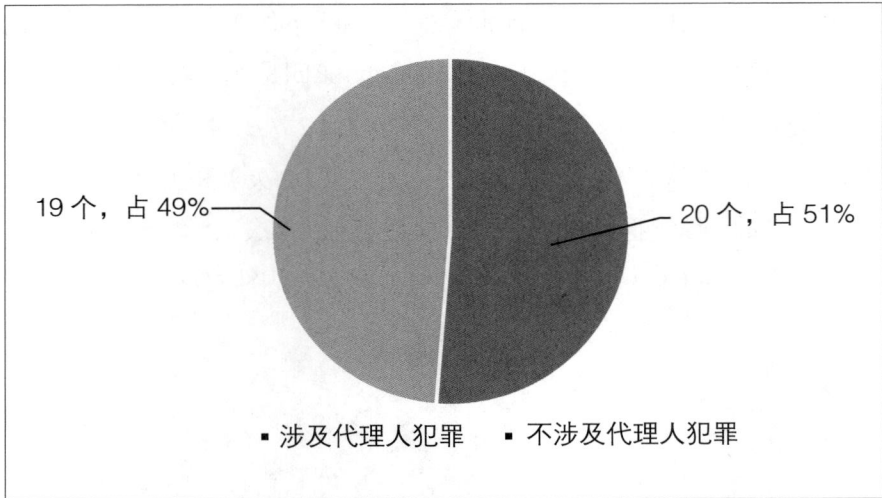

图 7.3　39 个贿赂案件中涉及代理人犯罪的数量

三、所违反的法律和构成的罪行

在上述 25 个被定罪判刑（或等待判决）的案件中，涉案公司或个人主要违反了以下法律并构成相关罪行：

（1）《1977 年刑事法》第 1 条"共谋罪"（即"共谋腐败或共谋支付腐败款项罪"）（如案件 5、案件 16、案件 22、案件 23 和案件 39）；

（2）《1987 年刑事司法法》第 2 条第（3）款"拒不出示文件罪"（如案件 7）；

（3）《1906 年防止腐败法》第 1 条"腐败罪"（如案件 5、案件 13、案件 16、案件 17、案件 20、案件 30、案件 29 和案件 39）；

（4）《2010 年反贿赂法》第 1 条"行贿罪"（如案件 4、案件 29 和案件 35）、第 2 条"受贿罪"（如案件 35）以及第 7 条"商业组织未能防止贿赂罪"（如案件 2、案件 3、案件 22、案件 28、案件 29、案件 31、案件 34 和案件 36）。

由于《2010 年反贿赂法》不具有任何溯及力，该法只能适用于其实施后（即 2011 年 7 月 1 日之后）发生的贿赂犯罪行为。通过分析可知，对于 2011

年 7 月 1 日之前发生的贿赂犯罪行为，严重欺诈办公室主要是依据《1977 年刑事法》第 1 条和《1906 年防止腐败法》第 1 条。同时，对于拒不配合调查者，严重欺诈办公室会根据《1987 年刑事司法法》的相关条款予以处罚。

特别需要指出的是，英国尚没有根据《2010 年反贿赂法》第 6 条行贿外国公职人员罪开展任何调查，也没有提出任何起诉。对此，英国上议院《2010 年反贿赂法》特别委员会（Select Committee on the Bribery Act 2010）认为，这可能是由于《2010 年反贿赂法》第 1 条具有域外管辖权，执法机构可以根据第 1 条就与第 6 条相同的贿赂犯罪行为提起诉讼，而且，第 6 条的举证责任更严格，即需要证明外国公职人员对职责的履行受到了影响。但在英国，无论根据哪一条提起诉讼，任何涉及国际层面的贿赂案件都可能会由严重欺诈办公室在大型复杂案件中处理，或者由国家打击犯罪调查局国际反腐败科处理。

四、案件解决机制和方式

1. 刑事调查解决机制的运用

如前文第三章第五节所述，严重欺诈办公室在进行刑事调查时很少使用民事赔偿解决机制，最多的是进行刑事指控，而迄今为止仅在 10 个执法案件中签署了暂缓起诉协议（其中 7 个为贿赂案件）。具体到上述 25 个被定罪判刑或等待判决的案件中，只有 2 个进行了民事赔偿，即在案件 11 和案件 24 中要求被告进行民事赔偿或支付和解金，占比约为 8%；而除了 7 个案件签署了暂缓起诉协议（占比约为 28%），其他 16 个案件均使用了或可能使用刑事指控解决机制（占比约为 64%）。

2. 处罚方式和法院可发出的命令

在上述 25 个被定罪判刑或等待判决的案件中，除了相关个人可能会被判处监禁（包括缓刑）、相关个人和（或）公司可能需要进行民事赔偿（或支付和解金）或被判处经济制裁（financial sanction）[1]，个人还有可能面临以下处罚：被取消若干年的公司董事资格（如案件 4、案件 13、案件 16、案件 31、案件 32 和案件 35）；支付受害人附加费（如案件 7）；社区令［电子宵禁令（如案件 17）；无薪工作（如案件 23）］。此外，如果被告无法在法定期间支付罚款，还会被要求支付违约金（案件 16）。

同时，在这 25 个案件中，严重欺诈办公室会向法院申请或由法院根据需要向被告发出没收令（如案件 5、案件 13、案件 21 和案件 35）、财产冻结令（如案件 11 和案件 24）、社区令（如案件 17 和案件 23）、民事追偿令（如案件 11）、合规令（如案件 21）、披露令（如案件 24）和严重犯罪防止令（如案件 35）等命令。其中，特别值得注意的是在格雷厄姆·马什门特案中，严重欺诈办公室于 2018 年 12 月 17 日获得了针对马什门特的合规令，阻止他在全额支付没收令之前离开英国。

那么，什么是合规令呢？

在英国，关于合规令的法律规定源于 2015 年 11 月 30 日生效的《2015年严重犯罪法》（Serious Crime Act 2015）——相关条款集中体现在《2002 年犯罪所得法》增加的第 13A 条和第 13B 条。根据《2015 年严重犯罪法》第 7 条、第 16 条、第 17 条和第 29 条的规定，法院可为确保没收令的有效性（即确保被告遵守没收令）而发出其认为适当的合规令。

合规令发出的时机是法院发出没收令时，或者如果当时未发出的话，则可以在以后任何时候（没收令仍然有效时）应检察官的申请发出。而且，在考虑是否发出合规令时，法院会特别考虑是否对被告在英国境外旅行施加任何限制或禁止。顾名思义，这一规定又被称为"旅行限制条款"。

如果被告没有遵守合规令，法院可以签发逮捕令，或者向被告发出传票，要求其出庭，而如果被告不出庭，法院仍然可以发出逮捕令。一旦法院确认被告无合理理由而未遵守合规令，法院就可以采取以下措施：（1）对被

---

[1] 本文中，经济制裁指的是英国达成暂缓起诉协议的案件中对公司处以的所有金钱制裁，包括赔偿金及利息、毛利润追缴、经济处罚（financial penalty）[即罚款，与 fine 同义]和费用(costs)；同时，经济命令（financial orders）仅指毛利润追缴和经济处罚（或罚款）。

告处以不超过标准比额表第 3 级的罚金，而根据《1982 年刑事司法法》第 37 条的规定，第 3 级罚款的金额为 1000 英镑；（2）撤销合规令并判处被告不超过 3 个月的监禁；（3）变更合规令；或者（4）同时处以 1000 英镑罚款和变更合规令。其中，法院可变更合规令的情形是：法院确信被告没有遵守合规令、对未遵守合规令有合理的理由，以及考虑到自该命令实施以来出现的情况更改该命令符合司法公正。需要注意的是，一名证人提供的证据就足以证明被告无合理理由而不遵守合规令。

对于法院发出的合规令，任何受其影响的人（不论是被告、控方或第三人）均可申请变更或解除。否则，该合规令将在英国司法管辖区（即英格兰和威尔士、苏格兰或北爱尔兰）的所有法院强制执行。

3. 对英国境外受害者的赔偿

在上述 39 个贿赂案件中，共有 4 个案件涉及对英国境外受害者的赔偿问题。一是在阿尔斯通网络（英国）有限公司和阿尔斯通电力有限公司案（案件 5）中，阿尔斯通电力有限公司被命令赔偿立陶宛政府 1096.3 万英镑。二是在乍得石油公司案（案件 11）中，通过民事追偿令追回的 440 万英镑将被用于乍得的人道主义援助计划。三是在史密斯和欧兹曼有限公司案（案件 32）中，史密斯和欧兹曼有限公司被要求向肯尼亚政府支付 34.9 万英镑赔偿。四是在标准银行股份有限公司案（案件 34）中，标准银行同意向坦桑尼亚政府支付 704.62 万美元赔偿金（含利息）。

2018 年 6 月 1 日，在经过严重欺诈办公室、国家打击犯罪调查局和皇家检控署的一致同意后，严重欺诈办公室发布了《贿赂、腐败和经济犯罪案件中海外受害者（包括受影响的国家）赔偿的一般原则》（以下简称《一般原则》）。在《严重欺诈办公室操作手册》中亦有专门的一章《对英国境外受害者的赔偿原则》（Compensation Principles to Victims Outside the UK），提供了关于这些一般原则的指引。从总体上看，《一般原则》为了确保贿赂、腐败和经济犯罪的海外受害者（包括受影响的国家、组织和个人）能够从资产追

回程序和赔偿令中受益，提出了以下6项原则：[1]

（1）严重欺诈办公室、皇家检察署和国家打击犯罪调查局（以下简称"三部门"）将在所有相关案件中考虑赔偿问题。

（2）如果赔偿是适当的，"三部门"将使用任何法律机制来确保赔偿。具体而言：

◆ 在通过诉讼解决的案件中，皇家检察署和严重欺诈办公室根据《2002年犯罪所得法》关于没收令的条款和《2000年刑事法院（量刑）法》[Criminal Courts (Sentencing) Act 2000] 关于赔偿令的条款寻求可用的补救措施；

◆ 在签署暂缓起诉协议的案件中，严重欺诈办公室和皇家检察署寻求将赔偿作为协议条款的组成部分；

◆ 在民事赔偿案件（即"基于非定罪的资产追回案件"）中，"三部门"在适当情况下寻求向受害者返还资金。

（3）"三部门"将在相关案件中与外交、联邦和发展事务部（即英国"外交部"）[2]、内政部以及财政部合作，以：

◆ 确定谁应被视为潜在的海外受害者（即受影响者）；

◆ 评估赔偿情况；

◆ 获取证据，包括支持索赔的声明；

◆ 确保支付赔偿的程序透明、可问责和公正；

◆ 确定支付赔偿的适当方式，以避免引发进一步腐败的风险。

（4）"三部门"将在其网站上提供关于如何实施这些一般原则的指引。

（5）如果可行的话，"三部门"将积极主动地与受影响国家的相关执法人员或政府官员建立友好关系。

---

[1] See General Principles to Compensate Overseas Victims (including affected States) in Bribery, Corruption and Economic Crime Cases, https://www.sfo.gov.uk/download/general-principles-to-compensate-overseas-victims-including-affected-states-in-bribery-corruption-and-economic-crime-cases/.

[2] 《一般原则》最初规定的是国际发展部（Department for International Department, DFID）和外交与联邦事务部（Foreign and Commonwealth Office, FCO），但在2020年9月2日，这两个部门合并成立了新的外交、联邦和发展事务部（Foreign, Commonwealth & Development Office, FCDO），即英国通称的"外交部"，其最高长官为外交、联邦和发展事务大臣，简称"外交大臣"。

（6）"三部门"将公布结案情况。

正如《一般原则》所指出的，对贿赂犯罪的海外受害者（包括受影响的国家、组织和个人）进行赔偿，能够使其从英国的执法和司法行动中受益。例如，乍得石油公司案中用于乍得人道主义援助计划的 440 万英镑旨在造福该国最贫穷的人，而史密斯和欧兹曼有限公司案中支付给肯尼亚政府的 34.9 万英镑则为该国增加了 7 辆新救护车。可以预见的是，在未来的贿赂案件中，只要条件符合，涉案公司就有可能被要求向英国境外受害者支付赔偿。

第八章
SFO 执法的 4 个标志性
贿赂案件分析

第一节　2013 年可持续农业能源和财富投资公司案
——首个依据《2010 年反贿赂法》起诉的案件

可持续农业能源和财富投资公司案是严重欺诈办公室根据《2010 年反贿赂法》起诉的首个案件。[1] 尽管法官认为本案主要涉及欺诈，贿赂只是一个加重处罚的方面，但本案是该法自 2011 年 7 月生效以来，严重欺诈办公室首次依据该法成功起诉并获得定罪的案件。

一、公司和案情介绍

可持续农业能源股份有限公司（SAE）和可持续财富投资（英国）有限公司（SWI）是可持续发展集团（Sustainable Growth Group）的子公司。可持续发展集团成立于 2005 年，主要为航空、海运、石油和天然气、可再生能源、制造业、废弃物、水以及零售业提供战略咨询和合规服务。

---

[1]　本部分内容主要参考了严重欺诈办公室官网披露的关于本案的信息，参见https://www.sfo.gov.uk/2014/12/05/city-directors-convicted-23m-green-biofuel-trial/; https://www.sfo.gov.uk/cases/sustainable-agroenergy-plc-sustainable-wealth-investments-uk-ltd/。

2011 年 11 月，严重欺诈办公室开始对可持续发展集团、可持续农业能源股份有限公司和可持续财富投资（英国）有限公司展开调查，调查的重点是在柬埔寨销售和推广基于"绿色生物燃料"麻风树（Jatropha curcas L）种植园的 SAE 投资产品。该绿色生物燃料产品被出售给英国投资者，这些投资者主要通过自我投资养老金计划（Self-invested Pension Plans）进行投资，但因被故意误导而相信 SAE 在柬埔寨拥有土地，土地上种植了麻风树，而且如果作物歉收，有一份保险单可以保护投资者。其中，涉嫌欺诈的产品价值约为 2300 万英镑（犯罪发生在 2011 年 4 月至 2012 年 2 月期间）。

2013 年 8 月 14 日，可持续农业能源股份有限公司前董事兼首席商务官加里·劳埃德·韦斯特（Gary Lloyd West）被指控构成 6 项罪名，包括：（1）通过虚假陈述共谋实施欺诈罪（《1977 年刑事法》第 1 条）；（2）欺诈交易罪（《2006 年公司法》第 993 条）；（3）共谋提供虚假信息罪（《1977 年刑事法》第 1 条）；（4）2 项受贿罪 [《2010 年反贿赂法》第 2 条第（1）款和第（2）款]；（5）行贿罪 [《2010 年反贿赂法》第 1 条第（1）款和第（2）款]。前首席执行官詹姆斯·布鲁内尔·惠尔（James Brunel Whale）被指控构成以下 2 项罪名：（1）通过虚假陈述共谋实施欺诈罪（《1977 年刑事法》第 1 条）；（2）欺诈交易罪（《2006 年公司法》第 993 条）。独立财务顾问斯图尔特·约翰·斯通（Stuart John Stone）被指控构成以下 3 项罪名：（1）共谋提供虚假信息罪（《1977 年刑事法》第 1 条）；（2）2 项行贿罪 [《2010 年反贿赂法》第 1 条第（1）款和第（2）款]。前财务总监王凤芳（Fung Fong Wong）被指控违反《2010 年反贿赂法》第 1 条第（1）款和第 2 条第（1）款提供和接受经济利益。

此外，严重欺诈办公室的调查还发现，可持续发展集团内部存在严重的会计违规行为。除了向投资者作出虚假陈述外，韦斯特和斯通还合谋制作了超过 300 万英镑的虚假销售发票，使斯通成为销售代理，从投资者的资金中获得 65% 的佣金。这些交易是用虚假的电子邮件地址、瑞士银行账户和在塞舌尔和英属维尔京群岛注册的海外公司掩饰的。韦斯特因参与斯通提交的虚假发票而受贿。

二、法院判决

2014 年 12 月 5 日，南华克皇家刑事法院对本案进行了宣判。韦斯特、斯通和惠尔被判有罪，王凤芳被判无罪。除韦斯特的最后一项指控被判无罪外，3 人的所有指控都被判有罪。

与贿赂犯罪有关的刑事处罚结果为：（1）韦斯特构成 1 项违反《2010 年反贿赂法》第 1 条第（1）款和第（2）款的贿赂罪名、2 项违反《2010 年反贿赂法》第 2 条第（1）款和第（2）款的贿赂罪名以及其他罪名，被判处总共 13 年监禁和被取消 15 年的董事资格；（2）斯通构成 2 项违反《2010 年反贿赂法》第 1 条第（1）款和第（2）款的贿赂罪名以及其他罪名，被判处总共 6 年监禁和被取消 10 年的董事资格。同时，2 人都被依据《2007 年严重犯罪法》第 19 条下达了自释放之日起为期 5 年的严重犯罪防止令。

在 2016 年 7 月 27 日至 28 日的听证会上，韦斯特、斯通和惠尔被命令支付总额为 136 万英镑的没收令，并从没收的款项中支付赔偿金，其中，韦斯特被命令支付 5.2805 万英镑（后于 2017 年 6 月被减少至 4.481855 万英镑），斯通被命令支付 114.1680 万英镑。2 人都有 3 个月的时间支付没收令，否则将分别面临 12 个月和 7 年的监禁。

三、评析与启示

本案的定罪和处罚说明，尽管《2010 年反贿赂法》不具有追溯力，但普遍适用于整个英国并规定了广泛的域外管辖权，从而具有显著的域外影响。严重欺诈办公室对《2010 年反贿赂法》的执法日益重视。依据该法，严重欺诈办公室不仅可以处理公职贿赂，也可以处理商业贿赂；不仅可以处理在英国国内发生的贿赂行为，也可以处理在英国境外实施的贿赂行为。因此，所有商业组织都应高度重视和主动应对其各种潜在的贿赂风险。

英国《1986 年取消公司董事资格法》（Company Directors Disqualification Act 1986）第 2 条规定，法院在行为人因可起诉的罪行而被定罪的情况下可以取消其董事资格。于 2015 年 3 月 26 日获得皇家御准的《2015 年小企业、企业和就业法》（Small Business, Enterprise and Employment Act 2015）第 9 部分"董事资格的取消等"第 106 条"确定不适宜和不合格：应考虑的事项"第（6）款规定，对《1986 年取消公司董事资格法》附件 1 进行了替换。该款项规定，当行为人是或曾经是董事时应考虑的其他事项包括：（1）董事与公司或海外公司有关的不法行为或违反任何信托义务的行为；（2）因担任公司或海外公司董事，而严重违反可适用于董事的任何法律或其他义务的行为；（3）前两种董事行为的发生频率。可见，行为人的海外贿赂行为或在海外公司的贿赂行为，会使其面临在未来被法院取消若干年董事资格的风险。

第二节　2015 年史密斯和欧兹曼有限公司案
——首个因海外贿赂被定罪的案件

史密斯和欧兹曼有限公司案是第二个由严重欺诈办公室依据《2010 年反贿赂法》起诉并定罪的案件，同时也是第一个因海外贿赂尤其是涉及行贿外国公职人员的罪行而被定罪的案件。[1]

一、公司和案情介绍

史密斯和欧兹曼有限公司成立于 1939 年，是一家世界领先的安全和敏感文件印刷公司，总部设在伊斯特本，专门生产选票、考试证书、付款凭单等安全文件。根据史密斯和欧兹曼有限公司官网的介绍，该公司是"安全和金融印刷领域的世界领先者"。在英国市场上，该公司是真正的先驱，150 多年来一直处于印刷技术创新的最前沿。

2014 年 12 月 22 日，史密斯和欧兹曼有限公司及其董事长克里斯托弗·史密斯（Christopher Smith）和销售与营销经理尼古拉斯·史密斯（Nicholas Smith）在南华克皇家刑事法院被判有罪，他们承认同意支付总额

---

[1] 本部分内容主要参考了严重欺诈办公室官网披露的关于本案的信息，参见https://www.sfo.gov.uk/cases/smith-ouzman-ltd/; https://www.sfo.gov.uk/2016/01/08/convicted-printing-company-sentenced-and-ordered-to-pay-2-2-million/; https://www.sfo.gov.uk/2013/10/23/printing-company-corruption-charges/; https://www.sfo.gov.uk/2014/12/22/uk-printing-company-two-men-found-guilty-corruption-trial/。

近 50 万英镑的腐败款项。这些款项被支付给了外国公职人员，以影响在肯尼亚和毛里塔尼亚的商业合同的授予。所指控的罪行发生在 2006 年 11 月至 2010 年 12 月之间，主要涉及毛里塔尼亚、加纳、索马里兰和肯尼亚的交易。而且，所有同意支付上述款项但未收取费用的人都是史密斯和欧兹曼有限公司在肯尼亚、加纳或毛里塔尼亚的代理人，以及这些国家和索马里兰组织雇佣的官员。

二、法院判决

早在 2010 年 10 月，严重欺诈办公室就受理了此案并展开调查。共有 4 人于 2013 年 8 月 30 日被起诉，并于 2013 年 10 月 23 日在威斯敏斯特治安法院（Westminster Magistrates Court）首次出庭。

2015 年 2 月，克里斯托弗·史密斯和尼古拉斯·史密斯被判刑。克里斯托弗·史密斯因构成 2 项《1906 年防止腐败法》第 1 条第（1）款规定的同意支付腐败款项罪，被判处 18 个月监禁，缓期 2 年执行，同时，他还被命令从事 250 小时的无薪工作，并被给予 3 个月的宵禁。尼古拉斯·史密斯因构成 3 项《1906 年防止腐败法》第 1 条第（1）款规定的同意支付腐败款项罪，被判处 3 年监禁。同时，两人都被取消 6 年的公司董事资格。其他人均被判无罪。史密斯和欧兹曼有限公司也被判构成支付腐败款项罪。

2016 年 1 月 8 日，尼古拉斯·史密斯被命令在 8 周内支付 1.8693 万英镑的没收令，并在 9 个月内向严重欺诈办公室支付 7.5 万英镑的费用。克里斯托弗·史密斯被命令在 7 天内支付 4500 英镑的没收令，并在 3 个月内向严重欺诈办公室支付 7.5 万英镑的费用。史密斯和欧兹曼有限公司被责令支付总额为 220 万英镑的处罚，包括 88.1158 万英镑的没收令和 131.6799 万英镑的罚金。同时，该公司还被命令向严重欺诈办公室支付 2.5 万英镑的费用。

三、评析与启示

本案是"严重欺诈办公室首次成功地以海外贿赂犯罪定罪……由于不法行为发生在《2010 年反贿赂法》生效之前，陪审团必须认定，那些在企业内部从事贿赂行为的个人代表了公司的'直接意志和意愿'（为了这些行为的目的）。这种所谓的识别原则受到了很多批评，因为它是一个难以符合的门槛，也是《2010年反贿赂法》引入严格责任公司犯罪的原因之一。本案证明了在《2010年反贿赂法》之前的制度下定罪是有可能的……也表明，严重欺诈办公室正以更大的力度起诉从事海外贿赂的公司并将其定罪，这对那些在海外营商的公司来说是一个显著的信号，因为他们可能会认为在海外从事的不法行为不会在英国受到惩罚"[1]。在《2010年反贿赂法》生效后，严重欺诈办公室和法院可以依据该法进行起诉和判决，因此公司更加需要预防发生海外贿赂行为。

第三节　2015年斯威特集团股份有限公司案
——首个因商业组织未能防止贿赂罪被定罪的案件

严重欺诈办公室原主任大卫·格林指出："英国公司的贿赂行为严重损害了这个国家的商业声誉。本案是严重欺诈办公室首次根据《2010年反贿赂法》第7条进行的定罪和处罚，它发出了一个强烈的信号，即英国公司必须依法对其员工的行为承担全部责任，并确保员工在其商业活动中依法行事。"[2] 本案也提醒在英国经营业务的公司，一定要积极评估和应对其有可能面临的贿赂风险，并通过及时制定反贿赂政策和程序予以应对。

一、公司和案情介绍

斯威特集团股份有限公司（Sweett Group PLC，以下简称"斯威特集团"）是一家英国的建筑和专业服务公司。

2013年6月21日的一篇《华尔街日报》文章将斯威特集团与中东贿赂（尽管涉及的是与本案无关的一家卡萨布兰卡的医院的建设合同）联系在一

---

[1]　See Smith and Ouzman Ltd: Two Sentenced for Foreign Bribery, https://www.cms-lawnow.com/ealerts/2015/02/smith-and-ouzman-ltd-two-sentenced-for-foreign-bribery?cc_lang=en.

[2]　See Sweett Group PLC Sentenced and Ordered to Pay £2.25 million After Bribery Act conviction, 19 February 2016, https://www.sfo.gov.uk/2016/02/19/sweett-group-plc-sentenced-and-ordered-to-pay-2-3-million-after-bribery-act-conviction/.

起，但斯威特集团在文章发表前一周才向严重欺诈办公室报告了这笔款项。2014 年 7 月，严重欺诈办公室就斯威特集团在阿联酋和其他地方的活动展开刑事调查。然而，斯威特集团坚持自己进行内部调查，而且，"直到 2014 年 12 月，斯威特集团才自我报告了某些可能可疑的其他关联付款，而严重欺诈办公室似乎对这种迟到的自我报告持悲观态度"[1]。

在本案中，严重欺诈办公室指控该公司构成以下犯罪：[2] 在 2012 年 12 月 1 日至 2015 年 12 月 1 日期间，作为相关商业组织的斯威特集团未能阻止其关联方，即其在塞浦路斯注册的全资子公司（实际上是该集团的中东和北非分部）西里尔·斯威特国际有限公司（Cyril Sweett International Limited，CSI）及其员工和代理人，向阿莱茵·阿莉亚保险公司（Al Ain Ahlia Insurance Company，AAAI）的董事会副主席兼房地产与投资委员会主席哈立德·阿尔巴迪（Khaled Al Badie）行贿。行贿的目的是为斯威特集团获得或保留业务和（或）业务开展方面的优势地位，即获得并保留与阿莱茵·阿莉亚保险公司签订的在迪拜阿布扎比建造罗塔纳酒店（Rotana Hotel）（价值为 6300 万英镑）的项目管理和成本咨询服务合同，从而违反了《2010 年反贿赂法》第 7 条第（1）款的规定。

其中，"AAAI 是由阿尔巴迪集团（Al Badie Group）控制的一批公司的一部分。涉案主合同的价值为 160 万英镑，约占项目价值的 2.65%。哈立德代表 AAAI 签署的该合同的抵押物是 CSI 与北方物业管理有限公司（North Property Management Limited，NPM）于同一天签订的另一份合同，而哈立德是 NPM 的受益所有人。该合同（没有证据表明采取了招标程序）规定按项目总价值的 1.08% 按月分期付款，约为 68 万英镑……斯威特集团提供的项目进程会议记录没有提及 NPM 或其服务。然而，有证据表明，有定期支付给 NPM 的款项，而发票是由 CSI 的执行董事西蒙·希金斯（Simon Higgins）开具的。由于希金斯是澳大利亚公民，他的行为不在严重欺诈办公室的管

---

[1]　See Lessons from the First S7 UK Bribery Act Case, 14 April 2016, https://www.allenovery.com/en-gb/global/news-and-insights/publications/lessons-from-the-first-s7-uk-briberyact-case.

[2]　See Sweett Group, 17 May 2021, https://www.sfo.gov.uk/cases/sweett-group/.

辖范围内，因此没有受到严重欺诈办公室的追究"[1]。本案法官马丁·贝多伊（Martin Beddoe）将 CSI 与 NPM 签订的第二份合同称为"提供'贿金（bung）'的工具"[2]。

二、法院判决

2015 年 12 月 18 日，斯威特集团作出认罪答辩，承认在中东的行为构成贿赂犯罪，而且没有充分的反贿赂和反腐败程序来预防贿赂，从而违反了《2010 年反贿赂法》第 7 条第（1）款第（b）项的规定，这也意味着该集团无法援引该法第 7 条第（2）款规定的法定抗辩，即"充分程序"抗辩。2016 年 2 月 19 日，斯威特集团被南华克皇家刑事法院宣判有罪，并被勒令支付 225 万英镑，其中包括 140 万英镑罚款、85.115223 万英镑的没收令以及向严重欺诈办公室支付 9.503197 万英镑费用。[3] 其中，没收令金额反映了公司从不法行为中获得的毛利润。法院并未发出任何赔偿令。

在判决过程中，法官援引了量刑委员会的《欺诈、贿赂和洗钱犯罪：最终指引》，并因存在加重处罚的因素，而将罪责等级定为"A-重大罪责"，理由包括以下 3 个：（1）犯罪行为持续了一段时间，即虽然贿赂是在一个单一的协议下进行的，但贿赂款项是在 1 年多的时间（18 个月）内完成支付的；（2）毕马威华振会计师事务所（KPMG，以下简称"毕马威"）向斯威特集团提交了关于其经营情况的独立报告，指出 CSI 的财务控制存在问题并需要管理层的紧急关注，而且 CSI 未能记录聘用顾问的商业理由，但该集团故意无视该报告；（3）斯威特集团故意误导严重欺诈办公室，声称这些款项是支付中间人费用的合法款项，甚至 CSI 试图从 AAAI 获得一封信，证明 NPM 是合法的分包顾问，而 NPM 实际上只是一家空壳公司，用于向哈立德支付款项，以确保和维持 AAAI 的合同。

由于罪责等级被定为"A-重大罪责"，可适用的起刑点是 300%，即：罚

---

[1] See Sweett Group PLC Sentencing Hearing, https://fulcrumchambers.com/sweett-group-plc-sentencing-hearing/.

[2] See Lessons from the First S7 UK Bribery Act Case, 14 April 2016, https://www.allenovery.com/en-gb/global/news-and-insights/publications/lessons-from-the-first-s7-uk-briberyact-case.

[3] See Sweett Group, 17 May 2021, https://www.sfo.gov.uk/cases/sweett-group/.

款应参照有关公司获得的利润进行计算，但最高不超过该利润的 300%。同时，法院可选的罪责范围为 250% 至 400%。法院考虑到斯威特集团最终与严重欺诈办公室进行合作，并采取了一些措施来改善其运作。因此，法院采纳了以下减轻处罚的因素："（1）斯威特集团没有相关的前科；（2）自 2015 年7 月以来，斯威特集团一直在逐步合作，虽缓慢但无疑采取了其他措施来改善这种状况；（3）斯威特集团承认有罪。"[1] 最终，本案处罚适用了 250% 的最低百分比。可见，罚款和没收令的数额是根据腐败交易的价值、影响公司罪责的因素和违法行为的严重性确定的。

值得注意的是，斯威特集团试图将其与严重欺诈办公室的对立归咎于毕马威，并将其责任归咎于 CSI，但法官认为没有任何证据能够支持这一点，并最终认定与 SFO 合作是公司的责任，而该集团作为非自主经营的 CSI 的母公司，必须承担该"关联人"的责任。

此外，2016 年 12 月 21 日，斯威特集团在中东的前总裁理查德·金斯顿（Richard Kingston）因销毁与本案有关的贿赂和腐败证据而被定罪和判刑，即他知道严重欺诈办公室对本案展开调查，却故意毁坏包含与调查有关的电子邮件、短信和 Whatsapp 信息的两部手机，因此构成 2 项《1987 年刑事司法法》第 2 条第（16）款规定的毁灭证据罪，共被判处 24 个月监禁（每项12 个月）。[2]

三、评析与启示

在本案中，由于斯威特集团根据腐败协议支付腐败款项的行为持续时间超过 18 个月，而且，尽管该集团作出了认罪答辩，但却在调查过程中没有与严重欺诈办公室进行全面合作，甚至在严重欺诈办公室对其展开调查后试图故意误导该调查，因此，严重欺诈办公室并未向其提供暂缓起诉协议。

通过本案可以得到以下 3 点启示：

---

[1]　See Sweett Group PLC Sentencing Hearing, https://fulcrumchambers.com/sweett-group-plc-sentencing-hearing/.

[2]　See Richard Kingston Convicted and Sentenced for Destroying Bribery and Corruption Evidence, 21 December 2016, https://www.sfo.gov.uk/2016/12/21/richard-kingston-convicted-sentenced-destroying-bribery-corruption-evidence/.

1. 发现可疑活动后要及时自我报告，确认犯罪行为属实后要及时认罪。对于上市公司而言，"如果受监管的公司需要向国家打击犯罪调查局提交可疑活动报告，则早期的自我报告是唯一可行的选择，因为该信息会与 SFO 共享"，同时，本案表明，"及时认罪可能为希望根据自己的意愿调查可疑犯罪的公司提供另一条路径，但仍然可以从可适用的罚款折扣中获益，以换取日后在事实更清楚时进行某种程度的合作。然而，这条路径可能会增加公司的成本，并可能对其声誉产生重大影响。"[1] 本案中，斯威特集团没有及时自我报告，但及时作出了认罪答辩，这在很大程度上导致其没有获得暂缓起诉协议，但在接受处罚时得到了罚款折扣。

2. 与执法机构合作意味着要进行全面的合作。本案中，斯威特集团坚持自己进行内部调查，并拒绝向严重欺诈办公室交出与证人面谈的记录和所收集的证据，这被严重欺诈办公室批评为"践踏证据"和不合作。而且，该集团聘请的作为法律顾问的律师事务所与严重欺诈办公室之间关系特别对立，因此虽然它用原来的顾问取代了这家律师事务所，但这一做法和 2015 年年中以来的全面合作不足以使其获得暂缓起诉协议。从总体上看，严重欺诈办公室对合作的态度非常严格。例如，当斯威特集团于 2014 年 11 月向市场发布公告称其正在全力配合严重欺诈办公室的调查时，该办公室提出异议，这迫使斯威特集团撤回公告，并发表公开声明，称其"正在尽一切合理努力与严重欺诈办公室合作，同时行使其与职业特权有关的法律权利，以满足公司和监管要求"[2]。可见，对于斯威特集团这样的上市公司而言，是否合作、进行何种程度的合作以及发布任何相关公开声明，都有可能对其造成严重后果，例如仅披露对其展开调查就可能会导致其股价的大幅波动。可以说，斯威特集团之所以没有获得暂缓起诉协议，在很大程度上是因为它拒绝与严重欺诈办公室进行全面的合作。

3. 公司聘请独立的外部顾问评估其运营或反贿赂程序可能很有价值，但

---

[1] See Two Cases Under the Bribery Act: Guilty Plea or Deferred Prosecution Agreement?, 19 February 2016, https://www.simmons-simmons.com/en/publications/ck0a6t3ngcpvo0b59v9xn7dbx/19-two-cases-under-the-brib-ery-act-guilty-plea-or-deferred-prosecution-agreement.

[2] See Lessons from the First S7 UK Bribery Act Case, 14 April 2016, https://www.allenovery.com/en-gb/global/news-and-insights/publications/lessons-from-the-first-s7-uk-briberyact-case.

公司应当对此类评估报告提出的问题和建议采取行动。在本案中，斯威特集团无法行使"充分程序"抗辩的一个重要原因是，毕马威为该集团编制了一系列报告，呼吁其改善内部治理，但它几乎没有对毕马威的关切（concerns）作出回应。

第四节　2018 年斯堪森室内有限公司案
——首个提出"充分程序"抗辩但被驳回的案件

斯堪森室内有限公司案，是第一个被告提出"充分程序"抗辩，但被法院驳回，从而引发争议的案件。正如严重欺诈办公室贿赂和腐败联合主管卡米尔·德席尔瓦（Camille de Silva）在 2018 年 3 月 15 日的一次会议上所指出的，本案"提醒企业要确保其合规程序充分而强有力，并提醒企业要想成功进行第 7 条抗辩需要达到的高标准"[1]。因此，严重欺诈办公室将本案视为一个成功驳回商业组织"充分程序"抗辩的典型案例。

一、公司和案情介绍

斯堪森室内有限公司是一家英国的小型翻修公司，在伦敦拥有一间约 300 平方米的开放式办公室，只有大约 30 名员工。在 2014 年年中成为休眠公司之前，它主要从事室内设计业务。它的母公司是同样位于伦敦的斯堪森集团（Skansen Group）。当时，斯堪森室内有限公司的反贿赂政策由一系列独立的诚实、廉洁、透明和道德政策构成，例如一份政策被清晰地贴在公司的墙上，这些政策虽然没有提及《2010 年反贿赂法》，但明确指出员工必须公开和诚实。[2]

2013 年，经过投标，斯堪森室内有限公司赢得了一家房地产公司（DTZ

---

[1] See Camilla de Silva at ABC Minds Financial Services, 16 March 2018, https://www.sfo.gov.uk/2018/03/16/camilla-de-silva-at-abc-minds-financial-services/.

[2] See Hogan Lovells, Delusions of Adequacy: The Belated Tale of Adequate Procedures, 10 May 2018, p.1, https://www.hoganlovells.com/~/media/hogan-lovells/pdf/2018/2018_05_10_investigations_white_collar_and_fraud_alert_delusions_of_adequacy_the_belated_tale_of_adequate_procedures.pdf?la=en.

Debenham Tie Leung，DTZ）的两份办公室翻新合同，合同价值共计 600 万英镑。斯堪森室内有限公司后来发现，在招投标过程中，公司的前总裁斯蒂芬·班克斯（Stephen Banks）向 DTZ 的前项目经理格雷厄姆·迪肯（Graham Deakin）行贿，以获得这两份合同。为了掩盖贿赂行为，他们采取了许多措施，包括通过一家单独的公司开具发票，然后将其记录到内部成本代码中。但是，涉案的贿赂金额并不大，前两次付款加起来只有 1 万英镑。

2014 年 1 月，斯堪森室内有限公司任命了新的首席执行官伊恩·皮登·本内特（Ian Pigden-Bennett）。本内特注意到了班克斯向迪肯支付的款项，这促使他在公司内部启动一项调查，并制定了一项基本的反贿赂和反腐败政策。之后，班克斯试图第三次（也是最后一次）向迪肯支付 2.9 万英镑款项，但上述政策的实施导致其在付款前被截获。该内部调查最终以班克斯和另一名存在疏忽的员工被解雇而结束。斯堪森室内有限公司随后向国家打击犯罪调查局提交了一份可疑活动报告，并向伦敦市警方和反欺诈行动局报告了此事。班克斯和迪肯都承认从事了上述贿赂犯罪行为。尽管斯堪森室内有限公司已经根除了贿赂行为、进行了自我报告，并与警方调查进行了全面合作，但仍然被检察机关以贿赂和腐败犯罪起诉至法院。

二、"充分程序"抗辩

斯堪森室内有限公司依据《2010 年反贿赂法》第 7 条第（2）款提出了"充分程序"抗辩。如前文第二章第五节所述，该法第 7 条第（2）款规定，如果商业组织可以证明自己已经建立了充分程序以预防其关联人实施贿赂行为，则构成一种抗辩。

在案件审理过程中，斯堪森室内有限公司辩称，在被指控的不法行为发生时，它有充分的程序，因为有许多程序可以用来维持透明和廉洁。对于一个小型组织（约 30 名员工）而言，他们有与道德和诚实行为相关的政策，因此不需要单独的贿赂政策。此外，他们在批准任何付款前都有财务控制。庭审中提供的证据和电子邮件证据显示，该公司的员工知道贿赂是被禁止的。该公司认为，这些制衡制度对于一家具有如此规模和本地化运营的公司来说已经足够了。可见，"尽管该公司在贿赂犯罪发生时的合规程序有限，也没有具体的《2010 年反贿赂法》程序，但它确实有与第三方进行道德往来的指引，并有一种文化，在这种文化中，人们期望诚实交易和通过财务控制预防不当付款"[1]。此外，涉案合同中都有反贿赂条款，明确规定拒绝对贿赂行为承担责任并允许在发生贿赂时取消合同，这也是对该公司有利的一个方面。

三、法院判决

在本案中，伦敦南华克皇家刑事法院的法官曾对皇家检控署起诉斯堪森室内有限公司提出质疑，即为什么起诉一家处于休眠状态的公司，因为这样的公司既无法予以任何经济处罚，也无法签订暂缓起诉协议或改进其合规计划，唯一可以判处的是绝对解除指控（absolute discharge）。

那么，什么是绝对解除指控呢？在英国，地方法院和皇家刑事法院可以根据罪行的严重性，判处 4 种刑罚，除了罚金、监禁和社区判决（Community Sentences）——将惩罚与旨在改变罪犯行为和作出补救（有时是直接给犯罪的受害者）的活动结合在一起，还有解除指控（discharge），即法院决定鉴于罪犯的特定和犯罪的性质不予处罚，包括绝对解除指控和有条件解除指控（conditional discharge），前者是指不采取进一步行动（原因是要么罪行很轻微，要么法院认为这种经历足以起到威慑作用）且犯罪不会被记录在案，后者是指罪犯被免除责任但犯罪会被记录在案，除非其在法院决定的时间内（不超过 3 年）再次犯罪，否则不会采取进一步的行动。[2]

尽管本案具有许多不利于起诉的公共利益因素，但皇家检控署还是提起了诉讼，其目的之一是为了将本案作为典型案例，向外界尤其是同行业的其他公司传递关于反贿赂合规计划重要性的信息。

2018 年 2 月，本案的陪审团认定斯堪森室内有限公司没有充分的反贿赂

---

[1]　See Peter Binning, A Bribery Act Prosecution "Pour Encourager Les Autres", 9 March 2018, https://www.corkerbinning.com/a-bribery-act-prosecution-pour-encourager-les-autres/.

[2]　See Sentencing, https://www.cps.gov.uk/cps-page/sentencing.

政策，并对其作出了有罪判决，即该公司构成《2010 年反贿赂法》第 7 条商业组织未能防止贿赂罪。由于该公司处于休眠状态，没有资产可供执行，因此法院判处了绝对解除指控的刑罚，这意味着定罪不会被登记在公司的档案中。而且，根据英国《1974 年罪犯改造法》(Rehabilitation of Offenders Act 1974) 的相关规定，这一判决将自动失效。

2018 年 4 月 23 日，班克斯和迪肯分别被判构成《2010 年反贿赂法》第 1 条行贿罪和第 2 条受贿罪。行贿者班克斯被判处 12 个月监禁，并被取消 6 年的董事资格。受贿者迪肯被判处 20 个月监禁，被取消 7 年的董事资格，并被责令支付 1.0697 万英镑。

四、质疑与启示

本案遭受了来自各界的普遍质疑，有人认为斯堪森室内有限公司可以适用"充分程序"抗辩，有人认为完全没有必要起诉一家休眠公司，有人认为小公司不应由于执法机构试图检验新公司刑事犯罪界限而成为执法目标，而且陪审团没有给出定罪理由会留下很大的不确定性 [1]，等等。这种空洞的胜诉甚至让一些评论人士认为检察机关"毫无原则可言"，甚至是"对英国刑事诉讼程序的愚弄" [2]。本案的判决结果还有可能打击企业尤其是中小企业自我报告和合作的积极性。

整体而言，本案向其他公司传递的信息是："所有公司，无论规模大小、是否在当地或以其他方式经营，都需要充分的反贿赂和反腐败程序。公司不能再简单地依赖一般的财务保障措施，而是必须制定具体的反贿赂和反腐败政策，以避免因员工的不法行为而被追究责任。构成'充分程序'的决定因素仍需由英国法院确认，但公司应注意执行明确且沟通良好的政策，这些政策应妥善记录及更新，并包括一套为识别和避免任何贿赂和腐败风险而量身

---

[1] See Peter Binning, A Bribery Act Prosecution "Pour Encourager Les Autres", 9 March 2018, https: // www.corkerbinning.com/a-bribery-act-prosecution-pour-encourager-les-autres/.

[2] See Kees Thompson, Mixed Messages from the UK's First Contested Prosecution for Failure to Prevent Bribery, The Global Anticorruption Blog, https://globalanticorruptionblog.com/2018/05/28/mixed-messages-from-the-uks-first-contested-prosecution-for-failure-to-prevent-bribery/.

定制的适当程序。"[1]

通过本案可以更好地理解执法机构对《2010 年反贿赂法》第 7 条规定的"充分程序"的界定，具体而言：[2]

1. 明确合规责任、最高管理层支持和举报机制的重要性。要有合规团队开展相关工作，并与董事会合作和受其监督。公司还应为普通员工建立明确的举报或报告渠道，使其能够报告他们对不法行为或贿赂犯罪的关切。

2. 所有规模的商业组织都应有专门的反贿赂合规职能部门或团队。本案中，皇家检控署认为斯堪森室内有限公司没有指定任何人担任反贿赂合规职务，因此当贿赂发生时，公司内没有任何人对反贿赂合规负有专门责任，也没有员工举报涉嫌贿赂活动的具体机制。一般来说，反贿赂合规职能部门或团队的规模取决于商业组织的规模。小企业可由一人组成，但该人必须有足够的能力和独立性，并发挥监督和实施反贿赂管理制度的主要职能。需要指出的是，检察机关提出的这一点是司法部的《〈2010 年反贿赂法〉：商业组织防止关联人贿赂程序指引》所未明确指出的。

3. 政策执行是关键。在本案中，斯堪森室内有限公司虽然制定了政策，强调需要以道德、公开和诚实的方式与第三方打交道，但无法证明其员工已经阅读了这些政策，或者定期提醒他们这些政策的存在和要求。而且，该公司缺乏任何正式的反贿赂培训计划。因此，仅有政策是不够的，还需要主动执行、沟通（包括培训）（尤其要根据法律变化随时更新），并将反贿赂政策和程序贯穿于整个组织并使其得到理解。概言之，对企业反贿赂合规而言，"起点是建立适合自己的合规程序，但更要重视程序的实质内容和在第一时间实际运作"[3]。

4. 对公司合规及采取的所有步骤进行记录，并及时更新政策。在本案

---

[1]　See Michal Asoulin, R v Skansen Interiors Limited, Southwark Crown Court (2018), 7 August 2018, https://www.schindlers.co.za/news/r-v-skanslers-limited-southwark-crown-court-2018/.

[2]　See Nichola Peters and Michelle De Kluyver, Bribery Case Summary: R V Skansen Interiors Limited, Southwark Crown Court, 6 April 2018, https://www.addleshawgoddard.com/en/insights/insights-briefings/2018/corporate-crime-investigations-update/r-v-skansen-interiors-limited-southwark-crown-court-case-summary/.

[3]　See Camilla de Silva at ABC Minds Financial Services, 16 March 2018, https://www.sfo.gov.uk/2018/03/16/camilla-de-silva-at-abc-minds-financial-services/.

中，斯堪森室内有限公司没有任何关于合规讨论或所采取措施的记录，而执法机构希望了解公司为将合规文化嵌入公司内部而采取了哪些措施。而且，自《2010 年反贿赂法》出台以来，该公司并没有更新相关政策。这说明保持合规记录和制定与更新明确提及相关立法的书面政策是十分重要的。

5. 监督和审查。公司应定期审查其政策和程序，以确保其仍然符合目的。但在本案中，斯堪森室内有限公司无法证明其在《2010 年反贿赂法》于 2011 年生效时采取了什么（如果有的话）措施，或者它利用该法生效的契机提醒员工注意公司的道德政策和期望。因此，商业组织应监督和审查其反贿赂程序，并在必要时进行改进，而且，审查必须按计划的间隔进行，并由独立团队或个人进行审计。

第九章
SFO 签署暂缓起诉协议的 7 个贿赂案件分析

在英国，尽管暂缓起诉协议"更受司法实务部门和公司的欢迎，已经成为英国处理刑事合规案件的重要手段"[1]，但英国执法机构在使用暂缓起诉协议时是非常谨慎和克制的。如前文所述，在英国有权向商业组织提供并与其签订暂缓起诉协议的执法机构是严重欺诈办公室和皇家检控署，但自《2013年犯罪和法院法》附件 17 于 2014 年 2 月 24 日生效（即英国正式建立暂缓起诉协议制度）至今，即英国建立暂缓起诉协议制度以来，仅由严重欺诈办公室在 10 个执法案件中与商业组织达成了暂缓起诉协议（见表 9.1），这些公司已支付的罚款、费用和返还的非法所得价值超过 15 亿英镑。[2]

---

[1] 参见杨宇冠、张沈锓:《英国DPA在处理公司刑事合规案件中的适用及借鉴》，载《经贸法律评论》2021年第2期，第85页。

[2] See Lisa Osofsky, We're Defending the UK as a Safe Place for Business, 30 June 2021, https://www.sfo.gov.uk/2021/06/30/were-defending-the-uk-as-a-safe-place-for-business/.

表 9.1　SFO 签署暂缓起诉协议的 10 个执法案件

年份	涉案公司	犯罪类型
2015	标准银行股份有限公司	海外贿赂
2016	沙克拉德有限公司	海外贿赂和腐败
2017	劳斯莱斯股份有限公司	海外贿赂和腐败、虚假会计
2017	特易购（Tesco）百货有限公司	虚假会计
2019	信佳（Serco）Geografix 有限公司	欺诈和虚假会计
2019	古拉普系统有限公司	海外贿赂和腐败
2020	空客公司	海外贿赂
2020	杰富仕（G4S）护理与司法服务（英国）有限公司	欺诈
2020	航空服务有限公司	海外贿赂
2021	阿美科福斯特惠勒能源有限公司	海外贿赂和腐败

其中，除了特易购百货有限公司（Tesco Stores Limited）案、信佳 Geografix 有限公司（Serco Geografix Ltd）案和杰富仕护理与司法服务（英国）有限公司 [G4S Care & Justice Services (UK) Ltd] 案为欺诈或（和）虚假会计犯罪案件，标准银行股份有限公司案、沙克拉德有限公司案、劳斯莱斯股份有限公司案、古拉普系统有限公司案、空客公司案、航空服务有限公司案和阿美科福斯特惠勒能源有限公司案均为贿赂和（或）腐败犯罪案件。本章将对这 7 个贿赂案件进行全面分析。

第一节　2015 年标准银行股份有限公司案

标准银行股份有限公司（以下简称"标准银行"）是第一个与严重欺诈办公室签订暂缓起诉协议的商业组织，也是第一个因违反《2010 年反贿赂法》第 7 条商业组织未能防止贿赂罪而被起诉的商业组织。尽管本案并未被定罪，但它在《2010 年反贿赂法》的执法史上具有里程碑意义，因为从某种意义上说，这代表了英国暂缓起诉协议制度下"原则和程序的相对直接的应用"[1]，也为后续案件中如何使用暂缓起诉协议初步确立了标准，并提供了可供参照的先例。

一、公司和案情介绍

1. 公司简介

标准银行位于伦敦，是一家受英国监管的商业银行和公众有限公司（public limited company）[2]。在当时，标准银行由标准银行伦敦控股有限公司（Standard Bank London Holdings Limited）所有，但其最终母公司是在南非注册的上市公司标准银行集团有限公司（Standard Bank Group Ltd，以下简称"标准银行集团"）。

标准银行斯坦比克有限公司（Stanbic Bank Tanzania Ltd，以下简称"斯坦比克银行"）是一家总部位于坦桑尼亚原首都达累斯萨拉姆（Dar es Salaam）的坦桑尼亚公司，它和标准银行是姊妹公司，其最终母公司同样是标准银行集团。由于斯坦比克银行在坦桑尼亚没有获得在债务资本市场与非本地外国投资者交易的许可证，如果它要开展这项业务，就只能依靠标准银行。

需要指出的是，中国工商银行股份有限公司（Industrial and Commercial Bank of China Limited，ICBC）在 2015 年 2 月 1 日从标准银行集团收购了标准银行 60% 的控股权益，而该银行剩余 40% 的权益则继续由标准银行集团持有。但在本案案发时，ICBC 尚未持有标准银行的股份，也未以任何方式参与其中。

---

[1] See SFO v. XYZ Limited – DPA Redacted Approved Judgement, Para.3, https://www.sfo.gov.uk/download/xyz-preliminary-redacted/.

[2] 根据英国公司法、一些英联邦司法管辖区和爱尔兰共和国的法律规定，公众有限公司是公众公司（Public Company）的一个类型。作为一种有限责任公司，它可以是未上市或在证券交易所上市的公司，其股票可以自由出售和向公众交易。在英国，一家公众有限公司的合法公司名称末尾中必须有"public limited company"或"PLC""plc"的字样。美国的类似公司一般被称为上市公司。

2. 案情简介

2012 年，坦桑尼亚政府需要筹集公共资金，以支持坦桑尼亚正在实施的"五年发展计划"，并满足国内关键基础设施建设的需要。当年 6 月，标准银行和斯坦比克银行共同向坦桑尼亚政府提议，可以授权它们以主权债券私人配售的方式为其筹集这些资金。实际上，谈判早在 2 月就已开始，当时标准银行和斯坦比克银行给出的综合费用报价为募集资金总额的 1.4%。但在 8 月，谈判陷入僵局。9 月，该笔费用被提高到 2.4%，即在原先 1.4% 的基础上，向一个"当地合伙伙伴"——一家名为企业成长市场顾问有限公司（Enterprise Growth Market Advisors Limited，EGMA）的坦桑尼亚公司——再支付 1%。在 EGMA 加入后，交易进展速度迅速加快。

EGMA 成立于 2011 年 8 月，并自 2012 年 1 月开始运营，主要业务是投资顾问、商业顾问以及在介绍卖方、买方、合伙人和员工时充当中间人。该公司有 3 名创始成员、股东和董事。主席为哈里·基蒂利亚（Harry Kitilya），当时是 1 名坦桑尼亚政府的在职官员，担任坦桑尼亚税务局局长。1995 年至 2011 年间，EGMA 的董事总经理弗伦特·姆博亚（Fratern Mboya）（已于 2013 年 7 月去世）一直担任坦桑尼亚资本市场和证券管理局（Capital Markets and Securities Authority）的首席执行官。2012 年 9 月，EGMA 在斯坦比克银行专门开设了一个银行账户，而该银行填写的"了解你的客户"（KYC）表（即客户身份识别筛查）看起来是承认开户存在"高风险"的，尽管其中并未说明开户依据，也省略了某些重要信息。

然而，没有任何证据，例如文件或会议记录等，表明 EGMA 提供了与此项交易有关的任何服务。而且，当地合作伙伴的计划参与以及所增加的费用，仅在向坦桑尼亚政府提议后的某个时间，才向标准银行进行了披露。因此，唯一可以推定的是，斯坦比克银行首席执行官巴希尔·阿瓦勒（Bashir Awale）及其公司和投资银行业务部负责人绍斯·西纳雷（Shose Sinare），都打算承诺向 EGMA 支付 1% 的费用，以诱使基蒂利亚（或者还有坦桑尼亚政府的其他官员）对斯坦比克银行和标准银行的提议表示支持，以确保它们在此次融资交易中获得参与机会和相应的费用。

2012 年 11 月，坦桑尼亚政府正式授权斯坦比克银行和标准银行筹集 5.5 亿美元资金，三方共同签署了授权书、费用函和合作协议。但是，授权书没有提及任何合作伙伴或第三方，其中提到 2.4% 的"总通融费"构成"总的咨询、安排协调人员、参与和账簿管理人员费"，同时还包括"所有的法律费用、付款费用和代理费用"。费用函提到斯坦比克银行和标准银行同意担任牵头管理人，并"在与合作伙伴的合作中"担任领导。此外，根据授权书和费用函的安排，允许坦桑尼亚公共基金通过斯坦比克银行支付给 EGMA，而不必由坦桑尼亚政府直接支付。

在本案中，尽管标准银行与斯坦比克银行在交易中采取了联合行动，即斯坦比克银行负责客户关系、标准银行股份有限公司负责提供技术和法律专业知识，但当时由全球债务资本市场主管弗洛里安·冯·哈蒂格（Florian Von Hartig）领导的标准银行团队认为，该银行不需要进行 KYC 和尽职调查。可见，标准银行的适用政策不明确，没有提供足够的具体指导。在这种不确定性下，哈蒂格将其解释为不要求标准银行对 EGMA 进行任何调查。此外，尽管存在明显的贿赂风险危险信号（red flags），但该银行的交易团队似乎没有提出任何怀疑或关切，也没有对 EGMA 或其角色进行任何询问。相反，它完全依赖斯坦比克银行进行的 KYC 筛查和对 EGMA 提出的任何关切，而斯坦比克银行并未使标准银行意识到交易中潜在的贿赂风险。

2013 年 3 月 8 日，交易结束，完成的融资金额增加到 6 亿美元，斯坦比克银行获得了全部 2.4% 的费用，即 1440 万美元。3 月 15 日，斯坦比克银行将 1% 的费用（即 600 万美元）存入了 EGMA 专门开设的收款账户。3 月 18 日至 27 日期间，在阿瓦勒和西纳雷的知情、同意和帮助下，绝大多数钱被姆博亚以现金的形式提取。剩余余额（约 59 万美元）在 3 月 27 日经西纳雷授权后，于次日被转入 EGMA 的普通账户——因为专门的收款账号已被注销。然而，没有任何证据表明，向 EGMA 支付的款项是对本次交易所提供服务的合理对价。

二、调查和指控

1. 内部调查

自 2013 年 3 月 26 日起，斯坦比克银行的工作人员对上述现金交易（即这些提款）表示关切，并确认存在可疑之处和贿赂风险。随着这些关切逐步升级，相关信息被提交予标准银行集团的南非总部以及合规团队和董事会成员。4 月 2 日，标准银行集团对此展开内部调查。4 月 17 日，标准银行在尚未进行内部调查的情况下，指示众达（Jones Day）律师事务所向英国官方报告了此事。随后，众达律师事务所于 4 月 18 日向严重及有组织犯罪调查局（Serious and Organised Crime Agency）报案，并于 24 日向严重欺诈办公室报案。与此同时，众达律师事务所按照标准银行的指示，代表其开展内部调查，并向严重欺诈办公室披露了调查结果。2014 年 7 月 21 日，严重欺诈办公室收到了相关调查材料。

2. 本案中提出的指控

通过前文案情简介可知，在 2012 年 6 月至 2013 年 3 月期间，标准银行未能防止自己的关联方斯坦比克银行及阿瓦勒和西纳雷，在其意图为标准银行获得或保留业务或者在经营活动中的优势地位的情况下，从事了以下贿赂行为：（1）提议和（或）许诺将标准银行和斯坦比克银行为坦桑尼亚政府筹集资金的 1% 提供给 EGMA，而 EGMA 并未为该笔付款提供任何或任何合理的对价；（2）意图以此诱使坦桑尼亚政府的一名或多名官员不正当地履行相关职责或活动，即在任命或保留标准银行和斯坦比克银行以筹集上述款项的过程中，对其表示支持。因此，严重欺诈办公室指控标准银行构成《2010 年反贿赂法》第 7 条商业组织未能防止贿赂罪。

3. 标准银行未能行使"充分程序"抗辩权的原因

标准银行能否依据《2010 年反贿赂法》第 7 条第（2）款提出"充分程

序"抗辩？也即，该公司是否可以证明自己已经建立了"充分程序"以预防其关联人实施贿赂行为？

事实上，在本案的整个交易过程中，标准银行集团和标准银行为应对贿赂和腐败，都设立了一系列委员会、政策和程序。标准银行集团和标准银行设有相关的合规职能和高层结构（如董事会、审计委员会）。其中，与本案交易最为相关的委员会和政策如下：（1）标准银行集团设有集团金融犯罪控制委员会（Group Financial Crime Control Committee）和授权批准委员会（Mandate Approval Committee），制定了《标准银行集团道德规范》《GFCC 授权要求》《GFCC 单元框架》《反贿赂和反腐败政策》《反金融犯罪政策》和《MAC 职权范围》；（2）标准银行设有政治敏感人物委员会（PEP Committee）和客户风险管理委员会（Client Risk Management Committee），制定了《反贿赂和反腐败政策》《介绍人和顾问政策》和《反洗钱和反恐怖主义融资政策》。此外，标准银行集团和标准银行都有相应的第三方尽职调查程序，也定期开展培训并有完整的培训记录。

然而，这些政策或程序还是存在不足，直接导致标准银行无法享有"充分程序"抗辩权。具体原因如下：[1]

（1）坦桑尼亚被一些国际机构认定为高风险国家，但标准银行仍然在与该国政府进行的交易中，作为其姊妹公司斯坦比克银行的联合牵头管理人，参与交易并发挥了作用；

（2）标准银行没有加强尽职调查程序，以处理在与第三方参与高风险国家的政府交易中出现任何危险信号的问题；

（3）未能识别和充分处理本次交易中出现政治敏感人物的问题；

（4）在本案中，标准银行内部没有识别、记录或考虑在本案中出现的腐败危险信号；

（5）标准银行允许交易或关系的正式结构（即合同关系、客户身份、

支付款项），但并未根据更广泛的风险来决定是否有义务进行 KYC 或尽职调查；

（6）标准银行未能解决引入第三方（收取高额费用）的风险；

（7）标准银行没有就相关义务或程序提供明确的指引；

（8）标准银行的合规团队没有机会评估 EGMA 在本次交易中的作用，因为它依赖于业务部门识别并提出关于 EGMA 或其作用的任何实质性问题，而该业务部门依赖于斯坦比克银行执行的 KYC 调查结果，而 KYC 没有识别出此类风险；

（9）标准银行业务部门的员工没有充分意识到贿赂和腐败风险，而且其中的一些人不知道该公司和集团的相关政策。

（10）在本次交易中，标准银行内部没有有效地展示出反腐败文化。

因此，标准银行被认定构成《2010 年反贿赂法》第 7 条第（1）款规定的商业组织未能防止贿赂罪，同时不享有第（2）款规定的"充分程序"抗辩权，但考虑到该公司采取了下文所述的自我报告、全面合作、对合规计划进行改进和补救等措施，严重欺诈办公室决定为其提供暂缓起诉协议。

三、《暂缓起诉协议》的主要内容

2015 年 11 月 30 日，严重欺诈办公室与标准银行签订的《暂缓起诉协议》获得法官最终批准。通过分析严重欺诈办公室与标准银行签署的《暂缓起诉协议》文本可知，一份标准的《暂缓起诉协议》通常由 10 部分构成，包括：（1）起诉与责任承担；（2）协议期限；（3）协议范围；（4）暂缓起诉，尤其是 SFO 提供暂缓起诉协议时考虑的因素；（5）协议条款，主要包括合作、赔偿、毛利润追缴、支付罚款、向 SFO 支付费用以及公司合规计划；（6）协议的违反；（7）标准银行的出售或合并；（8）公开声明；（9）保证；（10）同意。

正如当时的严重欺诈办公室主任大卫·格林所言，"这一里程碑式的暂缓起诉协议将作为未来协议的模板"[1]。事实也确实如此，在后续达成暂缓起

---

[1] See SFO Agrees First UK DPA with Standard Bank, 30 November 2015, https://www.sfo.gov.uk/2015/11/30/sfo-agrees-first-uk-dpa-with-standard-bank/.

诉协议的案件中，严重欺诈办公室向商业组织提供的协议文本都使用了这一模板，仅在具体条款的设计上根据不同案件的具体情况进行了些许调整。因此，完整地对本案所签订的暂缓起诉协议进行分析是非常有价值的（见表9.2）。

表 9.2　SFO 与标准银行签署的《暂缓起诉协议》文本 [1]

暂缓起诉协议

标准银行股份有限公司（现为中国工商银行标准银行股份有限公司，简称标准银行）根据标准银行董事会的授权，由其签字代表与严重欺诈办公室（SFO）主任签订本暂缓起诉协议（以下简称"本协议"）。本协议自法院根据《2013 年犯罪和法院法》附件 17、第 8 条第（1）款和第（3）款作出声明之日起生效。

本协议的条款和条件如下：

一、起诉与责任承担（The Indictment and Acceptance of Responsibility）

1. 标准银行同意，SFO 将倾向于采用第 U20150854 号起诉书草案对标准银行提出以下指控：

（1）罪行陈述（Statement of Offence）

违反《2010 年反贿赂法》第 7 条商业组织未能防止贿赂罪。

（2）罪行详情（Particulars of Offence）

在 2012 年 6 月 1 日至 2013 年 3 月 31 日期间，标准银行（现为"中国工商银行标准银行股份有限公司"）未能防止标准银行的关联方 [即斯坦比克银行坦桑尼亚有限责任公司（Stanbic Bank Tanzania Limited）和（或）巴希尔·阿瓦勒和（或）肖斯·西纳雷] 在其意图为标准银行获得或保留业务或者在经营活动中的优势地位的情况下，从事了贿赂行为。即：

（i）提议和（或）许诺将标准银行和斯坦比克银行坦桑尼亚有限责任公司为坦桑尼亚政府筹集的或将要筹集的资金的 1% 提供给 EGMA 有限责任公司（EGMA Limited），但 EGMA 有限责任公司并未为该笔付款提供任何或任何合理的对价；

（ii）意图以此诱使坦桑尼亚政府的一名或多名代表不正当地履行相关职责或活动，即在任命或保留标准银行和斯坦比克银行坦桑尼亚有限责任公司以筹集上述款项的过程中，对其表示支持。

---

[1]　See SFO v. Standard Bank PLC – Deferred Prosecution Agreement, https://www.sfo.gov.uk/download/deferred-prosecution-agreement-sfo-v-icbc-sb-plc/?wpdmdl=7600.

续上表

2. 标准银行同意事实陈述是真实和准确的。
3. 如果 SFO 有必要继续进行本协议暂缓的诉讼，则标准银行同意，在任何此类诉讼中，包括认罪和量刑，既不会对事实陈述的可采性提出异议，也不会反驳事实陈述。事实陈述将被视为标准银行承认根据《1967 年刑事司法法》（Criminal Justice Act 1967）第 10 条对标准银行就起诉书中所述罪行提起的任何刑事诉讼中陈述的事实。
二、协议期限（Terms of Agreement）
4. 本协议的有效期自法院根据《2013 年犯罪和法院法》附件 17、第 8 条第（1）款和第（3）款作出声明之日起生效，并自生效之日起至 3 年后的 2018 年 11 月 30 日终止（"期限"）。
三、协议范围（Scope of Agreement）
5. 这些条款既不为标准银行在本协议生效之日前未披露的行为提供任何免予起诉的保护，也不为标准银行未来实施的任何犯罪行为提供免受起诉的保护。此外，这些条款不提供任何保护，以预防标准银行任何现任或前任高级职员、董事、员工或代理人被起诉。
四、暂缓起诉（Defered Prosecution）
6. 考虑到：
（i）如下文 A 部分所述，标准银行过去和未来的合作；
（ii）标准银行支付 600 万美元的赔偿金和 104.619658 万美元的利息；
（iii）标准银行支付 1680 万美元的罚款；
（iv）标准银行支付 33 万英镑的费用；
（v）标准银行上缴 840 万美元的犯罪所得利润；
（vi）标准银行同意自费委托并提交对其现有内部反贿赂和反腐败控制、政策和程序的独立审查，以遵守《2010 年反贿赂法》和下文 F 部分所述的其他可适用的反腐败法律。
SFO 同意，在法院批准本协议的前提下，在本协议有效期内，应立即中止第 U20150854 号起诉书草案。
7. SFO 进一步同意，如果标准银行完全履行其在本协议或经法院批准后变更的协议项下的所有义务，SFO 将不会根据第 U20150854 号起诉书继续对标准银行提起诉讼，并且在协议期限结束时，协议将到期。在本协议期满后 30 天内，SFO 将向法院和标准银行发出通知，终止第 U20150854 号起诉书项下的诉讼程序。

续上表

> 8. 协议期满后，如果 SFO 认为标准银行在协议谈判过程中向 SFO 提供了不准确、误导性或不完整的信息，而标准银行知道或应该知道这些信息是不准确、误导性或不完整的，则 SFO 可提起新的诉讼。
>
> **五、条款（Terms）**
>
> 　A. 合作（Co-operation）
>
> 9. 标准银行应在任何及所有与第 U20150854 号起诉书所述的情况所引致的行为有关的事项上，与 SFO 以及根据 SFO 的指示与任何其他国内或国外机构或官方以及多边开发银行，进行全面和诚实的合作。
>
> 10. 标准银行应向 SFO 以及根据 SFO 的指示向任何其他国内或国外机构或官方以及多边开发银行披露标准银行持有、保管或控制的所有信息和资料，而就其活动及其现任和前任董事、员工、代理人、顾问、承包商和分包商的活动而言，涉及与本协议和事实陈述中所述行为有关的所有事项的信息披露不受合法职业特权或任何其他可适用的法律的保护。
>
> 11. 第 9 条或第 10 条的任何规定，均无意减损标准银行在与事实陈述中所列事项有关的其他法庭或司法管辖区的民事、监管和刑事诉讼中提出任何抗辩或主张肯定性索赔的法律权利。
>
> 　B. 赔偿（Compensation）
>
> 12. SFO 和标准银行同意，标准银行将为了坦桑尼亚联合共和国政府的利益而支付 SFO 最初持有的 600 万美元的赔偿金和 104.619658 万美元的利息，否则将构成对本协议的违反。
>
> 13. 根据下文第 14 条的规定，标准银行将在法院根据《2013 年犯罪和法院法》附件 17、第 8 条第（1）款和第（3）款作出声明后的 7 天内支付赔偿金。
>
> 14. SFO 可自行决定标准银行在逾期最多 30 天内支付赔偿金不构成对本协议的违反，但须按照高等法院判决债务的现行利率收取利息。
>
> 15. 标准银行同意，不会在英国或其他地方寻求与支付赔偿金相关的税收减免。
>
> 　C. 毛利润追缴（Disgorgement of Profits）
>
> 16. SFO 和标准银行同意，840 万美元是由于起诉书草案和事实陈述中所述的指控罪行而获得的利润。因此，标准银行同意上缴这笔款项，并将该笔款项支付给 SFO，以便转拨至统一基金。标准银行将在法院根据《2013 年犯罪和法院法》附件 17、第 8 条第（1）款和第（3）款作出声明后的 7 天内支付这笔款项，根据下文第 17 条的规定，未能付款将构成对本协议的违反。毛利润追缴是最终的，不予退还。
>
> 17. SFO 可自行决定标准银行在逾期最多 30 天内上缴毛利润所得不构成对本协议的违反，但须按照高等法院判决债务的现行利率收取利息。

续上表

18. 标准银行同意，不会在英国或其他地方寻求与上缴 840 万美元毛利润所得的任何部分相关的税收减免。

D. 支付罚款（Payment of a Financial Penalty）

19. SFO 和标准银行同意，标准银行将向 SFO 支付 1680 万美元的罚款，否则将构成对本协议的违反。

20. 根据第 21 条的规定，标准银行将在法院根据《2013 年犯罪和法院法》附件 17、第 8 条第（1）款和第（3）款作出声明后的 7 天内支付罚款。1680 万美元的罚款为最终罚款，不予退还。

21. SFO 可自行决定标准银行在逾期最多 30 天内支付罚款不构成对本协议的违反，但须按照高等法院判决债务的现行利率收取利息。

22. 标准银行同意，不会在英国或其他地方寻求与支付该罚款相关的税收减免。

E. 费用（Costs）

23. SFO 和标准银行同意，标准银行将向 SFO 支付用于 SFO 调查和签订本协议的合理费用，金额为 33 万英镑。标准银行将在法院根据《2013 年犯罪和法院法》附件 17、第 8 条第（1）款和第（3）款作出声明后的 7 天内，根据第 24 条的规定，向 SFO 支付这笔款项，否则将构成对本协议的违反。该费用的支付是最终的，不予退还。

24. SFO 可自行决定标准银行在逾期最多 30 天内支付 SFO 的费用不构成对本协议的违反，但须按照高等法院判决债务的现行利率收取利息。

25. 在未来的任何诉讼中，SFO 不排除会主张法院应发布更高额的费用令（costs order）。

26. 标准银行同意，不会在英国或其他地方寻求与支付该费用的任何部分相关的税收减免。

F. 公司合规计划（Corporate Compliance Programme）

27. 标准银行将进行审查，包括其现有内部控制、政策和程序的执行情况，以遵守《2010 年反贿赂法》和其他可适用的反腐败法律。

28. 特别是，标准银行将自费：

a. 在 1 个月内，委托普华永道会计师事务所（Price Waterhouse Coopers LLP）和 SFO 就其现行反贿赂和反腐败政策 [不包括"了解你的客户"（KYC）或客户尽职调查程序] 及其实施情况达成一致的 6 个月内完成一份独立报告。报告应酌情包括以下方面的建议。

续上表

> i. 在第三方中间人（如介绍人、顾问和本地合伙人）参与交易的情况下，标准银行为开展其业务而参与的财团或任何其他形式的联合，而不论这些当事方与标准银行之间是否存在任何正式的合同或直接付款关系；
>
> ii. 其反贿赂和反腐败培训体系中用于监控培训完成情况的措施；
>
> iii. 所提供的反贿赂和反腐败培训的有效性，以及员工反贿赂和反腐败意识水平提高的程度。
>
> b. 在 3 个月内，与普华永道会计师事务所和 SFO 商定报告的范围。
>
> c. 在最终独立报告日期的 12 个月内，执行独立报告中提出的建议，以获得独立审查人的满意。
>
> 29. 标准银行将允许普华永道会计师事务所访问其要求的任何此类材料，以收集相关信息并履行其职责。
>
> 30. 标准银行将要求普华永道会计师事务所按照 SFO 的要求与 SFO 全面合作，在完成报告后立即向 SFO 提供一份报告副本，在被要求的情况下通知 SFO 标准银行在执行独立审查员建议方面的进展，以及向 SFO 确认标准银行遵守上述第 28 条的情况。
>
> 31. 识别、评估和应对风险的最终责任仍由标准银行董事会承担。
>
> 32. 在今后的任何诉讼中，不得将实施额外的控制、政策和程序解释为对其执行建议后所发生的行为提供自动的法定辩护、豁免或赦免。本条款中的任何内容均不得减损标准银行在与根据本协议进行的独立审查，或事实陈述中所列事项有关的民事、监管和刑事诉讼中，提出作为抗辩组成部分的实施或提出肯定主张的法定权利。

六、协议的违反（Breach of Agreement）

> 33. 如果在本协议有效期内，SFO 认为标准银行未能遵守本协议的任何条款，SFO 可向法院提出违约申请。如果法院终止协议，SFO 可申请撤销与 DPA 相关的起诉书的中止，从而恢复刑事诉讼程序。
>
> 34. 如果 SFO 认为标准银行未能遵守本协议的任何条款，SFO 同意在开始因该等违约而导致的诉讼程序之前，向标准银行提供有关该等指控的违约的书面通知。在收到该等通知后的 14 天内，标准银行应有权以书面形式向 SFO 作出回应，解释违反协议行为的性质和情况，以及标准银行为解决和补救该等情况而采取的行动。SFO 在决定是否向法院提出申请时，会考虑该项解释。

七、标准银行的出售或合并（Sale or merger of Standard Bank）

> 35. 标准银行同意，如果在本协议有效期内出售、合并或转让其在本协议签订之日存在的全部或实质上所有的业务，无论该出售是资产出售、合并或转让，标准银行均应在任何出售、合并或转让合同中，包含对买方或本协议所述义务的继承者具有约束力的条款。

续上表

八、公开声明（Public statement）

36. 标准银行同意，其不得和不得授权其现在或未来的律师、高级职员、董事、员工、代理人、其母公司、姊妹公司、子公司或股东或任何其他有权代表标准银行的人士，发表与事实陈述中所述事项相抵触的公开声明。本条不适用于标准银行现任或前任董事、高级职员、员工或代理人在针对上述个人提起的任何刑事或民事诉讼过程中所作的任何陈述。

九、保证（Warranty）

37. 标准银行保证：

i. 在整个 DPA 谈判过程中提供给检察官的信息以及 DPA 所依据的信息不会被故意地包含与标准银行向 SFO 披露行为相关的不准确、误导性或不完整的信息。

ii. 将通知 SFO，并在被要求时提供其在本协议生效期间所知道的、其知道或怀疑与起诉书草案所述罪行有关的任何文件或其他材料。

38. 标准银行同意其现任和前任法律顾问 [分别为史密夫斐尔（Herbert Smith Freehills）律师事务所和众达律师事务所] 提供与上述第 37 条第 i 款相同的保证。

十、同意（Consent）

同意

中国工商银行标准银行股份有限公司

姓名：

职位：

日期: 2015 年　　　月　　　日

同意

严重欺诈办公室

姓名：大卫·格林

职位：主任

日期: 2015 年　　　月　　　日

四、法院对《暂缓起诉协议》的司法审查

本案对暂缓起诉协议的审查是在南华克皇家刑事法院进行的。法院分别在 2015 年 11 月 4 日和 30 日对该案进行了预审和终审。负责审查本案暂缓起诉协议的法官是莱维森大法官（Lord Justice Leveson）。而就本案而言，当时的严重欺诈办公室主任大卫·格林认为："莱维森大法官的判决为那些咨询公司提供了非常有帮助的指导"[1]。

在本案中，莱维森大法官指出："暂缓起诉协议的概念是在美国提出的"，但"与美国截然不同，英国法定条件的一个关键特征是：要求法院详细审查拟定的协议，决定是否满足法定条件，并在适当情况下批准暂缓起诉协议……这样，法院就保留了对最终结果的控制权"。[2] 也即，英国的法院拥有对暂缓起诉协议的实质性司法审查权。

根据《2013 年犯罪和法院法》附件 17 第 7 条第（1）款和第 8 条第（1）款的规定，此处所指的法定条件有两个：一是暂缓起诉协议"可能有利于"或"有利于"司法公正；二是拟定的协议条款是公平、合理和成比例的。其中，法官在预审中只需要确定暂缓起诉协议"可能有利于"司法公正，但在终审中必须确定暂缓起诉协议"有利于"司法公正。

1. 审查并确定暂缓起诉协议有利于司法公正

关于如何判断暂缓起诉协议是否有利于司法公正，莱维森大法官提出了 5 个方面的考虑因素（见表 9.3）。

---

[1]　See SFO Agrees First UK DPA with Standard Bank, 30 November 2015, https://www.sfo.gov.uk/2015/11/30/sfo-agrees-first-uk-dpa-with-standard-bank/.

[2]　See SFO v. Standard Bank PLC–DPA Final Judgement, Para.2, https://www.judiciary.uk/wp-content/uploads/2015/11/sfo-v-standard-bank_Final_1.pdf.

表9.3 莱维森大法官提出的审查协议是否有利于司法公正时考虑的因素 [1]

（1）首先是犯罪行为的严重性，因为罪行越严重，就越有可能需要为了公共利益而起诉，而暂缓起诉协议也就越不可能有利于司法公正；

（2）要考虑自我报告的及时性和检察官参与的程度，即商业组织是否及时向官方报告并采取了"真正积极主动"的做法，尤其是自我披露（self-disclosure），因为商业组织对自我报告的重视程度取决于其向检察官提供的全部信息，此外，合作还应当包括确定有关证人、披露其账户、向检察官出示文件，以及确保证人可应要求参加面谈等；

（3）要考虑以往涉及针对该商业组织的刑事、民事和监管执法行动的任何类似行为的程度，即是否有贿赂、腐败或其他犯罪前科，以及是否曾受到任何其他刑事调查；

（4）应重视在犯罪发生时、自我报告时建立的任何公司合规计划，以及该计划已发生的任何改进和有效补救；

（5）最后一个相关但非必要的条件是，当前形式的商业组织是否实际上是一个与犯罪行为发生时不同的实体。

具体到本案中：[2]

第一，尽管上游贿赂犯罪据称是由斯坦比克银行的两名高管实施的，但标准银行被指控的犯罪行为是未能防止斯坦比克银行的高管因其自身合规程序不足以及未能认识到内在风险而故意行贿，因此严重欺诈办公室认定没有足够的证据证明标准银行的任何员工有犯罪行为；

第二，标准银行在注意到疑点之后的几天内就进行了自我报告和相关披露，而且其律师早就开始并完成了内部调查，所披露的证据基本被严重欺诈办公室所采信，此外，标准银行与严重欺诈办公室进行了充分合作，包括提供账目信息、对严重欺诈办公室的要求及时作出响应、提供对其文件审查平台的访问权等；

第三，标准银行既无贿赂和腐败的前科，也未受到严重欺诈办公室的任

---

[1] See SFO v. Standard Bank PLC–DPA Preliminary Judgement, Para.24–35, https://www.judiciary.gov.uk/wp-content/uploads/2015/11/sfo-v-standard-bank_Preliminary_1.pdf.

[2] See SFO v. Standard Bank PLC–DPA Preliminary Judgement, Para.24–35, https://www.judiciary.gov.uk/wp-content/uploads/2015/11/sfo-v-standard-bank_Preliminary_1.pdf.

何其他刑事调查，而由于其未能履行反洗钱程序所受到监管执法行动暴露出的合规问题与本案并无关联；

第四，标准银行自 2011 年以来已对其合规政策、程序和流程进行了重大改进；

第五，中国工商银行于 2015 年 2 月 1 日收购了标准银行 60% 的多数股权，随后认命了新的董事会，而且原有的企业集团已从标准银行转移到了标准咨询伦敦有限公司，该公司仍然是标准银行集团（即南非母公司）的全资子公司，因此当前的标准银行已经是与未能防止贿赂的标准银行完全不同的实体。

基于上述理由，莱维森大法官在预审中认定暂缓起诉协议"可能有利于"司法公正，并在之后的终审中认定该协议"有利于"司法公正。

2. 审查并确定协议条款是公平、合理和成比例的

在本书第四章第二节中，笔者分析了英国量刑委员会的《欺诈、贿赂和洗钱犯罪：最终指引》规定的公司犯罪情形下贿赂犯罪的司法裁判步骤。在本案中，由于标准银行构成《2010 年反贿赂法》第 7 条商业组织未能防止贿赂罪，因此法院严格按照该步骤进行了司法裁判。

（1）赔偿金。在公司犯罪的情形下，第一个步骤要求法院优先考虑作出赔偿令，即就犯罪行为所造成的任何人身伤害、损失或损害支付赔偿金，而不是罚款。在本案中，标准银行将被要求向坦桑尼亚政府支付 600 万美元和 115.3125 万美元的利息。这代表了斯坦比克银行向 EGMA 支付的募资总额 1% 的费用（600 万美元），其中，利息是根据贷款利率计算的。莱维森大法官强调，"这笔付款是任何暂缓起诉协议的必要起点"[1]。

（2）毛利润追缴。第二个步骤要求法院在必要的情况下，必须在任何其他罚款令或经济命令（赔偿令除外）之前考虑作出没收令。根据《2013 年犯罪和法院法》附件 17 第 5 条第（3）款第（d）项的规定，暂缓起诉协议有

[1]　See SFO v. Standard Bank PLC–DPA Preliminary Judgement, Para.39, https://www.judiciary.gov.uk/wp-content/uploads/2015/11/sfo-v-standard-bank_Preliminary_1.pdf.

可能对被告施加的要求，包括从所起诉的罪行中上缴被告赚取的任何利润，即毛利润追缴，其目的在于"适当地消除犯罪收益"[1]。在本案中，标准银行和斯坦比克作为联合牵头管理人，被要求就本次交易上缴所获得的毛利润，即1.4%或840万美元。

（3）罚款。第三至第五个步骤要求法院根据罪责和损害确定犯罪类别，从而确定起刑点和类别范围，并进行罚款调整。尤其是第五个步骤要求法院应该"退后一步"，考虑其命令的整体效果，即赔偿令、没收令和罚款的结合应达到"消除所有犯罪收益并适当予以额外惩罚和威慑"的目的。在本案中，标准银行最终被处以1680万美元的罚款（见表9.4）。

表9.4　标准银行被处以的罚款的计算方式

损害（100%毛利润所得）	840万美元	
罪责	B-中等罪责 （起刑点：200%；类别范围：100%—300%）	
乘数	300%	2520万美元
折扣	1/3（33.3%）	1680万美元
总计	1680万美元 [840万美元×300%×（1-1/3）]	

第一，就罪责而言，法院认为尽管本案涉及地方或中央政府官员或部长腐败，但由于标准银行被指控的是构成《2010年反贿赂法》第7条商业组织未能防止贿赂罪这一非实质性贿赂犯罪，而且证据并未证明标准银行的高管或员工有行贿意图或知道有行贿意图，因此基于标准银行在本案的贿赂犯罪活动中起重要作用的理由，认定其属于"B-中等罪责"，所适用的起刑点为200%，类别范围为100%—300%。法院之所以做出如此认定，主要是基于以下3个方面的考虑：一是在一笔交易中，标准银行是联合牵头经办人，关联或姊妹实体斯坦比克银行从代表坦桑尼亚政府筹集的款项中向当地合伙人支

---

[1]　See SFO v. Standard Bank PLC–DPA Preliminary Judgement, Para.42, https://www.judiciary.gov.uk/wp-content/uploads/2015/11/sfo-v-standard-bank_Preliminary_1.pdf.

付了 600 万美元，因此推论至少有 4 名高管都很清楚这会诱使公职人员行为不端；二是标准银行的交易团队充分意识到，将在团队对第三方在交易中的确切角色存在不同理解的情况下，向当地第三方支付大笔款项；三是参与交易的标准员工应当充分预料到交易中的贿赂风险，包括通过标准银行的贿赂预防程序。[1]

第二，就罪责乘数而言，莱维森大法官指出："正确的罪责起点应该是高罪责，然后通过适当的损害数字乘数将其调整到该类别范围的较低或中间部分，或是中等罪责，后来通过适当的损害数字乘数将其调整到该类别范围的较高部分。"[2] 因此，法院考虑了表 9.5 中的增加或减轻犯罪严重性的因素，最终选择了最高类别并将损害数字乘数确定为 300%。就损害金额而言，适当的数字通常是因犯罪而获得、保留或寻求合同所带来的毛利润。也即，840 万毛利润追缴就是损害金额。因此，对标准银行的罚款初步确定为 2520 万美元，即 840 万美元乘以 300%。

表 9.5　标准银行增加或减轻犯罪严重性的因素 [3]

增加犯罪严重性的因素	减少犯罪严重性的因素
◆ 在标准银行清楚地意识到正在被采取进一步监管执法之际，该行在有关行为方面的严重过失导致金融行为监管局（FCA）对其处以罚款 ◆ 斯坦比克银行的犯罪行为对公众造成了巨大损害，尤其是坦桑尼亚政府为急需的公共基础设施项目借款而损失了 600 万美元	◆ 标准银行是一家没有犯罪前科的公司 ◆ 自愿且迅速地进行了自我报告 ◆ 协助和充分配合 SFO 进行调查 ◆ 没有证据表明，未能引起对反贿赂和反腐败风险的关切在该组织内部更为普遍 ◆ 交易发生在标准银行拥有不同所有权的情况下，而且进行交易的业务部门不再为标准银行所有

[1] See SFO v. Standard Bank PLC–DPA Preliminary Judgement, Para.45–48, https://www.judiciary.gov.uk/wp-content/uploads/2015/11/sfo-v-standard-bank_Preliminary_1.pdf.

[2] See SFO v. Standard Bank PLC–DPA Preliminary Judgement, Para.49, https://www.judiciary.gov.uk/wp-content/uploads/2015/11/sfo-v-standard-bank_Preliminary_1.pdf.

[3] See SFO v. Standard Bank PLC–DPA Preliminary Judgement, Para.51–52, https://www.judiciary.gov.uk/wp-content/uploads/2015/11/sfo-v-standard-bank_Preliminary_1.pdf.

第三，就减刑而言，在"退后一步"考虑整体效果时，"法院必须考虑到在诉讼程序中罪犯表示其打算认罪的阶段和作出认罪表示的情况"，以及"经济处罚的影响，包括对工作人员、服务使用者、客户和当地经济（但不包括股东）的影响"[1]。在本案中，标准银行迅速进行了自我报告并配合 SFO 进行了随后的调查，因此法院认定适用认罪答辩中的三分之一（即认罪是在第一个合理的机会作出的）减刑额。同时，法院也充分考虑了对标准银行进行经济处罚的多方面影响。最终，对标准银行的罚款确定为 1680 万美元，即 2520 万美元的三分之二。

五、协议期满后的《合规详情》文本分析

2018 年 11 月 30 日，严重欺诈办公室与标准银行签署的《暂缓起诉协议》到期。严重欺诈办公室确认标准银行已经完全履行了协议条款，并随后发布了《严重欺诈办公室和标准银行股份有限公司暂缓起诉协议期满终止诉讼合规详情》（以下简称《合规详情》）。（见表 9.6）

表 9.6　SFO 发布的标准银行股份有限公司案的《合规详情》文本 [2]

严重欺诈办公室和标准银行股份有限公司

暂缓起诉协议期满终止诉讼

合规详情

1. 本详情根据《2013 年犯罪和法院法》附表 17 第 11 条第（8）款发布。

2. 2015 年 11 月 30 日，严重欺诈办公室（SFO）与标准银行股份有限公司（现为 ICBC 标准银行股份有限公司）（以下简称"标准银行"）之间的暂缓起诉协议（以下简称"本协议"）经南华克皇家刑事法院（以下简称"法院"）的英国王座法院院长（布莱恩·莱维森大法官）批准。

---

[1]　See SFO v. Standard Bank PLC–DPA Preliminary Judgement, Para.53, 57, https://www.judiciary.gov.uk/wp-content/uploads/2015/11/sfo-v-standard-bank_Preliminary_1.pdf.

[2]　See SFO v. Standard Bank PLC–Details of Compliance, https://www.sfo.gov.uk/download/serious-fraud-office-and-standard-bank-plc-details-of-compliance/.

续上表

3. 在同一天，SFO 提交了一份起诉书（起诉书编号：U20150854），指控标准银行构成一项违反《2010 年反贿赂法》第 7 条商业组织未能防止贿赂罪的罪行，根据《2013 年犯罪和法院法》附件 17 第 2 条第（2）款，诉讼自动中止。

4. 协议于 2018 年 11 月 30 日到期。

5. 2018 年 12 月 1 日，根据《2013 年犯罪和法院法》附件 17 第 11 条第（1）款和《刑事诉讼规则》第 11.8 条，SFO 向法院和标准银行发出书面通知，并终止起诉（起诉书编号：U20150854）。

6. 如下所述，标准银行履行了其在本协议项下的义务。

A. 合作

标准银行在与本协议所附事实陈述所述情况有关的事项上，与 SFO 及其他官方进行全面而诚实地合作。这包括披露有关其活动和个人活动的信息和资料。

B. 赔偿

标准银行在本协议获得法院批准后的 7 天内，向 SFO 支付了 600 万美元及 104.619658 万美元的利息，以补偿坦桑尼亚联合共和国政府的利益。

C. 毛利润追缴

标准银行在本协议获得法院批准后的 7 天内，以毛利润追缴的形式向 SFO 支付了 840 万美元，以便继续转交至统一基金。

D. 罚款

标准银行在本协议获得法院批准后的 7 天内，向 SFO 支付了 1680 万美元，以便继续转交至统一基金。

E. 费用

标准银行在本协议获得法院批准后的 7 天内，向 SFO 支付了 33 万英镑的 SFO 调查费用。

F. 公司合规计划

普华永道会计师事务所对标准银行在贿赂和腐败方面的合规进路进行了审查。标准银行委托普华永道就其反贿赂和反腐败控制、政策和程序编写了一份报告。报告的范围已与 SFO 达成一致。报告载有改进意见和建议。在 12 个月内，普华永道进行了一次评估，并确认这些意见和建议得到了令其满意的执行。评估完成后，报告副本被立即提交给了 SFO。

7. 此外，已确认标准银行并未在英国或其他地方就赔偿、毛利润追缴、罚款和费用这 4 项财务强加寻求任何税收减免。

六、评析与启示

在本案中，莱维森大法官指出："标准银行通过表明对其自身严重缺陷的认识以及未来坚持银行业最高标准的决心，为股东、客户和员工以及与之打交道的所有人提供更好的服务。这种做法本身就可以在很大程度上修复并最终提升其声誉，从而加强其业务。这也有助于强调遵守与文化息息相关的最高道德标准的极端重要性，这对英国的银行业至关重要。"[1] 而且，标准银行股份有限公司案涉及的是"未能防止同一企业家族中的姊妹公司发生的单一（尽管是非常重大的）贿赂事件"[2]，并未跨越多个司法管辖区或国家。

1. 发现疑似贿赂犯罪行为后的应对

在本案中，标准银行在发现可疑行为后，及时作出了一系列恰当的反应，从而为争取宽大处理尤其是暂缓起诉协议创造了有利的条件。因此，公司在发现疑似贿赂犯罪行为后，首先要立即确认可疑之处、贿赂风险和犯罪行为，并上报公司董事会和合规职能部门；其次，要及时开展内部调查，如有必要，可聘请外部专业服务机构，如律师事务所、会计师事务所等；最后，要及时向严重欺诈办公室等执法机构进行自我报告和自我披露，并与其进行全面合作。简言之，公司可以从3个方面予以应对：（1）确认并上报最高管理层；（2）开展内部调查；（3）及时向执法机构进行自我报告并予以全面合作。

实践中，"公司可能会察觉到贿赂指责，或者发现在其经营活动中或由关联实体引发的贿赂事件。对此，可以通过多种方式进行深入了解，包括内部和外部审计、自我评估、（举报）热线以及员工和第三方提出的指责。在这种情况下，公司应当咨询其法律顾问，并决定一项指责是否具有足够的重

---

[1] See SFO v. Standard Bank PLC–DPA Preliminary Judgement, Para.66, https://www.judiciary.gov.uk/wp-content/uploads/2015/11/sfo-v-standard-bank_Preliminary_1.pdf.

[2] See SFO v. Sarclad Ltd - DPA Preliminary Judgement, Para.34, https://www.sfo.gov.uk/download/sarclad-ltd-and-sfo-deferred-prosecution-agreement-Judgement/.

要性和可信度，以及是否值得向严重欺诈办公室报告"[1]。

2. 犯罪发生时、自我报告时和未来的公司合规计划同样重要

如前文所述，严重欺诈办公室的检察官通常会从过去、现在和将来 3 个时间维度对公司的合规计划进行评估。例如，本案的《暂缓起诉协议》明确规定，考虑到"标准银行过去和未来的合作"。而且，法院在审查并确定暂缓起诉协议有利于司法公正时，考虑因素之一也是在犯罪发生时、自我报告时建立的任何公司合规计划，以及该计划已发生的任何改进和有效补救。

过去、现在和未来的公司合规计划会影响对公司调查的处理方式、定罪量刑、是否提供暂缓起诉协议等，特别是未来的公司合规计划是暂缓起诉协议中非常重要的组成部分。在本案中，《暂缓起诉协议》规定，为了降低未来未能防止贿赂的风险，"标准银行应审查现有的内部反贿赂和反腐败控制、政策和程序，以遵守《2010 年反贿赂法》和其他可适用的反腐败法律，特别是加强其关于第三方的政策和程序，并改进其关于反贿赂和反腐败政策的培训"，同时，"标准银行应自费聘请一名合格的、商定的和独立的专家协助，报告他们的调查结果，并在适当情况下提出建议，这些建议应予以实施"。[2] 在协议到期后，公司合规计划也是严重欺诈办公室考虑的重要因素，这充分体现在《合规详情》中。概言之，公司应当尽早建立有效的公司合规计划，并使其真正得到执行。

3. 第三方和关联方是贿赂风险高发领域，尽职调查是关键

在与政府部门的交易中，寻求第三方帮助以加快交易进展往往会带来很高的贿赂风险，尤其是涉及高风险国家和政治敏感人物。莱维森大法官指出："任何反贿赂和反腐败体系的一个核心工具都是 KYC 和尽职调查程序。这一程序应提供足够的信息，以识别出与贿赂和腐败有关的任何明显的警告

---

[1] See Transparency International, The 2010 Bribery Act UK Adequate Procedures Guidance on Good Practice Procedures for Corporate Anti-Bribery Programmes, p.79.

[2] See SFO v. Standard Bank PLC-DPA Preliminary Judgement, Para.61, https://www.judiciary.gov.uk/wp-content/uploads/2015/11/sfo-v-standard-bank_Preliminary_1.pdf.

信号（warning signs）——通常被称为'危险信号'……任何 KYC 和尽职调查程序的强度不仅在于所进行核查的质量，还在于员工如何理解履行核查义务的程度。"[1] 在本案中，虽然标准银行自身也存在不足，但第三方 EGMA 和关联方斯坦比克银行的贿赂犯罪行为，使其构成了非实质性的商业组织未能防止贿赂罪。因此，公司要警惕与第三方和关联方有关的贿赂风险，并重视尽职调查。

4. 公司在进行收购时要警惕《2010 年反贿赂法》执法风险

在本案中，我国工商银行于 2015 年 2 月 1 日从标准银行集团收购了标准银行 60% 的控股权益，但由于收购时本案正在进行过程中，工商银行必然知道并接受这一事实，因此不会被牵连其中或遭受损失。然而，如果收购（例如资产收购和合并）恰好发生在犯罪行为发生后但案发前的某个时候，公司就会面临《2010 年反贿赂法》的执法风险，这就需要公司进行细致、谨慎的并购前调查。原因在于，"虽然英国在这方面的法律和实践不如美国发达，但英国法律中存在继受者责任（successor liability）的法律概念。参与合并和收购的公司很可能因被收购实体在交割前的不法行为而承担继受者责任。《2010 年反贿赂法》下的第一份暂缓起诉协议（标准银行案）就是由一个继受者实体签订的，而该实体与目标公司在出售其控股股权之前所犯罪行有关"[2]。

第二节　2016 年沙克拉德有限公司案

沙克拉德有限公司（以下简称"沙克拉德公司"）是第二个与严重欺诈办公室签署暂缓起诉协议的商业组织。与标准银行股份有限公司案不同的是，本案"首次提出了资源有限的中小企业明显存在严重违反刑事法律的问

---

[1]　See SFO v. Standard Bank PLC-Deferred Prosecution Agreement–Statement of Facts, Para.193–194, https://www.sfo.gov.uk/download/deferred-prosecution-agreement-statement-facts-sfo-v-icbc-sb-plc/?wpdmwp=7603.

[2]　See The Bribery Act 2010: Frequently Asked Questions, p.5, https://www.kslaw.com/attachments/000/006/009/original/Bribery_Act_FAQ_Sheet.pdf?1585692107.

题"，正如莱维森大法官所指出的，问题的核心在于"在明知中小企业作为全资子公司只有在其实体公司的支持下才能支付任何大笔款项的情况下，达到什么犯罪程度就有必要仅仅允许中小企业破产，以及在多大程度上减轻经济处罚是适当的？一方面，允许中小企业继续交易（假设已经实施了必要的合规措施）是符合公共利益的，但另一方面，绝不能鼓励将公司作为如有必要可通过破产予以放弃的工具来从事犯罪行为"[1]。

　　莱维森大法官认为："毫无疑问，沙克拉德公司的行为在类型和规模上都非常严重，因此证明拟定的暂缓起诉协议在原则上符合司法公正并不简单。然而，本案重要的是要发出一个明确的信号，以反映出将暂缓起诉协议纳入英格兰和威尔士法律的政策选择，即通过自我报告和建立有效的合规架构，公司的股东、客户和员工以及与之打交道的所有人能得到更好的对待。当公司这样做时，这种坦诚必须得到回报，并被视为是有价值的。"[2] 而且，在这个可以被视为例外的案例中，沙克拉德公司的母公司海科公司提供了金钱上的援助，并愿意承担长期责任，这种做法堪称典范（exemplary），其客户、股东和员工应将之视为公司廉洁的最高标准；同时，本案也是一个典型案例，说明了自我报告和合作的价值，同时引入适当的合规机制，显著改善了公司对贿赂和腐败的态度；但需要注意的是，"参与大规模公司贿赂和腐败的个人将受到严厉的惩罚，如果没有诸如在本案中获得的特殊情况，以这种方式设立或经营的公司将不可能存活。对该指引（即《欺诈、贿赂和洗钱犯罪：最终指引》）的分析强调了法院在起诉之后可能采取的做法，而惩罚和威慑是判决决定的首要因素"[3]。

　　严重欺诈办公室前主任大卫·格林也认为："本案提出了一个难题，即在被指控犯罪的公司只有有限的财力来履行暂缓起诉协议条款，但却表现出堪称典范的合作的情况下，如何有利于司法公正"，也即"关于是否迫使一家

---

[1]　See SFO v. Sarclad Ltd - DPA Preliminary Judgement, Para.3, https://www.sfo.gov.uk/download/sarclad-ltd-and-sfo-deferred-prosecution-agreement-Judgement/.

[2]　See SFO v. Sarclad Ltd - DPA Preliminary Judgement, Para.45, https://www.sfo.gov.uk/download/sarclad-ltd-and-sfo-deferred-prosecution-agreement-Judgement/.

[3]　See SFO v. Sarclad Ltd - DPA Preliminary Judgement, Para.79–81, https://www.sfo.gov.uk/download/sarclad-ltd-and-sfo-deferred-prosecution-agreement-Judgement/.

公司破产的决定必须与公司合作的程度和性质相称，本案为公司提供了一个明确的范例。判决书详细列出了考虑的因素，并赞同我们采取的做法。与标准银行的第一份暂缓起诉协议一样，该判决书提供了明确和有益的指引"。[1]

一、公司和案情介绍

1. 公司简介

沙克拉德公司是一家出口型中小企业，在案发时拥有 68 名员工，总部位于英国南约克郡的罗瑟拉姆。该公司为全球的金属工业尤其是钢铁制造业设计和制造技术型产品。从历史上看，沙克拉德公司的产品销往世界各地，依赖在国外的代理网络，而且大部分收入来自对亚洲市场的出口。在 2000 年 2 月被收购后，它一直是在美国注册的海科有限责任公司（Heico Companys LLC，以下简称"海科公司"）的全资子公司。

2. 案情简介

在 2004 年 6 月至 2012 年 6 月期间，沙克拉德公司通过其一小部分但较为重要的员工和代理人，从事了系统性的贿赂或支付腐败款项的行为，目的是在海外司法管辖区获得合同。在最终审查的 74 份合同中，有 46 份合同被定性为"可疑"（suspicious），即怀疑合同是因贿赂而获得，但没有具体证据。其中的 28 份被进一步定性为"牵连其中"（implicated），即有证据表明，这 28 份合同都是通过提供和（或）支付贿赂的手段非法获得的。

该公司的涉案人员主要有 3 个。第一个是从 1990 年开始直到 2011 年 8 月 12 日退休为止一直担任公司总经理的迈克尔·索比（Michael Sorby），他在 2004 年至 2011 年 7 月期间都是公司的实际控制人。第二个是于 1999 年 3 月 22 日开始在公司全职工作的艾德里安·利克（Adrian Leek），他最初担任设计工程师，在 2004 年 5 月被调到销售部，从销售工程师做起，后来升任销售经

---

[1] See SFO Secures Second DPA, 8 July, 2016, https://www.sfo.gov.uk/2016/07/08/sfo-secures-second-dpa/.

理，并在 2011 年被提升为销售和市场总监。第三个是于 1993 年 9 月 13 日加入公司并担任机械设计工程师的大卫·贾斯蒂斯（David Justice），他在 2001 年左右升任销售经理，并于 2011 年 9 月成为公司产品 Rolltex 机器的项目经理。

在 28 份被定性为"牵连其中"的合同中，约有 17 份涉及同一个代理人江光（Guang Jiang）博士，并通过一家名为"卡斯特马斯特"（Castmasters）的公司运营，包括 14 份《2010 年反贿赂法》生效前的合同和 3 份该法生效后的合同——这些合同都是在中国签订的。其他 11 份合同分别涉及以下 6 个代理人：（1）在英属维尔京群岛注册的 Roshfor 公司，又名布莱特维尔（Brightwell），涉及 1 号合同、3 号合同和 9 号合同；（2）总部位于印度的 Sunag 工程公司，涉及 2 号合同、5 号合同和 7 号合同；（3）总部位于韩国的汉森摩尔山有限公司（Hansam Moolsan Co Ltd），涉及 4 号合同和 6 号合同；（4）总部位于日本的京畿道博基海沙有限公司（Kyokuto Boeki Kaisha Ltd），涉及 8 号合同；（5）总部位于中国台湾的纽迈耶工业公司（Neumeyer Industrial Corp.），涉及 22 号合同；（6）总部位于韩国的昌坤钢铁有限公司（Cheong Kum Steel Co Ltd），涉及 26 号合同。（见表 9.7）

表 9.7　本案中 28 份被定性为"牵连其中"的合同的情况简介

序号	签订日期	合同标的物	合同价格	贿赂金额和名义
《2010 年反贿赂法》生效前与本案有关的合同				
1	2004 年 6 月 16 日前后	1 台 Rollscan 机器	6.8 万英镑	5% 的补偿 / 额外佣金
2	2004 年 10 月 4 日前后	备件	3.50185 万英镑	5% 的额外佣金
3	2005 年 4 月 13 日前后	1 台钢绞线状态监测仪	20.1431 万英镑	5% 的额外佣金
4	2005 年 6 月 10 日前后	1 台钢绞线状态监测仪，1 台机器的升级	28.1 万英镑	5% 的特别捐款
5	2005 年 8 月 1 日前后	1 台 Rollscan 机器	8.096 万英镑	2500 英镑的额外佣金

续上表

序号	签订日期	合同标的物	合同价格	贿赂金额和名义
6	2005 年 9 月 9 日前后	1 台钢绞线状态监测仪	30.12 万英镑	1 万英镑的特别佣金 / 特别捐款（开支）
7	2006 年 2 月 1 日前后	1 台 Rolltex 机器	294.4 万欧元和 2815.8 万卢比	约 2 万欧元的额外佣金 / 预付营销开支
8	2006 年 3 月 1 日前后	1 台 Rolltex 机器	139.6844 万欧元	9000 欧元的额外佣金 / 私下的现金交易费用
9	2006 年 7 月 6 日前后	1 台 Rollscan 机器	11.418 万欧元	5% 的额外佣金（实际支付 5090 欧元）
10	2006 年 10 月 23 日前后	备件	14.629815 万英镑	6000 英镑的固定金额佣金 / 支出
11	2007 年 1 月 18 日前后	备件	3.214 万英镑	4000 英镑的固定金额佣金
12	2007 年 8 月 17 日前后	备件	10.963624 万英镑	4943.5 英镑的额外佣金
13	2007 年 8 月 24 日前后	备件	2.79289 万英镑	3300 英镑的额外佣金
14	2007 年 8 月 31 日前后	备件	5.1 万英镑	7000 英镑的额外佣金
15	2007 年 12 月 1 日前后	1 台 Rolltex 机器	232 万欧元	9 万欧元的额外佣金 / 支出
16	2008 年 5 月 19 日	备件	4.3228 万英镑	4000 英镑的固定金额佣金
17	2008 年 7 月 15 日前后	1 台 Rolltex 机器	242.635 万欧元	8 万欧元的固定佣金 / 支出
18	2008 年 8 月 26 日前后	备件	1.4666 万英镑	1500 英镑的固定金额佣金
19	2008 年 11 月 3 日前后	1 台钢绞线状态监测仪	20.665 万英镑	1.5 万英镑的固定佣金
20	2008 年 11 月 3 日前后	1 台 Rolltex 机器	161 万英镑	1 万英镑的额外 / 固定佣金
21	2010 年 3 月 23 日前后	1 台钢绞线状态监测仪	16.9 万英镑	3500 英镑的固定佣金

续上表

序号	签订日期	合同标的物	合同价格	贿赂金额和名义
22	2010 年 9 月 9 日前后	Rollscan 备件和 1 个 4 探头密封舱	3211 英镑	1043.58 英镑的额外佣金
23	2010 年 9 月 9 日前后	1 台钢绞线状态监测仪	21.2 万英镑	1.5 万英镑的额外/固定佣金/支出
24	2011 年 3 月 23 日前后	1 台钢绞线状态监测仪	18.243 万英镑	5000 英镑的固定佣金/支出
《2010 年反贿赂法》生效后与本案有关的合同				
25	2011 年 8 月 17 日前后	1 台 Rolltex 机器	178 万英镑	3 万英镑的固定佣金
26	2011 年 8 月 25 日前后	1 台 Rolltex 机器	153.5 万美元	8 万美元的额外佣金
27	2011 年 12 月 14 日前后	1 台 Rolltex 机器	190 万欧元	18.5 万欧元的固定佣金
28	2012 年 6 月 12 日前后	1 台 Rolltex 机器	244.8 万美元	3 万英镑的额外/固定佣金
合计	合同总金额约 1720 万英镑，毛利润约 650 万英镑，净利润约 250 万英镑			

在这些合同的撮合、缔结和履行过程中，沙克拉德公司和代理人之间的代理协议通常会约定代理人的报酬为"合同价格百分比"的佣金，例如"直接销售备件的佣金为 15%""OEM 的佣金为 10%"等，这都是符合商业惯例的，也是合法的。但在此类付款之外，代理人还额外获得了其他付款，所使用的名义包括："补偿"（compensation）、"额外佣金"（additional commission）、"特别捐款"（special contribution）、"特别佣金"（special commission）、"特别捐款开支"（special contribution expenses）、"预付营销开支"（advance marketing expenses）、"私下现金交易费用"（under the table cost）、"固定佣金"（fixed commission）以及"支出"（payout）等。对此，莱维森大法官认为："所用的各种术语均代表了贿赂的委婉说法"[1]。

---

[1]　See SFO v. Sarclad Ltd-DPA Preliminary Judgement, Para.9, https://www.sfo.gov.uk/download/sarclad-ltd-and-sfo-deferred-prosecution-agreement-Judgement/.

二、调查和指控

1. 内部调查和外部调查

2011 年末，海科公司试图在沙克拉德公司内部实施其全球合规计划——在 2016 年法院预审时已投入了 300 万英镑。正是在这一合规计划背景下，一些合同的获得方式于 2012 年 8 月底开始受到关注。随后，沙克拉德公司在 9 月 4 日聘请了一家名为 McGuireWoods LLP 的律师事务所展开独立的内部调查，其重点是 2006 年 1 月 1 日以后的合同。

2012 年 10 月 2 日，McGuireWoods LLP 在进行调查并征得沙克拉德公司同意的情况下，首次向严重欺诈办公室进行了口头自我报告，并在 11 月 13 日当面向该办公室进行了书面自我报告。随后，McGuireWoods LLP 代表沙克拉德公司分别于 2013 年 1 月 31 日、6 月和 2014 年 11 月 27 日向严重欺诈办公室提交了 3 份内部调查报告。同时，在 2013 年 4 月 26 日至 2016 年 1 月 14 日期间，在沙克拉德公司的全力配合下，严重欺诈办公室也进行了自己的调查——该办公室主任正式接受本案的刑事调查是在 2013 年 6 月。在此期间，调查范围被扩大到 2006 年 1 月 1 日以前的合同。

2. 本案中提出的 3 项指控

在本案中，严重欺诈办公室共对涉案的商业组织（即沙克拉德公司）和个人（即索比、利克和贾斯蒂斯——江光在前两项指控中虽是共谋者但已潜逃）提出了以下 3 项指控。

（1）第 1 项指控：在《2010 年反贿赂法》生效前与本案有关的 24 份合同（2004 年 6 月至 2011 年 3 月期间）中，沙克拉德公司、索比、利克和贾斯蒂斯共同被指控犯有"共谋腐败"的罪行，违反了《1977 年刑事法》第 1 条规定的共谋罪和《1906 年防止腐败法》第 1 条"惩罚与代理人的腐败交易"；

（2）第 2 项指控：在《2010 年反贿赂法》生效后与本案有关的 4 份合同

（2011 年 8 月至 2012 年 6 月期间）中，沙克拉德公司、索比、利克和贾斯蒂斯共同被指控犯有"共谋腐败"的罪行，违反了《1977 年刑事法》第 1 条规定的共谋罪和《2010 年反贿赂法》第 1 条规定的行贿罪；

（3）第 3 项指控：在《2010 年反贿赂法》生效后与本案有关的 4 份合同（2011 年 8 月至 2012 年 6 月期间）中，沙克拉德公司单独被指控违反了《2010 年反贿赂法》第 7 条规定的商业组织未能防止贿赂罪。

三、《暂缓起诉协议》的主要内容

在标准银行案中，通过分析《暂缓起诉协议》文本可知，协议中相对最为核心的内容是：协议期限；SFO 提供暂缓起诉协议时考虑的因素；协议条款，包括合作、赔偿、毛利润追缴、罚款、向 SFO 支付费用以及公司合规计划。需要指出的是，协议条款基本也是 SFO 提供暂缓起诉协议时考虑的因素，其中的公司合规计划特别值得进行详细分析，从而更好地了解公司应当如何合规。

1. 协议期限

在本案中，严重欺诈办公室和沙克拉德公司于 2016 年 7 月 6 日签署的《暂缓起诉协议》第 4 条明确规定："本协议自法院根据《2013 年犯罪和法院法》附件 17 和第 8 条第（1）款和第（3）款作出声明之日起生效，并至 2020 年 12 月 31 日或该日之前但在 2018 年 12 月 31 日之后的某个时间的较早者终止（'期限'）。"[1] 与标准银行案不同，本案确定的协议期限约为 4.5 年，而且规定了弹性期限，即要么满 4.5 年终止，要么在满 2.5 年之后至满 4.5 年之前的任何时候均可终止。

2.SFO 提供暂缓起诉协议时考虑的因素

在本案中，严重欺诈办公室之所以决定向沙克拉德公司提供暂缓起诉协

---

[1]　See SFO v. Sarclad Ltd-Deferred Prosecution Agreement, p.2, https://www.sfo.gov.uk/download/sarclad-ltd-and-sfo-deferred-prosecution-agreement/.

议，主要是考虑到该公司：[1]

（1）过去和未来的合作；

（2）支付 620.1085 万英镑的毛利润追缴；

（3）支付 35.2 万英镑的罚款；

（4）审查和维护其现有的合规计划。

根据本案所签署《暂缓起诉协议》的规定，沙克拉德公司可以采取分期付款的方式支付毛利润追缴，即在法院作出声明之日起 7 天内支付 195.3085 万英镑、2016 年 12 月 31 日或之前支付 92.0144 万英镑、2017 年 12 月 31 日或之前支付 92.0144 万英镑、2018 年 12 月 31 日或之前支付 92.0144 万英镑、2019 年 12 月 31 日或之前支付 92.0144 万英镑、2020 年 12 月 31 日或之前支付 56.7424 万英镑。同时，上述付款逾期不超过 30 天不构成违反该协议（但须支付额外利息）。需要指出的是，由于严重欺诈办公室在本案中未要求沙克拉德公司支付赔偿金，而且免除了该公司本应向其支付的调查费用，因此，在标准银行案中被考虑的赔偿和向 SFO 支付费用均未成为其向该公司提供暂缓起诉协议时考虑的因素。

3. 未来的公司合规计划

在严重欺诈办公室与沙克拉德公司签署的暂缓起诉协议中，沙克拉德公司被明确要求：审查、维护并向严重欺诈办公室报告其现有的合规计划（见表 9.8）。与标准银行案不同，考虑到沙克拉德公司的规模和对合规的不同要求，本案所签署的《暂缓起诉协议》并未强制要求该公司聘请昂贵的独立监控机构，因此规定由沙克拉德公司的首席合规官（CCO）向严重欺诈办公室提供全面合作。

---

[1] See SFO v. Sarclad Ltd - Deferred Prosecution Agreement, pp.2–3, https://www.sfo.gov.uk/download/sarclad-ltd-and-sfo-deferred-prosecution-agreement/.

表9.8 《暂缓起诉协议》规定的公司合规计划 [1]

1. 沙克拉德公司将开展一项审查，审查的内容包括其现有关于遵守《2010 年反贿赂法》和其他可适用的反腐败法律的内部控制、政策和程序的实施情况。特别是沙克拉德公司首席合规官将准备一份报告并提交给严重欺诈办公室，该报告应在本协议签订之日起 12 个月内完成，此后每年在关于沙克拉德公司当前反贿赂和反腐败政策及其执行情况的协议有效期内完成。报告应包括：

（1）第三方中间人（例如代理人、顾问以及当地合作伙伴）参与交易的情况——在这些交易中，沙克拉德公司参与财团或任何其他形式的联合，以开展其业务，而不论各方之间是否存在任何正式的合同或直接付款关系；

（2）沙克拉德公司的反贿赂和反腐败培训体系中用于监控培训完成情况的措施；

（3）沙克拉德公司所提供的反贿赂和反腐败培训的有效性，以及员工反贿赂和反腐败意识水平提高的程度。

2. 在协议有效期内，沙克拉德公司首席合规官将按要求与严重欺诈办公室全面合作。

四、法院对《暂缓起诉协议》的司法审查

本案对暂缓起诉协议的审查是在南华克皇家刑事法院进行的。法院在 2016 年 4 月 20 日和 6 月 24 日对本案进行了预审，并在 2016 年 7 月 8 日进行了终审。负责审查本案暂缓起诉协议的法官是莱维森大法官。

1. 审查并确定暂缓起诉协议有利于司法公正

在本案中，关于如何评估暂缓起诉协议是否有利于司法公正，莱维森大法官再次强调了需要考虑的一些因素（见表9.9）。

---

[1] See SFO v. Sarclad Ltd-Deferred Prosecution Agreement, pp.4–5, https://www.sfo.gov.uk/download/sarclad-ltd-and-sfo-deferred-prosecution-agreement/.

表 9.9　莱维森大法官强调或补充的审查协议是否有利于司法公正时考虑的因素 [1]

> （1）上游犯罪或犯罪的严重性；
>
> （2）激励揭发和自我报告公司不法行为的重要性，因为建立暂缓起诉协议制度的一个核心目的就是激励揭发（和自我报告）公司不法行为。作为自我报告的组成部分，商业组织必须确保在提供材料时，不会保留任何将危及有效调查和在适当情况下起诉涉案人员的内容。
>
> （3）类似行为的历史（或其反面）；
>
> （4）在犯罪行为发生前、发生时和发生后对公司合规的关注；
>
> （5）实体在其文化和相关人员方面的变化程度；
>
> （6）起诉对无任何不法行为的员工和其他人的影响。

具体到本案中，由于存在以下因素，莱维森大法官认定暂缓起诉协议有利于司法公正：[2]

第一，从罪行严重性的角度看，沙克拉德公司不仅构成实质性贿赂犯罪，包括共谋腐败罪和行贿罪，还构成非实质性贿赂犯罪，即商业组织未能防止贿赂罪。而且，该公司的系统性犯罪行为持续了 8 年时间，涉及 5 个海外司法管辖区的 7 个代理人，28 份贿赂合同的总金额高达 1720 万英镑，其中毛利润 650 万英镑、净利润 250 万英镑。显然，贿赂已经成为该公司商业惯例的一部分，并对其潜在的竞争对手造成了损害。然而，本案中的证据也表明，尽管得到了该公司员工的同意，但绝大多数贿赂是在代理人的唆使下进行的，而且，贿赂机制既不复杂，也不存在掩盖犯罪事实的意味。

第二，从激励揭发和自我报告的角度看，沙克拉德公司及时进行了自我报告，并与严重欺诈办公室进行了全面而诚实的合作。如果不是该公司开展了内部调查并进行了自我报告，其犯罪行为可能难以被发现，因为没有任何迹象表明有举报人或任何其他机制可能使官方注意到这一贿赂事件。而且，该公司既在向严重欺诈办公室进行的口头报告和提交的 3 次书面报告中

---

[1]　See SFO v. Sarclad Ltd-DPA Preliminary Judgement, Para.32, https://www.sfo.gov.uk/download/sarclad-ltd-and-sfo deferred-prosecution-agreement-Judgement/.

[2]　See SFO v. Sarclad Ltd-DPA Preliminary Judgement, Para.33–46, https://www.sfo.gov.uk/download/sarclad-ltd-and-sfo-deferred-prosecution-agreement-Judgement/.

提供了全面的信息，也主动和自愿地提供了所有的相关证据、材料及证人陈述等。

第三，从类似行为历史的角度看，沙克拉德公司在此之前并没有贿赂和腐败的犯罪记录，也没有受到国内外任何执法机构的任何刑事调查。而且，没有任何证据表明该公司还存在官方尚不知道的其他犯罪行为。

第四，从公司合规计划的角度看，沙克拉德有限公司在自我报告之前，从 2011 年底开始实施了一个新的全球合规计划，包括实施新的培训计划、政策和程序。正是这一计划使得本案中的贿赂合同和犯罪行为浮出水面，并引发了后续的一系列反应。而且，虽然海科公司从沙克拉德公司的犯罪行为中获利了，但没有任何迹象或证据表明海科公司应当知道沙克拉德公司的犯罪行为。

第五，从文化和人员变化的角度看，签署暂缓起诉协议时的沙克拉德公司已经是一个与从事本案犯罪行为时完全不同的实体，因为该公司在确认不当行为后的一段时间内，解雇了两名高级员工、终止了与 7 个可疑代理人之间的合作关系以及撤回了对两份可疑潜在合同的投标，而且，该公司的现有董事或员工在严重欺诈办公室结束调查时均未面临刑事指控。因此，沙克拉德公司已经是一家在文化上与从事本案犯罪行为时的公司截然不同的公司。

第六，从起诉影响的角度看，由于沙克拉德公司在当时全球钢铁业不景气的时期已经不可避免地遭受巨大的法律费用和经济处罚，一旦起诉和定罪，就意味着该公司将被禁止参与英国的公共合同程序和整个欧盟的特许权合同授予程序，并使其面临破产的风险从而损害工人、供应商和更广泛社区的利益。

2. 审查并确定协议条款是公平、合理和成比例的

（1）赔偿金。尽管莱维森大法官在标准银行股份有限公司案中强调赔偿金是任何暂缓起诉协议的必要起点，但由于本案涉及的 28 份合同都是与总部设在某个国家的公司签订的，这些国家既没有相互司法协助请求，也没有向当局支付赔偿金的既有机制或惯例，而且，依据现有证据既无法确定贿赂

金额，也无法证明沙克拉德公司的这些代理人是否向个人行贿和行贿了多少金额，因此，也就无法最终确定赔偿对象和赔偿金的数额。

（2）毛利润追缴。本案签署的《暂缓起诉协议》第12条和第13条规定，沙克拉德公司将以分期付款的方式支付共计620.1085万英镑的毛利润追缴。协议约定的分期付款共分为6次：首先，在法院发布声明之日起的7日内支付195.3085万英镑；其次，分别在2016年12月31日、2017年12月31日、2018年12月31日和2019年12月31日或之前支付92.0144万英镑；最后，在2020年12月31日或之前支付56.7424万英镑。同时，该协议第14条还规定，严重欺诈办公室有权决定延迟30天支付毛利润追缴不构成违反本协议，但须按照高等法院判决债务的现行利率计算利息。需要指出的是，沙克拉德公司通过28份合同获得的毛利润总额为655.3085万英镑，但在当时，该公司在不破产的情况下只能提供35.2万英镑，所幸其母公司海科公司同意为其支付剩余的620.1085万英镑，即先为其支付195.3085万英镑，然后以长期贷款和分期付款的方式支付剩余款项。[1]

（3）罚款。根据本案《暂缓起诉协议》第16条和第17条的规定，沙克拉德公司应当在2020年12月31日或之前支付35.2万英镑的罚款，而严重欺诈办公室有权决定延迟30天支付毛利润追缴不构成违反本协议，但须按照高等法院判决债务的现行利率计算利息（见表9.10）。

表9.10　沙克拉德公司被处以的罚款的计算方式

损害 （100% 毛利润所得）	655.3085 万英镑	
罪责	A-重大罪责（起刑点：300%，类别范围：250%—400%）	
乘数	250%	约 1640 万英镑

---

[1] 尽管海科公司自2000年2月收购沙克拉德公司以来从该公司获得了约600万美元的股息收入，但并没有合同义务要求海科公司应当为其子公司支付毛利润追缴，因为"没有任何法律义务要求无辜的母公司为因子公司的犯罪行为而对其子公司施加的经济处罚出资。当然，最终子公司可能会被起诉，如果无法支付适当的罚款，则会被清盘。"参见SFO v. Sarclad Ltd-DPA Preliminary Judgement, Para.55, https://www.sfo.gov.uk/download/sarclad-ltd-and-sfo-deferred-prosecution-agreement-Judgement/。

续上表

损害 （100% 毛利润所得）	655.3085 万英镑	
折扣	50%	约 820 万英镑
罚款调整（退后一步）	沙克拉德公司只有大约 35.2 万英镑可用于支付任何债务，因此 35.2 万英镑的罚款将导致总额相当于所涉合同的毛利润	
总计	35.2 万英镑	

第一，就罪责而言，法院认为本案应认定为"A-重大罪责"，所适用的起刑点为 300%，类别范围为 250%—400%。原因主要有 3 个：一是沙克拉德公司"在有组织的、有计划的、非法的活动中起主导作用"，而且"针对沙克拉德的证据显示，批准行贿是公司在相关时间段内经营业务的一种公认方式，对此类行为的了解是由代表其控制思想的高级管理人员掌握和授权的"；二是"犯罪行为持续了一段时间"，即"在 2004 年至 2012 年的漫长时间里，该公司涉及系统性地同意通过代理人行贿"；三是该公司在 2012 年之前只有"一种故意无视员工和代理人犯罪而不努力建立有效制度的文化"。[1]

第二，就罪责乘数而言，由于考虑了表 9.11 中的增加或减轻犯罪严重性的因素，法院最终选择了最低类别并将损害数字乘数确定为 250%。值得注意的是，法院将本案的乘数确定为 250% 在当时引发了广泛争议，因为本案中的犯罪行为持续了 8 年时间，涉及 5 个海外司法管辖区的 7 个代理人，而标准银行股份有限公司案的犯罪行为仅持续了不到 1 年时间，而且仅涉及 1 个海外司法管辖区的 1 个第三方中间人，却被法院确定了 300% 的乘数。

---

[1]　See SFO v. Sarclad Ltd-DPA Preliminary Judgement, Para.60–63, https://www.sfo.gov.uk/download/sarclad-ltd-and-sfo-deferred-prosecution-agreement-Judgement/.

表 9.11　沙克拉德公司增加或减轻犯罪严重性的因素 [1]

增加犯罪严重性的因素	减少犯罪严重性的因素
◆ 腐败活动在沙克拉德公司内部普遍存在 ◆ 沙克拉德公司试图掩盖不当行为，例如使用"固定佣金"掩盖向代理人提出的要约的本质 ◆ 犯罪行为跨越国界和司法管辖区	◆ 沙克拉德公司既无相关定罪，也未被采取任何相关的民事或监管行动 ◆ 沙克拉德公司全面配合 SFO 调查，包括自愿提前认罪和向 SFO 报告犯罪行为，并全程协助 SFO 开展调查 ◆ 犯罪行为是在之前的管理团队的领导下发生的，在发现违法行为后，沙克拉德公司立即采取了补救措施

第三，就减刑而言，在"退后一步"考虑整体效果后，法院最终确定了35.2 万英镑的罚款数额。原因有 3 个：一是法院认为，"鉴于沙克拉德公司的自我报告和认罪，完全减少三分之一是合理和适当的"，同时，"考虑到认罪远远早于被起诉并提交至法院的第一个合理机会，该折扣可以增加，因为这意味着额外的减轻"，因此"在这种情况下，50% 的折扣可能是成比例的，尤其是鼓励其他人在面对犯罪行为时像沙克拉德一样行事"；二是"沙克拉德的价值和可用手段应与经济处罚的影响一起考虑，包括对员工雇佣、服务使用者、客户和当地经济（但不包括股东）的影响"以及"对沙克拉德造成的全部经济影响"；三是"尽管在最初计算罚款时，毛利润是一个适当的起点，但在退后一步时，毛利润不能成为唯一的分母"，"必须考虑所有的财务状况，包括盈利能力"，因此，"考虑到要上缴的金额为 620.1085 万英镑，35.2 万英镑的罚款将导致总额相当于所涉合同的毛利润"。[2]

---

[1]　See SFO v. Sarclad Ltd-DPA Preliminary Judgement, Para.64–66, https://www.sfo.gov.uk/download/sarclad-ltd-and-sfo-deferred-prosecution-agreement-Judgement/.

[2]　See SFO v. Sarclad Ltd-DPA Preliminary Judgement, Para.69–73, https://www.sfo.gov.uk/download/sarclad-ltd-and-sfo-deferred-prosecution-agreement-Judgement/.

第三节　2017 年劳斯莱斯股份有限公司案

2016 年年底至 2017 年年初，劳斯莱斯股份有限公司（以下简称"劳斯莱斯公司"或"劳斯莱斯"）同意向美国、英国和巴西支付超过 8 亿美元（约 6.71 亿英镑）的罚款总金额，作为该公司许多年间一系列跨国贿赂犯罪的全球解决方案。在美国，劳斯莱斯公司被指控在 2000 年至 2013 年间在泰国、巴西、哈萨克斯坦、阿塞拜疆、安哥拉和伊拉克行贿外国官员，从而违反了《反海外腐败法》的反贿赂条款，最终该公司与美国司法部达成暂缓起诉协议，同意支付 1.9549688 亿美元的刑事处罚，并在 3 年内报告其反腐败合规政策和程序的改进和实施情况。在巴西，劳斯莱斯公司被指控在 2005 年至 2008 年间共谋贿赂外国官员，随后该公司与巴西联邦检察院（Ministério Público Federal，MPF）签订宽大处理协议（leniency agreement），并同意支付约 2557.9170 万美元的罚款，但由于该协议所依据的犯罪行为与美国暂缓起诉协议所依据的犯罪行为重叠，美国司法部将这一罚款数额计入美国的罚款总额。因此，劳斯莱斯公司向美国支付的罚款金额为 1.6991771 亿美元。在英国，劳斯莱斯公司被指控在 1989 年至 2013 年间在多个国家的业务运营中行贿或未能防止贿赂，随后与英国严重欺诈办公室签订暂缓起诉协议，并同意支付 6.04808392 亿美元（约 4.97252645 亿英镑）的罚款。

尽管在上述案件中，美国、英国和巴西以及奥地利、德国、荷兰、新加坡、土耳其等国家的执法机构之间进行了广泛的合作与协助，但前 3 个国家是单独执法的，劳斯莱斯公司也是单独与这 3 个国家分别签订和解协议的，因此劳斯莱斯股份有限公司案并不同于空客公司案的跨国联合执法。但是，仅在英国，劳斯莱斯公司的贿赂犯罪行为就持续了 20 多年时间，跨越 7 个不同的司法管辖区，涉及该公司 3 个不同的业务部门，导致该公司为此付出高昂的代价。

莱维森大法官将劳斯莱斯公司的做法称为"几十年来极坏的犯罪行为"，但他也指出："劳斯莱斯公司是一家非常重要的企业，其工程能力和生产能力正是该领域所有参与者嫉妒的对象。尽管本案中概述的犯罪行为必须受到应有的谴责，但其自 2013 年以来的行为必须受到赞扬；我希望它愿意发掘并接受其所做的一切，学习并开始重建，这将为其赢得支持，并与标准银行一样为股东、客户、员工和与之打交道的人提供更好的服务。与标准银行相比，只有这样，它才能开始修复并最终提升自己的声誉，进而恢复并加强其业务。可能还有其他公司知道自己过去的行为类似于劳斯莱斯公司的行为。他们现在无法改变这一事实，但这些公司确实可以选择如何面对它。一家负责任的公司将公开采取劳斯莱斯公司那样的方式，从而有助于人们逐渐认识到贿赂和腐败构成的恶习，并为预防企业以这种方式经营提供推动力。一家认为人皆自私或者不负责任的公司可能会看看劳斯莱斯公司在自己的调查中所付出的代价，怀疑保持沉默是否更为明智，并希望自己的行为不会落入当局的眼皮底下。除了完全不承认对与错的区别之外，那就是不理解这种做法会带来灾难性的风险。无论劳斯莱斯公司付出了多少代价，与试图厚颜无耻地对待一项开始的调查所付出的代价相比，这些代价都是微不足道的；在没有自我披露和全面合作的情况下，起诉将使公司的注意力完全集中到诉讼上，而不管它试图从事什么样的业务，定罪都将几乎不可避免地会带来比发生在劳斯莱斯身上的更大的灾祸。"[1]

一、公司和案情介绍

1. 公司简介

本案共涉及 3 个公司实体，它们是劳斯莱斯控股股份有限公司（Rolls-Royce Holdings PLC，简称"劳斯莱斯控股公司"）、劳斯莱斯公司和劳斯莱斯能源系统公司（Rolls-Royce Energy Systems Inc，简称"劳斯莱斯能源公司"）。其中，劳斯莱斯能源公司是劳斯莱斯公司在美国特拉华州注册的子公司，而劳斯莱斯能源公司和劳斯莱斯公司的最终母公司都是劳斯莱斯控股公

---

[1] See SFO v. Rolls Royce PLC–DPA Final Judgement, Para.61,141–143, https://www.judiciary.uk/wp-content/uploads/2017/01/sfo-v-rolls-royce.pdf.

司。劳斯莱斯控股公司是一家在伦敦证券交易所上市的英国跨国公司，它是富时 100 指数（FTSE 100 index）的成分股，被认为是对英国至关重要的公司，在工程领域享有首屈一指的声誉。该公司的主要业务包括航空航天、国防、轮机工程、能源等领域，专门设计和生产航空等各行业的动力系统，是全球第二大飞机发动机产品和服务提供商（仅次于美国通用电气公司），也是世界前 20 的国防承包商。2019 年，劳斯莱斯控股公司的营业额超过 165 亿英镑，总资产超过 322 亿英镑，在全球拥有员工 5 万余人。成立于 1906 年 3 月的劳斯莱斯公司是劳斯莱斯控股公司的前身。

2. 案情简介

如前文所述，劳斯莱斯公司的贿赂犯罪行为持续了约 24 年时间，跨越 7 个不同的司法管辖区，涉及该公司 3 个不同的业务部门，与 12 份合同有关。在这些合同中，劳斯莱斯公司和中介机构广泛使用了"佣金"（commission）、"成功费"（success fee）、"奖励"（reward）、"营销费用"（marketing expenses）、"额外佣金"（additional commission）、"额外付款"（additional payments）、"定期佣金付款"（regular commission payments）等各种称谓，来掩盖其贿赂和腐败行径（见表 9.12）。

表 9.12　本案中与指控有关的涉案合同的情况简介

序号	时间	涉案国家	合同或事由	毛利润	贿赂
《2010 年反贿赂法》生效前与本案有关的犯罪行为					
1	1989 年 1 月 1 日至 1998 年 12 月 31 日	印度尼西亚	为获得 6 架空客 330 飞机的 T700 发动机合同而行贿	3033 万英镑	303.3828 万美元（佣金）和 1 辆劳斯莱斯汽车（奖励）

续上表

序号	时间	涉案国家	合同或事由	毛利润	贿赂
2	1991 年 6 月 1 日至 1992 年 6 月 30 日	泰国	第一批 T800 发动机	1.1815 亿英镑	约 1880 万美元（成功费）
3	1992 年 3 月 1 日至 1997 年 3 月 31 日		第二批 T800 发动机		1038 万美元（成功费、营销费用）
4	2004 年 4 月 1 日至 2005 年 2 月 28 日		第三批 T800 发动机和 T500 发动机		719.3917 万美元（额外佣金）
5	2005 年 3 月 24 日至 2009 年 9 月 30 日	印度	虚假会计	789 万英镑	无
6	2006 年 1 月至 2007 年 8 月		为取回顾问名单而向税务稽查员支付腐败款项	无	185 万英镑
7	2008 年 1 月 1 日至 2009 年 12 月 31 日	俄罗斯	天然气压缩设备	3680 万英镑	约 800 万英镑（佣金）
《2010 年反贿赂法》生效后与本案有关的犯罪行为					
8	2011 年 7 月 1 日至 2013 年 7 月 31 日	印度尼西亚	印尼国家电力公司的长期服务协议（LTSA）	286 万英镑	合同总价值的 2%（定期佣金付款）
9	2011 年 7 月 1 日至 2013 年 5 月 31 日	尼日利亚	2 台天然气压缩发动机	无	约 76 万美元（额外付款）
10	2011 年 7 月 1 日至 2012 年 3 月 31 日	印度尼西亚	8 架租赁飞机的 TCA	1396 万英镑	约 99.4 万美元（佣金）
11	2011 年 7 月 1 日至 2013 年 8 月 31 日	中国	16 架 A330 飞机的 T700 发动机合同和 TCA 服务	3110 万英镑	500 万美元（先为捐款，后为信贷）

续上表

序号	时间	涉案国家	合同或事由	毛利润	贿赂
12	2011 年 7 月 1 日至 2013 年 11 月 30 日	马来西亚	劳斯莱斯及其子公司的产品和服务，包括 TCA 服务	1708 万英镑	320 万美元（信贷）

（1）第一份合同：1989 年 1 月 1 日至 1998 年 12 月 31 日期间，在印度尼西亚，劳斯莱斯公司为获得 6 架空客 A330 飞机的 T700 发动机合同，由其高级雇员同意向中介机构或中介机构控制的公司支付腐败款项，并提供实物贿赂。劳斯莱斯公司任命的这家中介公司 55% 的股份由印尼总统的 3 位近亲之一拥有，尽管该人并未担任公职。在该中介机构的努力下，劳斯莱斯公司于 1991 年 4 月 2 日与印度尼西亚国家航空公司鹰航（Garuda Indonesia）签订了发动机购买合同。1991 年 5 月 15 日和 6 月 13 日，劳斯莱斯公司分别向中介公司支付了两笔总额为 225.4044 万美元的款项，同时相关个人还得到了 1 辆劳斯莱斯汽车作为奖励。1997 年，劳斯莱斯公司又向该中介公司的总经理支付了两笔总额为 77.9784 万美元的款项。受此贿赂犯罪行为影响的合同毛利润总额高达 3033 万英镑。

（2）第二至第四份合同：1991 年 6 月 1 日至 1992 年 6 月 30 日期间，在泰国，劳斯莱斯公司为向泰国航空公司（Thai Airways）出售 T800 发动机，同意向区域中介机构和另一个中介机构支付约 1880 万美元的成功费，这些资金中有一部分支付给了一个泰国政府的代理人和一名泰国航空公司的雇员。他们都采取了有利于劳斯莱斯公司的行动。1992 年 3 月 1 日至 1997 年 3 月 31 日期间，劳斯莱斯公司为向泰国航空公司出售第二批 T800 发动机，同意向中介机构支付 1038 万美元的成功费或营销费用，泰国航空公司的高级官员得到了一定比例的报酬，并采取了有利于劳斯莱斯公司的行动。2004 年 4 月 1 日至 2005 年 2 月 28 日期间，劳斯莱斯公司同意向其中介机构支付近 720 万美元的额外佣金，以获得泰国航空公司的第三批 T800 和 T500 发动机采购合同，这些资金中的一部分同样被支付给了泰国政府的代理人和泰国航空公司的雇员，从而影响泰国航空公司的决定。上述 3 份腐败合同都与泰国航空公司有关，"它们代表了 1991 年至 2005 年之间一个持续的行为过程，产生了迄今为止最大的合同。它们涉及向中间人支付巨额款项的高层腐败，并明确推断出其他人也得到了报酬。劳斯莱斯公司的高级雇员显然受到牵连。这些合同的毛利润总额不低于 1.1815 亿英镑"[1]。

（3）第五至第六份合同：2005 年 3 月 24 日至 2009 年 9 月 30 日期间，劳斯莱斯公司违反其对印度政府作出的不在国防合同中使用中介机构的承诺，在相关国防合同中使用了一家关键的中介机构，并将向该中介机构支付的款项记为一般咨询服务费，而非有关国防合同的佣金，从而构成虚假会计犯罪。尽管该犯罪行为不涉及贿赂或腐败，但受影响的合同产生的收入达到 789 万英镑。2006 年 1 月至 2007 年 8 月期间，劳斯莱斯公司同意通过其在印度的中介机构向一名税务稽查员支付腐败款项，以诱使其复原一份 2002 年 5 月的劳斯莱斯公司顾问名单，这份名单于 2006 年 1 月被一名税务稽查员在一次税务调查中从劳斯莱斯公司驻德里办事处带走。也即，劳斯莱斯公司试图取回名单并阻止进一步的调查。在此期间，劳斯莱斯公司共向与该中介机构有关的实体支付了 185 万英镑的贿赂款项，其中的一些付款被记为"非项目销售相关非研发成本"（non-project Sales Related non R&D costs），可见这些款项也没有得到正确的会计记录。

（4）第七份合同：2008 年 1 月 1 日至 2009 年 12 月 31 日期间，劳斯莱斯公司为赢得一份向俄罗斯国有企业俄罗斯天然气工业股份公司（Gazprom）提供天然气压缩设备的合同——该合同是一个名为 Portovaya 项目的液化天然气项目的一部分，向俄罗斯天然气工业股份公司的官员支付腐败款项，以换取其对项目的影响，而受益人是为本项目供应、制造和销售设备的劳斯莱斯能源公司。劳斯莱斯能源公司的高级员工和劳斯莱斯公司的其他员工合作，向俄罗斯的中介机构提供佣金——其中的部分佣金被支付给了俄罗斯天

---

[1]　See SFO v. Rolls Royce PLC–DPA Final Judgement–Appendix A, Para.45, https://www.judiciary.uk/wp-content/uploads/2017/01/sfo-v-rolls-royce-appandix-a.pdf.

然气工业股份公司的官员。自 2008 年 6 月起，劳斯莱斯能源公司还与该中介机构及另一家中介机构合作，以影响项目的招标过程。2008 年 12 月 19 日，劳斯莱斯公司赢得了 Portovaya 项目。2009 年 6 月和 7 月，劳斯莱斯公司才与两家中介机构签订正式合同，并向他们支付了总额约为 800 万英镑的佣金。事实上，在劳斯莱斯公司获得该项目时，双方既没有正式合同，对中介机构的尽职调查也没有完成。该合同的毛利润总额为 3680 万英镑。

（5）第八份合同：2011 年 7 月 1 日至 2013 年 7 月 31 日期间，劳斯莱斯公司未能防止与印度尼西亚萨马林达岛长期服务协议（long-term service agreement，LTSA）公开竞争性招标有关的贿赂。实际上，早在 2007 年，劳斯莱斯公司的员工就聘请一家中介机构参与本次投标，并通过该中介机构向竞争对手财团的一名成员支付佣金，以确保其提交一份无竞争力的投标书。此外，为印尼国有电力公司 PLN 工作的个人也获得了付款。由于这些安排，劳斯莱斯公司赢得了该项目，该中介机构在 LTSA 有效期内收到了定期佣金付款，即合同总价值的 2%。该合同的毛利润总额为 286 万英镑。需要指出的是，劳斯莱斯公司于 2012 年 1 月开始就支付给中介机构的款项进行内部调查，之后，尽管该公司的一些员工明知中介机构代表公司从事腐败行为，但公司直到 2013 年 7 月仍在继续向中介机构定期支付佣金，而该中介机构似乎始终在向印尼公司总裁和 PLN 付款。

（6）第九份合同：2011 年 7 月 1 日至 2013 年 5 月 31 日期间，劳斯莱斯公司未能防止其中介机构向尼日利亚政府官员行贿，从而为该公司在尼日利亚的两个招标项目获得商业优势。自 2009 年开始，劳斯莱斯公司的员工聘用一家尼日利亚公司参与尼日利亚的阿丹加（Adanga）项目和埃吉纳（Egina）项目。阿丹加项目涉及劳斯莱斯公司向国际油气勘探公司阿达克斯（Addax）出售 2 台天然气压缩发动机。埃吉纳项目是由尼日利亚总上游项目（Total Upstreams Projects Nigeria，TUPNI）等运营的海上油田项目。TUPNI 负责评标，并向尼日利亚国家石油投资管理局（National Petroleum Investment Management Services）提交建议。在 2009 年至 2011 年间，劳斯莱斯公司聘用的尼日利亚公司向国家石油投资管理局负责上述两个项目的官员支付了一些款项，随后，这些官员向劳斯莱斯公司提供了招标过程中竞争对手的机密信息，并影响了招标过程中对客户的要求。2012年12月28日，两个项目的标书均被授予劳斯莱斯公司。2013年5月，由于产品不合适或对竞争对手的担忧，劳斯莱斯公司在签订合同前最终全部退出了这些项目，也就未获得任何毛利润。但是，劳斯莱斯公司至少向尼日利亚公司支付了约76万美元的额外费用作为腐败款项。

（7）第十份合同：2011年7月1日至2012年3月31日期间，劳斯莱斯公司未能防止其中介机构就全面养护协议（Total Care Agreement,TCA）——是劳斯莱斯公司的一种根据飞行小时数将发动机维修费用分摊到长期服务合同中的维修产品——向印尼国家航空公司鹰航国际（Garuda International）的员工行贿，以获得空客A330飞机的T700发动机合同。在印尼总统辞职后，劳斯莱斯公司任命了一个新的中介机构并与其签订了商业顾问协议，但同时也与之前的中介机构继续合作。2008年10月，劳斯莱斯公司获得了空客A330飞机的T700发动机的TCA服务。在TCA服务交易的筹备阶段，中介机构就已经确定了几名对劳斯莱斯公司有利的鹰航国际高级员工，对他们进行游说，并向其支付了约20万美元的腐败款项。2010年7月23日，鹰航国际与劳斯莱斯公司签署了8架新租赁飞机的TCA，随后劳斯莱斯公司向中介机构支付了29.391万美元。在劳斯莱斯公司于2012年3月与两家中介机构终止合作关系前，两家中介机构的支付发票结算款项分别为37.7万美元和61.7万美元。这些中介机构活动产生的毛利润总额为1396万英镑。

（8）第十一份合同：2011年7月1日至2013年8月31日，劳斯莱斯公司未能防止其员工应董事会成员的请求向中国东方航空公司（China Eastern Airlines，CES）提供500万美元的现金信贷，以赢得16架空客A330飞机的T700发动机合同和相关的TCA服务。这些资金中的部分或全部拟被CES用于支付在美国哥伦比亚大学为期两周（其中只有7天是在培训）的工商管理硕士（MBA）课程，该课程由CES的多名员工参加，其中包括四星级酒店住宿和奢华的社会活动——一家中国旅行社将获得10万美元的"夜场、餐饮和交通费"。这实际上是一个包含了培训、商务会议、旅游和购物的腐败套餐。需要指出的是，该笔信贷资金最初是以捐款名义提供的，即劳斯莱斯公司向 CES 捐助 300 万美元的培训基金和 200 万美元的医疗保健中心建设基金，后来由于劳斯莱斯公司合规部门的干预，才在 2012 年 3 月 8 日被改为固定"非升级备件"信贷，并约定在 2012 年 2 月至 2013 年 8 月之间分 4 期支付。上述发动机合同和相关 TCA 服务的毛利润总额为 3110 万英镑。

（9）第十二份合同：2011 年 7 月 1 日至 2013 年 11 月 30 日，劳斯莱斯公司未能防止其员工向亚洲航空集团（Air Asia Group，AAG）高管提供价值 320 万美元的信贷，用于支付其私人飞机的维修费，作为获得其对劳斯莱斯公司及其子公司向 AAG 的子公司亚航 X（Air Asia X，AAX）提供产品和服务（包括 TCA 服务）支持的回报。AAX 购买劳斯莱斯公司及其子公司的产品和服务（包括 TCA 服务）给劳斯莱斯公司带来的毛利润总额为 1708 万英镑。

二、调查和指控

1. 公司内部调查

2012 年初，有互联网发帖（internet postings）对劳斯莱斯公司的运营尤其是在中国和印度尼西亚的民用业务表示担忧，从而引起了严重欺诈办公室的注意。严重欺诈办公室运用其预先调查权，要求劳斯莱斯公司提供相关信息。随后，劳斯莱斯公司立即展开内部调查，并就民用和国防业务的相关问题提交了调查报告。此外，从 2013 年开始，劳斯莱斯公司还主动向严重欺诈办公室提交了其关于能源、海洋等业务的内部调查报告，其中包括一份有关劳斯莱斯公司自 2010 年以来就知道的但前任领导决定不通报的不当行为的报告。这已经远远超出了互联网发帖所提到的可疑腐败行为的范围。劳斯莱斯公司开展的内部调查是非常彻底的，包括收集有关雇员的资料并审查有关邮箱和档案材料、进行了 229 次内部调查谈话、审查了它与中介机构、代理人和顾问之间的 250 多个关系，并仔细分析了其中的 120 多个关系。[1] 而

---

[1]　See SFO v. Rolls Royce PLC–DPA Final Judgement, Para.18, https://www.judiciary.uk/wp-content/uploads/2017/01/sfo-v-rolls-royce.pdf.

且，在整个调查过程中，劳斯莱斯公司都定期向严重欺诈办公室和司法部报告，并向严重欺诈办公室全面披露调查结果。

2. 严重欺诈办公室的外部调查

除了对劳斯莱斯公司的内部调查结果进行审查，严重欺诈办公室还对劳斯莱斯公司进行了一次当时最大规模的广泛调查。调查内容包括：（1）从劳斯莱斯公司获得内部调查确定的关键文件（包括面谈备忘录）和相关的书面文件；（2）从劳斯莱斯公司获得超过 100 名关键员工或前员工的完整数据库或电子邮件，这些材料都不需要考虑法律职业特权；（3）通过请求相互司法协助取得书面证据；（4）逮捕国内外的中介机构和劳斯莱斯公司的前员工（包括搜查其住所），并对嫌疑人和其他人进行多次面谈；（5）提出其他有针对性的要求并审查劳斯莱斯公司自愿提供的材料，例如合规材料，其中包括内部审查记录、人事档案、员工笔记本、电话、营销服务代理档案、会计记录等。[1] 在上述严重欺诈办公室的调查过程中，劳斯莱斯公司进行了全面和广泛的合作。一位负责调查和起诉本案的严重欺诈办公室官员爱德华·加尼尔（Edward Garnier）爵士称，劳斯莱斯公司与之进行了"非凡的合作"（extraordinary cooperation）。[2]

3. 本案中提出的 12 项指控

在本案中，严重欺诈办公室共对劳斯莱斯公司提出了以下 12 项指控：

（1）针对《2010 年反贿赂法》生效之前（2011 年 7 月 1 日之前）在印度尼西亚、泰国、印度和俄罗斯的 7 个犯罪行为，提出了 6 项违反《1977 年刑事法》第 1 条共谋腐败罪的指控和 1 项违反《1968 年反盗窃法》第 17 条第（1）款第（a）项虚假会计罪的指控；

（2）针对《2010 年反贿赂法》生效之后（2011 年 7 月 1 日之后）在印

---

[1] See SFO v. Rolls Royce PLC–DPA Final Judgement, Para.19, https://www.judiciary.uk/wp-content/uploads/2017/01/sfo-v-rolls-royce.pdf.

[2] See SFO v. Rolls Royce PLC–DPA Final Judgement, Para.19, https://www.judiciary.uk/wp-content/uploads/2017/01/sfo-v-rolls-royce.pdf.

度尼西亚、尼日利亚、中国和马来西亚的 5 个犯罪行为，提出了 5 项违反《2010 年反贿赂法》第 7 条商业组织未能防止贿赂罪的指控。在这些合同中，劳斯莱斯公司要么未采取合规措施，要么所采取的合规措施是无效的，因此未能获得"充分程序"抗辩。例如，在第八份合同中，劳斯莱斯公司未对其中介机构开展适当的尽职调查，而在第九份合同中，尽管劳斯莱斯公司对其中介机构（一家尼日利亚公司）采取了一些合规措施，但这些措施是无效的，未能发现该中介机构和尼日利亚国家石油投资管理局之间具有腐败性质的关系。

三、《暂缓起诉协议》的主要内容

2017 年 1 月 17 日，严重欺诈办公室与劳斯莱斯公司签署了《暂缓起诉协议》，该协议于当天得到了法院的批准。

1. 协议期限

在本案中，严重欺诈办公室和劳斯莱斯公司签署的《暂缓起诉协议》第 4 条明确规定："本协议自法院根据《2013 年犯罪和法院法》附件 17、第 8 条第（1）款和第（3）款作出声明之日起生效，并至以下较早者终止：（a）2022 年 1 月 17 日；（b）2021 年 1 月 17 日之后，SFO 应劳斯莱斯的合理要求，以书面形式向劳斯莱斯确认本协议已结束 [考虑到出于劳斯莱斯履行本协议所规定剩余义务（如有）的目的，不得无理拒绝或延迟该确认]（'期限'）。"

2.SFO 提供暂缓起诉协议时考虑的因素

在本案中，严重欺诈办公室之所以决定向劳斯莱斯公司提供暂缓起诉协议，主要是考虑到该公司：[1]

（1）过去和未来的合作；

（2）支付 2.5817 亿英镑的毛利润追缴；

---

[1] See SFO v. Rolls Royce PLC–Deferred Prosecution Agreement, p.2, https://www.sfo.gov.uk/download/deferred-prosecution-agreement-sfo-v-rolls-royce-plc/.

（3）支付 2.39082645 亿英镑的罚款；

（4）向 SFO 支付 1296.0754 万英镑的费用；

（5）同意自费完成协议中合规计划部分要求其采取的行动。

与沙克拉德公司案类似，本案所签署的《暂缓起诉协议》规定，劳斯莱斯公司同样可以采取分期付款的方式支付毛利润追缴和罚款，即 2017 年 6 月 30 日前支付 1.19 亿英镑、2019 年 1 月 31 日前支付 1 亿英镑、2020 年 1 月 31 日前支付 1.3 亿英镑以及 2021 年 1 月 31 日前支付 1.48252645 亿英镑。至于向 SFO 支付的费用，劳斯莱斯公司则需要在法院作出声明之日起 10 日内支付。当然，上述付款逾期不超过 30 天不构成违反该协议，但须支付额外利息。

3. 未来的公司合规计划

在本案中，《暂缓起诉协议》要求劳斯莱斯公司在未来需要就合规计划采取一系列行动（见表 9.13）。

表 9.13　《暂缓起诉协议》规定的公司合规计划 [1]

1. SFO 认可，劳斯莱斯于 2013 年 1 月聘请戈尔德（Gold）勋爵，对其反贿赂和反腐败合规方法进行了独立审查。在聘用期间，戈尔德勋爵就劳斯莱斯确定的风险领域和改进建议编制了以下中期报告： （1）2013 年 6 月 10 日的第一份中期报告； （2）2014 年 12 月 18 日的第二份中期报告。 2. 劳斯莱斯将尽最大努力在 2017 年 3 月 31 日前，从戈尔德勋爵处获得第三份中期报告。 3. 劳斯莱斯将自费： （1）在第三份报告完成并送交劳斯莱斯的 5 天内，向 SFO 提供一份该报告的副本；

---

[1]　See SFO v. Rolls Royce PLC–Deferred Prosecution Agreement, pp.5–7, https://www.sfo.gov.uk/download/deferred-prosecution-agreement-sfo-v-rolls-royce-plc/.

续上表

> （2）按照戈尔德勋爵的指示，在第三份报告完成并送交劳斯莱斯后的 3 个月内，编制一份书面计划，以执行第三次报告中的建议以及第一次和第二次中期报告中的任何未决建议（即"实施计划"），并开始计算执行该实施计划的期间（即"实施期间"）；
>
> （3）在完成上述实施计划后的 5 天内，向 SFO 提供一份该实施计划的副本；
>
> （4）如果第三次报告未解决以下风险领域，请戈尔德勋爵就以下方面提出建议：
>
> （a）劳斯莱斯以现金或信贷的形式，或通过任何其他方式，直接或间接向客户提供"优惠"（concessions）的要约或协议；
>
> （b）劳斯莱斯合规员工的地域分布、数量和专业能力；
>
> （c）调整合规培训以应对司法风险；
>
> （d）劳斯莱斯电力系统的反贿赂和反腐败政策、程序和控制措施的有效性。
>
> （5）在实施期间开始后的 6 个月内，对实施计划进行补充，并开始执行第 3（4）（a）-（d）段所述的关于其他风险领域的建议；
>
> （6）在实施期间开始后的 24 个月内，完成实施计划中包含的行动并达到戈尔德勋爵的满意度，或制定持续性保障计划以满足戈尔德勋爵对实施计划中包含的行动的满意度，包括根据第 3（5）段增加的内容；
>
> （7）在实施计划完成并达到戈尔德勋爵满意度后的 4 个月内，尽最大努力从戈尔德勋爵处获得一份关于实施计划执行情况的最终报告（以下简称"最终报告"）。
>
> 4. 根据上述规定，劳斯莱斯表示，自本协议签订之日起，劳斯莱斯将继续审查其有关合规的内部控制、政策和程序，如有必要，劳斯莱斯将采取新的或修改现有的控制措施、政策和程序，以确保其符合所有可适用的反腐败法律。
>
> 5. 识别、评估和应对风险的最终责任仍由劳斯莱斯董事会承担。
>
> 6. 劳斯莱斯将允许戈尔德勋爵及其合作者访问他们合理要求的任何此类材料，以便收集相关信息以履行其职能。
>
> 7. 劳斯莱斯将允许戈尔德勋爵按照 SFO 的要求与 SFO 进行全面合作。
>
> 8. 如果戈尔德勋爵辞职或无法履行其义务，劳斯莱斯应立即通知 SFO。劳斯莱斯选择的替代者必须经 SFO 批准。本协议的条款适用于该替代者。
>
> 9. 劳斯莱斯同意，自提交最终报告之日起至少 2 年内，劳斯莱斯不会雇佣或聘用戈尔德勋爵或其关联实体。

四、法院对《暂缓起诉协议》的司法审查

本案对暂缓起诉协议的审查是在南华克皇家刑事法院进行的。法院分别

在 2017 年 1 月 13 日和 17 日对本案进行了预审和终审。负责审查本案《暂缓起诉协议》的法官是莱维森大法官。

1. 审查并确定暂缓起诉协议有利于司法公正

在本案中，法院考虑的有利于起诉的公共利益因素包括：（1）犯罪行为涉及行贿外国公职人员、商业贿赂和对向中间人付款作虚假会计处理；（2）犯罪行为涉及多个司法管辖区，数量众多，且分布在劳斯莱斯公司的国防航空、民用航空和能源业务中；（3）犯罪行为已经和（或）将对市场的廉洁或信心造成实质性损害；（4）犯罪行为持续存在，时间跨度从 1989 年到 2013 年；（5）犯罪行为涉及将大量资金用于支付贿赂款项；（6）犯罪行为表现出精心策划的要素；（7）与授予大额合同有关的所有犯罪行为使劳斯莱斯公司获得超过 2.5 亿英镑的毛利润；（8）犯罪行为涉及劳斯莱斯公司的高级（表面上看是非常高级的）员工。[1]

同时，法院还考虑了一系列不利于起诉的公共利益因素（见表 9.14）。

表 9.14 法院考虑的不利于起诉的公共利益因素 [2]

1. 合作	激励自我报告是 DPA 的核心目的，它所吸引的权重取决于所提供的全部信息。从某种意义上说，犯罪行为越恶劣，大规模自我报告和承认的意义就越大：问题在于确定引爆点（tipping point）。自 SFO 向劳斯莱斯公司询问起，该公司尽最大努力揭发了自己的不法行为，而且并未受到时间、司法管辖区或业务范围的限制。截至 2016 年 12 月，劳斯莱斯公司已经花费了 1.23115643 亿英镑，用于在多个司法管辖区进行调查和与检察官合作以及聘请中介审查和提供专业财务建议，而且此类开支在未来还将继续增加。
2. 先前的行为	没有任何迹象表明劳斯莱斯公司曾经参与了相关的腐败或贿赂犯罪。

---

[1]　See SFO v. Rolls Royce PLC–DPA Final Judgement, Para.35, https://www.judiciary.uk/wp-content/uploads/2017/01/sfo-v-rolls-royce.pdf.

[2]　See SFO v. Rolls Royce PLC–DPA Final Judgement, Para.38–60, https://www.judiciary.uk/wp-content/uploads/2017/01/sfo-v-rolls-royce.pdf.

续上表

3. 公司合规	（1）2013 年，劳斯莱斯公司任命合规领域的专家戈尔德勋爵对公司的道德与合规程序进行了独立审查，并作为其合规计划的"准监控人"持续行动。戈尔德勋爵的指示包括审查公司的政策和程序、对员工进行实地考察以及与员工进行焦点小组讨论。 （2）劳斯莱斯公司已采取以下措施加强其道德与合规程序，以通过在关键职位（包括风险总监和合规总监）招聘经验丰富的合规人员以及额外的合规官和任命指定的当地道德顾问来改善组织和治理：（a）对汇报条线进行了重大重组，确保合规官独立于业务部门；（b）加强政策和程序，涵盖公司业务部门的高风险领域；（c）通过改善沟通和年度经理领导的道德培训，作出最高级别的道德与合规承诺；（d）制定风险评估框架，并将风险评估程序落实到业务部门；（e）改进对中介机构的尽职调查，包括业务正当性、外部尽职调查、顾问小组（由戈尔德勋爵、劳斯莱斯公司的风险总监和一名高级外部法律顾问组成）的批准，以及持续监督；（f）为所有员工提供关于合规问题的定期强制培训，广泛监督反贿赂和反腐败程序，包括劳斯莱斯公司的审计委员会对反贿赂和反腐败程序进行定期审计和问题调查；（g）在民用航空领域提供的特许权方面，实施合规程序和培训。 （3）劳斯莱斯公司通过对其与 250 家中介机构的关系进行审查，特别解决了中介机构带来的潜在风险，这导致 88 家中介机构被终止合作，整个劳斯莱斯集团使用的中介机构数量大幅减少。 （4）由于内部调查，劳斯莱斯公司对其民用航空、能源和海事部门的 38 名员工进行了纪律处分，导致 11 名员工在纪律处分过程中离开公司，并解雇了 6 名员工，同时，其他人也受到了除开除以外的处罚。 （5）截至 2016 年 12 月，上述步骤（不包括中介审查和纪律程序）花费了劳斯莱斯公司 1517.533146 万英镑，而且审查仍在进行中。

续上表

4. 文化和人事变化	（1）前3项内容充分说明了劳斯莱斯公司文化的变化。 （2）该公司人事的变化主要表现为：（a）董事会现任成员均未参与事实陈述中所述的任何犯罪行为，2011年7月1日后发生的不法行为不涉及任何当时的董事；（b）2016年1月任命的集团总裁以前是董事会成员，现在负责IT、集团财产、质量等运营职能，而他自2005年起作为董事的工作重点一直是工程、技术和研究；（c）首席执行官、首席财务官和公司秘书均于2014年1月任命；（d）非执行董事均未或曾经参与日常经营；（e）董事长（自2013年3月1日起担任非执行董事）于2013年5月任命，并非执行领导团队成员；（f）2008年、2011年和2012年共有4名非执行董事在任，自2014年1月以来又任命了4名；（g）高级独立董事于2015年任命。 （3）上述是劳斯莱斯公司在董事会明确授权下自2012年以来所做的一切，值得高度赞扬。在这种情况下，劳斯莱斯公司的高级管理层和负责战略方向的人与本案发生期间负责公司运营及其文化的人是不同的。
5. 诉讼的影响	（1）定罪会影响劳斯莱斯公司在世界上的贸易能力，因为许多国家实行的公共部门采购规则禁止定罪后参与，因此定罪导致的强制禁入将使其遭受收入上的直接损失，并将因失去合同产生长期的财务影响。短期禁入也会产生在职效应（incumbency effects），导致长期被排除在其他合同之外，并因失去关键收入来源而减少研发。显然，禁入和排除会对劳斯莱斯公司的财务状况产生重大的、潜在的业务上的关键性影响。这可能导致最坏的情况，即对股价产生非常负面的影响，并可能对股东信心、未来战略以及生存能力产生更严重的影响。 （2）上述对劳斯莱斯公司的影响可能会对第三方利益造成额外影响，包括：（a）对英国国防工业产生不利影响，因为劳斯莱斯公司在为英国军舰和海军舰艇提供发动机、核潜艇的核推进技术和售后服务方面发挥着关键作用；（b）对供应链产生随之而来的财务影响；（c）在高度集中的市场中削弱竞争，因为替代供应来源有限且进入壁垒严重；（d）股价可能大幅下跌，而定罪的禁入后果可能使股价下跌更为剧烈；（e）可能的集团范围内裁员和（或）重组，以及劳斯莱斯养老金财务合同的潜在削弱。 （3）对英国国防工业和与犯罪行为无关的人员（包括劳斯莱斯公司的员工和养老金领取者以及供应链中的那些人）产生更广泛的影响。

续上表

6. 其他考虑	（1）DPA 可以避免起诉所带来的固有的大量时间和金钱支出，而执法机构可以将财务和人力方面的有限资源用于其他案件，但决不能鼓励这样一种观点，即那些有钱人可以"收买"自己不被起诉和适当定罪（基于对案件的不满意解决为其他案件释放了时间和资源）； （2）DPA 可能会激励那些与劳斯莱斯公司情况类似的商业组织揭发和自我报告不法行为，这对于调查和起诉复杂的腐败案件，使执法机构注意到更多的信息，以便能够适当地调查和有效地起诉犯罪，具有至关重要的意义； （3）DPA 的作用是要求相关公司成为良好实践的佼佼者，并成为其他公司的榜样，展示可以通过做什么来确保在商业领域符合合乎道德的良好实践。

正如莱维森大法官所言，"劳斯莱斯已经不再是过去的公司；它的新董事会和执行团队已经接受有必要做出根本性变革，有意清除以前所有不光彩的做法，并建立新的政策、惯例和文化。它全面合作并愿意揭发其发现的每一个潜在犯罪行为，以及在遵守和创造这种文化方面所做的工作，对于解决过去的明显关切有很大的帮助"[1]。因此，在权衡有利于和不利于起诉的公共利益因素后，法院认定暂缓起诉协议有利于司法公正。

2. 审查并确定协议条款是公平、合理和成比例的

如前文所述，劳斯莱斯公司应当在协议期间内履行协议所规定的条款。法院在审查并确定协议条款公平、合理和成比例时，主要从合作、毛利润追缴、罚款、向 SFO 支付费用等方面进行了考虑。

（1）合作。法院认为，"劳斯莱斯公司表现出了非凡的合作。这种合作在一定程度上反映在愿意签订暂缓起诉协议……概括地说，它包括：自愿披露内部调查，对内部调查备忘录和某些国防航空和民用航空材料所享有诉讼特权的有限度放弃；向 SFO 提供未经审查的数字材料，并与独立顾问合作

---

[1] See SFO v. Rolls Royce PLC–DPA Final Judgement, Para.62, https://www.judiciary.uk/wp-content/uploads/2017/01/sfo-v-rolls-royce.pdf.

解决特权索赔；同意使用数字方法来确定特权问题；配合严重欺诈办公室关于进行内部调查的要求，包括面谈的时间安排和记录，以及滚动报告调查结果；提供所需的所有财务数据，并为必须进行的评估提供全面合作；不清算包括劳斯莱斯能源公司在内的相关公司"，此外"还有两点需要说明。一是在严重欺诈办公室的要求下，劳斯莱斯公司确定了在发出任何参与暂缓起诉协议谈判的邀请之前，暂缓起诉协议可能能够解决的行为。因此，提供的合作促进了通过这一例外情形实现的潜在路线图。二是劳斯莱斯公司并未试图对严重欺诈办公室的调查产生任何外部影响；媒体的询问和英国政府的参与都是以严重欺诈办公室同意的方式处理的"。[1]

（2）毛利润追缴。在本案中，严重欺诈办公室与劳斯莱斯公司确定的毛利润追缴金额为 2.5817 亿英镑。为了确定毛利润的金额，劳斯莱斯公司委托专业财务顾问法证风险联盟（Forensic Risk Alliance，FRA）分析了该公司的基本财务资料，并为向 SFO 提交的毛利润数据进行了准备。严重欺诈办公室和司法部还联合委托专业财务顾问富事高商务咨询公司（FTI Consulting，FTI），核查了劳斯莱斯公司提交的数据以及这些数据所依据的基本信息。严重欺诈办公室和劳斯莱斯公司提交的有关毛利润和罚款的数字基本上是基于 FRA 和 FTI 分析后商定的结果（第 5 项和第 6 项指控除外）。需要指出的是，在评估毛利润金额时，包括研发在内的某些费用并未从收入中扣除；在第 8 项和第 10 项指控中，劳斯莱斯公司在 2011 年 7 月 1 日《2010 年反贿赂法》实施之前所赚取的毛利润不需要上缴，因为该罪行不是赚取利润的原因，而且，在这种情况下，劳斯莱斯公司因未能阻止向中间人支付最终款项而赚取的毛利润也不需要被扣除。

（3）罚款。如前文所述，劳斯莱斯公司应支付的罚款总额为 2.39082645 亿英镑，其计算步骤主要包括计算损害、罪责、罪责乘数和减刑（见表 9.15）。

---

[1] See SFO v. Rolls Royce PLC–DPA Final Judgement, Para.121–122, https://www.judiciary.uk/wp-content/uploads/2017/01/sfo-v-rolls-royce.pdf.

表9.15　劳斯莱斯公司被处以的罚款的计算方式

指控	作为罚款依据的毛利润	罪责	乘数	减刑折扣	最终罚款数额
1	3033 万英镑	A−重大罪责	325%		4928.625 万英镑
2、3、4	3950 万英镑	A−重大罪责	400%		7900 万英镑
5	789 万英镑	A−重大罪责	250%		986.25 万英镑
6	185 万英镑	A−重大罪责	325%	50%（33.3% 的认罪折扣和 16.7% 的额外特别合作折扣）	300.625 万英镑
7	3680 万英镑	A−重大罪责	325%		5980 万英镑
8	705.5 万英镑	B−中等罪责	250%		881.875 万英镑
9		A−重大罪责			
10	2071.3 万英镑	B−中等罪责	283%		2930.8895 万英镑
11		A−重大罪责			
12		A−重大罪责			
合计	1.44138 亿英镑				2.39082645 亿英镑

　　第一，就损害而言，由于在计算罚款数额时，需要首先计算出损害金额。计算损害金额的方式有两种，一是在通常情况下，用因犯罪而获得、保留或寻求的合同的毛利润来表示；二是在没有毛利润的情况下，用因未能采取适当措施预防贿赂而避免的预期成本来表示。首先，第 1 项、第 5 项、第 7 项指控均可用前文提到的毛利润来表示，即分别为 3033 万英镑、789 万英镑和 3680 万英镑。其次，第 2 项至第 4 项指控经过整体计算确定的损害金额为 3950 万英镑。再次，第 6 项由于没有获得任何具体的合同，也无法确定取回名单和具体损益之间的因果关系，因此只能将支付给中介机构的 185 万英镑作为损害金额。最后，第 8 项和第 9 项指控都属于能源犯罪，第 10 项至第 12 项指控都属于民事犯罪，但都构成商业组织未能防止贿赂罪，出于总体原因，"损害数字应计算为每种情况下寻求或获得的毛利润的平均

值"，"这实际上是对这些部门各自未能防止犯罪的行为同时处以处罚，分别为705.5万英镑（第9项指控）和2071.3万英镑（第11项指控）"。[1]因此，作为罚款依据的毛利润总额为1.44138亿英镑。

第二，就罪责而言。首先，第1项至第4项和第7项指控是共谋腐败，构成最高等级的"A-重大罪责"，其共同特征是：劳斯莱斯公司在很长一段时间内在有组织、有计划的犯罪活动中发挥了主导作用；涉及政府官员腐败；违背其国际声誉和责任；使用多种手段掩盖犯罪行为，未采取有效的合规措施；跨越多个司法管辖区；实质性损害商业廉洁、政府廉洁和对市场的信心。其次，第5项指控和第6项指控分别是虚假会计犯罪和与税务机关获得顾问名单有关的共谋腐败犯罪，由于前者涉及持续性的有组织和有计划犯罪、劳斯莱斯公司发挥了主导作用以及制定许多故意误导的协议，后者涉及劳斯莱斯公司发挥了主导作用和政府人员腐败，因此均构成"A-重大罪责"。最后，第8项至第12项指控都构成商业组织未能防止贿赂罪，具有劳斯莱斯公司中层员工参与腐败犯罪、未能灌输合规文化、缺少合规培训等特征。其中，第8项和第10项指控的罪责等级为"B-中等罪责"，第9项、第11项和第12项指控的罪责等级为"A-重大罪责"，其理由分别是：第8项指控涉及持续性地支付多达47笔腐败款项；第9项指控涉及持续性的政府人员腐败和故意无视犯罪的文化；第10项指控涉及高风险司法管辖区的政府人员腐败和掩盖犯罪行为；第11项指控涉及政府人员腐败、迫使内控人员批准腐败安排以及无视外部建议；第12项指控涉及员工迫使销售人员和合规人员批准腐败安排。

第三，就罪责乘数而言，法院在本案中首先考虑了表9.16中列出的在所有指控中均普遍适用的增加或减轻犯罪严重性的因素。

---

[1] See SFO v. Rolls Royce PLC–DPA Final Judgement, Para.94, https://www.judiciary.uk/wp-content/uploads/2017/01/sfo-v-rolls-royce.pdf.

表 9.16　劳斯莱斯公司增加或减轻犯罪严重性的因素 [1]

增加犯罪严重性的因素	减少犯罪严重性的因素
◆这种规模的犯罪行为跨越不同的司法管辖区，并对各国政府的廉洁造成实质性损害 ◆对市场和商业的廉洁和信心造成实质性损害 ◆员工采取措施掩盖自己的行为，导致外部调查难以发现犯罪行为	◆没有先前的相关定罪或执法行动 ◆犯罪行为是在以前的董事或经理的领导下从事的

在此基础上，通过同时考虑每个指控的特有因素，法院最终确定了这些指控的乘数，即：（1）第 1 项和第 7 项指控，由于犯罪行为是在不同的管理层领导下实施的，乘数均为 325%；（2）第 2 项至第 4 项指控，由于是持续性、重复性犯罪，反映了公司治理的总体失败，乘数为 400%；（3）第 5 项和第 6 项指控，前者因不存在贿赂而确定乘数为 250%，后者因一笔虚报款项意在向公职人员行贿而确定乘数为 325%；（4）第 8 项和第 9 项指控，本来根据表 9.16 中列出的因素确定乘数分别为 200% 和 300%，但出于整体考虑，最终乘数定为 250%；（5）第 10 项至第 12 项指控，本来第 10 项指控因持续时间不长而确定乘数为 250%，第 11 项和第 12 项指控因贿赂请求来自劳斯莱斯公司外部（而非公司内部或其中介机构）而确定乘数为 300%，但出于整体考虑，最终乘数定为 283%。

第四，就减刑而言，法院决定在给予三分之一（33.3%）折扣的基础上，再给予 16.7% 的折扣，从而使总折扣达到了 50%。原因就在于前文提到的"劳斯莱斯公司表现出了非凡的合作"。

（4）向 SFO 支付费用。由于严重欺诈办公室对劳斯莱斯公司开展了当时规模最大的调查，并进行了起诉，因此产生了 1296.0754 万英镑的费用。劳斯莱斯公司同意向严重欺诈办公室支付这笔高额费用。

---

[1]　See SFO v. Rolls Royce PLC–DPA Final Judgement, Para.109–110, https://www.judiciary.uk/wp-content/uploads/2017/01/sfo-v-rolls-royce.pdf.

第四节　2019 年古拉普系统有限公司案

在本案中，古拉普系统有限公司（以下简称"古拉普公司"）能够获得暂缓起诉协议的原因主要在于，"签订暂缓起诉协议的公司已经与从事事实陈述中所述行为的公司有很大不同。运营公司的人与相关行为发生时的负责人完全不同。该公司的公司惯例已经完全改变。一个严格的合规计划已经建立，并有适当的规定对其进行定期审查。此外，相关行为没有在另一项调查的背景下（信佳）曝光，也没有通过内部举报人（特易购）、通过互联网发帖（劳斯莱斯）或者由于关联企业的干预（标准银行和沙克拉德）而曝光。在这种情况下，那些在 2015 年接管公司运营的人发现了这种行为，指示外部律师进行调查，并向严重欺诈办公室进行了自我报告。如果他们不愿意这样做，他们很可能可以掩盖已经发生的事情和（或）允许腐败行径继续下去"[1]。

一、公司和案情介绍

1. 公司简介

古拉普公司成立于 1987 年 11 月 26 日，是一家在英国注册的出口型中小企业，当时只有约 110 名员工。该公司专门开发、设计、制造和向世界各地销售地震测量仪器，这些仪器可以在陆地和海底使用，被广泛应用于学术研究、地震预警系统、结构监控、重大土木工程、石油勘探和开采、地球物理勘探以及根据联合国有关条约监测核武器试验等。尽管该公司的规模较小，但它所开展的业务是国际化的，90% 至 95% 的销售额都在海外，而且，大部分客户是外国政府或国家资助的实体，因此许多合同是与国家或国际公共机构签订的。

---

[1]　See SFO v. Güralp Systems Ltd–DPA Final Judgement, Para.49–50, https://cdn.wide-area.com/acuris/files/private-equity-law-report/documents/Guralp%20Approved%20Judgement%2022nd%20October%202019.pdf.

在本案案发期间，该公司一直由其创始人坎松·古拉普（Cansun Güralp）博士负责管理，在 2015 年 1 月之前，他始终担任公司董事。该公司其他涉案的两人是娜塔莉·皮尔斯（Natalie Pearce）和安德鲁·贝尔（Andrew Bell）。前者于 1997 年 10 月被公司雇佣，并自 2010 年起担任销售主管，她虽不是公司董事，但会应邀参加董事会会议；后者自 2010 年起加入该公司并一直担任公司董事，直至 2015 年 7 月辞职，他最初还担任财务总监，并自 2013 年 11 月起担任总经理。

2. 案情简介

2003 年 11 月 5 日至 2015 年 5 月 27 日期间，古拉普公司向一位名叫贤哲志（Heon Cheol Chi）博士的韩国公职人员支付了总额为 103.4931 万美元（约 64 万英镑）的款项。在 1999 年至 2015 年间，贤哲志曾多次担任韩国地球科学与矿产资源研究所（Korea Institute of Geoscience and Mineral Resources，KIGAM）地震研究中心的首席研究员和主任。KIGAM 是一个根据韩国法律设立并由政府资助的研究机构，它由政府部门监督，并接受政府的检查和例行审计。

在 1999 年 7 月之后的 3 年间，贤哲志与古拉普公司的古拉普博士和皮尔斯建立了关系。2002 年 6 月，贤哲志访问古拉普公司在中国的办事处，表面上是为了探讨 KIGAM 和古拉普公司未来的合作，但实际上是贤哲志和古拉普公司谋划建立腐败关系。随后，双方达成了一项协议草案，其中规定对来自韩国的订单适用"500 美元的技术咨询费（technical advice fee）"。2003 年 2 月，古拉普博士和贤哲志签署了一项协议，贤哲志同意在韩国地震市场向古拉普公司提供支持和建议，并向那些需要地震设备和专业知识的人推荐古拉普公司的产品。

在接下来的 12 年中，古拉普公司向贤哲志支付了总额为 103.4931 万美元的腐败款项。一是在 2003 年至 2009 年间，古拉普公司以现金形式向贤哲志支付了 8 笔付款款项，共计 7.0451 万美元。二是在 2005 年至 2015 年间，古拉普公司通过银行转账的方式，将腐败款项汇入贤哲志在美国银行的账户，此类付款共有 31 笔，总额为 96.448 万美元。

作为对这些腐败款项的回报，贤哲志主要从以下 4 个方面向古拉普公司提供帮助：（1）贤哲志在 KIGAM 的职位意味着他能够向韩国的其他上市公司和准上市公司推荐古拉普公司的产品，即帮助推广和销售该公司的产品；（2）贤哲志就定价策略和韩国公共部门采购做法向古拉普公司提供咨询，例如建议该公司不提供任何产品折扣，以在政府采购价格记录中维持较高的产品价格；（3）贤哲志帮助古拉普公司获得 KIGAM 和另一家韩国政府机构颁发的设备认证证书；（4）贤哲志向古拉普公司提供了机密信息，例如某竞争对手向 KIGAM 提供的演示和定价政策详细信息。

在很大程度上，由于有了贤哲志的帮助，古拉普公司在韩国的业务收入在 2003 年至 2015 年间得到大幅增长。尽管并非所有的增长都受到与贤哲志的腐败关系的影响，但在此期间，腐败导致的毛利润总额高达 206.9861 万英镑。

二、调查和指控

1. 公司内部调查

2014 年 12 月，克里斯托弗·波茨（Christopher Potts）博士被任命为古拉普公司的执行主席。自 2015 年年中起，他开始担任公司的首席执行官和董事长。2015 年 9 月，他对古拉普公司与贤哲志之间的关系产生怀疑，并在与了解公司与其进行交易的个人面谈后，终止了公司与贤哲志之间的所有合同和合作。随后，他委托一家名为 Addleshaw Goddard 的律师事务所开展内部审查。

经过审查之后，古拉普公司于 2015 年 10 月 23 日同时向英国严重欺诈办公室和美国司法部报告了其关注的问题。此外，波茨还于 2015 年 11 月 19 日向严重欺诈办公室提交了一份报告。2017 年，贤哲志在美国因洗钱罪而受审，涉及他从古拉普公司和另一家美国公司收到的腐败款项，并最终被判处有期徒刑。同时，古拉普博士、皮尔斯和贝尔均被指控共谋向贤哲志支付腐败款项，并将在美国接受审判。

2. 本案中提出的 2 项指控

在本案中，古拉普公司被指控构成以下 2 项罪名。

（1）第一项指控：构成《1977 年刑事法》第 1 条共谋罪（即共谋腐败或共谋支付腐败款项罪）。古拉普博士、皮尔斯和贝尔被指控共谋在 2002 年 4 月至 2015 年 9 月期间支付腐败款项。但是，所指控的刑事协议是，古拉普公司连同古拉普博士、皮尔斯和贝尔同意向贤哲志支付腐败款项，作为他在 KIGAM 事务中向古拉普公司提供好处的诱因或报酬；

（2）第二项指控：构成《2010 年反贿赂法》第 7 条商业组织未能防止贿赂罪。古拉普公司在 2011 年 7 月 1 日（即该法生效之日）至 2015 年 9 月 15 日期间，未能防止其员工尤其是皮尔斯和贝尔贿赂贤哲志，以获得或保留该公司的业务，或者为该公司开展业务时获得或保留优势地位。因此，古拉普公司无法行使"充分程序"抗辩权（见表 9.17）。

表 9.17　古拉普公司以往的反贿赂和反腐败政策[1]

1. 在 2012 年之前，古拉普公司没有采取任何反贿赂和反腐败政策，除了下文提到的 2011 年 11 月 18 日关于新立法的介绍外，没有定期向其员工提供反贿赂和反腐败培训，也没有为预防贿赂和腐败而对其代理人和分销商进行任何尽职调查。

2. 2011 年 11 月 18 日，在《2010 年反贿赂法》于 2011 年 7 月 1 日生效后，古拉普公司母公司的新大股东安排了一家律师事务所向古拉普公司介绍新立法。介绍结束后，由时任古拉普公司财务总监安德鲁·贝尔负责制定反贿赂和反腐败政策，随后董事会于 2012 年 7 月 27 日同意了该政策。然而，无论介绍还是反贿赂和反腐败政策都未能有效阻止与贤哲志的约定继续下去。

3. 安德鲁·贝尔于 2012 年制定了古拉普公司的反贿赂和反腐败政策，但此后仍以财务总监的身份继续授权公司财务部门向贤哲志支付款项，并于 2013 年 11 月起临时代理古拉普公司的董事总经理。

---

[1]　See SFO v. Güralp Systems Ltd–Deferred Prosecution Agreement–Statement of Facts, Para.50–54, https://www.sfo.gov.uk/download/deferred-prosecution-agreement-statement-of-facts-approved-judgment-sfo-v-guralp-systems-ltd/.

续上表

> 4. 2012 年 5 月，娜塔莉·皮尔斯和安德鲁·贝尔同意贤哲志在向古拉普公司开具咨询费发票时使用含糊不清的措辞，即"关于参数信息和产品开发的技术咨询发票"。安德鲁·贝尔对娜塔莉·皮尔斯提出的措辞形式的回答，与他们故意为贤哲志选择的发票所使用的含糊不清的措辞是一致的，即"完美！！没有人会明白这些！"。2012 年 5 月 30 日至 2015 年 4 月 20 日期间，贤哲志在向古拉普公司提交发票时都使用了这一措辞。
>
> 5. 直到 2015 年 9 月 15 日，古拉普公司才采取行动终止与贤哲志的约定，即当时新任的执行主席在意识到双方关系的潜在问题后，与古拉普公司高级管理层的其他成员（不包括古拉普博士、娜塔莉·皮尔斯和安德鲁·贝尔）一起迅速采取行动，停止向贤哲志支付任何进一步的款项，并终止与他的约定。

三、《暂缓起诉协议》的主要内容

2019 年 10 月 22 日，严重欺诈办公室与古拉普公司签署《暂缓起诉协议》，该《暂缓起诉协议》于当天获得法院批准。

1. 协议规定的期限

该《暂缓起诉协议》第 4 条规定："本协议自法院根据《2013 年犯罪和法院法》附件 17 和第 8 条第（1）款和第（3）款作出声明之日起生效，并至 2024 年 10 月 22 日或之前，当下文所述的财务条款得到完全满足时终止。"

2. SFO 提供暂缓起诉协议时考虑的因素

根据该《暂缓起诉协议》第 6 条的规定，严重欺诈办公室在向古拉普公司提供暂缓起诉协议时，主要是考虑到该公司：[1]

（1）自愿合作；

---

[1] See SFO v. Güralp Systems Ltd–Deferred Prosecution Agreement, p.2, https://cdn.wide-area.com/acuris/files/private-equity-law-report/documents/Guralp%20Approved%20Judgement%2022nd%20October%202019.pdf.

（2）无涉及先前刑事、民事或监管执法行动的类似行为史；

（3）支付 206.9861 万英镑的毛利润追缴；

（4）对现有合规计划进行审查和维护。

3. 关于未来的合作和公司合规计划

本案中达成的《暂缓起诉协议》规定，古拉普公司的合规官负责未来的公司合规计划，将直接向公司董事会报告，并按要求与严重欺诈办公室进行全面合作。合规官需要审查并每年向严重欺诈办公室报告其各项合规措施的实施情况，报告的内容大致可分为 6 个方面，包括：（1）年度合规风险评估及风险应对情况；（2）第三方中间人参与公司交易的情况；（3）反贿赂和反腐败培训及其有效性；（4）员工就合规问题及时获得建议或指导的能力；（5）秘密的内部报告机制和调查政策；（6）第三方尽职调查情况（见表 9.18）。

表 9.18　本案所签署《暂缓起诉协议》规定的未来公司合规计划 [1]

1. 古拉普公司将对其现有内部控制、政策和程序的执行情况进行审查，以符合《2010 年反贿赂法》和其他可适用的反腐败法律。

特别是，古拉普公司的合规官将编制一份报告提交给严重欺诈办公室，该报告将在本协议签订之日起 12 个月内完成，并在本协议有效期内每年完成一次，说明该公司当前的反贿赂和反腐败政策及其实施情况。报告应包括：

（1）年度合规风险评估，包括所出现的任何风险的细节以及如何应对；

（2）第三方中间人（例如代理人、分销商、顾问和当地合作伙伴）参与公司为开展业务而参与财团或任何其他形式的联合的交易的情况，而不论它们与公司之间是否存在任何正式的合同或直接付款关系；

（3）公司的反贿赂和反腐败培训制度，以监督培训的完成情况；

（4）公司提供的反贿赂和反腐败培训的有效性，及其员工反贿赂和反腐败意识水平提高的程度；

---

[1]　See SFO v. Güralp Systems Ltd–Deferred Prosecution Agreement, pp.5–6, https://cdn.wide-area.com/acuris/files/private-equity-law-report/documents/Guralp%20Approved%20Judgement%2022nd%20October%202019.pdf.

续上表

（5）证明公司员工能够就任何合规问题及时获得建议和指导的证据； （6）任何秘密的内部报告机制的细节； （7）有关调查公司内部不法行为指控的政策； （8）对第三方中间人（例如代理人、分销商、顾问和当地合作伙伴）进行的任何尽职调查的范围和结果。 　2. 在本协议有效期内，如果古拉普公司的任何董事获悉其过去、现在或将来的高级职员、董事、员工或代理人的任何行为证据或指控，且（1）古拉普公司的任何董事合理地认为构成严重或复杂的欺诈，如 SFO 的原则声明中所使用的术语（如在证券及期货事务监察委员会网站公布），以及（2）古拉普公司的任何董事合理地相信会符合证券及期货事务监察委员会在其网站公布的案件受理标准，古拉普公司须立即向该委员会报告该等证据或指控。 　3. 古拉普公司的合规官将直接向公司董事会报告。 　4. 古拉普公司的合规官将在协议期限内按照严重欺诈办公室的要求与其进行全面合作。

四、法院对《暂缓起诉协议》的司法审查

本案对暂缓起诉协议的审查是在南华克皇家刑事法院进行的。法院分别在 2019 年 10 月 10 日和 22 日对本案进行了预审和终审。负责审查本案暂缓起诉协议的法官是威廉·戴维斯（William Davis）。

1. 审查并确定暂缓起诉协议有利于司法公正

在本案中，法院考虑了一系列有利于起诉和不利于起诉的公共利益因素，并认定暂缓起诉协议有利于司法公正（见表 9.19）。

表 9.19　法院考虑的有利于和不利于起诉的公共利益因素 [1]

有利于起诉的公共利益因素	不利于起诉的公共利益因素
（1）支付腐败款项的协议涉及严重和持续的犯罪行为； （2）约 15 年来，古拉普公司定期向韩国政府机构的一名官员（外国公职人员）支付腐败款项； （3）作为一家小企业，却支付了总共超过 100 万美元的腐败款项； （4）古拉普公司通过支付腐败款项获得了超过 200 万英镑的利润； （5）这一犯罪行为是该公司非常资深的高级官员和员工精心策划的，并持续多年； （6）在《2010 年反贿赂法》出台时，没有采取任何有效措施来预防贿赂行为； （7）腐败行为对古拉普公司竞争对手的影响必然很大。	（1）古拉普公司向英国和美国官方报告了支付腐败款项的情况，表示愿意协助任何调查，而且还委托外部律师事务所进行内部调查并向严重欺诈办公室提供了大部分核心材料； （2）对支付腐败款项负有责任的人已经不再与古拉普公司有关联，当前是向官方报告犯罪活动的人在用完全不同的方法运营和管理公司； （3）古拉普公司以前没有从事过犯罪行为，本案涉及的犯罪活动是孤立的，并不构成涉及其他外国官员犯罪模式的组成部分； （4）自从发现犯罪活动以来，古拉普公司采取了实质性的措施，与不同地区的 5 家分销商终止了合作关系，并在发现犯罪活动之前推出了一项新的合规计划； （5）使用暂缓起诉协议可以并将继续体现该公司迄今为止向检察机关提供的合作； （6）如果起诉和定罪，则古拉普公司会被禁入英国和欧盟的公共合同，从而使这家财务状况已经岌岌可危的公司彻底破产，进而使无辜的员工蒙受损失；而且，古拉普公司的现任高管团队已尽其所能进行补救，并与两个司法管辖区的检察机关合作；此外，古拉普公司是一家提供不寻常专业知识的公司，如果它停止交易，将对世界各地需要通过该公司获得地震专业知识的机构产生一些有害影响。

2. 审查并确定协议条款是公平、合理和成比例的

在本案中，法院主要从协议期限、毛利润追缴、罚款、向 SFO 支付费用

---

[1]　See SFO v. Güralp Systems Ltd–Deferred Prosecution Agreement, pp.25–31, https://cdn.wide-area.com/acuris/files/private-equity-law-report/documents/Guralp%20Approved%20Judgement%2022nd%20October%202019.pdf.

以及未来的合作和公司合规计划方面对协议条款进行了审查，并最终确定它们是公平、合理和成比例的。

（1）协议期限。虽然本案签署的暂缓起诉协议仅规定古拉普公司支付206.9861万英镑的毛利润追缴作为唯一的经济处罚，但考虑到该公司已经岌岌可危的财务状况，法院还是给了该公司5年的期限来履行协议。对此，戴维斯法官指出："考虑到暂缓起诉协议对古拉普公司的财务影响，即使是对过去利润的适度分配，也需要古拉普公司有足够的时间来支付这些金额。"[1]

（2）毛利润追缴。根据《暂缓起诉协议》第13条和第14条的规定，古拉普公司将在协议签订之日起5年内，支付206.9861万英镑的毛利润追缴。但是，"协议并未规定时间表"，而"法院批准的所有其他暂缓起诉协议要么几乎要求立即支付任何经济处罚，要么规定了在规定日期进行支付的明确时间表"，原因在于，一方面，"古拉普公司的财务状况不允许设定这样的时间表"，另一方面，"协议规定的是古拉普公司将在协议签署之日的5周年前支付应付总额"，因为"2019年至2024年的损益和现金流预测显示，在这5年中，古拉普公司的状况将逐步改善"。[2]

（3）罚款、向SFO支付费用以及未来的合作和公司合规计划。本案签署的暂缓起诉协议没有规定支付任何罚款和费用。在援引沙克拉德有限公司案的处罚后，戴维斯法官指出，"司法公正并不要求公司被追究至破产"[3]，因此考虑到古拉普公司的财务状况，该公司并未被处以任何罚款和费用。但本案签署的暂缓起诉协议规定古拉普公司应当在未来提供全面合作并改进其公司合规计划。

---

[1] See SFO v. Güralp Systems Ltd–DPA Final Judgement, Para.39, https://cdn.wide-area.com/acuris/files/private-equity-law-report/documents/Guralp%20Approved%20Judgement%2022nd%20October%202019.pdf.

[2] See SFO v. Güralp Systems Ltd–DPA Final Judgement, Para.40, https://cdn.wide-area.com/acuris/files/private-equity-law-report/documents/Guralp%20Approved%20Judgement%2022nd%20October%202019.pdf.

[3] See SFO v. Güralp Systems Ltd–DPA Final Judgement, Para.39, https://cdn.wide-area.com/acuris/files/private-equity-law-report/documents/Guralp%20Approved%20Judgement%2022nd%20October%202019.pdf.

第五节　2020 年空客公司案

本案的一个最大特征是跨国联合执法，即本案是由英国严重欺诈办公室、美国司法部和国务院（Department of State）以及法国金融检察官办公室（Parquet National Financier, PNF）[1] 共同执法的。这也是严重欺诈办公室签署暂缓起诉协议的 7 个贿赂案件中唯一的跨国联合执法案件。正如严重欺诈办公室主任奥索夫斯基所言，英国"与美国和法国的合作伙伴携手，实现了有史以来最大规模的贿赂和腐败解决方案，与空客公司达成了创纪录的 36 亿欧元的全球暂缓起诉协议"，"这一堪称典范的合作为未来提供了蓝图，是应对全球经济犯罪的黄金标准"。[2] 这 36 亿欧元包括空客公司同意向法国金融检察官办公室支付的 20.83137455 亿欧元处罚、向英国严重欺诈办公室支付的 9.83974311 亿欧元（约 8.26439004 亿英镑）处罚——不包括费用，以及向美国司法部和国务院分别支付的 5.25655 亿欧元（约 5.82470179 亿美元）和 900 万欧元（约 498.6380 万美元）处罚。

一、公司和案情介绍

1. 公司简介

空客公司（Airbus SE）是世界上最大的两家商用飞机制造商之一（另一家是美国波音公司），同时它还提供直升机、军用运输机、卫星和运载火箭等产品和服务。空客公司的发展历史和结构都比较复杂，因此有必要对其进行分析，从而更好地理解为何它会受到英国、法国和美国的共同执法，为何它在多个国家从事了贿赂犯罪，以及为何该案成为有史以来被处罚金额最高的国际贿赂案件。

---

[1]　法国金融检察官办公室的英语译名为 National Financial Prosecutor's Office。

[2]　See SFO, Future Challenges in Economic Crime: A View from the SFO, 9 October 2020, https://www.sfo.gov.uk/2020/10/09/future-challenges-in-economic-crime-a-view-from-the-sfo/.

空客公司的住所地在荷兰和法国。2000 年，欧洲最大的军火供应制造商欧洲航空防务与航天集团（European Aeronautic Defence and Space Company，EADS NV）由法国、德国和西班牙的 3 家欧洲航空防务与航天公司合并创建。2013 年，EADS NV 股东之间的核心合作关系终止，产业股东退出，法国、德国和西班牙的集体国有股比例被限制在 28%。一个新的独立的董事会在一名独立的主席的领导下成立，而法国和德国有权决定批准或不批准某些外部董事。2014 年，EADS NV 更名为空客集团 NV（Airbus Group NV）。2015 年，空客集团 NV 转而成为一家欧洲的公众有限公司，即空客集团 SE（Airbus Group SE）。2017 年，空客集团 SE 更名为空客公司（Airbus SE）。至此，空客公司成为最终母公司的当前名称，但它与先前的集团母公司 EADS NV、空客集团 NV 和空客集团 SE 是同一个法人实体。2011 年至 2018 年间，空客公司的营业额大约为 490 亿至 665 亿欧元，同期其扣除财务成本和所得税的利润约为 15 亿至 50 亿欧元。

欧洲航空防务与航天集团法国 SAS（EARS France SAS）是 EADS NV 的子公司，其内部在 2008 年设立了一个名为"战略与营销部"（Strategy and Marketing Organisation，SMO）的部门。SMO 内部设有"SMO 国际"（SMO International），负责商业伙伴的任命和与商用飞机有关的国际市场开发（International Market Development，IMD）项目。其中，公司开发和选择委员会（Company Development and Selection Committee，CDSC）具有挑选商业伙伴的决定权，该委员会由 SMO 的最高负责人和空客公司首席财务官共同担任主席，并直接向空客公司首席执行官汇报。委员会的组成人员还包括合规官、SMO 国际的合规主管。2014 年，欧洲航空防务与航天集团法国 SAS 成为空客集团 SAS（Airbus Group SAS）。2017 年，空客集团 SAS 并入空客 SAS（Airbus SAS），也就不再作为独立实体而存在。

空客运营 SAS（Airbus Operations SAS）是空客有限公司的子公司，全资拥有 3 家分别在西班牙、德国和英国开展业务的公司。空客公司在英国的菲尔顿和布劳顿的业务是通过英国子公司空客运营有限公司（Airbus Operations Limited）管理运营的。空客防务与航天 SA（Airbus Defence and Space SA）

是空客公司在西班牙的另一家子公司。从 2012 年起，空客防务与航天 SA 拥有了英国军事有限公司（Airbus Military UK Ltd），其主要目的是支持某些在英国的项目。从 2014 年起，英国军事有限公司成为空客防务与航天部门（Airbus Defence and Space Division）的一部分。

可见，自 2011 年 7 月 1 日起，空客公司就一直出于实质目的在英国开展部分业务。实际上，两家英国公司，即空客运营 SAS 和英国军事有限公司，都受到空客公司的战略与运营管理。因此，空客公司属于《2010 年反贿赂法》第 7 条规定的"相关商业组织"，也是本案中签署暂缓起诉协议的公司。

2. 案情简介

空客公司的贿赂犯罪行为涉及该公司的商业、国防和航天部门，这些发生在 2011 年至 2015 年间的违法行为共涉及 5 个司法管辖区，包括马来西亚、斯里兰卡、印度尼西亚、加纳和中国台湾地区。其中，空客公司的大部分违法行为都是由商业伙伴（即中间人或代理人）执行的，这些第三方可以帮助空客公司在国际上获得销售合同。空客公司通常会根据销售额的百分比向商业伙伴支付佣金，或者根据每架飞机的价格支付固定的金额。

（1）第一组合同（发生在马来西亚）：2011 年 7 月 1 日至 2015 年 6 月 1 日期间，空客公司未能防止与空客公司有关联的人员在向马来西亚的亚洲航空（AirAsia）和亚洲航空 X（AirAsia X）销售飞机时贿赂其董事和（或）员工，从而为空客公司获得或保留业务或在商业活动中的优势地位。亚洲航空和亚洲航空 X 是东南亚的两大航空公司，总部设在马来西亚，当时是空客公司的重要客户，运营着完整的空客机队。2005 年 10 月至 2014 年 11 月期间，亚洲航空和亚洲航空 X 向空客公司订购了 406 架飞机，其中的 180 架飞机是通过由欧洲航空防务与航天集团法国 SAS（EADS France SAS）——后来变为空客集团 SAS——支付不正当款项和提议进一步支付不正当款项获得的。已经支付的不正当款项是在 2013 年 10 月至 2015 年 1 月期间分 4 次向亚洲航空和亚洲航空 X 的董事和（或）员工支付的 5000 万美元，作为对 180 架飞机订单的奖励（reward），名义是为由两名亚洲航空高管共同拥有的运动队——该运动队在法律上与亚洲航空和亚洲航空 X 没有关系——提供赞助（sponsorships）。这两名高管是亚洲航空的董事会成员，同时也是亚洲航空和亚洲航空 X 的大股东。此外，空客公司的员工还提议额外支付 5500 万美元，但由于空客公司在 2014 年 9 月启动对第三方关系的审查，并于 10 月冻结了对商业伙伴的付款，从而阻止了这笔腐败款项的实际支付。在本案中，空客公司与亚洲航空和亚洲航空 X 达成了 8 份合同，其中第 5 号至第 8 号合同涉及上述不法行为。

（2）第二组合同（发生在斯里兰卡）：2011 年 7 月 1 日至 2015 年 6 月 1 日期间，空客公司未能防止与空客公司有关联的人员在向斯里兰卡航空公司（Sri Lankan Airlines）销售飞机时贿赂其董事和（或）员工，从而为空客公司获得或保留业务或在商业活动中的优势地位。斯里兰卡航空公司是斯里兰卡的国家航空公司，当时由斯里兰卡政府持有该公司 99.1% 的股份。2013 年，空客公司通过一家秸秆公司（即中介公司 1）聘用了一名与从斯里兰卡航空公司购买飞机有关的人员的妻子。中介公司 1 是一家在文莱注册的公司，成立于 2012 年，拥有一名唯一的股东和董事，即中间人 1。中介公司 1 没有任何航空销售行业工作经验或人员。尽管空客公司的合规人员对该公司提出了担忧，但空客公司还是于 2013 年 3 月 22 日批准了对该公司的聘用，并在 29 日与其就 6 架空客 A330 飞机和 4 架空客 A350 飞机的销售以及另外 4 架空客 A350 飞机的租赁签订了咨询合同。该合同规定斯里兰卡航空公司每购买一架空客 A330 飞机，中间人 1 将得到 100 万美元；每购买一架空客 A350 飞机，中间人将得到 116 万美元；每租赁一架空客 A350 飞机，中间人将得到 30 万美元。合同还规定，如果斯里兰卡航空公司在 2015 年 10 月 30 日之前没有购买任何竞争对手的飞机，中间人将一次性获得 500 万美元。因此，空客公司员工共提议向中间人 1 支付 1684 万美元的腐败款项，但只在 2013 年 12 月 27 日实际支付了 200 万美元。特别需要指出的是，中介公司 1 被空客公司员工作为空客公司的商业伙伴，以掩盖其真实身份，这对下文提到的英国出口融资部（UK Export Finance）造成了误导。在本案中，空客公司与斯里兰卡航空公司达成的两份合同均涉及上述不法行为。

（3）第三组合同（发生在中国台湾地区）：2011 年 7 月 1 日至 2015 年 6 月 1 日期间，空客公司未能防止与空客公司有关联的人员在向泛亚航空公司（TransAsia Airways）销售飞机时贿赂其董事和员工，从而为空客公司获得或保留在商业活动中的优势地位。泛亚航空公司是中国台湾地区的第一家私人航空公司，但已于 2016 年停止运营。2010 年 12 月 2 日和 2012 年 6 月 22 日，空客公司相继与在中国香港地区注册的中介公司 2 和在阿联酋注册的中介公司 3 签订了顾问协议。2013 年 3 月 13 日，空客公司与中介公司 3 签订了进一步的顾问协议。2010 年至 2013 年间，空客公司通过中介公司 2 和中介公司 3（均为商业伙伴）向泛亚航空公司的一名董事和员工（为了私人利益）支付了腐败款项，作为泛亚航空公司从空客公司购买 20 架飞机（包括 2 架空客 A330、6 架空客 A321 和 12 架空客 A321neos）的回报。空客公司分 8 次向中介公司 2 支付了 243.25 万美元，同时分 3 次向中介公司 3 支付了 1190.25 万美元，这些款项纯粹是为了受贿者的私人利益，目的是"奖励不正当恩惠"（reward improper favour）。值得注意的是，在空客公司高级员工和两名中间人之间的电子邮件往来中，他们使用编码语言对不法交易进行了伪装。在本案中，空客公司与泛亚航空公司达成的 4 份合同均涉及上述不法行为。

（4）第四组合同（发生在印度尼西亚）：2011 年 7 月 1 日至 2015 年 6 月 1 日期间，空客公司未能防止与空客公司有关联的人员在向印度尼西亚鹰航公司（以下简称"鹰航公司"）和连城航空（Citilink Indonesia）销售飞机时贿赂其董事和员工，从而为空客公司获得或保留业务或在商业活动中的优势地位。鹰航公司是印度尼西亚的国家航空公司，该公司的股份在 2006 年由印尼政府 100% 持有，但印尼政府的持股比例在 2016 年降至略高于 60%。连城航空则是鹰航公司"低成本"运营的子公司。2011 年至 2014 年间，空客公司的一个商业伙伴（即中介公司 4）为了鹰航公司和（或）连城航空的员工或其家人的个人利益而向这些员工——他们是空客公司有关业务的关键或重要决策者——支付了超过 330 万美元的腐败款项。这些款项共分 9 次支付，并主要由鹰航公司的 3 名高管直接或间接收受。为了逃避洗钱监管，这些款项的很大一部分最终都汇入了中介公司 4 在新加坡的账号。2009 年至 2015 年间，鹰航公司和连城航空共从空客公司购买了 58 架飞机，其中与上述不法行为有关的有 55 架，包括 40 架空客 A320 和 15 架空客 A330。在本案中，空客公司与鹰航公司和连城航空达成了 5 份合同，其中第 2 号至第 5 号合同涉及上述不法行为。

（5）第五组合同（发生在加纳）：2011 年 7 月 1 日至 2015 年 6 月 1 日期间，空客公司未能防止与空客公司有关联的人员在向加纳政府销售军用运输机时实施贿赂行为，从而为空客公司获得或保留业务或在商业活动中的优势地位。2009 年至 2015 年间，空客公司通过其一家西班牙防务公司，开展了两次向加纳政府出售其 C-295 军用运输机的活动，一次是在 2009 年至 2011 年间，另一次是在 2013 年至 2015 年间。该防务公司聘请了中间人 5——一名加纳政府高级官员（政府官员 1）的近亲——作为商业伙伴，以提议向加纳政府出售 3 架军用运输机。实际上，许多空客公司员工都知道中间人 5 是政府官员 1 的近亲，而后者是该销售的关键决策者。空客公司员工向中间人 5 支付或承诺支付约 500 万欧元的腐败款项，以奖励政府官员 1 对空客公司的"不正当恩惠"。为此，这些员工创建虚假文件以支持和掩饰这些付款，但付款因上述安排未通过尽职调查而最终停止。与第二组合同中的中介公司 1 类似，中间人 5 及其公司和同伙此前都没有任何航空航天行业的专业知识和经验。值得注意的是，一些空客公司员工（包括 2 名高级员工和 1 名参与合规工作的员工）在本案中同意故意规避适当的公司合规程序。空客公司向加纳政府出售 3 架 C-295 军用运输机的合同分别在 2011 年 8 月 3 日（2架）和 2015 年 3 月 5 日（1 架）达成，并分别于 2011 年 11 月 17 日、2012 年 3 月 19 日和 2015 年 12 月 4 日交付了这些运输机。在 2012 年 3 月至 2014 年 2 月期间，空客公司实际支付 390.9756 万欧元的腐败款项，并作出支付约 167.5 万欧元腐败款项的许诺（并未实际支付）。在本案中，空客公司与泛亚航空公司达成的 2 份合同均涉及上述不法行为。

二、调查和指控

1. 公司内部调查

2014 年，空客公司试图从英国出口信贷机构（包括英国出口融资部）获得出口信贷融资。但是，英国出口融资部对空客公司在 2014 年 11 月提出的出口信贷融资申请表示不满，尤其是对有关商业伙伴（即代理人）的细节提出了质疑，因为这些代理人几乎没有相关工作经验，而且其住所和收入都在有关国家境外。2015 年 2 月期间，空客公司向英国出口融资部提供了具有误导性和虚假的信息。尽管空客公司于 2015 年 3 月中旬撤回了向英国出口融资部提出的融资申请，但英国出口融资部还是在 4 月 24 日就代理人的尽职调查程序致函空客公司，并特别提到其有义务向严重欺诈办公室报告所有可疑情况。

2015 年年底，空客公司对其关于在出口信贷融资申请中使用商业伙伴的申报的准确性和完整性进行了审查。2016 年 1 月，空客公司首次就出口信贷申报问题向英国出口融资部进行报告。在进一步调查后，空客公司于 2016 年 3 月向英国出口融资部提交了一份更详细的报告，而且双方达成一项谅解，即该信息可与英国其他相关机构共享。这一披露旨在纠正之前提供给英国出口融资部的不准确信息，包括腐败的危险信号，并且是在空客公司被通知英国出口融资部有义务报告任何腐败嫌疑的时候作出的。在英国出口融资部认为有必要联系严重欺诈办公室并强烈建议空客公司也向有关机构报告后，英国出口融资部和空客公司于 2016 年 4 月 1 日向严重欺诈办公室进行了报告。2016 年 4 月 6 日，空客公司通过其法律顾问与严重欺诈办公室首次会面。

2. 执法机构外部调查

2016 年 7 月 15 日，严重欺诈办公室对空客公司和相关人员展开刑事调查。空客公司于 8 月 5 日获悉此事，并向金融市场进行了信息披露。2017 年 1 月 31 日，严重欺诈办公室与法国金融检察官办公室决定成立联合调查组

（Joint Investigation Team），对空客公司及其关联公司、商业伙伴、前员工、现有员工以及其他第三方的贿赂和腐败指控展开调查。联合调查组的调查是大规模、大范围的，广泛"涵盖了空客公司各部门截至 2016 年的所有业务流程——全球超过 1750 家实体。联合调查组特别关注 110 个商业伙伴的情况，并从中选择了若干调查重点"[1]。在联合调查组进行调查的同时，严重欺诈办公室、美国司法部和国务院也进行了独立的调查。

严重欺诈办公室重点调查了空客公司在马来西亚、斯里兰卡、印度尼西亚和加纳和中国台湾地区的贿赂犯罪。法国金融检察官办公室重点调查了空客公司在中国、哥伦比亚、尼泊尔、韩国、阿联酋、沙特阿拉伯、俄罗斯和中国台湾的贿赂和腐败犯罪。美国司法部和国务院重点调查了空客公司在中国的贿赂和腐败犯罪以及涉及违反美国《国际武器贸易条例》（International Traffic in Arms Regulations）的刑事与民事犯罪。

3. 本案中提出的指控

在本案中，由于在 5 个不同的司法管辖区或国家从事了贿赂犯罪行为（涉及 5 组腐败合同），空客公司被指控构成 5 项《2010 年反贿赂法》第 7 条规定的商业组织未能防止贿赂罪。这些指控均涉及与空客公司有关联的人（不只是员工）为获得飞机订单通过第三方向民航公司（第 1 组至第 4 组合同）或政府官员（第 5 组合同）行贿。

空客公司未能行使"充分程序"抗辩权的原因在于该公司的内部合规架构存在很大问题。本案涉及的贿赂犯罪行为几乎都是由第三方中介机构——在大多数情况下和代理人或商业伙伴是同义词——进行的，目的是在国际业务中协助空客公司赢得更多的飞机销售合同。这些中介机构按照飞机销售额的百分比或固定金额向空客公司收取佣金。2012 年，空客公司委托第三方公司对其合规计划进行审查，并协助其设计反贿赂合规计划。同时，空客公司制定了一系列旨在管理与第三方之间付款和合同关系的书面政策，以确保

---

[1] See SFO v. Airbus SE–DPA Final Judgement, Para.35, https://www.judiciary.uk/wp-content/uploads/2020/01/Director-of-the-Serious-Fraud-Office-v-Airbus-SE-1-2.pdf.

第三方中介机构的使用是合法的，其中特别强调要进行事前尽职调查并重视"危险信号"。然而，尽管有了这些政策和合规审查，空客公司的合规架构还是暴露出了很多问题，未能有效预防贿赂犯罪行为的发生。如前文所述，空客公司专门设立了负责挑选商业伙伴的公司开发和选择委员会，而正是其中的一些委员知道和（或）从事了本案中的贿赂犯罪行为。此外，空客公司向该委员会提供的信息也存在不准确、不完整和具有误导性的问题，导致该委员会无法有效发挥监督职能。

可见，"英国《2010 年反贿赂法》规定的'充分程序'不仅仅意味着'广泛而复杂的政策和程序'。要想达到'充分'，他们必须有所作为，并证明企业中存在积极的企业文化。尽管有证据表明空客公司有广泛而复杂的反贿赂控制措施，甚至在 2012 年从一家不具名的第三方公司获得了反贿赂合规认证，但这些措施无效且很容易被绕过，这表明反贿赂文化很差，即它们并不是充分的程序"[1]。也即，执法机构和法院在判断公司所采取的反贿赂和反腐败措施是否属于充分程序时，会进行实质性判断。

三、《暂缓起诉协议》的主要内容

在本案中，空客公司除了与严重欺诈办公室签订了为期 3 年的《暂缓起诉协议》，还与法国金融检察官办公室签订了为期 3 年的《公共利益司法协议》（Convention Judiciaire d'Intérêt Public，CJIP）[2]、与美国司法部签订了为期 3 年的《暂缓起诉协议》。根据这些和解协议，3 国执法机构同意暂停对空客公司的起诉，如果空客公司在此期间履行协议条款，将最终终止起诉，同时，由法国反腐败局（Agence Française Anticorruption，AFA）作为监控人对空客公司的合规计划和程序进行持续性的、有针对性的监控，严重欺诈办公室和美国司法部将不再对空客公司进行独立合规监控。空客公司还与美国国

---

[1]　See SFO Enters into Its Seventh DPA with Airbus as Part of €3.6bn Global Resolution for Bribery, 17 February 2020, https://www.cms-lawnow.com/ealerts/2020/02/sfo-enters-into-its-seventh-dpa-with-airbus.

[2]　法国公共利益司法协议的英语译名为Judicial Public Interest Agreement。

务院签订了同意协议（Consent Agreement），解决了出口管制合规问题。

2020 年 1 月 30 日和 31 日，空客公司总法律顾问和严重欺诈办公室主任分别在暂缓起诉协议上签字，该协议于 31 日当天得到了法院的批准。

1. 协议期限

本案达成的《暂缓起诉协议》第 4 条规定："本协议的有效期自法院根据《2013 年犯罪和法院法》附件 17、第 8 条第（1）款和第（3）款作出声明之日起生效，并自生效之日起至 3 年后的 2023 年 1 月 31 日终止'期限'。"

2. SFO 提供暂缓起诉协议时考虑的因素

在本案中，严重欺诈办公室之所以决定向空客公司提供暂缓起诉协议，主要是考虑到该公司：[1]

（1）自 2016 年 4 月以来，自我披露了事实陈述中所述的行为；

（2）过去和未来的合作；

（3）支付 5.8593974 亿欧元的毛利润追缴；

（4）支付总额为 3.98034571 亿欧元的罚款；

（5）向 SFO 支付 698.9401 万欧元的合理调查费用；

（6）对空客公司的道德与合规政策和程序进行实质性补救和持续改进；

（7）向 SFO 声明空客公司将至少在协议期满前继续存续；

（8）同意自费完成公司合规计划要求采取的行动。

特别值得注意的是，本案签署的《暂缓起诉协议》在对公司合规计划作出规定时包含了道德元素，即强调"道德与合规政策和程序"。

3. 未来的公司合规计划

严重欺诈办公室与空客公司签订的《暂缓起诉协议》中，明确列出了空客公司此前作出的合规努力，并规定了该公司未来需要采取的合规措施（见

---

[1]　See SFO v. Airbus SE—Deferred Prosecution Agreement, Para.5, https://www.sfo.gov.uk/download/airbus-se-deferred-prosecution-agreement-statement-of-facts/.

表 9.20）。其中，同样提到了道德元素，例如"合规与道德计划""道德与合规委员会""道德与合规官"，而且，"文化、道德与合规"被置于同等重要的位置。

表 9.20 《暂缓起诉协议》规定的公司"合规与道德计划"[1]

1. 自确定事实陈述中所述事项以来，空客公司已实施并将继续实施合规与道德计划改进措施，以提高其在整个运营过程中预防和发现违反《2010 年反贿赂法》和其他可适用的欺诈和反腐败法的犯罪行为的能力，包括空客公司及其控制的子公司。具体而言，为了解决在招聘外部顾问、合规控制、政策和程序方面的潜在不足，自 2015 年以来，空客公司已经采取了以下做法：

（1）投入了大量财务资金，在集团范围内进行合规审查和革新。空客公司的"合规之旅"包含一整套举措，旨在改变空客公司的文化，并加强集团在招聘、风险管理和控制方面的保障活动和运营实践。该"合规之旅"的关键组成部分如下。

◆撤换了执行委员会级别的高级管理人员，包括任命新的首席执行官、首席财务官和总法律顾问

◆设立了董事会小组委员会，名为道德与合规委员会，对公司的道德与合规计划进行独立监督

◆广泛招聘外部合规专业人员，通过总法律顾问和新任首席道德与合规官直接接触董事会和执行委员会

◆在广泛培训的支持下，修改了空客公司的行为准则和其他原则

◆加强了风险管理、合规和内部上报程序

◆加强了合同信用治理

◆禁止在任何商用飞机销售活动中使用外部顾问

（2）彻底改变了其财务控制系统和方法，包括在日常运营中纳入带有稳健报告的"第一道和第二道防线"，并将该标准一贯适用。

（3）空客公司成为广泛的内部合规审查和外部合规审查的对象，前者包括合规性验证访问（compliance verification visits），以测试特定子公司或地区的绩效和合规性；后者由法国反腐败局、普华永道会计师事务所、安永（Ernst & Young）会计师事务所（以空客公司法定审计主体的身份）和独立合规审查小组在其文化、道德与合规程序方面开展审查。

---

[1]　See SFO v. Airbus SE – Deferred Prosecution Agreement, Para.28-29, https://www.sfo.gov.uk/download/airbus-se-deferred-prosecution-agreement-statement-of-facts/.

续上表

	2. 根据空客公司与法国金融检察官办公室签署的公共利益司法协议的条款，空客公司同意任命法国反腐败局作为监控人。根据该公共利益司法协议，法国反腐败局将在公共利益司法协议签署之日起 3 年内监控空客公司不断改进的合规程序。

四、法院对《暂缓起诉协议》的司法审查

本案对暂缓起诉协议的审查是在南华克皇家刑事法院进行的。法院分别在 2020 年 1 月 28 日和 30 日对本案进行了预审和终审。负责审查本案暂缓起诉协议的法官是英国女爵维多利亚·夏普（Victoria Sharp P.）。

1. 审查并确定暂缓起诉协议有利于司法公正

在本案中，法院主要从罪行的严重性、自我报告和合作、补救措施和文化上的改变、附带影响 4 个方面考虑了有利于和不利于起诉的公共利益因素（见表 9.21）。

表 9.21　法院考虑的有利于和不利于起诉的公共利益因素 [1]

1. 罪行的严重性	（1）空客公司的贿赂犯罪行为持续了许多年；（2）贿赂在空客公司的两个核心业务领域普遍存在，涉及空客公司在全球经营的每一个地方；（3）尽管空客公司在关键时刻制定了预防贿赂的政策和程序，但它们在 2014 年 9 月之前很容易被绕过或违反，并且存在一种允许空客公司合作伙伴和（或）员工在世界各地行贿的企业文化；（4）空客公司的违法行为涉及许多最高级的和高级的员工以及负有合规职责的员工；（5）违法行为包括制造虚假发票、虚假付款和其他合规材料，以及故意规避空客公司的内部和外部合规程序；（6）在一些情况下，违法行为涉及公职人员和各个国家在其中拥有重大利益的公司的雇员或董事；（7）鉴于事件的性质和规模，空客公司的违法行为已经对市场的廉洁和信心造成实质性损害。

---

[1]　See SFO v. Airbus SE–DPA Final Judgement, Para.63–86, https://www.judiciary.uk/wp-content/uplo-ads/2020/01/Director-of-the-Serious-Fraud-Office-v-Airbus-SE-1-2.pdf.

续上表

2. 自我报告和合作[1]	空客公司的做法包括：（1）全面证实其商业、国防、航天和直升机部门存在腐败；（2）向联合调查组提交该调查组不知道的跨部门的危险信号综合汇编；（3）接受《2010 年反贿赂法》赋予严重欺诈办公室扩大的域外法权并对 2011 年后的犯罪事实予以重视；（4）报告的行为几乎完全发生在海外，这是海外公司的典范步骤；（5）对公司记录的所有商业伙伴关系进行分析；（6）提供前商业伙伴清单，其中包括反腐败风险评估（包括当局不知道的危险信号，联合调查组可从中选择调查重点）；（7）从 200 多个保管人处收集了超过 3050 万份与联合调查组调查有关的消除重复数据后的文件；（8）新的空客公司董事会及其道德与合规委员会（负责内部调查）明确承诺全面配合联合调查组调查，并公开邀请该调查组直接与委员会讨论任何问题；（9）就调查性面谈的进行与联合调查组进行全面协调与合作；（10）提供所有相关个人的第一账户；（11）提供了广泛和详细的演示，包括支持性文件、组织结构图和年表，详细说明相关电子邮件、合同、面谈账户、语境背景、发票、付款和会计记录；（12）有效利用预测性编码技术，协助确定相关同期文件的优先次序和识别；（13）方便查阅从保管人处收集的 3070 万份文件，并使该调查组能够独立于空客公司对这些文件进行审查，而且，严重欺诈办公室的独立调查没有发现空客公司在自己调查中未发现的任何公司文件；（14）根据可适用的法律提供所要求的所有同期文件，并在此类文件中就特权采取合作立场；（15）提供一份经严重欺诈办公室核实的基于特权而扣留的同期文件清单，包括主张特权的理由；（16）成立国际市场开发工作组，其任务是确定存在潜在担忧的非核心子公司，并从合规角度向联合调查组通报存在潜在担忧的国际市场和开发项目，以及空客公司希望就这些项目采取的行动，以确保它们不与联合调查组的行动冲突；（17）提供有关空客公司资金在调查初期流入的银行账户的关键文件和信息，以便严重欺诈办公室迅速获得司法协助；（18）改变了公司最高管理层，并在法律的允许下解雇了大量个人；（19）停止使用商业伙伴协助业务部门的销售，并大大限制其他部门使用商业伙伴，这导致整个集团的商业伙伴到 2015 年减少了 95%；（20）提供了独立合规审查小组对公司合规流程、组织和文化的评估报告；（21）让外部会计师和内部人员介绍和解释财务流程和资金流；（22）就与前商业伙伴的仲裁程序中使用敏感证据的问题咨询联合调查组，以确保不会对正在进行的调查造成任何偏见；（23）就媒体策略与联合调查组保持联络；（24）使联合调查组及时了解公司新合规计划的实施情况，包括通过该计划发现的引起关切的活动的情况。

[1] 维多利亚·夏普法官指出："在考虑司法公正时，自我报告以及随后的合作的水平和质量可能是关键因素。然而，单纯从第一次报告不当行为的角度来考虑自我报告问题是错误的。即使检察机关意识到第三方的行为造成了相关行为，如果随后的自我报告或合作总体上是高质量的，并且揭露了不可能引起当局注意的重大不当行为，这将是有利于暂缓起诉协议的一个重要因素……在这种程度上，自我报告和合作之间没有必要的明确界限。参见 SFO v. Airbus SE–DPA Final Judgement, Para.68, https://www.judiciary.uk/wp-content/uploads/2020/01/Director-of-the-Serious-Fraud-Office-v-Airbus-SE-1-2.pdf。

续上表

3. 补救措施和文化上的改变	空客公司的做法包括：（1）改变管理团队，任命新的首席执行官、首席财务官、总法律顾问和执行委员会或董事会；（2）对现任和前任员工进行了纪律调查，导致自2015年以来有63名高管离职，其中31人被辞退，32人自愿离职或退休；（3）对内部流程进行了重大调整，委托独立的合规审查小组审查了公司的道德与合规程序；（4）公司的道德与合规团队进行了重组，以确保其职能独立于业务；法律与合规职能部门合并，并向新的总法律顾问汇报工作；成立一个名为道德与合规委员会的董事会小组委员会，对公司的道德与合规计划进行独立监督；任命新的道德与合规官——直接向总法律顾问和道德与合规委员会报告；（5）创建了许多新的合规职位，并广泛招聘经验丰富的高级合规专业人员；（6）根据外部利益攸关方、顾问和执法机构的建议，修订了反贿赂和反腐败政策和程序；（7）在全公司开展系统和全面的反贿赂和反腐败风险评估；（8）大大减少了集团各公司对外部顾问的使用，并已停止在商用飞机部门使用与飞机销售有关的顾问；（9）重新设计了与集团有业务关系的所有第三方的入职、尽职调查和持续监控；（10）在道德与合规项目小组的监督下，为所有高风险和中风险暴露岗位的员工有针对性地实施为期24个月的反贿赂和反腐败培训计划；（11）在新任首席财务官的指导下重新设计内部财务控制；（12）委托顾问公司和执法机构对其合规架构和程序进行独立审查和测试；（13）采取措施解除所有不法分子在空客公司的职务。
4. 附带影响	（1）在公共资源的有效利用方面，提供暂缓起诉协议可以节省专业知识和时间资源，并鼓励和激励类似企业实体自我报告其不法行为。（2）在定罪可能造成不成比例的后果方面，定罪可能会导致空客公司被排除在英国、欧盟以及其他司法管辖区的公共采购程序之外，从而引发一系列后果，包括：潜在合同损失；对公司财务状况造成不利影响；对无辜员工造成不利影响，尤其是带来大规模失业；对其他无辜第三方（例如股东和关联企业）造成负面影响；对英国、美国、德国、法国、西班牙等国家的经济产生巨大的间接不利影响，甚至会导致其国内生产总值大幅下降；在未来的公开招标中，竞争的减少可能会产生不利后果，导致数十亿欧元的额外公共开支。

综上所述，空客公司"进行了堪称典范的合作，包括就海外行为向严重

欺诈办公室提交报告，而严重欺诈办公室本不知道这些行为。用一句俗语来说，空客公司已经真正把口袋都翻了出来，现在已经变成了一家与不法行为发生时不同的公司"，而且，"尽管所从事的行为性质恶劣，但起诉对空客公司的影响以及对成千上万无辜的第三方公司和个人的附带影响将是不成比例的"。[1] 因此，法院认定暂缓起诉协议有利于司法公正。

2. 审查并确定协议条款是公平、合理和成比例的

法院在审查并确定协议条款公平、合理和成比例时，主要从协议期限、国际执法合作、赔偿、毛利润追缴、罚款、合作、合规、向 SFO 支付费用和调查结束 9 个方面进行了考虑。

（1）除罚款较为复杂外，其他方面均较容易确定（见表 9.22）。

表 9.22　法院在审查协议条款时考虑的 8 个方面 [2]

考虑的方面	法院表示满意的理由或考虑的具体内容
1. 协议期限	空客公司已经采取广泛的合规补救措施，并已任命法国反腐败局在协议期间对空客公司进行监控，因此 3 年时间足够其履行协议条款。
2. 国际执法合作	英国、法国和美国的执法机构在商定的全面财务结算框架内开展工作，所采取的方法在一定程度上反映了法国在调查中的首要地位，并强调鼓励国际合作。
3. 赔偿	不要求空客公司赔偿是对的，理由包括：无法确定有关犯罪行为所造成的可量化损失；没有证据表明空客公司出售给客户的任何产品或服务有缺陷或不受欢迎；空客公司没有阻止任何潜在的受害者要求赔偿。
4. 毛利润追缴	5.8593974 亿欧元代表了本案中 5 项指控所涵盖的犯罪行为的毛利润总额，该金额经过空客公司和严重欺诈办公室各自所聘请专业财务顾问公司的谨慎计算和仔细核对。

[1]　See SFO v. Airbus SE–DPA Final Judgement, Para.87, https://www.judiciary.uk/wp-content/uploads/2020/01/Director-of-the-Serious-Fraud-Office-v-Airbus-SE-1-2.pdf.

[2]　See SFO v. Airbus SE–DPA Final Judgement, Para.91–98, 114–118, https://www.judiciary.uk/wp-content/uploads/2020/01/Director-of-the-Serious-Fraud-Office-v-Airbus-SE-1-2.pdf.

续上表

考虑的方面	法院表示满意的理由或考虑的具体内容
5. 合作	空客公司同意在协议期间继续与严重欺诈办公室及其他机构合作，及时向严重欺诈办公室报告其知悉的任何欺诈证据或指控。
6. 合规	暂缓起诉协议包括要求空客公司继续实施和审查其合规改进措施，以及任命法国反腐败局在协议期间担任空客公司的合规监控人。
7. 费用	严重欺诈办公室在本案调查和签订暂缓起诉协议方面花费的合理费用是 698.9401 万欧元。空客公司同意支付该笔费用。
8. 调查结束	严重欺诈办公室宣布已经结束对空客公司及其控股子公司的调查，除了继续对特殊项目管理有限公司（Special Project Management Ltd）进行单独调查，无意对空客公司及其控股子公司开展任何进一步的调查或起诉。

（2）罚款。如前文所述，空客公司同意支付总额为 3.98034571 亿欧元的罚款，其计算步骤主要包括计算损害、罪责、罪责乘数和减刑（见表 9.23）。

表 9.23　空客公司被处以的罚款的计算方式

指控	作为罚款依据的毛利润	罪责	乘数	减刑折扣	最终罚款数额
1	2.38583515 亿欧元	A-重大罪责	300%	50%（33.3% 的认罪折扣和 16.7% 的额外特别合作折扣）	3.578752725 亿欧元
2		A-重大罪责			
3		A-重大罪责			
4		B-中等罪责			
5	2677.28653 万欧元	A-重大罪责			4015.9298 万欧元
合计	2.653563803 亿欧元				3.98034571 亿欧元

第一，就损害而言，在本案中，"罚款是根据 2011 年 7 月 1 日至 2020 年 3 月 31 日期间交付的飞机赚取的毛利润计算的。作为商业部门罚款计算依据的适当数字（在适用任何乘数或折扣之前）为 9.5433406 亿英镑"，但是，"出于整体性和成比例性的原因，并为了有助于在更广泛的全球范围内解决

这一案件，暂缓起诉协议并未采取这种方法"，而是采取了其他方法，例如：就斯里兰卡第 2 号合同而言，没有进行单独处罚，因为有关罪行已经在第 1 号合同中予以处罚；就印度尼西亚第 5 号合同而言，适当数字是向商业伙伴许诺的 1000 万美元；就马来西亚第 8 号合同而言，适当数字是所提供或许诺的 5500 万美元。[1] 因此，作为罚款依据的毛利润为 2.653563803 亿欧元，包括第 1 项指控至第 4 项指控下的 2.38583515 亿欧元和第 5 项指控下的 2677.28653 万欧元。

第二，就罪责而言，在本案中，"各当事方采取了在逐项计算的基础上评估罪责和损害的方法，以确保对涉及不同个人、行业和时间段的不同类型的行为采取全面的方法"[2]。由于空客公司滥用市场支配地位或被信任和承担责任的地位、违法行为持续了一段时间、涉及高级员工、企业文化是允许空客公司在世界各国行贿、先前的反贿赂政策和程序无效等因素，第 1 项指控至第 3 项指控和第 5 项指控均构成最高等级的"A-重大罪责"。在第 4 项指控中，由于没有空客公司员工参与上游贿赂犯罪，因此仅构成"B-中等罪责"。

第三，就罪责乘数而言，法院出于整体性和成比例性的考虑，将第 4 项指控的罪责乘数定为"B-中等罪责"中最高的 300%，并同样将第 1 项指控至第 3 项指控和第 5 项指控的罪责乘数定为"A-重大罪责"的起刑点，即300%。因此，第 1 项指控至第 4 项指控下的损害处罚金额为 7.15750545 亿欧元，第 5 项指控下的损害处罚金额为 8031.8596 万欧元。

第四，就减刑而言，法院认为"考虑到空客公司同意通过暂缓起诉协议解决拟议起诉书中广泛的（不法）行为，应允许完全减少拟定罚款的三分之一（33.3%），并对总额进行调整，以反映认罪后定罪时可能被处以的罚款。此外，为了考虑到空客公司堪称典范的合作和补救措施，再打 16.7% 的折扣是有正当理由的，因此罚款的总折扣应为 50%。这就给出了一个对所有指控

---

[1] See SFO v. Airbus SE–DPA Final Judgement, Para.101–103, https://www.judiciary.uk/wp-content/uploads/2020/01/Director-of-the-Serious-Fraud-Office-v-Airbus-SE-1-2.pdf.

[2] See SFO v. Airbus SE–DPA Final Judgement, Para.107, https://www.judiciary.uk/wp-content/uploads/2020/01/Director-of-the-Serious-Fraud-Office-v-Airbus-SE-1-2.pdf.

进行处罚的数字，即 3.98034571 亿欧元"，而"空客公司表示它有能力支付这笔款项"。[1]

五、评析与启示

在本案中，夏普法官指出："暂缓起诉协议要求空客公司支付巨额罚款，从而向企业违法犯罪者发出重要的威慑信号。它还通过给予罚款 50% 的折扣，承认并奖励了空客公司为解决这一问题所做的努力。此外，暂缓起诉协议让空客公司有机会在协议期间展示其公司复兴和对有效合规的承诺，而不会面临刑事定罪的潜在后果。这确保了英国的主要雇主继续按照高道德与合规标准运营。通过签订暂缓起诉协议，严重欺诈办公室避免了对空客公司的任何起诉所固有的大量时间和金钱支出，并且可以将其有限的资源用于其他重要工作。暂缓起诉协议很可能会激励处于与空客公司类似情况的组织进行曝光和自我报告。正如严重欺诈办公室所指出的，这在复杂的公司犯罪背景下至关重要。"[2] 可以说，空客公司案是近年来国际反贿赂和反腐败领域最重要的案件之一，对理解英国《2010 年反贿赂法》执法具有重大意义。该案的关键要点主要包括：

1. 英国出口融资部在本案中所起的关键作用表明，与企业有业务往来的政府和准政府机构通常会密切关注企业的反贿赂和反腐败措施，而这些措施的不足或无效极易滋生贿赂犯罪并暴露在执法机构面前；

2. 虽然达成暂缓起诉协议等和解协议的财务成本可能很高，企业遭受的经济处罚可能很严厉，但这样做对商业组织的好处很明显，即往往利大于弊；

3. 对于资源有限的执法机构来说，他们同样有动力向符合条件的企业提供暂缓起诉协议，并实现稀缺执法资源的最优化配置；

4. 无论潜在的违法犯罪行为有多么严重，如果有足够的有利于暂缓起诉协议（不利于起诉）的公共利益因素，则公司仍有可能避免被起诉和定罪；

---

[1] See SFO v. Airbus SE–DPA Final Judgement, Para.112, https://www.judiciary.uk/wp-content/uploads/2020/01/Director-of-the-Serious-Fraud-Office-v-Airbus-SE-1-2.pdf.

[2] See SFO v. Airbus SE–DPA Final Judgement, Para.119, https://www.judiciary.uk/wp-content/uploads/2020/01/Director-of-the-Serious-Fraud-Office-v-Airbus-SE-1-2.pdf.

5. 本案表明，执法机构和法院始终偏好激励企业进行及时的自我报告和有意义的全面合作，它们是决定企业能否获得暂缓起诉协议的关键因素；

6. 执法机构不一定会接受公司的内部调查结果，但如果执法机构单独开展的外部调查证实公司内部调查结果是可靠的，则对公司而言是加分项；

7. 在发现不当行为后，公司是否及时采取有效的补救措施并实现合规文化变革，也是决定执法机构提供暂缓起诉协议和法院批准协议的一个重要因素；

8. 在考虑是否提供或批准暂缓起诉协议时，起诉和定罪可能对商业组织造成的后果并不太重要，因为英国、法国和美国的执法机构都认为：没有任何一家公司会"大到不能起诉"（too big to prosecute）[1]；

9. 本案表明，各国国内执法机构之间的合作越来越紧密，各国执法机构之间的全球合作质量越来越高，这种合作的范围已经不局限于英国、法国和美国，而是涵盖了空客公司业务所触及的所有大陆，而且，3 国执法机构之间通过互相配合协作并消除监管空白和监管重叠取得了非常好的执法效果；

10. 第三方（如代理人、顾问及其他中介机构）既可以是贿赂的源头，也可以是贿赂的渠道；

11. 企业不仅要重视反贿赂和反腐败合规，还要同时注意出口合规、制裁合规、反垄断合规、人权合规等，并根据需要制定和审视其在这些相关领域的有效合规计划；

12. 目前来看，关于到底什么是英国《2010 年反贿赂法》规定的"充分程序"仍不太明确，空客公司案也没有进一步提供更多的细节，但商业组织可以从这些执法案件中得到关于如何开展反贿赂和反腐败合规的重要信息；

13. 航空航天业仍然是美国、英国等国家反贿赂和反腐败执法的热点行业；

---

[1]　See Philip Urofsky and Mathew Orr, Airbus Agrees Record-Breaking €3.6 Billion Settlement to Avoid Prosecution, 11 February 2020, https://www.shearman.com/Perspectives/2020/02/Airbus-Agrees-Record-Breaking-Settlement-to-Avoid-Prosecution.

14. 各国执法机构普遍重视企业早期和强有力的道德与合规计划，尤其是该计划和有关政策和程序的有效性，这意味着仅仅解决公司合规计划的有无是完全不够的。

第六节　2020 年航空服务有限公司案

尽管本案与劳斯莱斯股份有限公司案和空客公司案都涉及航空领域，但劳斯莱斯公司主要是出售飞机发动机及其养护和维修服务，空客公司主要是出售民航客机和军用运输机，而航空服务有限公司（以下简称"航空服务公司"或"ASL"）则主要是提供航空内饰翻新服务。相对而言，本案案情并不复杂。值得注意的是，负责审查本案暂缓起诉协议的朱丽叶·梅（Juliet May）法官再次强调，航空服务公司被要求"上缴从通过贿赂获得的业务中得到的所有利润，并支付巨额罚款。罚款和折扣传达了两个重要的信号：一是公司犯罪行为将被处以非常重的罚款，而不仅仅是对非法获得利润的上缴；二是通过给予罚款 50% 的折扣，传达积极和实质性的激励，鼓励公司在发现犯罪行为时进行自我报告和合作"[1]。

一、公司和案情介绍

1. 公司简介

航空服务公司是一家于 1984 年成立并在英国注册的家族企业。该公司以前主要为飞机内饰翻新提供服务和产品，后来逐渐将业务拓展至以下两个方面：一是在机场提供清洁、除冰、乘客检查和行李处理服务，即"处理部门"（Handling Division）；二是飞机上座椅、头枕、托盘等内饰部件的制造和改装，即"内饰部门"（Interiors Division）。该公司的总部和车间都设在英国曼彻斯特附近的怀恩肖工业区，工作人员遍布英国多个机场。在鼎盛时期，

---

[1] See SFO v. Airline Services Limited-DPA Final Judgement, Para.79, https://www.sfo.gov.uk/download/airline-services-limited-deferred-prosecution-agreement/.

这家公司有多达 1000 名员工——现在只剩下 1 名兼职行政人员，其所属的联合企业集团的年营业额约为 6000 万英镑。

2004 年，在一次管理层收购中，航空服务公司被航空服务控股有限公司（Airline Services Holdings Ltd, ASHL）收购。之后，新的管理层包括两名创始家族成员，同时由 1 名前律师担任首席执行官，此外还有其他几名成员。2012 年，在第三方融资的帮助下，航空服务和部件集团有限公司（Airline Services and Components Group Limited）在第三方成为大股东的情况下，收购了 ASHL，从而间接收购了航空服务公司。

自 2011 年至 2014 年年初，航空服务公司的销售团队分 3 个不同的区域开展销售业务。第一个位于英国，负责印度、斯里兰卡和印度尼西亚的销售工作；第二个位于德国，负责德国和土耳其的销售工作；第三个位于奥地利，由 1 名销售人员负责欧洲其他地区和中东地区的销售工作。其中，每名销售人员都有权根据其实现的总销售额计算佣金。

为了获得航空公司的业务，航空服务公司的大多数销售人员都使用代理人，因为航空服务公司认为代理人往往在各个航空公司内部有更好的关系。因此，一些代理人与航空服务公司签订了协议，协议规定了代理人向航空服务公司介绍业务后有权获得按照百分比计算的佣金。销售人员和代理人的佣金均是依据合同的价格，而不是合同的利润或其他方面，这就导致航空服务公司面临一种风险：销售人员可能会向公司承诺签订对他们自己及其代理人有利的合同，但这些合同却不一定对公司有利。

2. 案情简介

在本案中，航空服务公司与代理人（即"代理人 1"）的交易就是通过其德国销售团队进行的，该团队为根据德国法律成立的航空服务公司的子公司德国航空服务有限公司（Airline Services Germany GmbH）工作，但该子公司已于 2016 年 4 月 6 日解散。

2011 年 10 月 7 日，航空服务公司与代理人 1 签订了一份协议，根据该协议，该公司同意向代理人 1 支付 10% 的佣金——后来降至 5%，佣金以代理人 1 为该公司赢得的任何业务的合同价格为基础。代理人 1 为航空服务公司获得的大部分业务来自德国汉莎航空公司（Deutsche Lufthansa AG）及其子公司汉莎技术公司（Lufthansa Technik AG）（以下统称"汉莎航空"）。与此同时，代理人 1 被汉莎航空聘任为产品能力中心客舱内部和飞行娱乐部门的项目经理（最初作为顾问，后来作为员工），由汉莎航空的 1 名高级员工向其分配工作，并向其下达指令。显然，代理人 1 同时为作为供应商的航空服务公司和作为客户的汉莎航空工作。

代理人 1 代表汉莎航空参与了该公司的空客 340 和波音 747 机队的内部改造项目。代理人 1 的职责包括在向潜在投标人发出投标邀请函（即招标文件）之前，处理汉莎航空的投标邀请函，对投标文件进行评估，并就收到的投标文件向决策委员会提出建议。其中，航空服务公司是众多向汉莎航空提交此类工程投标书的公司之一。代理人 1 可能对竞争对手提交的与航空服务公司竞争的投标书中的商业敏感信息有所了解。在适当的时候，航空服务公司与汉莎航空公司签订了空客 340 和波音 747 飞机的合同。

2011 年 10 月 14 日和 11 月 28 日，航空服务公司与汉莎航空签订了一般协议条款。根据这些框架协议，航空服务公司与汉莎航空就特定项目签订了 4 份补充协议。航空服务公司就 4 份补充协议中的三份向代理人 1 支付了款项。在根据这些补充协议执行相关工作的过程中，航空服务公司从汉莎航空获得了进一步的工作，从而增加了合同的价值。因签订 3 份补充协议而获得的工作总价值为 738.7227 万英镑，其中航空服务公司向代理人 1 支付了款项。航空服务公司获得的总毛利润为 99.097145 万英镑。

涉案的 3 份补充协议是第一、三、四份协议，这 3 份协议的总价值（包括因随后被授予的额外工作而增加的合同价值）为 738.7227 万英镑，航空服务公司获得的毛利润为 99.097145 万英镑。具体而言：

（1）第一份补充协议（2011 年 11 月签署；座椅改装）：2011 年 4 月 12 日，航空服务公司受邀参与汉莎航空的座椅改装招标程序，以适应空客 A340 机队的新机上娱乐系统。在本次招标过程中，代理人 1 向航空服务公司提供了保密信息，使其能够改进其初始投标，在整个过程中支持航空服务公司，并帮助航空服务公司赢得了合同。该合同的价值为 278.524667 万英镑，航空服务公司获得的毛利润为 12.202181 万英镑。

（2）第三份补充协议（2012 年 3 月 28 日签署；提供品牌面板）：2011 年 9 月 14 日，根据代理人 1 的建议，汉莎航空邀请航空服务公司向其提交了一个为其区域机队提供品牌面板的方案。10 月 5 日，代理人 1 被正式授权代表汉莎航空讨论汉莎航空有关该项目的问题。仅过了两天，代理人 1 就与航空服务公司签署了代理协议。此后，代理人 1 在第三份补充协议期间为航空服务公司"幕后"工作，包括向航空服务公司提供机密信息，并建议其提高合同价格（这显然违背了汉莎航空的利益）。该合同的价值为 58.811331 万英镑，航空服务公司获得了 24.500851 万英镑的毛利润。

（3）第四份补充协议（2012 年 10 月 2 日签署；座椅改装）：2012 年 1 月 17 日，代理人 1 通知航空服务公司，汉莎航空将对其波音 747 机队的座椅进行改装。2 月 6 日，代理人 1 向航空服务公司提供了一份竞争对手的名单。2 月 8 日，代理人 1 访问了航空服务公司的德国办事处，并在访问期间向其提供了汉莎航空的机密信息，同时表示愿意帮助其投标。2 月 28 日，汉莎航空邀请航空服务公司投标。此后，代理人 1 协助航空服务公司投标，包括向其提供汉莎航空与竞争对手公司通信的副本、将其提交给汉莎航空的各种投标书汇总在一起、不断向其通报汉莎航空决策过程的最新进展，以及告知其竞争对手的大幅价格折扣以使航空服务公司及时调整报价等。9 月 3 日，汉莎航空确认将合同授予航空服务公司。该合同的价值为 333.698772 万英镑，航空服务公司获得的毛利润为 62.2837 万英镑。

二、调查和指控

1. 内部调查和外部调查

（1）公司内部调查

2014 年，航空服务公司出于内部的关切，委托外部律师审查一系列涉及不同代理人和不同航空公司（即"代理人 X/ 航空公司 Y"）但相互之间并不相关的合同。尽管调查报告消除了该公司对代理人 X 的关切，但却在无意中发现了代理人 1 在德国的疑似贿赂犯罪活动，因此它再次委托外部律师进行调查。第二次调查的结果证实了代理人 1 的犯罪行为，随后该公司于 2015 年 7 月 30 日向严重欺诈办公室进行了自我报告，并披露了相关材料。需要指出的是，在第一次内部调查进行后不久，该公司的高级管理人员就离开了董事会和公司。

（2）严重欺诈办公室的刑事调查

2015 年 12 月 16 日，严重欺诈办公室主任授权对航空服务公司展开刑事调查。该办公室调查的范围非常广泛，涵盖了该公司在 2011 年至 2015 年期间与许多不同航空公司且跨越许多不同司法管辖区的业务往来，尤其是重新审查了该公司与代理人 X 和航空公司 Y 之间的关系。尽管该办公室对代理人 X 和航空公司 Y 的调查结论与航空服务公司第一次委托外部律师调查的结论不同，但没有足够证据使之通过证据阶段或公共利益阶段的《全套准则查验》。最终，严重欺诈办公室认为，"与代理人 1 的活动有关的指控充分说明了航空服务公司的整体犯罪性"[1]。也即，只有代理人 1 的贿赂犯罪行为得到证实。

2. 本案提出的 3 项指控

在本案中，针对上述 3 份补充协议，航空服务公司被指控构成 3 项《2010 年反贿赂法》第 7 条规定的商业组织未能防止贿赂罪，即该公司于 2011 年 7 月 1 日至 2013 年 11 月 30 日期间，未能防止与其有关联的一人或多人在其意图为该公司获得或保留业务和（或）经营活动中的优势地位的情况下，从事了贿赂行为，即：（1）承诺和（或）给予其代理 1 的业务在汉莎航空授予航空服务有限公司的任何合同价值的 5% 至 10%；（2）意图以此诱使其代理人 1（即汉莎航空的员工或代理人）不当地履行相关职责或活动，即在第一补充协议的投标过程和履行过程中向航空服务有限公司表示支持。

---

[1] See SFO v. Airline Services Limited-DPA Final Judgement, Para.45, https://www.sfo.gov.uk/download/airline-services-limited-deferred-prosecution-agreement/.

　　梅法官认为："当时，尽管刚刚通过了《2010 年反贿赂法》，但航空服务公司在教育其员工或引入识别和打击贿赂行为的程序方面，所做的努力微不足道。"[1] 该指控还意味着，航空服务公司在 2011 年至 2013 年期间的反贿赂和反腐败合规程序是非常不完善的，因此无法行使"充分程序"抗辩权（见表 9.24）。

表 9.24　航空服务公司以往的反贿赂和反腐败程序 [2]

　　1. 2010 年 12 月，航空服务公司聘请了外部法律顾问，以评估其对即将实施的《2010 年反贿赂法》的合规情况。这项审查发现，相对较少使用的海外代理对航空服务公司而言是一个很高的贿赂风险。这些外部法律顾问提出了一些建议，以解决航空服务公司违反《2010 年反贿赂法》条款的风险。这些建议包括：

　　（1）修改标准的术语和条款，以使其包含航空服务公司在使用海外供应商或代理商时的合同保护；

　　（2）将审查和监督海外腐败风险的责任分配给一名高级代表；

　　（3）定期对工作人员进行反腐败合规培训；

　　（4）在航空服务公司内部实施内部政策和程序，以解决遵守《2010 年反贿赂法》的问题；

　　（5）实施航空服务公司用于评估第三方供应商或承包商的尽职调查清单。

　　2. 为协助航空服务公司执行这些建议，外部法律顾问向航空服务公司提供了以下资料：

　　（1）一份风险评估清单，以协助航空服务公司评估其业务范围内的贿赂风险；

　　（2）一份尽职调查清单，以协助航空服务公司评估其第三方供应商或承包商的贿赂风险；

　　（3）提出关于反贿赂条款的建议，这些条款将在与第三方供应商或承包商签订的标准航空服务公司合同中实施；

　　（4）可在航空服务公司内部实施的《反腐败政策和指引》文件草案。

---

[1]　See SFO v. Airline Services Limited-DPA Final Judgement, Para.3, https://www.sfo.gov.uk/ download/airline-services-limited-deferred-prosecution-agreement/.

[2]　See SFO v. Airline Services Limited-Deferred Prosecution Agreement–Statement of Facts, Para.88–93, https://www.sfo.gov.uk/download/airline-services-limited-deferred-prosecution-agreement/.

续上表

3. 2011 年 6 月 27 日，航空服务公司的一些高级经理和区域销售经理接受了关于《2010 年反贿赂法》的培训。这次培训包括提及《反腐败政策和指引》草案。 4. 2011 年 9 月，航空服务公司的一位高管通知外部法律顾问，航空服务公司将采用"另一种方法"。这似乎结束了外部法律顾问与航空服务公司在遵守《2010 年反贿赂法》条款方面的合作。 5. 除了 2011 年 6 月 27 日举行的《2010 年反贿赂法》培训班，航空服务公司在 2014 年 1 月之前都没有向员工传达其《反腐败政策和指引》，也没有试图实施外部法律顾问提出的其余建议。 6. 从 2011 年 7 月 1 日《2010 年反贿赂法》实施到 2015 年年初，航空服务公司没有建立任何充分的程序来预防贿赂。

三、《暂缓起诉协议》的主要内容

2020 年 10 月 21 日，严重欺诈办公室与航空服务公司签署了《暂缓起诉协议》，该协议于 2020 年 10 月 30 日得到了法院的批准。

1. 协议规定的期限

该《暂缓起诉协议》第 4 条规定："本协议自法院根据《2013 年犯罪和法院法》附件 17 和第 8 条第（1）款和第（3）款作出声明之日起生效，并自生效之日起至 1 年后的 2021 年 10 月 30 日终止。"

2. 严重欺诈办公室提供暂缓起诉协议时考虑的因素

根据该《暂缓起诉协议》第 6 条的规定，严重欺诈办公室在向航空服务公司提供暂缓起诉协议时，主要是考虑到该公司：[1]

（1）迅速和自愿地自我披露了事实陈述中所述的行为；

（2）过去和未来的合作；

（3）无涉及先前刑事、民事或监管执法行动的类似行为史；

（4）同意公司在协议期满前继续存续；

---

[1] See SFO v. Airline Services Limited-Deferred Prosecution Agreement, https://www.sfo.gov.uk/download/airline-services-limited-deferred-prosecution-agreement/.

（5）支付 99.097145 万英镑的毛利润追缴；

（6）支付 123.871431 万英镑的罚款；

（7）向 SFO 支付 75 万英镑的费用。

3. 关于未来的合作和公司合规计划

2018 年，ASL 完成了其内饰和处理业务部门的销售。ASL 现在是一个非贸易实体。由于航空服务公司在达成暂缓起诉协议并支付根据其条款要求支付的任何款项之后，将立即被清盘，因此并未规定任何关于未来改进公司合规计划的条款，即未提出任何合规补救要求。协议仅仅规定了 1 年的期限，也是基于同样的考虑。两者充分体现了暂缓起诉协议工具的灵活性。

四、法院对《暂缓起诉协议》的司法审查

本案对暂缓起诉协议的审查是在南华克皇家刑事法院进行的。法院分别在 2020 年 10 月 21 日和 30 日对本案进行了预审和终审。

1. 审查并确定暂缓起诉协议有利于司法公正

在本案中，代表严重欺诈办公室提起诉讼的官员克里斯平·艾利特（Crispin Aylett）向法官指出了有利于起诉和不利于起诉的公共利益因素（见表 9.25）。

表 9.25　法院考虑的有利于和不利于起诉的公共利益因素 [1]

有利于起诉的公共利益因素	不利于起诉的公共利益因素
（1）代理人 1 被卷入其中是因为他对汉莎航空公司的经营情况了如指掌； （2）代理人 1 在汉莎航空公司担任负责人，负责评估技术方案并向决策委员会提出建议，简言之，他能够直接影响哪个投标人将获得汉莎航空公司的业务； （3）ASL 内部的高管当时在文化上故意无视员工和代理人的贿赂罪行，而且截至 2015 年 1 月未能实施有效的合规计划，尽管其已寻求并获得了一份可供执行的指引和建议； （4）对其他投标人和汉莎航空公司造成了明显的财务损失风险； （5）潜在的贿赂犯罪是跨司法管辖区实施的。	（1）ASL 及时通过自我报告的方式向 SFO 发出犯罪警报，这些问题是为调查汉莎航空公司或代理人 1 的业务而请来的外部顾问识别出来的； （2）在随后的整个调查过程中，ASL 积极与 SFO 合作，例如，协助与 ASL 工作人员面谈，并及时和全面地提供 SFO 所需的材料（除了那些需要法律职业特权的材料）； （3）ASL 本质上是一家与实施犯罪的公司不同的公司，因为在 2014 年和 2015 年第一次内部调查之后，其高级管理人员在相关时间离开了董事会和公司； （4）犯罪不是最近发生的，而是发生在 2011 年至 2013 年间； （5）SFO 对 ASL 业务的评估与 ASL 自己的外部顾问的评估不同（作为广泛审查的组成部分，SFO 重新审查了 ASL 与代理 X 和航空公司 Y 的关系），除了对涉及代理 X 或航空公司 Y 的业务提出的关切外，SFO 不打算采取进一步的行动，而且 ASL 之前没有类似的或实际上是任何犯罪或监管不当行为的历史； （6）ASL 立即采取措施，找出其合规计划（当时可忽略不计）的不足之处； （7）犯罪行为不包括对任何公职人员的腐败，也没有对市场或政府造成重大破坏或信心丧失； （8）就起诉书中的 3 项罪名所涉合同的利润率而言，ASL 未获得非常大的收益（相对于 DPA 已获批准的其他案件所涉金额而言）； （9）ASL 现在实际上是一家处于休眠状态的公司，已经停止交易并拆分和出售其核心业务，当前实际上处于休眠状态，只作为一个由其主要投资者支持的空壳，目的是允许 SFO 进行此项调查并完成 DPA。

---

[1]　See SFO v. Airline Services Limited-DPA Final Judgement, Para.49−51, https://www.sfo.gov.uk/download/airline-services-limited-deferred-prosecution-agreement/.

在考虑了这些有利于和不利于起诉的公共利益因素之后，梅法官认为："航空服务公司的犯罪行为令人震惊，这种行为持续了一段时间，并在 3 个独立的协议中反复出现。这些无疑是加重因素。但航空服务公司进行了自己的调查，并从那时起尽了一切可能揭露犯罪行为：它及时进行了自我报告，并自那时起与严重欺诈办公室进行了全面合作。这是一个重要的考虑因素，因为创建暂缓起诉协议的核心目的是'激励'公司对不法行为进行揭露和自我报告"，而且"还要考虑到这样一个事实，即在不可能再犯的情况下，这些罪行已成为过去。犯罪行为发生时在岗的高级管理人员早已离开公司，航空服务公司的活跃业务部门都已被出售。剩余的公司壳由其主要投资者维持和支持，其唯一目的是同意并履行暂缓起诉协议规定的义务"。[1] 因此，梅法官认为，严重欺诈办公室与航空服务公司签署的暂缓起诉协议有利于司法公正。

2. 审查并确定协议条款是公平、合理和成比例的

在本案中，法院主要从协议期限、合作、毛利润追缴和罚款等方面分析了协议条款是否是公平、合理和成比例的，但同时也解释了为何未对赔偿金作出规定。

（1）赔偿金。本案所签署的暂缓起诉协议之所以没有规定赔偿金条款，主要是出于以下 4 个方面的原因：一是"严重欺诈办公室未能确定暂缓起诉协议拟解决的任何犯罪行为所造成的可量化损失，而英国判例法支持在没有可量化损失的情况下无须赔偿令"；二是"没有证据表明航空服务公司提供的产品或服务有缺陷或不受欢迎，因此没有理由对其价值提出法律索赔；三是目前尚无法确定在汉莎航空业务的竞标者中，哪一家本有可能成功取代航空服务公司；四是如果任何个人或公司认为自己因暂缓起诉协议处理的贿赂事件而蒙受损失，则他们可以提出民事索赔"。[2]

---

[1] See SFO v. Airline Services Limited-DPA Final Judgement, Para.52–53, https://www.sfo.gov.uk/download/airline-services-limited-deferred-prosecution-agreement/.

[2] See SFO v. Airline Services Limited-DPA Final Judgement, Para.77, https://www.sfo.gov.uk/ download/air-line-services-limited-deferred-prosecution-agreement/.

（2）协议期限。由于航空服务公司已经是一个非交易实体，也就无法从以分期付款方式支付罚款中获益，而且严重欺诈办公室已经从该公司获得了所有必要的信息和资料，因此规定 1 年的协议期限足以使其履行完协议规定的条款，同时也为严重欺诈办公室在必要的情况下开展任何未完成的调查预留了时间。

（3）毛利润追缴。《暂缓起诉协议》第 13 条规定，航空服务公司将在法院发布声明之日起 7 日内支付 99.097145 万英镑的毛利润追缴。同时，该协议第 14 条还规定，严重欺诈办公室有权决定延迟 30 天支付毛利润追缴不构成违反本协议，但须按照高等法院判决债务的现行利率计算利息。通过前文分析可知，航空服务公司通过与汉莎航空签订 3 份补充协议，共获得了99.097145 万英镑的毛利润。因此，梅法官认为，协议规定航空服务公司支付 99.097145 万英镑的毛利润追缴是公平、合理和成比例的。

（4）罚款。在本案中，航空服务公司最终被处以 123.871431 万英镑的罚款（见表 9.26）。

表 9.26　航空服务公司被处以罚款的计算方式

损害（100%毛利润所得）	99.097145 万英镑	
罪责	A-重大罪责（起刑点：300%，类别范围：250%—400%）	
乘数	250%	约 247.7428 万英镑
减刑折扣	50%	约 123.871431 万英镑
总计	123.871431 万英镑	

第一，就罪责而言，由于航空服务公司的贿赂犯罪属于公司犯罪的情形，而且存在"犯罪行为持续了一段时间"和"故意无视犯罪的企业文化"两个要素，因此该公司的罪责构成"A-重大罪责"，所适用的起刑点为 300%，类别范围为 250%—400%。第二，就罪责乘数而言，由于航空服务公司存在减轻贿赂犯罪严重性的因素，包括：既往无相关定罪或监管执法

行动、及时进行了自我报告、与严重欺诈办公室进行了全面合作、犯罪是由前任管理层从事的。法院最终确定的乘数是 250%。同时，由于本案确定损害金额为 99.097145 万英镑，即毛利润的 100%，因此得出的罚款金额为 247.7428 万英镑。第三，就减刑而言，由于航空服务公司的认罪远远早于被起诉并提交至法院的第一个合理机会，因此给予了该公司 50% 的折扣，而且，"除了及早报告和接受不法行为，该公司还表现出了非常高度的合作，包括有限放弃其对汉莎航空协议调查以及对 X 代理商 /Y 航空公司活动调查的法律职业特权"[1]。最终，对航空服务公司的罚款数额被确定为 123.871431 万英镑。

（5）向 SFO 支付的费用。法院认为，航空服务公司支付 75 万英镑的费用，是严重欺诈办公室对被指控的 3 项罪名进行更广泛的调查的费用的最佳估算，而且，严重欺诈办公室还考虑到了该公司的财务状况。

第七节　2021 年阿美科福斯特惠勒能源有限公司案

2021 年 7 月 1 日，严重欺诈办公室与阿美科福斯特惠勒能源有限公司达成的暂缓起诉协议最终获得法院批准。根据该协议的规定，阿美科福斯特惠勒能源有限公司同意支付金额为 1.0327751116 亿英镑的处罚总金额，其中包括向英国统一基金支付 9991.042361 万英镑和向严重欺诈办公室支付 336.7088 万英镑。这是该公司与英国、美国和巴西当局达成的 1.77 亿美元全球和解协议的组成部分，代表着此项于 2017 年开始由英国领导的国际反贿赂和反腐败调查正式落下帷幕。

在本案中，阿美科福斯特惠勒能源有限公司从事了长期的、大规模的、非常严重的系统性腐败。在美国，阿美科福斯特惠勒能源有限公司因违反《反海外腐败法》的反贿赂、账簿和记录及内部会计控制条款而被美国司法部提起刑事诉讼，并与其签订了为期 3 年的暂缓起诉协议，其中规定该公

---

[1] See SFO v. Airline Services Limited-DPA Final Judgement, Para.64–73, https://www.sfo.gov.uk/download/airline-services-limited-deferred-prosecution-agreement/.

司支付 1840 万美元；同时，在民事诉讼中，该公司被美国证券交易委员会处以"停止 – 禁止令"（cease-and-desist order）[1]，其中规定该公司支付 2270 万美元。[2] 在巴西，阿美科福斯特惠勒能源有限公司与巴西总审计长办公室（Controladoria-Geral da União，CGU）、总检察长办公室（Advocacia-Geral da União，AGU）和联邦检察院签订了为期 18 个月的宽大处理协议，并接受了 8619.606332 万雷亚尔的罚款。

对于本案，英国严重欺诈办公室主任奥索夫斯基指出，该公司明目张胆地、在经过周密计算之后向世界各地的官员行贿，并不遗余力地掩盖自己的腐败行为，从而颠覆了法治，损害了英国经济的廉洁性。[3] 美国司法部和联邦调查局的官员也指出，该公司为了追求利润诉诸腐败，这扭曲了市场，破坏了法治，并为那些不行贿的企业制造了一个不公平的竞争环境。[4] 可见，跨国公司的海外贿赂行为会对全球范围内的法治造成损害，而基于各国反海外腐败国内法的国际执法合作能够使涉案个人和公司承担法律责任，尤其是改变将贿赂和腐败作为营商之道的企业文化。正如美国证券交易委员会执行司 FCPA 科（FCPA Unit）主管查尔斯 · 凯恩（Charles Cain）形象的比喻，"新市场的潜力不能成为压倒公司良好治理的塞壬之歌[5]（siren song）"[6]，即公司不能因受到潜在新市场的诱惑而不再维持其内部良好治理。

一、公司和案情介绍

---

[1] 关于美国证券交易委员会对该公司发布的"停止–禁止令"文本，参见https://www.sec.gov/litigation/admin/2021/34-92259.pdf.

[2] 由于该公司已经在英国和巴西接受了处罚，经过抵扣之后，该公司最终需要向美国司法部和证券交易委员会支付约1780万美元。

[3] See SFO enters into £103m DPA with Amec Foster Wheeler Energy Limited, 2 July 2021, https://www.sfo.gov.uk/2021/07/02/sfo-enters-into-103m-dpa-with-amec-foster-wheeler-energy-limited-as-part-of-global-resolution-with-us-and-brazilian-authorities/.

[4] See Amec Foster Wheeler Energy Limited Agrees to Pay Over $18 Million to Resolve Charges Related to Bribery Scheme in Brazil, 25 June 2021, https://www.justice.gov/opa/pr/amec-foster-wheeler-energy-limited-agrees-pay-over-18-million-resolve-charges-related-bribery.

[5] 塞壬之歌的典故出自希腊神话，用来代指具有致命吸引力的欺骗性诱惑。

[6] See SEC Charges Amec Foster Wheeler Limited with FCPA Violations Related to Brazilian Bribery Scheme, 25 June 2021, https://www.sec.gov/news/press-release/2021-112.

1. 公司简介

阿美科福斯特惠勒股份有限公司的前身是福斯特惠勒能源股份公司（Foster Wheeler AG），这是一家于 1927 年成立的美国公司，在 2008 年将总部迁至瑞士，在英国拥有大量业务。2014 年 11 月，英国的工程项目管理公司阿美科股份有限公司（Amec PLC）收购了福斯特惠勒能源股份公司——包括其子公司，并将其更名为阿美科福斯特惠勒股份有限公司（Amec Foster Wheeler PLC）。阿美科福斯特惠勒股份有限公司是一家同时在伦敦证券交易所和纽约证券交易所上市的英国公司。

2017 年 10 月 6 日，在伦敦证券交易所上市的国际顶尖工程公司约翰伍德集团股份有限公司（John Wood Group PLC）完成了对阿美科福斯特惠勒股份有限公司及其子公司福斯特惠勒能源有限公司（Foster Wheeler Energy Limited）——在英国英格兰的雷丁镇（Reading）设有办事处——的收购，并将福斯特惠勒能源有限公司更名为阿美科福斯特惠勒能源有限公司。作为本案的主角，阿美科福斯特惠勒有限公司是一家在英国英格兰和威尔士注册的能源公司，主要为全球 30 多个国家的能源与工业市场提供项目、工程和技术服务。总部位于英国英格兰阿伯丁的约翰伍德集团股份有限公司在美国权威周刊《工程新闻纪录》（Engineering News-Record，ENR）发布的 2020 年国际设计公司 225 强排行榜上排名第一，其 2019 年国际营收约为 60 亿美元。

2. 案情简介

1996 年至 2014 年间，福斯特惠勒能源股份公司从事了广泛的海外贿赂活动，其犯罪行为跨越尼日利亚、沙特阿拉伯、马来西亚、印度和巴西 5 个国家（见表 9.27）。换言之，该公司基于贿赂和腐败的商业模式至少从 1996 年起一直持续到 2014 年阿美科股份有限公司收购福斯特惠勒能源股份公司。

表 9.27　福斯特惠勒能源股份公司的贿赂犯罪行为简介 [1]

序号	涉案国家	犯罪行为
1	尼日利亚	1996 年 3 月 1 日至 2004 年 6 月 30 日期间，福斯特惠勒能源股份公司与其某些员工及其他人共谋向尼日利亚国家石油公司（Nigerian National Petroleum Company）、埃莱姆石化有限公司（Eleme Petrochemical Company Limited）和尼日利亚中央银行（Central Bank of Nigeria）的官员支付腐败款项，作为诱因和（或）奖励，以确保向 FW 管理运营（英国）有限公司 [FW Management Operations (U.K.) Limited] 支付根据在尼日利亚的服务合同提交的发票。
2		2003 年 11 月 1 日至 2004 年 5 月 30 日期间，福斯特惠勒能源股份公司与其某些员工及其他人共谋向尼日利亚警察和税务官员支付腐败款项，作为诱因和（或）奖励，来解决福斯特惠勒（尼日利亚）有限公司 [Foster Wheeler (Nigeria) Limited] 的逃税指控。
3	沙特阿拉伯	2004 年 6 月 1 日至 2007 年 11 月 30 日期间，福斯特惠勒能源股份公司与其某些员工及其他人共谋向沙特阿拉伯劳工部办公室的官员支付 40.3 万里亚尔的腐败款项，作为诱因和（或）奖励，以确保在沙特阿拉伯的福斯特惠勒公司和（或）福斯特惠勒阿拉伯有限公司（Foster Wheeler Arabia, Ltd）项目能够获得集体签证（block visas）和（或）更快地办理。
4		2007 年 4 月 1 日至 5 月 31 日期间，福斯特惠勒能源股份公司与其某些员工及其他人共谋向沙特阿拉伯劳工部办公室的官员支付 40 万里亚尔的腐败款项，作为诱因和（或）奖励，以确保在沙特阿拉伯的福斯特惠勒公司和（或）福斯特惠勒阿拉伯有限公司项目能够获得集体签证。

---

[1]　See SFO v. Amec Foster Wheeler Energy Limited-DPA Final Judgement, Annex 3 Indictment Final, https://www.sfo.gov.uk/download/amec-foster-wheeler-energy-limited-deferred-prosecution-agreement-judgment-annex-3-indictment/.

续上表

序号	涉案国家	犯罪行为
5	马来西亚	1997 年 3 月 1 日至 2005 年 1 月 31 日期间，福斯特惠勒能源股份公司与其某些员工及其他人共谋向马来西亚国家石油公司（以下简称"马石油"，Petronas）的一名或多名官员支付腐败款项，作为诱因和（或）奖励，以确保马石油授予福斯特惠勒（马来西亚）私人有限公司（Foster Wheeler (Malaysia) Sdn. Bhd.）一份中央公用设施项目下的服务合同。
6		1997 年 10 月 1 日至 2005 年 1 月 31 日期间，福斯特惠勒能源股份公司与其某些员工及其他人共谋向马石油的一名或多名官员支付腐败款项，作为诱因和（或）奖励，以确保马石油授予福斯特惠勒（马来西亚）私人有限公司一份 MLNG Tiga 工厂项目（MLNG Tiga Plant projec）下的服务合同。
7		2002 年 9 月 1 日至 2005 年 3 月 31 日期间，福斯特惠勒能源股份公司与其某些员工及其他人共谋向马石油的一名或多名官员支付 81.9338 万英镑的腐败款项，作为奖励，以确保马石油授予福斯特惠勒（马来西亚）私人有限公司一份 MLNG Tiga 工厂项目下的服务合同。
8		2002 年 9 月 1 日至 2010 年 11 月 30 日期间，福斯特惠勒能源股份公司与其某些员工及其他人共谋向马石油的一名或多名官员支付腐败款项，作为诱因和（或）奖励，以确保马石油授予福斯特惠勒（马来西亚）私人有限公司一份马六甲热电联产项目（Melaka Co-Generation project）下的服务合同。
9	印度	2005 年 12 月 27 日至 2012 年 11 月 30 日期间，福斯特惠勒能源股份公司与其某些员工及其他人共谋向印度石油有限公司（Indian Oil Corporation Limited）的官员支付腐败款项，作为诱因和（或）奖励，以确保印度石油有限公司授予福斯特惠勒公司并帮助其继续持有一份为帕拉迪普炼油厂项目（Paradip Refinery Project）提供前端工程和设计服务的合同。

续上表

序号	涉案国家	犯罪行为
10	巴西	2011 年 9 月 1 日至 2014 年 10 月 31 日期间，福斯特惠勒能源股份公司未能防止其关联人贿赂他人 [即巴西石油公司（Petróleo Brasileiro S.A.）的雇员、职员或代理人]，意图获得和（或）保留一份在巴西设计一个被称作 UFN-IV 化学气联合装置（Complexo Gás Químico UFN-IV）的天然气化工装置（gas-to-chemicals complex）的合同，其中包括一份提供前端工程和设计服务的合同。

由于截至本书完稿，本案暂缓起诉协议终审判决的"事实陈述"仍然处于匿名状态，预计在未来的某个时候才会向公众公开，因此无法对本案案情进行详细分析。在此，笔者以美国司法部与阿美科福斯特惠勒能源有限公司签署的暂缓起诉协议附件 A "事实陈述"为例，分析该公司在巴西从事的贿赂犯罪行为，因为该公司在巴西从事的违反英国《2010 年反贿赂法》的贿赂犯罪行为也具有同样的特征。具体如下：[1]

在本案中，除了阿美科福斯特惠勒能源有限公司及其关联公司和巴西石油公司，涉案当事人还包括：（1）"巴西中介公司"，一家总部位于巴西的石油和天然气服务中介公司，在 2012 年至 2014 年间担任阿美科福斯特惠勒能源有限公司的代理人；（2）"摩纳哥中介公司"，一家总部设在摩纳哥的石油和天然气服务中介公司，向世界各地的客户提供销售和营销服务；（3）"福斯特惠勒能源有限公司高管 1"（以下简称"高管 1"），一名意大利公民，在 2011 年至 2014 年间担任该公司高级管理人员；（4）"福斯特惠勒能源股份公司高管 2"（以下简称"高管 2"），一名美国公民，在 2011 年左右担任该公司高级管理人员；（5）"福斯特惠勒能源股份公司员工 1"（以下简称"员工 1"），一名英国公民，在 2011 年至 2014 年间担任该公司高级员工；（6）"福斯特惠勒能源股份公司员工 2"（以下简称"员工 2"），一名美国公民，在 2011 年到 2014 年间为该公司工作；（7）"巴西高管"，一名巴西公民，在

---

[1]　See https://www.justice.gov/usao-edny/press-release/file/1406471/download.

2011 年至 2014 年间担任福斯特惠勒能源股份公司巴西业务的高级经理，向
该公司的高管汇报工作；（8）"意大利代理人"，一名意大利公民，隶属于摩
纳哥中介公司，在 2012 年至 2014 年间担任福斯特惠勒能源股份公司的代理
人；（9）"巴西中介公司高管 1"，一名巴西公民，在 2012 年至 2014 年间担
任福斯特惠勒能源股份公司的代理人；（10）"巴西中介公司高管 2"，一名
巴西公民，在 2012 年至 2014 年间担任福斯特惠勒能源股份公司的代理人；
（11）"纽约服装店经理"，纽约一家高端男装店的经理，其客户包括高管 2；
（12）"巴西石油公司经理 1"，巴西石油公司工程部的前经理。

　　如前文所述，在 2011 年至 2014 年间，福斯特惠勒能源股份公司通过某
些员工和代理人向巴西石油公司的决策者行贿，意图获得和（或）保留一份
在巴西设计一个被称作 UFN-IV 化学气联合装置的天然气化工装置的价值约
1.9 亿美元的合同（以下简称"UFN-IV 合同"）。为此，福斯特惠勒能源股份
公司通过某些员工与巴西中介公司签订了虚假的代理协议，并通过支付贿赂
款项从巴西石油公司经理 1 处获得了机密文件、内幕信息和秘密协助，从而
最终从巴西石油公司获得了 UFN-IV 合同。

　　2011 年，福斯特惠勒能源股份公司决定参与 UFN-IV 合同投标。当年 9
月左右，在巴西石油公司尚未向福斯特惠勒能源股份公司就该合同进行招标
之前，意大利代理人和巴西中介公司高管 1 作为福斯特惠勒能源股份公司的
销售代理在纽约筹划 UFN-IV 合同投标事宜，随后，巴西中介公司高管 2 向
意大利代理人提供了巴西石油公司涉及 UFN-IV 项目的内部机密文件，意大
利代理人则将该内部机密文件通过纽约服装店经理提供给了高管 2，以争取
高管 2 聘请意大利代理人担任销售代理——即意图通过贿赂巴西石油公司高
管帮助福斯特惠勒能源股份公司获得 UFN-IV 合同。

　　2011 年 9 月 21 日左右，巴西石油公司正式书面邀请福斯特惠勒能源股
份公司为其设计 UFN-IV 装置。12 月左右，为了进一步说服高管 2 聘请意大
利代理人协助该公司进行 UFN-IV 合同投标，意大利代理人要求福斯特惠勒
能源股份公司与摩纳哥中介公司签订代理协议，因为后者更容易通过福斯特
惠勒能源股份公司的尽职调查程序，而意大利代理人很难独立通过。

2012 年 1 月 12 日左右，福斯特惠勒能源股份公司的一名员工告诉摩纳哥中介公司的几名员工，福斯特惠勒能源股份公司无法聘请摩纳哥中介公司和意大利代理人作为 UFN-IV 合同的代理人，因为摩纳哥中介公司和意大利代理人无法通过福斯特惠勒能源股份公司的尽职调查，理由主要是他们并未长期在巴西开展业务，没有在巴西设立机构，甚至不会说葡萄牙语。1 月 28 日，意大利代理人通过电子邮件向摩纳哥中介公司的首席执行官表示，巴西高管"需要一家能通过尽职调查的公司"，例如摩纳哥中介公司，来为意大利代理人和巴西中介公司"作掩护"（front）。

2012 年 4 月 11 日左右，在福斯特惠勒能源股份公司向巴西石油公司提交 UFN-IV 合同投标书的 7 天前，福斯特惠勒能源股份公司向意大利代理人提供了一份由高管 1 签署的"临时"代理协议，然后才通过对意大利代理人的尽职调查。4 月 12 日，摩纳哥中介公司首席执行官代表意大利代理人向巴西高管发送了一套完整的福斯特惠勒能源股份公司尽职调查表，其中包括一份说明，内容是意大利代理人和摩纳哥中介公司希望巴西高管决定是否在尽职调查表中披露前两者的关系。4 月 26 日左右，巴西中介公司也向福斯特惠勒能源股份公司提交了尽职调查表。2012 年 4 月 30 日左右，巴西石油公司告知斯特惠勒能源股份公司是 UFN-IV 合同的唯一合格投标人。在得到该通知的当天，员工 1 书面告诉巴西高管最好与一家实体（即巴西中介公司）签订合同，并指定意大利代理人担任顾问或分包商。需要指出的是，员工 2 在 2012 年 8 月 16 日左右告诉巴西高管，要采取行动预防尽职调查材料中披露意大利代理人和巴西中介公司的关系。

2012 年 5 月 4 日左右，斯特惠勒能源股份公司收到一份关于意大利代理人的第三方尽职调查报告，报告称调查人员未能核实意大利代理人在简历中提供的任何信息，并发现其调查过程中交谈过的十几个联系人没有一个听说过意大利代理人及其高级管理人员。斯特惠勒能源股份公司的一名高管认为这份报告"非常令人担忧"。5 月 24 日左右，巴西高管使用其美国个人电子邮件账户告诉意大利代理人，斯特惠勒能源股份公司正在分析巴西中介公司的代理协议申请，但已决定不雇用其个人。对此，意大利代理人认为自己可以作为"非官方"代理人在幕后继续发挥作用。

2012 年 8 月 23 日左右，斯特惠勒能源股份公司从巴西石油公司获得了 UFN-IV 合同。11 月 5 日左右，斯特惠勒能源股份公司与巴西中介公司签订了一份代理协议，该协议规定斯特惠勒能源股份公司向巴西中介公司支付价值约 1.9 亿美元的 UFN-IV 合同的 2% 作为佣金。

2013 年 2 月至 2014 年 7 月期间，巴西中介公司向斯特惠勒能源股份公司提交了 4 份季度报告和发票，其中没有任何一份发票能够证明巴西中介公司为 2% 的佣金做了任何有意义的工作。2013 年 6 月至 2014 年 10 月期间，斯特惠勒能源股份公司通过纽约一家美国银行的代理账户共向巴西中介公司支付了 4 笔款项，总金额约为 110 万美元。2013 年 7 月左右，意大利代理人和巴西中介公司高管 1 讨论了如何瓜分从斯特惠勒能源股份公司获得的 80% 的佣金，同时将剩余 20% 的佣金留作支付贿赂款项。

然而，由于无关的财务和其他困难，巴西石油公司在 2014 年 5 月 23 日提前终止了 UFN-IV 合同。最终，斯特惠勒能源股份公司从 UFN-IV 合同中获得了约 1290 万美元的利润。

对此，美国证券交易委员会执行司 FCPA 科副主管特雷西·普赖斯（Tracy Price）表示："继续雇用一个存在重大腐败风险的代理人，以便阿美科福斯特惠勒有限公司在巴西拓展业务并赢得一份合同，这表明其公司合规计划存在根本缺陷。"[1] 尽管阿美科福斯特惠勒有限公司的贿赂犯罪行为发生在约翰伍德集团股份有限公司对其收购之前，但约翰伍德集团股份有限公司仍然主动承担责任，与各国政府和执法机构进行全面合作，并采取措施改进其道德与合规计划，而且，它始终强调在全球开展业务时遵守世界各地最高的道德与合规标准，并加强该领域的治理。

二、调查和指控

2017 年 7 月 11 日，严重欺诈办公室宣布对阿美科福斯特惠勒股份有限

---

[1] See SEC Charges Amec Foster Wheeler Limited with FCPA Violations Related To Brazilian Bribery Scheme, 25 June 2021, https://www.sec.gov/news/press-release/2021–112.

公司和拥有或控制该公司业务的任何前身公司的活动，以及任何子公司、公司高管、员工、代理人和与上述公司有关联的任何其他人员涉嫌贿赂、腐败及相关罪行的活动展开调查。严重欺诈办公室的调查是与美国司法部和证券交易委员会一起进行的，针对的是该公司的海外贿赂行为，尤其是该公司过去对第三方代理人的违法使用问题。2021 年 7 月 1 日，本案暂缓起诉协议得到最终批准代表着严重欺诈办公室对本案调查的正式结束。

福斯特惠勒能源股份公司在本案中的犯罪行为是在巴西联邦警察库里蒂巴分局于 2014 年 3 月开展的该国历史上最大规模的腐败调查"洗车行动"（Operação Lava Jato）[1] 中发现的。巴西的"洗车行动"调查主要涉及巴西石油公司官员、巴西最大政党的政治家（包括总统）、议长、州长以及巴西大企业家。

在本案中，严重欺诈办公室共对当时的福斯特惠勒能源股份公司提出了10 项指控，包括 1 项违反《2010 年反贿赂法》第 7 条的指控以及 9 项违反《1977 年刑事法》第 1 条第（1）款和《1906 年防止腐败法》第 1 条的指控（见表 9.28）。

表 9.28　严重欺诈办公室对福斯特惠勒能源股份公司提出的指控 [2]

指控	涉案国家	违反的法律
1—2	尼日利亚	《1977 年刑事法》第 1 条第（1）款共谋腐败罪和《1906 年防止腐败法》第 1 条惩罚与代理人的腐败交易罪
3—4	沙特阿拉伯	
5—8	马来西亚	
9	印度	
10	巴西	《2010 年反贿赂法》第 7 条商业组织未能防止贿赂罪

---

[1]　2021年2月1日，洗车行动工作组已经被巴西官方宣布正式解散。

[2]　See SFO v. Amec Foster Wheeler Energy Limited-DPA Final Judgement, Annex 3 Indictment Final, https://www.sfo.gov.uk/download/amec-foster-wheeler-energy-limited-deferred-prosecution-agree-ment-judgment-annex-3-indictment/.

三、《暂缓起诉协议》的主要内容

2021 年 6 月 28 日，严重欺诈办公室与阿美科福斯特惠勒能源有限公司签署了《暂缓起诉协议》，该协议于 2021 年 7 月 1 日得到了法院的批准。

1. 协议规定的期限

该《暂缓起诉协议》第 4 条规定："本协议自法院根据《2013 年犯罪和法院法》附件 17 和第 8 条第（1）款和第（3）款作出声明之日 [即'声明日'（Declaration Date）] 起生效，并自生效之日起至 3 年后的 2024 年 7 月 2 日 [即'期限'（Term）] 终止。"

2. 严重欺诈办公室提供暂缓起诉协议时考虑的因素

根据该《暂缓起诉协议》第 7 条的规定，严重欺诈办公室在向阿美科福斯特惠勒能源有限公司提供暂缓起诉协议时，同时考虑到了该公司及其母公司约翰伍德集团股份有限公司的一系列因素。

首先，严重欺诈办公室考虑到了阿美科福斯特惠勒能源有限公司：[1]

（1）过去和未来的合作；

（2）先前没有被刑事定罪；

（3）纳入并遵守实质性补救计划，并持续改进约翰伍德集团股份有限公司多年的集团道德与合规政策和程序 [即"道德与合规计划"（E&C Programme）]；

（4）同意在协议期间继续存续；

（5）毛利润追缴总额为 4781.591414 万英镑（起诉书第 1 项至第 9 项指控）；

（6）毛利润追缴总额为 353.12604 万美元（起诉书第 10 项指控）；

（7）支付 4603.389197 万英镑的罚款（起诉书第 1 项至第 9 项指控）；

---

[1] See SFO v. Amec Foster Wheeler Energy Limited–Deferred Prosecution Agreement, Para.7, https://www.sfo.gov.uk/download/amec-foster-wheeler-energy-limited-deferred-prosecution-agreement/.

（8）支付 459.375 万美元的罚款（起诉书第 10 项指控）；

（9）向 SFO 支付 336.7088 万英镑的合理费用；

（10）支付 21.061 万英镑的赔偿金，以便就起诉书第 2 项指控所述的在该司法管辖区犯下的罪行向尼日利亚联邦共和国公民提供适当的补偿；

（11）同意自费完成协议中 A 部分"合作"和 F 部分"公司合规计划"要求采取的行动。

在这些考虑因素中，约翰伍德集团股份有限公司在 2017 年 10 月收购阿美科福斯特惠勒能源有限公司后的合作是后者能够获得暂缓起诉协议的重要因素。具体而言，为了解决使用商业中介机构所固有的贿赂和腐败风险，约翰伍德集团股份有限公司对道德与合规计划进行了以下改进措施：[1] 在集团首席道德与合规官的监督下，将福斯特惠勒股份有限公司的道德与合规团队、政策和程序完全整合到道德与合规计划中；2018 年在整个约翰伍德集团股份有限公司推出《行为准则》；在遗留的福斯特惠勒股份有限公司业务和更广泛的约翰伍德集团股份有限公司中，终止所有销售代理关系（除了某些司法管辖区当地法律授权的国家赞助商）；针对商业中介机构制定和实施基于风险的尽职调查、入职培训和监督程序；围绕合资企业合作伙伴和供应链合作伙伴制定和实施基于风险的尽职调查程序；聘请第三方顾问开展反贿赂和反腐败计划审查；强化一贯的、可见的来自高级管理层和负责反贿赂和反腐败及道德与合规的道德责任官（Ethics Responsible Officers）的"高层基调"；实施切实可行的基于风险的培训计划，确保所有员工接受关于良好道德与合规重要性的培训并反映良好合规文化的后续行动；已确定存在合规缺陷的某些司法管辖区的具体补救方案。

其次，严重欺诈办公室考虑到了约翰伍德集团股份有限公司：[2]

（1）提供《承诺书》（Undertaking）；

（2）收购福斯特惠勒公司并发现事实陈述中所述行为后采取的实质性补

---

[1]　See SFO v. Amec Foster Wheeler Energy Limited–Deferred Prosecution Agreement, Para.38, https://www.sfo.gov.uk/download/amec-foster-wheeler-energy-limited-deferred-prosecution-agreement/.

[2]　See SFO v. Amec Foster Wheeler Energy Limited–Deferred Prosecution Agreement, Para.7, https://www.sfo.gov.uk/download/amec-foster-wheeler-energy-limited-deferred-prosecution-agreement/.

救措施，包括：改进道德与合规计划，以确保大大降低使用第三方中介机构和销售代理 / 国家赞助商所固有的贿赂和腐败风险；将福斯特惠勒公司整合到约翰伍德集团股份有限公司的管理和治理结构中，从而彻底改变了福斯特惠勒公司的企业管理信条（ethos）；对约翰伍德集团股份有限公司（包括福斯特惠勒公司）所有的现有销售代理 / 国家赞助商和商业中介机构进行审查，仅保留那些获得法律授权的销售代理 / 国家赞助商；

（3）向 SFO 保证福斯特惠勒公司将在协议期间在约翰伍德集团股份有限公司的控制和所有权范围内继续存续；

（4）同意自费完成协议中 A 部分"合作"和 F 部分"公司合规计划"要求采取的行动。

尽管在本案之前的 6 个达成暂缓起诉协议的贿赂案件中均未出现《承诺书》，但实际上在 2019 年的信佳 Geografix 有限公司案中，信佳 Geografix 有限公司的母公司信佳集团股份有限公司（Serco Group PLC）就曾签署该等《承诺书》，对信佳集团股份有限公司需要履行的合作、实质性补救措施、公司合规计划等方面的义务作出明确规定。

具体到本案中，《暂缓起诉协议》在开头部分明确规定：本协议必须与阿美科福斯特惠勒能源有限公司的最终母公司约翰伍德集团股份有限公司于 2021 年 6 月 28 日提供的作为附录 A 附于本协议之后的《承诺书》一并解读。该《承诺书》载明了约翰伍德集团股份有限公司向严重欺诈办公室作出的履约承诺，主要内容包括：[1] 确保阿美科福斯特惠勒能源有限公司履行协议中规定的所有义务；在必要和适当的情况下，继续加强和改进阿美科福斯特惠勒能源有限公司的道德与合规计划；每年向严重欺诈办公室报告其已开展和将继续开展的关于构成道德与合规计划的合规措施及内部控制、政策和程序的补救和实施的工作；与严重欺诈办公室就其预先调查、调查和诉讼进行全面和诚实的合作；应严重欺诈办公室的要求，在协议期间在任何调查和起诉中

---

[1]　See SFO v. Amec Foster Wheeler Energy Limited–Deferred Prosecution Agreement–Undertaking, https://www.sfo.gov.uk/download/amec-foster-wheeler-energy-limited-deferred-prosecution-agreement-undertaking/.

与任何其他国内外执法或监管当局和机构进行全面和诚实的合作；不得作出或授权任何人作出与事实陈述所述事项相抵触的任何公开声明；发布与协议有关的新闻稿或任何其他公开声明均须先咨询严重欺诈办公室；等等。

3. 关于未来的合作和公司合规计划

本案达成的《暂缓起诉协议》第10条至第15条对合作作出了规定，主要是阿美科福斯特惠勒能源有限公司同意在协议期间提供以下合作：[1]（1）该公司和约翰伍德集团股份有限公司及其所有公司都尽可能保留所有相关材料；（2）全面和诚实地配合严重欺诈办公室的任何有关预先调查、调查和诉讼；（3）应严重欺诈办公室要求，全面和诚实地配合任何国内外执法和监管当局或机构的调查或起诉；（4）在上述合作中，进行相应的信息披露并应严重欺诈办公室要求尽可能提供面谈机会。

关于未来公司合规计划的条款规定在本案达成的《暂缓起诉协议》第39条至第44条。根据这些条款阿美科福斯特惠勒能源有限公司将采取以下措施：[2]（1）继续审查并在必要和适当的情况下加强和改进其道德与合规计划，包括内部控制、合规政策和程序，以确保约翰伍德集团股份有限公司维持一项严格的道德与合规计划——该计划包括用来有效预防和发现违反《2010年反贿赂法》和其他可适用的反腐败法的政策和程序；（2）在协议期间，阿美科福斯特惠勒能源有限公司或约翰伍德集团股份有限公司每年向严重欺诈办公室报告福斯特惠勒公司为改进和加强构成道德与合规计划的合规措施及内部控制、政策和程序而开展的工作，包括关于继续加强与使用商业中介机构有关的程序和流程的信息等；（3）自声明日起每12个月向严重欺诈办公室提交一份报告，共提交3次，最后一份报告应在协议到期前不少于30天提交，但如果事先获得严重欺诈办公室的书面批准则可以延期提交上述报告。其中，协议第44条明确规定，严重欺诈办公室不要求任命监控人，以确认约

---

[1] See SFO v. Amec Foster Wheeler Energy Limited–Deferred Prosecution Agreement, Para.10–15, https://www.sfo.gov.uk/download/amec-foster-wheeler-energy-limited-deferred-prosecution-agreement/.

[2] See SFO v. Amec Foster Wheeler Energy Limited–Deferred Prosecution Agreement, Para.39–44, https://www.sfo.gov.uk/download/amec-foster-wheeler-energy-limited-deferred-prosecution-agreement/.

翰伍德集团股份有限公司在收购阿美科福斯特惠勒能源有限公司后已经对道德与合规计划和补救措施进行的实质性加强和改进，而且这将贯穿于整个协议期间。因为英国严重欺诈办公室认为协议条款是"强有力的"，而且对这些条款有足够的信心，因此决定不需要监控人。[1]

值得注意的是，由于阿美科福斯特惠勒能源有限公司采取了卓有成效的补救行动和合规改进措施，该公司与 3 国签订的协议均未要求使用独立的合规监控人，但都要求该公司在协议有效期间继续履行特定的合规义务。例如，美国司法部与阿美科福斯特惠勒能源有限公司签署的《暂缓起诉协议》附件 C "公司合规计划"规定："公司将指派一名或多名公司高管负责实施和监督公司的反腐败合规准则、政策和程序。该等公司官员应当有权直接向独立监控机构报告，包括内部审计、公司董事会或董事会的任何适当委员会，并应当有足够的管理地位和自主权以及维持该等自主权的足够的资源及权限。"[2]

四、法院对《暂缓起诉协议》的司法审查

本案对暂缓起诉协议的审查是在南华克皇家刑事法院进行的。法院分别在 2021 年 6 月 25 日和 7 月 1 日对本案进行了预审和终审。

1. 审查并确定暂缓起诉协议有利于司法公正

负责审查本案暂缓起诉协议的伊迪斯大法官（Lord Justice Edis）主要考虑了 7 个不利于起诉，即有利于订立暂缓起诉协议的公共利益因素，并最终确定本案暂缓起诉协议符合司法公正（见表 9.29）。

---

[1]　See SFO v. Amec Foster Wheeler Energy Limited-DPA Final Judgement, Para.38, https://www.sfo.gov.uk/download/amec-foster-wheeler-energy-limited-deferred-prosecution-agreement-judgment/.

[2]　See https://www.justice.gov/usao-edny/press-release/file/1406471/download.

表9.29 法院考虑的不利于起诉的公共利益因素[1]

（1）普遍存在的高层次犯罪文化事实上并没有腐化现代公司，公司所有权和管理者发生了根本改变，有充分的理由认可约翰伍德集团股份有限公司完全有意确保其活动在未来不发生腐败。

（2）约翰伍德集团股份有限公司对阿美科福斯特惠勒股份有限公司的收购价格不存在折价，尽管前者是无辜的，却主动为后者"承担责任"（carry the can）并付出巨大的成本，这是一个非常重要的因素。

（3）发现任何新的重大犯罪的可能性的增加不足以证明任何进一步调查所需的资源的正当性，即不需要再开展任何进一步的调查。

（4）协议规定的处罚（包括罚款、赔偿、没收和费用）与法院对涉案公司被指控罪行定罪时对该公司的处罚"大致相当"（broadly comparable）。

（5）协议中规定了约翰伍德集团股份有限公司的承诺，这些承诺是起诉后法院所无法强加的，这一点很重要，因为这意味着约翰伍德集团股份有限公司为阿美科福斯特惠勒股份有限公司履行经济责任提供了担保，从而更可能完成实际支付，而且，这些承诺会在整个集团范围内产生更广泛的影响。概言之，协议中规定的一揽子公共保护措施将"准确地实现其预期目标"。

（6）协议很可能对严重欺诈办公室管辖范围内的组织的行为产生有利影响，因为当他们发现组织内的不法行为时，以及当他们在收购另一个实体时发现证据时，将鼓励其报告组织内的不法行为。对这种行为进行自我报告的文化对司法公正有很大的好处，因为这种文化使本来可能完全不被发现的犯罪行为曝光，也可能使对这种行为的调查更加容易，使犯罪者更有可能被定罪，这既有助于警察、严重欺诈办公室和皇家检察署的有效性，使其资源更有针对性，也符合更广泛地查明犯罪这一公共利益。在本案中，如果福斯特惠勒能源股份公司在2007年进行自我报告，整个案件的结果会好得多，至少有些犯罪行为可能不会发生，而且调查将与事件更为同步且可能更为简单。

（7）协议使得对阿美科福斯特惠勒股份有限公司的诉讼比正常起诉结束得快得多，从而节省了严重欺诈办公室和刑事法院系统的资源，以作其他之用，这符合公共利益和司法公正。严重欺诈办公室的调查和诉讼费用得以支付。但由于可能的对个人的起诉仍然会耗费大量司法资源和导致复杂的刑事诉讼，不应夸大这一因素，即该因素在评估司法公正方面的分量有限。威慑更可能通过起诉和惩罚个人来实现，而不是通过与公司签订暂缓起诉协议来实现，不应将其中一种视为另一种的替代方案。

---

[1] See SFO v. Amec Foster Wheeler Energy Limited-DPA Final Judgement, Para.28–37, https://www.sfo.gov.uk/download/amec-foster-wheeler-energy-limited-deferred-prosecution-agreement-judgment/.

2. 审查并确定协议条款是公平、合理和成比例的

由于本案暂缓起诉协议终审判决的"事实陈述"具有商业敏感性，因此无法通过获得更多信息得知法官如何审查并确定协议条款是公平、合理和成比例的。笔者将根据本案的暂缓起诉协议终审判决对经济处罚进行分析。

（1）经济处罚（赔偿金、毛利润追缴和罚款）。正如伊迪斯大法官所言，法院在审查并确定协议条款是否公平、合理和成比例时的首要角色是评估经济处罚。[1] 其中，首先要考虑的是是否需要赔偿令，然后才考虑其他经济处罚。在本案中，暂缓起诉协议仅规定阿美科福斯特惠勒能源有限公司因第 2 项指控向尼日利亚支付 21.061 万英镑的赔偿金，以就其罪行向该国公民提供适当的补偿，该笔金额为尼日利亚损失的应纳税额（即申报税额与最终缴纳税额之间的差额）。除此之外，其他指控中均不存在此类损失，也就不需要规定赔偿金条款。同时，阿美科福斯特惠勒能源有限公司被处以 5035.842164 万英镑的毛利润追缴和 4934.139197 万英镑的罚款，两者加上 21.061 万英镑的赔偿金，最终该公司需要支付的经济处罚总金额达到 9991.042361 万英镑（见表 9.30）。

---

[1] See SFO v. Amec Foster Wheeler Energy Limited-DPA Final Judgement, Para.38, https://www.sfo.gov.uk/download/amec-foster-wheeler-energy-limited-deferred-prosecution-agreement-judgment/.

表 9.30　本案经济处罚的计算方式

指控	涉案国家	毛利润/赔偿金计算依据	毛利润/赔偿金（损害）	罪责乘数	减刑折扣	总罚款金额	总金额（毛利润/赔偿金＋罚款）
1	尼日利亚	提前收回应收账款的好处	195.5203万英镑	225%		197.964304万英镑	393.484604万英镑
2		申报税额与最终缴纳税额之间的差额	21.0610万英镑（赔偿金）	325%		30.801713万英镑	51.862713万英镑
3	沙特阿拉伯	每个相关员工的毛利润；40.3万里亚尔的总签证贿赂款项	275.0427万英镑	250%	50%+10%	309.423038万英镑	584.465738万英镑
4		每位相关员工的毛利润	133.4796万英镑	250%		150.16455万英镑	283.64415万英镑
5-8	马来西亚	全部的综合毛利润	2455.205675万英镑	350%	50%	2171.163164万英镑	4626.368839万英镑
9	印度	IOCL Paradip FEED 毛利润	1722.34314万英镑	225%	50%+10%	1743.872429万英镑	3466.215569万英镑
10	巴西	UFN-IV FEED 项目所有实体的毛利润	254.250749万英镑	—	—	330.75万英镑	585.000749万英镑
合计			5056.903164万英镑			4934.139197万英镑	9991.042361万英镑

第一，罪责、罪责乘数和减刑。在本案公司犯罪的情形下，由于存在"地方或中央政府官员腐败""执法官员腐败""犯罪行为持续了一段时间"以及"企业文化是员工或代理人故意无视犯罪和不致力于建立有效的制度"4个要素，因此阿美科福斯特惠勒能源有限公司所有指控的罪责均构成"A-重大罪

责"，所适用的起刑点为 300%，类别范围为 250%—400%。第 1 至 4 项指控和第 9 项指控初步的罪责乘数分别为 325%、375%、350%、350% 和 325%。第 5 至 8 项指控较为特殊，由于这 4 项发生在马来西亚的罪行是一起处理的，因此将初步的罪责乘数定为 400%（见表 9.31）。对此，伊迪斯大法官强调，对所有 4 项指控的单一罚款被称为"合并"（concurrent）罚款是不准确的，因为一经定罪，相关罚款可在这些指控之间分摊，或者对一项指控处以罚款的同时不再对其他指控单独处以罚款。[1]

　　在本案中，严重欺诈办公室和法院明确阐述了加刑或减刑的因素和幅度。在初步的罪责乘数基础上，法院首先考虑了 4 个决定最终罪责乘数的因素，包括跨国犯罪因素、先前无定罪因素、受害者无实际损失因素和"隔了两代"（twice removed）因素——幅度分别为 +25%、-25%、-50% 和 -50%，然后考虑了 3 个减刑折扣因素，包括认罪因素、合作因素和总体性因素——幅度分别为 -33.3%、-16.7% 和 -10%（见表 9.31）。

表 9.31　本案中减轻或加重处罚的因素和幅度

指控	罪责乘数	跨国犯罪	先前无定罪	受害者无实际损失	"隔了两代"折扣	最终罪责乘数	认罪折扣	合作折扣	总体性折扣
1	325%	+25%	-25%	-50%	-50%	225%			-10%
2	375%	+25%	-25%	0	-50%	325%			-10%
3	350%	+25%	-25%	-50%	-50%	250%	-33.3%	-16.7%	-10%
4	350%	+25%	-25%	-50%	-50%	250%			-10%
5-8	400%	0	0	0	-50%	350%			0
9	325%	+25%	-25%	-50%	-50%	225%			-10%

　　首先，跨国犯罪因素是唯一的加重因素，是指犯罪行为跨越国界或司法管辖区。在本案中，只有马来西亚的 4 项罪行不属于跨国犯罪，其他 5 项

---

[1] See SFO v. Amec Foster Wheeler Energy Limited-DPA Final Judgement, Para.45, https://www.sfo.gov.uk/download/amec-foster-wheeler-energy-limited-deferred-prosecution-agreement-judgment/.

（包括第 1 至 4 项罪行和第 9 项罪行）均属于跨国犯罪，因此要在初步的罪责乘数基础上增加 25%。其次，"隔了两代"因素和合作因素要谨慎避免重复计算，因为它们密切相关；总体性因素则是协议条款成比例原则的一个方面，它要求如果总刑期不成比例就需要减刑——如果成比例就不需要，但需要注意的是，如果发生了多项犯罪，特别是其结果表明犯罪活动在公司内部普遍存在多年，则公司无权获得减刑，相反会被加重处罚。[1] 最后，本案作出重大减刑折扣的两个主要原因：一是罚款将由公司性质在犯罪行为发生后已完全改变的阿美科福斯特惠勒能源有限公司支付，或者由完全无罪的约翰伍德集团股份有限公司支付，也即被起诉和罚款的公司与实施犯罪的公司是完全不同的实体，而且该公司已进行了彻底改革，并在一定程度上配合调查，同时，先前的犯罪行为并未影响到该公司与其他公司的正常贸易，因此没有必要损害一家公司的商业地位；二是认罪折扣。[2]

值得注意的是，美国司法部给予该公司的刑事罚金（criminal fine）折扣是 25%，美国证券交易委员会给予该公司的民事追缴（civil disgorgement）折扣是 20%。

第二，付款方式。在司法裁判步骤的第五步罚款调整中，法院可酌情允许犯罪组织在特定时间支付罚款或分期付款。根据伊迪斯大法官的解释，"付款时间"（time to pay）条款是法院确保经济处罚得以适当支付的一种手段，借此可以从犯罪分子那里追回更多的钱，而不会因要求立即全额付款而造成不成比例的损害导致所追回款项的减少。[3] 在本案中，除了赔偿金因数额较小而被要求在声明日的 14 天内一次性支付，毛利润追缴和罚款均被允许分期付款——且每次支付都有 30 天的宽限期。其中，毛利润追缴的分期付款计划为：声明日的 14 天内支付 353.12604 万美元和 500 万英镑；2022 年 1 月 1 日后的第一个工作日或之前支付 1427.197138 万英镑；2023 年 1 月 1

---

[1] See SFO v. Amec Foster Wheeler Energy Limited-DPA Final Judgement, Para.49, https://www.sfo.gov.uk/download/amec-foster-wheeler-energy-limited-deferred-prosecution-agreement-judgment/.

[2] See SFO v. Amec Foster Wheeler Energy Limited-DPA Final Judgement, Para.50. https://www.sfo.gov.uk/download/amec-foster-wheeler-energy-limited-deferred-prosecution-agreement-judgment/.

[3] See SFO v. Amec Foster Wheeler Energy Limited-DPA Final Judgement, Para.50. https://www.sfo.gov.uk/download/amec-foster-wheeler-energy-limited-deferred-prosecution-agreement-judgment/.

日后的第一个工作日或之前支付 1427.197138 万英镑；2024 年 1 月 1 日后的第一个工作日或之前支付 1427.197138 万英镑。[1] 罚款的分期付款计划为：声明日的 14 天内支付 459.3750 万美元和 500 万英镑；2022 年 1 月 1 日后的第一个工作日或之前支付 1367.796399 万英镑；2023 年 1 月 1 日后的第一个工作日或之前支付 1367.796399 万英镑；2024 年 1 月 1 日后的第一个工作日或之前支付 1367.796399 万英镑。[2] 法院最终认定，这样的毛利润追缴和罚款支付时间和分期付款计划是公平、合理和成比例的。

（2）向 SFO 支付的费用。在本案中，阿美科福斯特惠勒能源有限公司同意向 SFO 支付 336.7088 万英镑的合理调查费用。双方约定该公司将在声明日的 7 天内向 SFO 支付该笔费用，但 SFO 可酌情给予该公司 30 天的宽限期。通过之前的分析可知，这种支付方式同样也被用于之前 6 个达成暂缓起诉协议的贿赂案件中。

五、评析与启示

伊迪斯大法官指出："贿赂是一种非常严重的罪行，其主要受害者是犯罪所在国的人民。这意味着，作出政治和商业决定不是为了这些国家的最佳利益，而是为了受贿官员和行贿者的私人利益。它会导致经济无法良好运行，公共和其他大型项目管理效率降低，使贫穷和治理不善的国家陷于贫困之中，而那些担任公职的人则会变得富有。其他受害者包括试图诚实竞争合同的企业，而且在某些情况下，贿赂意在造成实际损失。"[3]

在本案中，阿美科福斯特惠勒能源有限公司前身福斯特惠勒能源股份公司内部的贿赂和腐败行为跨越 5 个司法管辖区，并自 1996 年持续到 2014 年，这样的规模和持续时间表明该公司存在非常严重的系统性贿赂和腐败。而且，虽然该公司制定了反贿赂和反腐败政策与程序，但事实说明它们并未

---

[1]　See SFO v. Amec Foster Wheeler Energy Limited-DPA Final Judgement, Para.22, https://www.sfo.gov.uk/download/amec-foster-wheeler-energy-limited-deferred-prosecution-agreement-judgment/.

[2]　See SFO v. Amec Foster Wheeler Energy Limited-DPA Final Judgement, Para.28, https://www.sfo.gov.uk/download/amec-foster-wheeler-energy-limited-deferred-prosecution-agreement-judgment/.

[3]　See SFO v. Amec Foster Wheeler Energy Limited-DPA Final Judgement, Para.21, https://www.sfo.gov.uk/download/amec-foster-wheeler-energy-limited-deferred-prosecution-agreement-judgment/.

得到遵守，被屡次规避和违反，甚至可以说它们是为了掩盖公司雇用代理人向外国公职人员行贿的事实。本案暂缓起诉协议的终审判决提到公司在 2007 年至 2009 年间采取的"净化"（cleansing）行动，即多次委托美国贝克博茨律师事务所（Baker Botts LLP）对公司在沙特阿拉伯、马来西亚和尼日利亚 3 个国家参与贿赂或腐败活动的情况进行内部调查，贝克博茨律师事务所分别于 2007 年、2008 年和 2009 年编写了 3 份关于 3 国各个事件的报告。[1] 然而，尽管该公司采取了一些措施——有的措施仅关注如何减少违法行为对集团造成的不利后果，但未能成功制止腐败，例如随后在巴西就发生了类似的贿赂行为，而且，该公司在发现潜在的犯罪证据后没有向任何国家的政府或执法机构进行自我报告。此外，这些做法也不利于当前对涉嫌犯罪的个人进行的调查和起诉，因为证据更难获取。

对于本案，美国"FCPA 博客"的创始人和编辑理查德·卡西恩（Richard L. Cassin）对福斯特惠勒能源股份公司在发现巴西贿赂事件后的做法表示了质疑。他指出，该公司在巴西一个相对较小的项目中与 3 个不同国家的代理人合作，其中两个（即摩纳哥中介公司和意大利代理人）被该公司取消资格，第三个（巴西中介公司）也已逐渐失去影响力，然而，在跨国业务中彻底终止使用他国代理人的新型"无代理"商业模式（"agent-less" business approach）可能会使公司陷入困境。卡西恩举了两个他知道的真实案例，来说明有怨言的代理人会如何严重损害委托人的利益，一个是在埃及开展业务的外国公司解雇了其长期聘用的当地代理人，但在随后的几个月内，该公司在埃及的业务爆发了劳工问题，埃及政府站在工人一边，没收了该公司的资产并将其低价（for pennies on the dollar）拍卖给了公众；另一个是在印度尼西亚开展业务的外国公司无故终止了其有影响力的当地代理人，只提供了象征性的最终付款，这个受到侮辱的前代理人拒绝签署任何与公司业务有关的文件，随后导致公司难以获得外籍工人的新签证或进口设备许可证，

---

[1] See SFO v. Amec Foster Wheeler Energy Limited - DPA Final Judgement, Para.23, https://www.sfo. gov.uk/download/amec-foster-wheeler-energy-limited-deferred-prosecution-agreement-judgment/.

这场对峙持续了好几年。[1] 可见，预防贿赂和腐败的恰当做法不是一刀切地彻底不使用任何国外代理人，而是要加强其反贿赂、内部控制及账簿与记录等合规措施，尤其是发挥尽职调查的作用。

本案是英国第 10 个签署暂缓起诉协议的最新执法案件，也是第 7 个签署暂缓起诉协议的贿赂案件。通过本节的分析可知，严重欺诈办公室和法院在不断执法的过程中逐步细化了有关原则、规则和标准等。例如，法院在本案中首次专门对达成暂缓起诉协议的案件中是否及如何对涉案个人进行起诉作出了回应。又如，伊迪斯大法官首次在暂缓起诉协议判决中以附件 2 "私人理由（private reasons）"[2] 的形式，对其为何会作出批准决定给出了个人理由说明。[3] 这些做法对更好地理解英国反贿赂法、反贿赂和反腐败合规、暂缓起诉协议制度等非常有用，也有助于指导商业组织开展企业反贿赂和反腐败合规建设，而且，对其他国家相关立法和执法具有重要的参考价值和借鉴意义。

第八节　执法趋势与特征总结

一、案件处罚金额和启动方式

如前文所述，在 2015 年至 2021 年间（截至 2021 年 7 月 1 日），严重欺诈办公室共在 10 个执法案件中签署了暂缓起诉协议，其中 7 个为贿赂案件，即平均每年只有 1 个达成暂缓起诉协议的贿赂案件。

1. 案件处罚金额

虽然在过去的 7 年间仅有 7 个贿赂案件达成了暂缓起诉协议，但处罚金额却是巨大的（见表 9.32）。例如，2020 年空客公司案高达 9.90963712 亿欧

---

[1]　See Richard L. Cassin, Was Amec Foster Wheeler 'Afraid' of Tts Agents?, 1 July 2021, https://fcpablog.com/2021/07/01/was-amec-foster-wheeler-afraid-of-its-agents/.

[2]　See SFO v. Amec Foster Wheeler Energy Limited-DPA Final Judgement–Annex 2: The Private Reasons, https://www.sfo.gov.uk/download/31185/.

[3]　本案暂缓起诉协议判决书共有4个附件，除了前文所述附件2，附件1是"罚款电子表格"，附件3是"起诉书"，附件4是"匿名事实陈述"。

元的"经济制裁大于根据先前暂缓起诉协议支付的所有以往金额的总和，是2018年英格兰和威尔士所有犯罪行为的罚款总额的2倍以上"[1]。

表9.32　达成暂缓起诉协议的7个贿赂案件的经济制裁情况

序号	案件	经济制裁金额
1	标准银行股份有限公司案	3224.619658万美元及33万英镑
2	沙克拉德有限公司案	655.3085万英镑
3	劳斯莱斯股份有限公司案	5.10213399亿英镑
4	古拉普系统有限公司案	206.9861万英镑
5	空客公司案	9.90963712亿欧元
6	航空服务有限公司案	297.968576万英镑
7	阿美科福斯特惠勒能源有限公司案	1.0327751116亿英镑

2. 案件启动方式

上述达成暂缓起诉协议的7个贿赂案件的启动方式共有以下4种：（1）关联企业的干预，又可分为姊妹公司的干预（标准银行股份有限公司案）和母公司的干预（沙克拉德有限公司案）；（2）互联网发帖（劳斯莱斯股份有限公司案）；（3）企业自查，又可分为公司内部引发的自查（古拉普系统有限公司案和航空服务有限公司案）和公司外部引发的自查（空客公司案）；（4）其他国家执法机构发现公司犯罪行为后通知英国执法机构，英国执法机构随后展开调查（阿美科福斯特惠勒能源有限公司案）。（见表9.33）

---

[1] See SFO v. Airbus SE–DPA Final Judgement, Para.1, https://www.judiciary.uk/wp-content/uploads/2020/01/Director-of-the-Serious-Fraud-Office-v-Airbus-SE-1-2.pdf.

表 9.33　达成暂缓起诉协议的 7 个贿赂案件的启动方式

序号	案件	发现犯罪行为的过程	特点	自我报告
1	标准银行股份有限公司案	姊妹公司斯坦比克银行发现相关交易可疑，母公司标准银行集团开展内部调查并发现贿赂犯罪行为，标准银行迅速向严重欺诈办公室及其他英国执法机构进行自我报告。	关联企业的干预；姊妹公司发现交易可疑，共同母公司通过自查确认。	√
2	沙克拉德有限公司案	母公司海科公司在沙克拉德公司推行全球合规计划的过程中发现了问题合同，进而开展内部调查，并在发现贿赂犯罪行为后向严重欺诈办公室进行了自我报告。	关联企业的干预；因母公司推行合规计划而无意间发现。	√
3	劳斯莱斯股份有限公司案	互联网发帖爆料劳斯莱斯公司存在贿赂犯罪行为，严重欺诈办公室予以关注并要求该公司提供相关信息，随后该公司展开内部调查，并向该办公室提交了调查报告。	互联网发帖引发执法机构关注，企业通过自查确认。	×
4	古拉普系统有限公司案	新任高层对可疑交易产生怀疑，委托第三方展开内部调查，并在确认贿赂犯罪行为后向严重欺诈办公室进行了自我报告。	企业发现交易可疑并通过自查确认。	√
5	空客公司案	本案中真正的催化剂是英国出口融资部的警惕性。空客公司在与该政府部门接洽后进行的内部审查发现了关于贿赂和腐败的危险信号，并随后向严重欺诈办公室进行了自我报告。	其他政府部门提示风险，企业通过自查无意间发现并确认。	√

续上表

序号	案件	发现犯罪行为的过程	特点	自我报告
6	航空服务有限公司案	委托第三方对相关可疑合同展开内部调查，无意间发现贿赂犯罪行为，并迅速向严重欺诈办公室进行了自我报告。	企业在对其他可疑合同进行自查时无意间发现。	√
7	阿美科福斯特惠勒能源有限公司案	巴西执法机构在"洗车行动"中无意间发现福斯特惠勒能源股份公司的犯罪行为，随后通知英国和美国的执法机构，严重欺诈办公室对该公司展开调查。	其他国家执法机构无意间发现；企业自查，但未自我报告。	×

通过分析可知，自我报告是严重欺诈办公室在决定是否向商业组织提供暂缓起诉协议时会考虑的一个重要因素，但未进行自我报告依然有可能获得暂缓起诉协议。需要指出的是，两个未进行自我报告但达成暂缓起诉协议的案件都有其他特殊因素存在，正是这些因素偶然间同时存在才促成了暂缓起诉协议的达成，因此，企业应尽可能在发现贿赂犯罪行为和（或）有关证据后第一时间向执法机构进行自我报告，从而争取到通过获得暂缓起诉协议避免被定罪的机会。然而，这并不意味着进行自我报告就一定能获得暂缓起诉协议。

二、案件跨越的地域、司法管辖区和时间

1. 案件跨越的地域和司法管辖权

在达成暂缓起诉协议的 7 个贿赂案件中，有 3 个案件仅涉及 1 个司法管辖区，即：（1）标准银行案仅涉及坦桑尼亚；（2）古拉普系统公司案仅涉及韩国；（3）航空服务公司案仅涉及德国。其他 4 个案件均涉及多个司法管辖区，即：（1）沙克拉德公司案共涉及 5 个司法管辖区，包括中国、印度、韩

国、日本和中国台湾;(2)劳斯莱斯公司案共涉及 7 个司法管辖区,包括印度尼西亚、泰国、印度、俄罗斯、尼日利亚、中国和马来西亚;(3)空客公司案共涉及 5 个司法管辖区,包括马来西亚、斯里兰卡、印度尼西、加纳亚和中国台湾;(4)阿美科福斯特惠勒能源有限公司案共涉及 5 个司法管辖区,包括尼日利亚、沙特阿拉伯、马来西亚、印度和巴西。(见表 9.34)

表 9.34　达成暂缓起诉协议的 7 个贿赂案件涉及的司法管辖区

序号	案件	执法国家(机构)	犯罪行为所在司法管辖区
1	标准银行股份有限公司案	英国(严重欺诈办公室)	坦桑尼亚
2	沙克拉德有限公司案		中国、印度、韩国、日本和中国台湾
3	古拉普系统有限公司案		韩国
4	航空服务有限公司案		德国
5	劳斯莱斯股份有限公司案	英国(严重欺诈办公室);巴西(联邦检察院);美国(司法部)	印度尼西亚、中国、印度、泰国、俄罗斯、尼日利亚、马来西亚
6	空客公司案	英国(严重欺诈办公室);法国(金融检察官办公室);美国(司法部)	斯里兰卡、马来西亚、印度尼西亚、加纳和中国台湾
7	阿美科福斯特惠勒能源有限公司案	英国(严重欺诈办公室);美国(司法部和证券交易委员会);巴西(总审计长办公室、总检察长办公室和联邦检察院)	尼日利亚、沙特阿拉伯、马来西亚、印度、巴西

2. 案件所涉及犯罪行为发生的时间

在达成暂缓起诉协议的 7 个贿赂案件中,只有标准银行股份有限公司案的犯罪行为发生在 1 年间，其他案件均发生在 2 年至 24 年间（见表 9.35）。可见，尽管"犯罪行为持续了一段时间"是决定公司贿赂犯罪罪责等级的因素之一，但它并非决定商业组织能否获得暂缓起诉协议的因素，即在很多年间从事犯罪行为的商业组织仍然有可能获得暂缓起诉协议。

表 9.35　达成暂缓起诉协议的 7 个贿赂案件的犯罪时长

序号	案件	犯罪行为发生的时间	时长
1	标准银行股份有限公司案	2013 年	1 年
2	沙克拉德有限公司案	2004—2012 年	9 年
3	劳斯莱斯股份有限公司案	1989—2013 年	24 年
4	古拉普系统有限公司案	2002—2015 年	14 年
5	空客公司案	2011—2015 年	5 年
6	航空服务有限公司案	2011—2012 年	2 年
7	阿美科福斯特惠勒能源有限公司案	1996—2014 年	19 年

三、案件涉及的部门、行业和高风险环节

1. 案件涉及的公共／私营部门

在达成暂缓起诉协议的 7 个贿赂案件中，有 3 个案件同时涉及公共部门和私营部门的贿赂，即公职贿赂和商业贿赂，它们是标准银行股份有限公司案、劳斯莱斯股份有限公司案和阿美科福斯特惠勒能源有限公司案，占比约为 42.8%。其他 4 个案件均仅涉及私营部门的贿赂，占比约为 57.2%。

2. 涉案公司所属的行业或领域

在达成暂缓起诉协议的 7 个贿赂案件中，除了劳斯莱斯股份有限公司案同时涉及航空、工程、国防和能源 4 个不同的领域，其他 6 个案件大致可分为以下 4 类：（1）金融服务行业（标准银行股份有限公司案）；（2）机械制造

行业（沙克拉德有限公司案和古拉普系统有限公司案）；（3）航空行业（空客公司案和航空服务有限公司案）；（4）工程设计行业（阿美科福斯特惠勒能源有限公司案）——同时涉及能源行业（见表9.36）。可见，国防、航空、工程、金融以及能源在未来都可能是执法机构关注的重点行业或领域。

表 9.36　达成暂缓起诉协议的 7 个贿赂案件中涉案公司所属行业或领域

序号	案件	涉案公司所属行业或领域
1	标准银行股份有限公司案	金融服务（银行）
2	沙克拉德有限公司案	机械制造（金属科技）
3	劳斯莱斯股份有限公司案	航空、工程、国防和能源
4	古拉普系统有限公司案	机械制造（地震测量设备）
5	空客公司案	航空业
6	航空服务有限公司案	航空服务业
7	阿美科福斯特惠勒能源有限公司案	工程设计和能源

3. 案件涉及的高风险环节

在达成暂缓起诉协议的 7 个贿赂案件中，从事了犯罪行为的公司都使用了代理人或其他中间人，而且，公司的犯罪行为往往与第三方审查或尽职调查有关，因为这些是合规计划中常见的薄弱环节，因此常被用于推动贿赂和腐败犯罪。此外，招投标环节也属于极易发生贿赂犯罪的高风险环节。（见表 9.37）。

表 9.37　达成暂缓起诉协议的 7 个贿赂案件涉及的高风险环节

序号	案件	代理人或其他中间人	第三方尽职调查	招投标
1	标准银行股份有限公司案	√	√	×
2	沙克拉德有限公司案	√	×	×

续上表

序号	案件	代理人或 其他中间人	第三方 尽职调查	招投标
3	劳斯莱斯股份有限公司案	√	√	√
4	古拉普系统有限公司案	√	×	×
5	空客公司案	√	×	×
6	航空服务有限公司案	√	×	×
7	阿美科福斯特惠勒能源 有限公司案	√	√	√

四、SFO 提供暂缓起诉协议时考虑的因素

除了自我报告，严重欺诈办公室在决定是否向商业组织提供暂缓起诉协议时，主要考虑了以下因素：（1）过去和未来的合作；（2）支付毛利润追缴；（3）支付罚款；（4）向 SFO 支付费用；（5）对现有的公司合规计划进行审查、维护或改进；（6）同意自费完成公司合规计划要求的行动或进行独立审查；（7）自我披露了事实陈述中所述的行为；（8）无涉及先前刑事、民事或监管执法行动的类似行为史；（9）同意公司在协议期满前继续存续；（10）支付赔偿金及利息。（见表 9.38）

表 9.38　严重欺诈办公室提供暂缓起诉协议时考虑的因素

序号	涉案公司	考虑的因素
1	标准银行股份 有限公司	自我报告；过去和未来的合作；支付赔偿金及利息；支付罚款；向 SFO 支付费用；支付毛利润追缴；同意委托并自费对其现有的内部反贿赂和反腐败控制、政策和程序进行独立审查。
2	沙克拉德 有限公司	自我报告；过去和未来的合作；支付毛利润追缴；支付罚款；对其现有的公司合规计划进行审查和维护。
3	劳斯莱斯股份 有限公司	过去和未来的合作；支付毛利润追缴；支付罚款；向 SFO 支付费用；同意自费完成公司合规计划要求的行动。

续上表

序号	涉案公司	考虑的因素
4	古拉普系统有限公司	自我报告；与 SFO 进行自愿合作；无涉及先前刑事、民事或监管执法行动的类似行为史；支付毛利润追缴；对其现有的公司合规计划进行审查和维护。
5	空客公司	自我报告；自我披露了事实陈述中所述的行为；过去和未来的合作；支付毛利润追缴；支付罚款；向 SFO 支付合理的调查费用；对公司的道德与合规政策和程序进行实质性补救和持续改进；同意公司在协议期满前继续存续；同意自费完成公司合规计划要求的行动。
6	航空服务有限公司	自我报告；迅速且自愿地自我披露了事实陈述中所述的行为；过去和未来的合作；无涉及先前刑事、民事或监管执法行动的类似行为史；同意公司在协议期满前继续存续；支付毛利润追缴；支付罚款；向 SFO 支付费用。
7	阿美科福斯特惠勒能源有限公司	过去和未来的合作；先前没有被刑事定罪；采取了实质性补救计划，并持续改进道德与合规计划；同意在协议期间继续存续；支付毛利润追缴；支付罚款；向 SFO 支付费用；支付赔偿金；同意自费完成合作和公司合规计划要求的行动；母公司提供《承诺书》。

可见，商业组织要想获得暂缓起诉协议，首先和最重要的是尽可能迅速且自愿地向严重欺诈办公室自我报告并与其进行全面合作（包括有限度地放弃诉讼特权）；其次，要同意支付毛利润追缴、支付罚款和向 SFO 支付费用，即通过吐出非法所得确保不因犯罪而受益、接受一定的惩罚以及承担相关的调查和起诉费用；再次，要对公司合规计划进行审查、维护或改进，尤其是自费完成相关的合规行动；从次，严重欺诈办公室会考虑公司是否自我披露了违法行为、是否有执法行为史，以及是否承诺在协议期满前存续；最后，支付赔偿金及利息也是严重欺诈办公室会考虑的一个因素。简言之，商业组织要尽可能早地向执法机构进行自我报告，全面配合调查，表明愿意吸取教训的意愿，并接受适当的处罚，尤其是应当采取一系列真正的、实质性的、持续性的合规和补救措施。

五、调查时长、协议期限和法院司法审查时长

在达成暂缓起诉协议的 7 个贿赂案件中，严重欺诈办公室花费的调查时长分别为 2.5 年、3.5 年、4 年、4 年、3.5 年、5 年和 4 年，平均花费约 3.8 年；同时，这些案件所达成的暂缓起诉协议规定的期限分别为 3 年、4.5 年、5 年、5 年、3 年、1 年和 3 年，平均期限为 3.5 年。

值得注意的是，这 7 个案件的暂缓起诉协议在规定有效期条款时，共使用了以下 3 种方式。

第一种是（以标准银行股份有限公司案为例）：本协议的有效期自法院根据《2013 年犯罪和法院法》附件 17、第 8 条第（1）款和第（3）款作出声明之日起生效，并自生效之日起至 3 年后的 2018 年 11 月 30 日终止（"期限"）。

第二种是（以古拉普系统有限公司案为例）：本协议的有效期自法院根据《2013 年犯罪和法院法》附件 17、第 8 条第（1）款和第（3）款作出声明之日起生效，并至 2024 年 10 月 22 日或该日之前（当财务条款得到充分满足时）终止（"期限"）。

第三种是（以劳斯莱斯股份有限公司案为例）：本协议自法院根据《2013 年犯罪和法院法》附件 17、第 8 条第（1）款和第（3）款作出声明之日起生效，并至以下较早者终止：（a）2022 年 1 月 17 日；（b）2021 年 1 月 17 日之后，SFO 应劳斯莱斯的合理要求，以书面形式向劳斯莱斯确认本协议已结束 [考虑到出于劳斯莱斯履行本协议所规定剩余义务（如有）的目的，不得无理拒绝或延迟该确认]（"期限"）。

在其他 4 个贿赂案件中，空客公司案、航空服务有限公司案和阿美科福斯特惠勒能源有限公司案都采用了第 1 种，沙克拉德有限公司案采用了第 2 种。

在这 7 个贿赂案件中，标准银行股份有限公司案是第一个签订暂缓起诉协议的案件，因此法院在进行司法审查时用了 27 天，而沙克拉德有限公司案则是第一个中小企业违反《2010 年反贿赂法》第 7 条商业组织未能防止贿

赂罪的案件，因此法院经过两次预审并在进行司法审查时用了 83 天，但除此之外在后来的 5 个案件中，法院仅分别用时 5 天、13 天、4 天、10 天和 7 天，平均只需要约 8 天即可作出最终批准决定，显然是极为高效的。（见表 9.39）

表 9.39　达成暂缓起诉协议的 7 个贿赂案件中法院预审和终审时长

序号	案件	预审和终审时间	司法审查时长
1	标准银行股份有限公司案	预审：2015 年 11 月 4 日 终审：2015 年 11 月 30 日	27 天
2	沙克拉德有限公司案	预审：2016 年 4 月 20 日、6 月 24 日 终审：2016 年 7 月 8 日、11 日	83 天
3	劳斯莱斯股份有限公司案	预审：2017 年 1 月 13 日 终审：2017 年 1 月 17 日	5 天
4	古拉普系统有限公司案	预审：2019 年 10 月 10 日 终审：2019 年 10 月 22 日	13 天
5	空客公司案	预审：2020 年 1 月 28 日 终审：2020 年 1 月 31 日	4 天
6	航空服务有限公司案	预审：2020 年 10 月 21 日 终审：2020 年 10 月 30 日	10 天
7	阿美科福斯特惠勒能源有限公司案	预审：2021 年 6 月 25 日 终审：2021 年 7 月 1 日	7 天

六、案件中指控的数量和罪名

在达成暂缓起诉协议的 7 个贿赂案件中，有 3 个案件被追究刑事责任的贿赂犯罪行为发生在《2010 年反贿赂法》实施之后，它们是标准银行股份有限公司案、空客公司案和航空服务有限公司案，而且，涉案公司仅被指控构成《2010 年反贿赂法》第 7 条商业组织未能防止贿赂罪。其他 4 个案件被追究刑事责任的贿赂犯罪行为则发生在《2010 年反贿赂法》实施前后，除了被指控构成《2010 年反贿赂法》第 1 条行贿罪和第 7 条商业组织未能防止贿赂罪，还被指控构成《1977 年刑事法》第 1 条共谋腐败罪和（或）《1906 年防

止腐败法》第 1 条惩罚与代理人的腐败交易罪。（见表 9.40）

表 9.40　达成暂缓起诉协议的 7 个贿赂案件中涉案公司被指控的数量和罪名

序号	涉案公司	犯罪时间	指控数量	罪名
1	标准银行股份有限公司	2013 年	1	《2010 年反贿赂法》第 7 条商业组织未能防止贿赂罪
2	沙克拉德有限公司	2004—2012 年	3	《1977 年刑事法》第 1 条共谋腐败罪；《1906 年防止腐败法》第 1 条惩罚与代理人的腐败交易罪；《2010 年反贿赂法》第 1 条行贿罪和第 7 条商业组织未能防止贿赂罪
3	劳斯莱斯股份有限公司	1989—2013 年	12	《1968 年反盗窃法》第 17 条第（1）款第（a）项虚假会计罪；《1977 年刑事法》第 1 条共谋腐败罪；《2010 年反贿赂法》第 7 条商业组织未能防止贿赂罪
4	古拉普系统有限公司	2002—2015 年	2	《1977 年刑事法》第 1 条共谋腐败罪；《2010 年反贿赂法》第 7 条商业组织未能防止贿赂罪
5	空客公司	2011—2015 年	5	《2010 年反贿赂法》第 7 条商业组织未能防止贿赂罪
6	航空服务有限公司	2011—2012 年	3	《2010 年反贿赂法》第 7 条商业组织未能防止贿赂罪
7	阿美科福斯特惠勒能源有限公司	1996—2014 年	10	《1977 年刑事法》第 1 条共谋腐败罪；《1906 年防止腐败法》第 1 条惩罚与代理人的腐败交易罪；《2010 年反贿赂法》第 7 条商业组织未能防止贿赂罪

特别需要指出的是，在这 7 个贿赂案件中，除了沙克拉德有限公司构成

《2010 年反贿赂法》第 1 条行贿罪外，就违反该法而言，所有 7 家公司都只构成该法第 7 条商业组织未能防止贿赂罪，而没有构成该法第 2 条受贿罪和第 6 条行贿外国公职人员罪。

七、协议规定的经济制裁方式和减刑折扣

英国的暂缓起诉协议仅适用于商业组织的某些经济（金融）犯罪，而且，唯一的刑事处罚方式是经济制裁。在达成暂缓起诉协议的 7 个贿赂案件中，经济制裁共有 4 种，包括：（1）支付赔偿金；（2）支付毛利润追缴；（3）支付罚款；（4）向 SFO 支付合理的调查和诉讼费用。（见表 9.41）

表 9.41　达成暂缓起诉协议的 7 个贿赂案件中的经济制裁方式

序号	案件	经济制裁			
		赔偿金	毛利润追缴	罚款	向 SFO 支付费用
1	标准银行股份有限公司案	√（有利息）	√	√	√
2	沙克拉德有限公司案	×	√	√	×
3	劳斯莱斯股份有限公司案	×	√	√	√
4	古拉普系统有限公司案	×	√	√	×
5	空客公司案	×	√	√	√
6	航空服务有限公司案	×	√	√	√
7	阿美科福斯特惠勒能源有限公司案	√（无利息）	√	√	√

其中，所有 7 个贿赂案件中的商业组织均被要求支付毛利润追缴，这体现了执法机构不允许犯罪分子从犯罪中获益的基本原则，而其他 3 种处罚方式的灵活使用则体现了暂缓起诉协议的奖励性，即执法机构会充分考虑商业组织的自我报告、全面合作、公司合规计划等各种有关因素，并尽可能保护企业。

在这 7 个贿赂案件的减刑额方面，第 1 个涉案公司获得了 1/3（33.3%）的折扣，中间 5 个涉案公司获得了 50% 的折扣，最后 1 个涉案公司获得了 60% 的折扣（见表 9.42）。

表 9.42　达成暂缓起诉协议的 7 个贿赂案件中公司获得的减刑折扣

序号	涉案公司	减刑折扣
1	标准银行股份有限公司	1/3，即约 33.3%
2	沙克拉德有限公司	50%，包括 33.3% 的认罪折扣和 16.7% 的额外特别合作折扣
3	劳斯莱斯股份有限公司	
4	古拉普系统有限公司	
5	空客公司	
6	航空服务有限公司	
7	阿美科福斯特惠勒能源有限公司	60%，包括 33.3% 的认罪折扣、16.7% 的额外特别合作折扣和 10% 的总体性折扣

正如威廉·戴维斯法官在 2019 年信佳 Geografix 有限公司案的判决书中所指出的："对罚款而言，提供与认罪折扣相当的折扣是必要和适当的。在所有较早批准暂缓起诉协议的案例中，除一个外，罚款都被打了 50% 的折扣，而不是量刑委员会关于尽早认罪全额折扣的指引所规定的三分之一。这是因为参与暂缓起诉协议流程节省了大量用于调查和起诉的时间和金钱，而这证明了给予更高折扣的正当性。此外，在其他案件中，为了鼓励公司在尽早报告公司犯罪行为方面承担责任，折扣也已被扩大了。"[1] 可见，在 1/3（33.3%）的减刑额基础上向阿美科福斯特惠勒能源有限公司提供 16.7% 的额外特别合作折扣是基于两个方面的考虑：一是为执法机构"节省了大量用于调查和起诉的时间和金钱"；二是"鼓励公司在尽早报告公司犯罪行为方面承担

---

[1]　See SFO v. Serco Geografix Limited-Approved Judgement, 4 July, 2019, Para.39, https://www.judiciary.uk/wp-content/uploads/2019/07/serco-dpa-4.07.19-2.pdf.

责任"。

需要指出的是，在信佳 Geografix 有限公司案之后由严重欺诈办公室签署暂缓起诉协议的 4 个执法案件中，只有杰富仕护理与司法服务（英国）有限公司案没有获得 50% 的折扣，而是仅获得了 40% 的折扣，因为戴维斯法官认为该公司与执法机构的合作"有一些方面在一开始是不够全面的"，而"适用 50% 折扣的情形是有关公司进行了非凡或堪称典范的合作"。[1] 可见，商业组织要想获得 50% 的顶格折扣，就必须使合作达到"非凡或堪称典范"的标准。阿美科福斯特惠勒能源有限公司案中额外 10% 的总体性折扣，则是最后考虑总刑罚是否成比例的结果，是该案较为特殊的减刑因素。

八、独立合规监控人的使用情况

尽管英国建立了独立合规监控人制度，但在达成暂缓起诉协议的 7 个贿赂案件中，严重欺诈办公室并未要求使用合规监控人。然而，在其中的 5 个案件中，严重欺诈办公室都默认了一种替代性执法工具，即"独立审查人"（independent reviewer）或"准监控人"（quasi-monitor）。（见表 9.43）

---

[1] See SFO v. G4S Care and Justice Services (UK) Limited-Approved Judgement, 17 July, 2020, Para.40, https://www.judiciary.uk/wp-content/uploads/2020/07/SFO-v-G4S-Judgment-1.pdf.

表9.43　达成暂缓起诉协议的7个贿赂案件中合规监控人的使用情况

序号	案件	监控人	"准监控人"	"准监控人"的职能
1	标准银行股份有限公司案	×	√，普华永道会计师事务所	（1）审查公司的内部控制与合规政策和程序及其实施情况，例如第三方中间人使用情况、合规风险评估情况、培训制度、培训有效性及员工意识水平提高程度等；（2）向公司和执法机构提交一份或多份独立合规报告，并对公司执行报告中合规建议的情况进行监督和评价；（3）代表公司按照执法机构的要求与执法机构进行全面合作；等等。
2	沙克拉德有限公司案	×	√，公司（首席合规官）	
3	劳斯莱斯股份有限公司案	×	√，戈尔德勋爵	
4	古拉普系统有限公司案	×	√，公司（合规官）	
5	空客公司案	×（因法国公共利益司法协议已规定法国反腐败局作为监控人）		
6	航空服务有限公司案	×（因公司在协议履行完毕将被清盘而未规定任何合规计划条款）		
7	阿美科福斯特惠勒能源有限公司案	×	√，公司	

在标准银行股份有限公司案中，所签署的暂缓起诉协议将该公司委托的普华永道会计师事务所称为"独立审查人"[1]。在劳斯莱斯股份有限公司案中，莱维森大法官将该公司任命的对其道德与合规政策和程序进行独立审查的该领域专家戈尔德勋爵称为"其合规计划的'准监控人'"[2]。可见，戈尔德勋爵扮演了非常重要的非正式监控人角色。而在沙克拉德有限公司案、古拉普系统有限公司案和阿美科福斯特惠勒能源有限公司案中，所签署的暂缓起

[1] See SFO v. Standard Bank PLC–Deferred Prosecution Agreement, Para.28, https://www.sfo.gov.uk/download/deferred-prosecution-agreement-sfo-v-icbc-sb-plc/?wpdmdl=7600.
[2] See SFO v. Rolls Royce PLC–DPA Final Judgement, Para.43, https://www.judiciary.uk/wp-content/uploads/2017/01/sfo-v-rolls-royce.pdf.

诉协议则规定由涉案公司或其委派的合规官履行"独立审查人"或"准监控人"的职能。其中，在阿美科福斯特惠勒能源有限公司案中，严重欺诈办公室明确指出不使用合规监控人的原因是认为"协议条款是'强有力的'，对条款有足够的信心"。值得注意的是，在上述 5 个案件中，为了与"监控人"区分开来，在述及与"独立审查人"或"准监控人"有关的内容时均使用了"审查"二字。

与之不同的是，在空客公司案和航空服务有限公司案中，严重欺诈办公室不仅未要求使用合规监控人，也未要求使用"独立审查人"或"准监控人"。其中，航空服务有限公司案是由于公司在协议履行完毕将被清盘而未规定任何合规计划条款，也就不需要对其进行监控或监督；空客公司案则是由于法国公共利益司法协议已经规定法国反腐败局担任合规监控人，因此不再需要英国重复进行监控或监督。事实上，英国的托马斯大法官（Lord Justice Thomas）曾指出，合规监控人是一种"昂贵的'感化令'（probation order）"，可能"对于一家公司来说是不必要的，因为该公司也将由非常了解其过去行为的审计师审计，而且其董事将非常清楚任何类似犯罪行为的刑事后果"。[1] 综上所述，英国执法机构对独立合规监控人的使用是极为克制的，而且基本是在使用一种替代性解决方式。

与英国类似，美国在反海外腐败案件和其他类型的刑事案件中使用合规监控人的频率也不高，而且出现明显的下降趋势。自 2015 年以来，美国在 2020 年《反海外腐败法》执法案件中首次没有要求使用任何合规监控人，因为美国司法部认为如果公司满足以下一个或多个因素就不需要使用合规监控人：一是在案件解决时，公司已经采取补救行动，如加强控制、程序和培训；二是同意定期向司法部就补救行动进行报告；三是已处于外国监管机构的监督下。[2] 显然，与美国《反海外腐败法》的激进执法策略不同，美国在

---

[1]　See Emily L. Stark, Trans-Atlantic Winds of Change for Corporate Monitorships?, 11 December 2018, https://www.wilmerhale.com/en/insights/blogs/wilmerhale-w-i-r-e-uk/20181211-trans-atlantic-winds-of-change-for-corporate-monitorships.
[2]　See JENNER & BLOCK, Anti-Corruption Enforcement (2020 Year in Review): A Guide to the FCPA, UK Bribery Act and International Anti-Corruption Laws, p.18.

公司案件中对独立合规监控人的使用呈现出越来越保守的姿态，即只有当符合较为严格的特定条件时才会使用合规监控人。美国司法部的有关指引明确指出："如果合规计划在案件解决时被证明是有效的且资源是成比例地充足的，那么将可能不需要监控人。"[1] 例如，美国在空客公司案的暂缓起诉协议中也没有要求使用合规监控人，理由是空客公司已在多年间实施了合规计划并验证了其有效性、同意继续向司法部进行报告以及法国当局将对其合规计划进行监督。

九、个人被起诉或定罪的情况

在达成暂缓起诉协议的 7 个贿赂案件中，2020 年空客公司案和航空服务有限公司案由于仍在进行中，因此尚无准确的官方消息，但其他 6 个案件中，目前只有 6 名个人被起诉并接受审判，尚没有任何个人被定罪（见表9.44）。[2]

表9.44　达成暂缓起诉协议的 7 个贿赂案件中个人被起诉或定罪的情况

序号	案件	是否有个人被起诉	是否有个人被定罪
1	标准银行股份有限公司案	╳	╳
2	沙克拉德有限公司案	√（3人）	╳
3	劳斯莱斯股份有限公司案	╳	╳
4	古拉普系统有限公司案	√（3人）	╳
5	空客公司案	╳（不确定）	╳（不确定）
6	航空服务有限公司案	不确定	不确定
7	阿美科福斯特惠勒能源有限公司案	╳（待定）	╳（待定）

[1] See Office of the Assistant Attorney General, Selection of Monitors in Criminal Division Matters, 11 October 2018, p.2; Criminal Division of the U.S. Department of Justice and the Enforcement Division of the U.S. Securities and Exchange Commission, A Resource Guide to the U.S. Foreign Corrupt Practices Act (Second Edition), July 2020, p.74.

[2] 对此，有观点认为，执法机构"如果有必要，可以在（启动）暂缓起诉协议之前调查和起诉个人，而不是在其之后"，因为历史经验表明，"在（签订）暂缓起诉协议之后起诉个人是困难重重的"。参见Dan Stowers, SFO Struggles to Prosecute Individuals Following a DPA, 1 August 2019, https://www.lexology.com/library/detail.aspx?g=23664c49-b588-4d73-a344-ec2385b8c5cc。

标准银行股份有限公司案由于所涉及的犯罪行为都发生在海外，所以在英国没有任何个人被起诉，也就没有任何个人被定罪。

在随后的沙克拉德有限公司案和劳斯莱斯股份有限公司案中，尽管都有大量证据表明在英国生活或工作的个人从事了不法行为，但都没有定罪。其中，沙克拉德有限公司案中的 3 名公司前高管因涉嫌与多个代理人就 27 份海外合同共谋贿赂和腐败而被起诉并接受了审判，但于 2019 年 7 月 16 日被南华克皇家刑事法院陪审团宣判无罪，随后本案达成的暂缓起诉协议到期。而在劳斯莱斯股份有限公司案中，严重欺诈办公室于 2019 年 2 月 22 日宣布，在开展进一步的调查、详细审查现有证据以及评估公共利益后，将不会起诉与公司有关的个人，因为经过该办公室"广泛和仔细的审查"，得出的结论是"要么证据不足以提供定罪的现实可能性，要么……提起诉讼不符合公共利益"。[1] 然而，这一基于"提起诉讼不符合公共利益"理由作出的决定引发了广泛争议。

在古拉普系统有限公司案中，严重欺诈办公室指控坎松·古拉普、娜塔莉·皮尔斯和安德鲁·贝尔共谋向韩国地球科学与矿产资源研究所的一名公职人员和雇员行贿，但他们都被南华克皇家刑事法院陪审团宣判无罪，安德鲁·贝尔于 2019 年 12 月 18 日被无罪释放，坎松·古拉普和娜塔莉·皮尔斯于 20 日也被无罪释放。[2] 关于空客公司案，有多家国外媒体在 2021 年 5 月 4 日宣称，严重欺诈办公室"悄悄地"结束了对空客公司有关个人的刑事调查，而且，"3 位熟悉调查情况的消息人士称，严重欺诈办公室已致函前嫌疑人，表示它将不会采取进一步的行动"。[3] 显然，空客公司案极有可能也是没有任何个人被起诉，但严重欺诈办公室至今未正式宣布这一决定。至于航空

---

[1]　See SFO closes GlaxoSmithKline Investigation and Investigation into Rolls-Royce Individuals, 22 February 2019, https://www.sfo.gov.uk/2019/02/22/sfo-closes-glaxosmithkline-investigation-and-investigation-into-rolls-royce-individuals/.

[2]　See Güralp Systems Ltd, 12 February 2021, https://www.sfo.gov.uk/cases/guralp-systems-ltd/.

[3]　See Andrew Curran, UK Ends Fraud Investigation into Airbus Related Individuals, 4 May 2021, https://simpleflying.com/uk-ends-fraud-investigation-airbus/; Hannah Godfrey, Serious Fraud Office ends investigation into Airbus individuals, 4 May 2021, https://www.cityam.com/serious-fraud-office-ends-investigation-into-airbus-individuals/; Kirstin Ridley, UK prosecutor ends investigation into Airbus individuals: sources, 4 May 2021, https://www.reuters.com/article/us-britain-airbus-investigation-idCAKBN-2CL1JQ.

服务有限公司案，则尚无这方面的消息，严重欺诈办公室也未发布任何正式公告。

在阿美科福斯特惠勒能源有限公司案中，法院在《暂缓起诉协议》等法律文件的正文之前增加了一段文字，用来解释为何未对个人提出指控，这是之前6个达成暂缓起诉协议的贿赂案件中都没有的。这段话是："在决定批准暂缓起诉协议这一议题时，法院没有进行事实的发现。没有任何程序可以用来确定或评估个人的罪责。法院注意到公司是通过个人行动的，出于这个原因，有必要考虑一些个人行为，但法院没有得到关于任何个人的信息，也没有要求他们发表对事情的看法。暂缓起诉协议中的判决仅处理了阿美科福斯特惠勒能源有限公司的罪责，而非任何个人的罪责。没有针对任何个人的任何调查结果。"[1] 同时，该案暂缓起诉协议的终审判决明确指出，该案"针对个人的起诉仍在考虑中"[2]。

---

[1]　See SFO v. Amec Foster Wheeler Energy Limited–Deferred Prosecution Agreement, https://www.sfo.gov.uk/download/amec-foster-wheeler-energy-limited-deferred-prosecution-agreement/.

[2]　See SFO v. Amec Foster Wheeler Energy Limited-DPA Final Judgement, Para.36, https://www.sfo.gov.uk/download/amec-foster-wheeler-energy-limited-deferred-prosecution-agreement-judgment/.

第十章
英国反贿赂合规实践指引

本章将结合英国反贿赂法律制度和执法实践，从 4 个方面阐述英国反贿赂和反腐败合规要点，以帮助商业组织更好地开展反贿赂和反腐败合规建设，以及获得《2010 年反贿赂法》规定的"充分程序"抗辩权。需要指出的是，与较为丰富或成熟的国际上和美国的反贿赂和反腐败合规标准相比较而言，英国仅在几个法律文件中对反贿赂和反腐败合规标准作出了解释性规定，而且，英国在很大程度上借鉴了国际和美国的反贿赂和反腐败合规标准，因此，商业组织在根据《2010 年反贿赂法》及其配套法律文件制定公司合规计划时，可以参考国际上和美国的反贿赂和反腐败合规标准。

第一节　2020 年《SFO 合规计划评估指引》解读

2020 年 1 月 17 日，严重欺诈办公室在其内部《SFO 操作手册》中增加新的一章，名为《评估合规计划》（Evaluating a Compliance Programme）。这就是通常所说的《SFO 公司合规计划指引》（SFO corporate compliance programme guidance）或《SFO 关于评估合规计划的内部指引》（SFO Internal

Guidance on Evaluating a Compliance Programme）（以下统称《SFO 合规计划评估指引》）。尽管该指引被批评为"规定性远不如许多公司所希望的那样，而且在许多方面重复了严重欺诈办公室所经常使用的惯常做法，并没有增加多少真正的新内容"[1]，但它不仅明确提出了对合规计划的评估，也在某些方面指出了评估公司合规计划的要点所在。因此，本节将结合该指引，分析严重欺诈办公室在调查案件的过程中如何评估公司合规计划的有效性。

一、公司合规计划的含义

根据严重欺诈办公室的定义，"合规计划"指的是"商业组织的内部制度和程序，用于帮助确保该商业组织及其工作人员遵守法律要求和内部政策与程序。总的来说，近年来人们越来越关注合规，因为商业组织认识到了有效合规程序的重要性，即它有助于减低违反监管规定的风险以及由此造成的财务和声誉损失"，其中，"至关重要的是，合规计划要成比例、基于风险并进行定期审查"。[2] 在调查案件时，严重欺诈办公室通常需要评估公司合规计划的有效性。

实践中，商业组织要根据其规模和业务的性质，制定适合自己的合规计划。对此，该指引指出："许多大公司都有一个部门，例如合规部门，负责监督和帮助确保整个商业组织甚至整个公司集团的有效合规。在某些行业，例如金融服务业，商业组织需要有一个合规部门，以及有效的制度和控制。中小企业可能没有单独的合规部门，但任何规模的商业组织都可以至少有一些合规安排。"[3]

严重欺诈办公室前总法律顾问阿伦·米尔福德（Alun Milford）在 2015 年 9 月 8 日举办的剑桥经济犯罪研讨会上，曾从检察机关的角度解释了合规

---

[1] See Tristan Grimmer, Joanna Ludlam, Sunny Mann, Jonathan Peddie, Charles Thomson, Henry Garfield and Yindi Gesinde, UK: The Science of Compliance: SFO Releases Guidance on How It Will Assess Corporate Compliance Programmes, 3 April 2020, https://globalcompliancenews.com/uk-the-science-of-compliance-sfo-releases-guidance-on-how-it-will-assess-corporate-compliance-programmes/.

[2] See Evaluating a Compliance Programme, January 2020, https://www.sfo.gov.uk/publications/guidance-policy-and-protocols/sfo-operational-handbook/evaluating-a-compliance-programme/.

[3] See Evaluating a Compliance Programme, January 2020, https://www.sfo.gov.uk/publications/guidance-policy-and-protocols/sfo-operational-handbook/evaluating-a-compliance-programme/.

的本质，他指出：为了应对现代金融服务业监管的新发展，许多企业为员工确定了角色，以确保他们不会违反监管规则，因此，合规官和合规部门诞生了，他们花费了大量时间与监管者打交道，但与此同时，随着企业开始意识到自己在国外贿赂案件中面临的风险，企业通常会更加关注像严重欺诈办公室这样的刑事调查和检察机关。[1] 而且，反海外腐败合规和反商业贿赂合规都成为企业关注的焦点。

二、评估公司合规计划的意义

对于严重欺诈办公室而言，对公司合规计划进行评估有助于其就案件作出如下决定：[2]

（1）起诉是否符合公共利益；

（2）商业组织是否应被邀请参加暂缓起诉协议谈判，如果是的话，暂缓起诉协议应包括哪些条款；

（3）根据《2010年反贿赂法》第7条商业组织未能防止贿赂罪，该商业组织是否享有"充分程序"抗辩权；

（4）合规计划的存在和本质是否是量刑考虑的一个相关因素。

显然，通过评估公司的合规计划，严重欺诈办公室的检察官可以判断是否需要对公司提起诉讼、是否要启动暂缓起诉协议程序、商业组织是否享有"充分程序"抗辩权以及如何进行最适当的量刑等。正如英国严重欺诈办公室所指出的，廉洁经营的英国公司在降低风险和把握商机方面明显处于更有利的地位，因为廉洁经营意味着要确保公司遵守英国《2010年反贿赂法》及其他相关法律规定，同时始终要求公司的当地合作伙伴、代理商和经销商等遵守同样的高标准，因此，以廉洁为核心的公司往往能够保护和加强其品牌声誉，在长期内获得更大的、更可持续的商业成功，并将诉讼风险降至最

---

[1] See The Nature of Compliance, 8 September 2015, https://www.sfo.gov.uk/2015/09/08/the-nature-of-compliance/.

[2] See Evaluating a Compliance Programme, January 2020, https://www.sfo.gov.uk/publications/guidance-policy-and-protocols/sfo-operational-handbook/evaluating-a-compliance-programme/.

低。[1] 因此，企业应重视其合规计划，尤其是反贿赂和反腐败合规计划，以在涉嫌特定犯罪时争取获得刑事责任方面的减轻或免除，以及避免触犯商业组织未能防止贿赂罪。

三、评估公司合规计划的方法

基于上述 4 个方面的问题，在具体的公司贿赂案件中，严重欺诈办公室的检察官通常会从过去、现在和将来 3 个时间维度对公司的合规计划进行评估（见表 10.1）。

表 10.1 严重欺诈办公室如何评估合规计划 [2]

1. 犯罪时合规计划的状态
（1）决定起诉。 就所有的公司贿赂犯罪而言，检察官都应根据《皇家检察官准则》使用起诉贿赂犯罪的一般方法，同时根据《公司起诉指引》考虑起诉公司时需要考虑的附加公共利益因素，尤其是"所起诉的罪行是在公司合规计划无效的时候犯下的"，还是"有'真正积极主动'和有效的公司合规计划"——前者有利于起诉，后者不利于起诉。
（2）考虑抗辩。 如果在贿赂行为发生时，商业组织已经制定了"旨在预防关联人从事这种行为的充分程序"，那么即使该组织在审判中应满足法院的要求，评估成功提出这种抗辩的可能性也是作出起诉决定的一个重要因素。
（3）量刑。 如果商业组织已努力落实一些预防贿赂的措施，但根据《2010 年反贿赂法》第 7 条的规定，这些措施"不足以构成抗辩"，则这可能仍然与量刑有关，即反映为较轻的罪责。

---

[1] See Bribery Act Guidance, https://www.sfo.gov.uk/publications/guidance-policy-and-protocols/bribery-act-guidance/.

[2] See Evaluating a Compliance Programme, January 2020, https://www.sfo.gov.uk/publications/guidance-policy-and-protocols/sfo-operational-handbook/evaluating-a-compliance-programme/.

续上表

2. 当前合规计划的状态

（1）决定起诉。即使是在不法行为发生时合规计划不佳的组织，在被决定予以起诉时，可能也已经加强了其计划。这将与《公司起诉指引》下的起诉决定相关，因为检察官应考虑一个组织是否采取了"补救行动"（例如加强其合规计划），以及是否有"'真正积极主动'和有效的公司合规计划"。这些都是不利于起诉的公共利益因素。同样，在作出起诉决定之前，必须充分考虑《公司起诉指引》和《皇家检察官准则》。

（2）考虑一项暂缓起诉协议。检察官在评估是否适合使用暂缓起诉协议时，还需要考虑该组织合规计划的现状，即签订暂缓起诉协议的一个重要考虑因素是商业组织是否已经有一个"真正积极主动"和有效的公司合规计划。这是决定该组织是否以及在多大程度上改革和改过自新的一个重要部分。

（3）量刑。法院在宣判时可以考虑商业组织合规计划的现状，包括罚款水平是否影响该组织实施有效合规计划的能力。

3. 合规计划今后如何改进——协议条款及其监督

即使商业组织还没有完全有效的合规计划，提供暂缓起诉协议也可能仍然是合适的，因为协议可以强制要求商业组织进一步改进其合规计划。暂缓起诉协议可以包含要求商业组织实施合规计划或改变其现有计划、政策或培训的条款。因此，考虑暂缓起诉协议的检察官需要评估这些条款是否适当，并向法院证明。如果暂缓起诉协议包含有关商业组织合规计划的条款，则检察官将需要能够在协议生效时评估预期的改革，以确定该组织是否遵守协议条款。暂缓起诉协议应规定该组织将如何满足检察官的要求，这可能包括由该组织自费任命一名合规监控人。

《SFO 合规计划评估指引》还指出，英国司法部于 2011 年 3 月 30 日发布的《〈2010 年反贿赂法〉：商业组织防止关联人贿赂程序指引》中列出的 6 项原则有助于对合规计划进行评估，这些原则代表了一个用于评估合规计划的良好的总体框架。[1]

---

[1] See Evaluating a Compliance Programme, January 2020, https://www.sfo.gov.uk/publications/guidance-policy-and-protocols/sfo-operational-handbook/evaluating-a-compliance-programme/.

第二节　商业组织反贿赂合规：六项指导原则

为了帮助商业组织更好地理解可以采取哪些程序来预防贿赂，英国司法部于 2011 年 3 月，即《2010 年反贿赂法》生效前 3 个月，发布了《〈2010 年反贿赂法〉：商业组织防止关联人贿赂程序指引》和《〈2010 年反贿赂法〉快速入门指南》(The Bribery Act 2010 - Quick Start Guide)，其中，前者确立了商业组织在通过建立充分程序预防关联人贿赂时可以遵循的 6 项指导原则，这些原则提供了一个反贿赂和反腐败合规体系纲要（见表 10.2）。显然，英国采取了一种基于原则而非基于规则的方法，这意味着这些原则既不是强制性的，也不要求所有的商业组织都必须全部遵循，而是由各个商业组织灵活决定是否以及如何适用。但毫无疑问，这 6 项指导原则也是成功的反贿赂合规框架的基石，商业组织应考虑每一项原则，以确保建立反贿赂文化和最合适的合规计划。

表 10.2　商业组织防止关联人贿赂的 6 项指导原则

原则	含义
一、比例程序原则	商业组织防止关联人贿赂的程序应当与其面临的贿赂风险以及商业组织活动的性质、规模和复杂程度成比例，而且这些程序应当明确、切实可行、容易理解并得到有效的实施和执行。
二、最高管理层承诺原则	商业组织的最高管理层（不论是董事会、所有权人还是任何其他同等机构或个人）要承诺预防关联人贿赂，并应当在商业组织内部培养一种绝不接受贿赂的企业文化。
三、风险评估原则	商业组织要评估其面临的潜在外部与内部贿赂风险的性质和程度，而且这种评估应当是定期的、有公告的和有记录的。
四、尽职调查原则	商业组织要使用尽职调查程序，采取成比例和基于风险的方法，对为该组织或代表该组织提供服务或将要提供服务的人员开展尽职调查，以减轻已识别出的贿赂风险。

续上表

原则	含义
五、沟通（包括培训）原则	商业组织要进行与其面临的贿赂风险成比例的内外部沟通（包括培训），确保其预防贿赂的政策与程序在整个组织内得到贯彻和理解。
六、监控与审查原则	商业组织要对旨在预防关联人贿赂的程序进行监控与审查，并在必要时对这些程序进行改进。

无疑，商业组织未能防止贿赂罪及其"充分程序"抗辩迫使企业根据英国《2010年反贿赂法》"对自身的合规化设计进行完善升级"，也即所谓的"充分程序"是"对公司的合规化提出的要求"[1]。而且，"'充分程序'抗辩旨在鼓励公司实事求是地评估其面临的贿赂风险，并制定成比例的程序来减轻这些风险。然而，这不是一个建立公司安全港的法律合规问题。勾选框合规（tick box compliance）不会起作用。其目的是促进建立预防贿赂的动态机制，将政策、程序和战略融入企业管理、行政和运营的各个方面"[2]。其中，"勾选框合规不会起作用"指的是，公司应当对合规采取更深入、更灵活、更实质性的做法，避免僵化、图省事的"打钩"心态和勾选框合规方法，例如可根据自身情况和可能面临的贿赂风险决定是否采取及采取何种适合自己的、动态的反贿赂合规进路。

一、比例程序原则

1. 比例程序原则的含义

比例程序原则是商业组织防止关联人贿赂6项指导原则中的核心原则。根据《〈2010年反贿赂法〉：商业组织防止关联人贿赂程序指引》的规定，比例程序原则是指"商业组织防止关联人贿赂的程序应当与其面临的贿赂风险以及商业组织活动的性质、规模和复杂程度成比例，而且这些程序应

---

[1] 参见梁宵:《企业合规再临"最严反腐法"大考》，载《中国经营报》2010年12月20日第B15版。

[2] See HM Government, Insight into Awareness and Impact of the Bribery Act 2010 among Small and Medium Sized Enterprises (SMEs), 2015, p.3.

当明确、切实可行、容易理解并得到有效的实施和执行"[1]。此处所指的"程序"是指贿赂预防程序（bribery prevention procedures），包括贿赂预防政策（bribery prevention policies）和实施这些政策的程序。其中，贿赂预防政策通常要阐明商业组织的反贿赂立场，并表明如何维护这一立场和建立反贿赂文化。在此基础上，商业组织可以从其面临的贿赂风险、组织的规模、所开展业务的性质和复杂程度4个维度，判断是否需要及如何建立充分的贿赂预防政策和实施这些政策的程序。

正如该指引所指出的，商业组织应当采取基于风险的方法（risk-based approach）来管理贿赂风险，因为尽管没有任何政策或程序能够发现和预防所有的贿赂行为，但基于风险的方法确实可以帮助商业组织将有限的资源集中在最需要的地方，并产生最大的效果。商业组织防止关联人贿赂的程序应当与其面临的贿赂风险成比例，就是该方法的集中体现。

◆ 在宏观层面，《〈2010 年反贿赂法〉：商业组织防止关联人贿赂程序指引》指出，商业组织的贿赂预防政策至少可以包括以下 3 个方面的共同要素：[2]

（1）对预防贿赂的承诺（见原则 2）；

（2）减少具体贿赂风险的一般方法，这些风险例如因中间人和代理人的行为而产生的风险，或者与招待费和促销费、通融费或政治与慈善捐款或赞助有关的风险（见原则 3）；

（3）执行贿赂预防政策的总体战略。

据此，商业组织在制定自己的贿赂预防政策时，至少可以考虑将这 3 个方面的要素作为企业反贿赂合规政策的核心内容。

◆ 在微观层面，《〈2010 年反贿赂法〉：商业组织防止关联人贿赂程序指引》指出，为实施商业组织的贿赂预防政策而制定的程序应旨在减少已识别出的贿赂风险，并预防关联人故意从事违法行为，因此，由

---

[1] See The Bribery Act 2010: Guidance About Procedures Which Relevant Commercial Organisations Can Put into Place to Prevent Persons Associated with Them from Bribing, p.21.

[2] See The Bribery Act 2010: Guidance About Procedures Which Relevant Commercial Organisations Can Put into Place to Prevent Persons Associated with Them from Bribing, p.22.

风险决定的贿赂预防程序至少可以包括以下主题：[1]

（1）商业组织最高管理层的参与（见原则2）；

（2）风险评估程序（见原则3）；

（3）对现有的或潜在的关联人开展尽职调查（见原则4）；

（4）关于提供礼物、招待费、促销费、慈善与政治献金以及通融费的规定；

（5）直接和间接雇佣，包括招聘、期限、条款及细则、纪律处分和报酬；

（6）管理与所有其他相关人员的业务关系，包括签订合同前后；

（7）财务和商业控制，如适当的簿记、审计和批准支出；

（8）交易透明度和信息披露；

（9）决策，如授权程序、职能分离和避免利益冲突；

（10）执行，即详细说明违反商业组织反贿赂规则的纪律流程和处罚；

（11）举报贿赂，包括"说出来"（speak up）或"举报"程序；

（12）商业组织实施贿赂预防程序的细节，例如其政策将如何适用于单个项目和组织的不同部门；

（13）宣传商业组织的政策和程序，并就其实施开展培训（见原则5）；

（14）对贿赂预防程序进行监督、审查和评估（见原则6）。

2. 遵循比例程序原则的示例性做法

在《〈2010年反贿赂法〉：商业组织防止关联人贿赂程序指引》附件A"《2010年反贿赂法》案例研究"所列出的11个基于模拟场景的示例性案例中，第1号、第2号、第3号、第4号、第8号和第11号共6个案例均为针对或涉及比例程序原则的案例。在这些案例中，比较重要的议题主要有3个，包括如何建立"充分程序"、如何制定关于通融费的政策以及如何制定关于招待费及其他商业支出的政策。对此，商业组织可以参考表10.3中列出

---

[1]　See The Bribery Act 2010: Guidance About Procedures Which Relevant Commercial Organisations Can Put into Place to Prevent Persons Associated with Them from Bribing, p.22.

的示例性做法。

表10.3　商业组织遵循比例程序原则的示例性做法[1]

充分程序	通融费	招待费及其他商业支出
◆ 向商业组织内外沟通其贿赂预防政策，并声明将透明地实施该政策和对贿赂零容忍 ◆ 开展尽职调查 ◆ 采取措施应对关联人贿赂，包括索要相关信息或通过网络搜索其背景信息、将反贿赂承诺写进合同之中、召开相关定期会议等 ◆ 确保员工可以秘密地提出任何对贿赂的关切 ◆ 对关联人的合同进行定期审查和续签	◆ 向关联人传达通融费不予支付的政策 ◆ 寻求区分应支付费用和通融费的法律意见 ◆ 在项目规划中避免为通融费留下操作时间 ◆ 要求关联人开展关于抵制通融费和遵守相关法律的培训 ◆ 将抵制通融费的某些程序作为与关联人之间合同安排的组成部分 ◆ 与关联人保持密切联系，并鼓励其制定自己的相关政策	◆ 对招待费及其他商业支出进行贿赂风险评估 ◆ 发布政策声明，承诺招待费及其他商业支出是透明的、成比例的、合理的和真实的 ◆ 发布适用于提供招待费及其他商业支出的内部程序指引，内容包括程序、费用用途、注意事项、招待水平和标准、公职人员招待规定、超限额费用的审批、会计记录等 ◆ 向员工提供适当的培训和监督

3. 关于通融费、招待费及其他商业支出的检查清单

如前文所述，根据《2010年反贿赂法：严重欺诈办公室主任和检察长联合起诉指引》的有关规定，通融费是《2010年反贿赂法》所禁止的，但合理的、成比例的、真实的招待费、促销费及其他商业支出是合法的。透明国际（英国）在其发布的《英国〈2010年反贿赂法〉充分程序指引》中提出了更具操作性的检查清单（见表10.4和表10.5）。商业组织可以对照这些检查清单进行自我评估。

---

[1]　本表是根据《〈2010年反贿赂法〉：商业组织防止关联人贿赂程序指引》附件A"《2010年反贿赂法》案例研究"中的第1号、第2号和第4号案例研究并经整理得出。参见The Bribery Act 2010: Guidance About Procedures Which Relevant Commercial Organisations Can Put into Place to Prevent Persons Associated with Them from Bribing, pp.33–34,36。

表 10.4　关于通融费的检查清单 [1]

序号	具体措施	有	无	不清楚
1	有禁止支付通融费的书面政策。			
2	该书面政策中包含对通融费的定义。			
3	已开展调查和风险评估，以确定通融费的支付方式和地点。			
4	有基于风险评估的详细程序和控制措施，以实施通融费政策。			
5	已进行准备工作，以预防存在对通融费支付的需求。			
6	为可能面临通融费风险的员工提供关于如何应对的培训和指导。			
7	关于通融费的政策已向代理商和其他中介机构说明。			
8	对通融费政策的实施情况进行了监督。			
9	有可以准确地在账簿中记录任何通融费支付的程序。			
10	高级管理层定期审查关于反贿赂政策（涉及通融费支付和相关记录细节）实施情况的报告。			

表 10.5　关于礼物、招待费和其他费用的检查清单 [2]

序号	具体措施	有	无	不清楚
1	制定了包含礼物、招待费或其他费用的书面政策。			
2	这些书面政策禁止提供或接受礼物、招待费或其他费用，只要可能影响或被认为会影响商业交易的结果，而且是不合理的、不真实的支出。			
3	这些书面政策反映了礼物、招待费和其他费用被用作贿赂的幌子的特殊风险。			

---

[1]　See Transparency International, The 2010 Bribery Act UK Adequate Procedures Guidance on Good Practice Procedures for Corporate Anti-Bribery Programmes, p.34.

[2]　See Transparency International, The 2010 Bribery Act UK Adequate Procedures Guidance on Good Practice Procedures for Corporate Anti-Bribery Programmes, p.36.

续上表

序号	具体措施	有	无	不清楚
4	有确保关于礼物、招待费和其他费用的政策得到遵守的程序和控制措施（包括阈值和报告程序）。			
5	有确保礼物、招待费和其他费用符合行为发生地法律的程序。			
6	有确保向外国公职人员提供的礼物、招待费和其他费用符合公共组织规则的程序。			
7	有明确的指导方针，使员工知道如何处理礼物、招待费和其他费用的提供或接受。			
8	有向员工传达关于礼物、招待费和其他费用的指导原则的程序。			
9	为员工提供关于礼物、招待费和其他费用规则的针对性培训。			
10	有向业务合作伙伴沟通礼物、招待费和其他费用指引的程序。			
11	礼物、招待费和其他费用都准确地记录在账簿上。			
12	管理层对提供或接受的礼物、招待费和其他费用进行记录和审核，以确保符合政策要求。			

二、最高管理层承诺原则

1. 最高管理层承诺原则的含义

在《〈2010 年反贿赂法〉：商业组织防止关联人贿赂程序指引》中，最高管理层承诺原则是指"商业组织的最高管理层（不论是董事会、所有权人还是任何其他同等机构或个人）要承诺预防关联人贿赂，并应当在商业组织内部培养一种绝不接受贿赂的企业文化"[1]。一般而言，商业组织的最高管理

---

[1] See The Bribery Act 2010: Guidance About Procedures Which Relevant Commercial Organisations Can Put into Place to Prevent Persons Associated with Them from Bribing, p.23.

层通常发挥着塑造企业廉洁文化的决定性作用，因此要尽可能参与制定贿赂预防政策和实施这些政策的程序中，甚至要尽可能参与和预防贿赂有关的所有关键决策中。董事会或同等机构有责任确保管理层、员工和任何外部利益相关者了解其对贿赂零容忍的政策和承诺，尤其是确保所有员工都清楚地认识到对贿赂零容忍政策的企业文化是有效的反贿赂计划的根本，并明确说明其所期望的企业文化以及违反反贿赂计划的后果。[1] 只有企业制定并公开承诺遵守详细的反贿赂计划——通常由零贿赂政策（no-bribes policy）、目标及详细的政策和程序构成，才能使其对贿赂零容忍的政策具有实质意义。[2]

◆ 在宏观层面，无论商业组织的规模、结构或市场如何，最高管理层对预防贿赂的承诺，尤其是在商业组织内部与外部沟通对贿赂的零容忍，都至少可以包括以下内容：[3]

（1）沟通商业组织的反贿赂立场；

（2）适当参与制定贿赂预防程序；

（3）承诺公平、诚信和公开地开展业务；

（4）承诺对贿赂零容忍；

（5）阐明员工和管理层违反贿赂预防政策的后果；

（6）阐明其他有关人员违反与预防贿赂有关的合同条款的后果，例如，可以将避免与不承诺在不行贿的情况下开展业务的其他人开展业务作为一个"最佳实践"目标；

（7）阐明拒绝贿赂带来的商业效益，如声誉、客户和业务伙伴的信心；

（8）提及商业组织已有或正在建立的贿赂预防程序的范围，包括对秘密举报或揭发贿赂行为采取的任何保护措施和举报或揭发程序；

（9）明确参与制定和实施贿赂预防程序的关键个人和部门；

（10）提及商业组织参与的任何（例如在同一商业领域的）反贿赂集体

---

[1] See Transparency International, The 2010 Bribery Act UK Adequate Procedures Guidance on Good Practice Procedures for Corporate Anti-Bribery Programmes, p.13.

[2] See Transparency International, The 2010 Bribery Act UK Adequate Procedures Guidance on Good Practice Procedures for Corporate Anti-Bribery Programmes, p.14.

[3] See The Bribery Act 2010: Guidance About Procedures Which Relevant Commercial Organisations Can Put into Place to Prevent Persons Associated with Them from Bribing, p.23.

行动。

◆ 在微观层面，商业组织的最高管理层可以采取与该组织的规模、管理架构和所处环境成比例的、合适的方式，参与到预防贿赂中，例如中小企业的最高管理层可以亲自参与发起、制定和实施贿赂预防程序和与预防贿赂有关的关键决策，而对于大型跨国企业而言，则应当由董事会负责制定贿赂预防政策并责成高管设计、运行、监督和审查贿赂预防政策与程序，但无论采取哪种模式，最高管理层都可以采取以下措施：[1]

（1）酌情挑选和培训高级管理人员，由其领导反贿赂工作；

（2）在关键措施（如行为准则）上展现领导力；

（3）批准所有与预防贿赂相关的出版物；

（4）在整个商业组织内的提高认识和鼓励透明对话上展现领导力，以确保向员工、子公司、关联人等有效沟通反贿赂政策与程序；

（5）与相关的关联人和外部机构（如行业组织和媒体）接触，从而有助于阐明商业组织的政策；

（6）在适当情况下，具体参与备受关注的、关键的决策制定；

（7）风险评估的保障；

（8）对违反贿赂预防程序的行为进行全面监督，并酌情就合规程度向董事会或同等机构提供反馈。

2. 遵循最高管理层承诺原则的示例性做法

在《〈2010 年反贿赂法〉：商业组织防止关联人贿赂程序指引》附件A"《2010 年反贿赂法》案例研究"中，针对最高管理层承诺原则的案例是第 10 号案例。该案例假设的场景是：一家中小型零部件制造商正在海外市场寻找合同，但这些市场存在贿赂风险。作为筹备工作的组成部分，一名高级管理人员曾花了一些时间参与制定一项部门范围内的反贿赂倡议。为此，

---

[1] See The Bribery Act 2010: Guidance About Procedures Which Relevant Commercial Organisations Can Put into Place to Prevent Persons Associated with Them from Bribing, p.24.

该高管可以考虑采取表 10.6 中的任何一项或多项做法。

表 10.6　商业组织遵循最高管理层承诺原则的示例性做法 [1]

最高管理层承诺原则
◆ 向其员工和主要业务合作伙伴明确作出承诺公平、诚信和公开地开展业务的声明，并参考其主要的贿赂预防程序和对部门倡议的参与
◆ 制定行为准则，其中包含合适的反贿赂条款，并使员工和第三方能够在其网站上查阅
◆ 考虑在商业组织内部推出一项行为准则，并由高管传递作出承诺的信息
◆ 高管在全体员工和其他关联人中强调理解和应用行为准则的重要性，以及违反有关预防员工、经理和外部关联人贿赂的政策或合同条款的后果
◆ 找到资历级别合适的人，由其作为处理与贿赂风险相关的疑问和争议的负责人

3. 关于最高管理层承诺原则的检查清单

通过上述分析可知，商业组织应当禁止任何形式的直接或间接贿赂，并承诺实施反贿赂计划。对此，商业组织可以对照表 10.7 中列出的关于最高管理层承诺原则的检查清单，评估自己是否以及在何种程度上遵循了该原则。

表 10.7　关于最高管理层承诺原则的检查清单 [2]

序号	具体措施	有	无	不清楚
1	有对贿赂零容忍的公开政策。			
2	对贿赂零容忍的政策已得到董事会或同等机构正式批准。			
3	对贿赂有明确的定义。			
4	对贿赂的定义是全面的，符合《2010 年反贿赂法》和其他有关立法。			
5	有高等级的公开声明，如企业价值观声明，其中包含对商业廉洁的承诺。			

---

[1]　See The Bribery Act 2010: Guidance About Procedures Which Relevant Commercial Organisations Can Put into Place to Prevent Persons Associated with Them from Bribing, p.42.

[2]　See Transparency International, The 2010 Bribery Act UK Adequate Procedures Guidance on Good Practice Procedures for Corporate Anti-Bribery Programmes, p.16.

续上表

序号	具体措施	有	无	不清楚
6	有行为准则或同等政策文件，其中包含明确的反贿赂政策声明。			
7	董事会或同等机构已正式批准反贿赂计划。			
8	董事会或同等机构负责监督实施反贿赂计划。			
9	董事会成员已收到关于其与该计划有关的职责的书面指导，包括对其自身廉洁的期望。			
10	有处理董事违反反贿赂计划的程序。			
11	董事会对反贿赂计划很了解。			
12	反贿赂是董事会议程上的一个常设事项。			
13	董事会定期收到关于反贿赂计划实施情况的报告。			
14	首席执行官负责确保反贿赂计划在明确的权限范围内持续实施。			
15	高级管理人员负责执行反贿赂计划。			
16	项目经理负责反贿赂计划的详细实施。			
17	明确分配给管理人员执行反贿赂计划的职责和权力。			
18	董事长和首席执行官对反贿赂计划的实施表现出明显和积极的承诺。			
19	董事会和高级管理层通过自己的行为为透明和廉洁树立了榜样。			
20	有为符合业务开展所在的所有司法管辖区的所有相关反贿赂法律而制定的政策。			
21	有确保反贿赂计划符合业务开展所在的所有司法管辖区的所有相关反贿赂法律的程序。			
22	董事会和高级管理层熟悉《2010年反贿赂法》的规定和要求。			
23	公司或其法律顾问保留反贿赂法律登记表，并跟进法律变更和法院判决。			

三、风险评估原则

1. 风险评估原则的含义

根据《〈2010 年反贿赂法〉：商业组织防止关联人贿赂程序指引》的规定，风险评估（risk assessment）原则是指"商业组织要评估其面临的潜在外部与内部贿赂（由代表其行事的关联人实施）风险的性质和程度，而且这种评估应当是定期的、有公告的和有记录的"[1]。实践中，越能全面地理解商业组织面临的贿赂风险，就越能尽早地、有效地预防贿赂。可以说，风险评估是设计适当的反贿赂计划的基础，可以遵循的商业原则至少包括以下几点：一是反贿赂计划应量身定制以反映出企业特殊的商业环境和文化，同时要考虑到诸如规模、所处行业、企业性质和经营地点等潜在的风险因素；二是企业应确保其了解对有效制定和执行反贿赂计划具有重要意义的所有内部和外部事项，特别是新出现的最佳做法，包括与相关利益方的接触；三是企业应分析哪些具体领域构成贿赂的最大风险，并据此设计和执行其反贿赂计划；四是企业应对相关利益方就反贿赂计划提出的建议持开放态度。[2]

◆ 在宏观层面，商业组织应当使用适当的风险评估程序准确识别出其面临的贿赂风险，这样的程序至少可以考虑以下要素：[3]

（1）由最高管理层监督风险评估；

（2）投入适当的资源，确保能够反映出商业组织所开展业务的规模和识别并优先处理所有相关风险的必要性；

（3）识别出有助于评估和审查风险的内外部信息源；

（4）开展尽职调查（见原则 4）；

（5）准确、适当地记录风险评估及其结论。

---

[1] See The Bribery Act 2010: Guidance About Procedures Which Relevant Commercial Organisations Can Put into Place to Prevent Persons Associated with Them from Bribing, p.25.

[2] See Transparency International, The 2010 Bribery Act UK Adequate Procedures Guidance on Good Practice Procedures for Corporate Anti-Bribery Programmes, p.21.

[3] See The Bribery Act 2010: Guidance About Procedures Which Relevant Commercial Organisations Can Put into Place to Prevent Persons Associated with Them from Bribing, p.25.

◆ 在微观层面，商业组织常见的外部贿赂风险主要包括以下 5 大类：[1]

（1）国家风险（country risk）：表现在感知到的高腐败程度、缺少有效实施的反贿赂立法，以及外国政府、媒体、当地企业界和民间社会未能有效促进透明的采购和投资政策；

（2）行业风险（sectoral risk）：有些行业的贿赂风险明显高于其他行业，例如采掘业和大型基础设施行业就属于高风险行业；

（3）交易风险（transaction risk）：某些类型的交易会产生较高的风险，例如慈善或政治捐赠、发放牌照和许可以及与公共采购有关的交易；

（4）商业机会风险（business opportunity risk）：此类风险可能出现在高价值项目、涉及许多承包商或中间人的项目、明显不以市场价格定价的项目或者没有明确合法目标的项目中；

（5）商业合作伙伴关系风险（business partnership risk）：某些关系可能涉及较高的风险，例如：在与外国公职人员、财团或合资伙伴的交易中使用中间人；与政治公众人物的关系，其中拟定的业务关系涉及或与一位知名公职人员有关联。

同时，为了确保顺利地对外部贿赂风险进行有效评估，商业组织还可以从以下几个方面进行自检：[2]

（1）员工是否缺少培训、技能和知识；

（2）是否存在奖励过度冒险的奖金文化；

（3）商业组织关于招待费、促销费以及政治或慈善捐款（charitable contributions）的政策与程序是否不够明确；

（4）是否缺少明确的财务控制；

（5）最高管理层是否缺少明确的反贿赂信息。

---

[1] See The Bribery Act 2010: Guidance About Procedures Which Relevant Commercial Organisations Can Put into Place to Prevent Persons Associated with Them from Bribing, p.26.

[2] See The Bribery Act 2010: Guidance About Procedures Which Relevant Commercial Organisations Can Put into Place to Prevent Persons Associated with Them from Bribing, p.26.

2.遵循风险评估原则的示例性做法

在《〈2010 年反贿赂法〉：商业组织防止关联人贿赂程序指引》附件 A "《2010 年反贿赂法》案例研究"中，针对风险评估原则的案例是第 5 号案例。该案例假设的场景是：一家小型专业制造商正寻求在几个新兴市场之一扩大业务，这些市场都提供了类似的机会。但是，该制造商并没有专业的风险评估专长，也不确定如何着手评估进入新市场的风险。为此，该制造商可以考虑采取表 10.8 中的任何一项或多项做法。

表 10.8 商业组织遵循风险评估原则的示例性做法 [1]

风险评估原则
◆将贿赂风险评估纳入调查范围，以确定要扩张的最佳市场
◆向英国外交部门和诸如英国贸易投资总署之类的政府机构寻求建议
◆查询当地商会、相关非政府组织和行业组织进行的一般国家评估
◆向行业代表寻求建议
◆通过进一步的独立调查，跟进所有的一般性或专家建议

3.关于风险评估原则的检查清单

通过上述分析可知，风险评估可以使商业组织系统地了解其有可能面临的贿赂风险，并相应地设计出有效的反贿赂政策与程序，因此风险评估通常被认为是设计适当的反贿赂计划的基础。对此，商业组织可以对照表 10.9 中列出的关于风险评估原则的检查清单，评估自己是否以及在何种程度上遵循了该原则。

---

[1] See The Bribery Act 2010: Guidance About Procedures Which Relevant Commercial Organisations Can Put into Place to Prevent Persons Associated with Them from Bribing, p.37.

表 10.9　关于风险评估原则的检查清单 [1]

序号	具体措施	有	无	不清楚
1	董事会或同等机构对风险评估程序进行监督。			
2	贿赂风险评估职责已分配。			
3	有对贿赂进行定期风险评估的程序。			
4	定期的贿赂风险评估程序适用于公司有效控制下的所有业务。			
5	风险评估程序识别出贿赂风险并确定其优先级。			
6	根据评估的风险，制定并完善详细的反贿赂政策与程序。			
7	风险评估程序持续进行，以评估贿赂风险并确定其优先级。			
8	公开报告风险评估程序。			
9	公开报告所发现的风险。			
10	反贿赂计划在制定时以反贿赂商业原则为基准。			
11	有将员工的意见和评论纳入反贿赂计划持续改进的程序。			
12	有将工会或劳资委员会（如有的话）等员工代表的意见和评论纳入反贿赂计划持续改进的程序。			
13	有研究和评估哪些人受与项目有关的活动影响最大的程序，以识别出关键的外部利益相关者。			
14	有确保了解所有对有效制定和实施反贿赂计划有重要意义的内部与外部事项的程序，特别是新出现的最佳实践。			
15	公布与相关利益方的合作结果。			

4. 高风险领域——政治献金、慈善捐款和赞助

除了前文提到的通融费、礼物、招待费和促销费等其他商业支出，政治献金、慈善捐款和赞助也是商业组织需要重点关注的高风险领域。《英国

---

[1] See Transparency International, The 2010 Bribery Act UK Adequate Procedures Guidance on Good Practice Procedures for Corporate Anti-Bribery Programmes, p.25.

〈2010年反贿赂法〉充分程序指引》特别提示，企业应确保政治献金、慈善捐款和赞助不被用来作为贿赂的幌子，并公开披露其所有的政治献金、慈善捐款和赞助情况，因为如果它们被用来作为贿赂的幌子或途径，甚至引发回扣行为，就会违反《2010年反贿赂法》第1条、第2条和第7条，而当涉及外国公职人员时还会违反该法第6条。为此，企业首先要制定与之相关的政策、标准和程序，其次要通过批准、检查、报告等机制提供有效的控制，再次要对相关款项进行监督、跟踪、记录和定期审查，最后还要确保政治献金、慈善捐款和赞助的透明和公开，包括公开披露其有关政策、程序、控制措施和实际执行情况等（见表10.10）。[1]对企业而言，应高度重视与政治献金、慈善捐款和赞助有关的风险。

表10.10　关于政治献金、慈善捐款和赞助的检查清单[2]

序号	具体措施	有	无	不清楚
	政治献金			
1	有涵盖直接或间接政治献金的书面政策。			
2	对政治献金进行了定义。			
3	如果政策禁止提供政治献金，公司有预防政治献金的程序。			
4	政策涵盖旋转门（revolving door）。			
5	政策和程序反映了政治献金被用作贿赂的幌子的特殊风险。			
6	政策涵盖在其无业务的司法管辖区直接或间接提供政治献金。			
7	如果公司聘请政界人士担任顾问，公司有任命他们的程序，并核查所支付的费用是否体现了适当和合理的服务报酬。			

[1]　See Transparency International, The 2010 Bribery Act UK Adequate Procedures Guidance on Good Practice Procedures for Corporate Anti-Bribery Programmes, pp.41–45.

[2]　See Transparency International, The 2010 Bribery Act UK Adequate Procedures Guidance on Good Practice Procedures for Corporate Anti-Bribery Programmes, pp.43,46–47.

续上表

序号	具体措施	有	无	不清楚
8	有确保政治献金不被用作贿赂的幌子的程序和控制措施。			
9	有确保聘请来代表公司的人员了解并遵守公司关于政治献金和负责任倡议的政策的程序。			
10	如果政策允许和提供政治献金，则政策涵盖在公司无业务的司法管辖区直接或间接提供政治献金。			
11	如果政策允许和提供政治献金，则政策具体规定了政治献金应符合可适用的法律。			
12	如果政策允许和提供政治献金，则有具备指定审批级别的审查和批准程序。			
13	审查和批准程序包括核查，以确保不通过直接或间接向参与政治的政党、组织或个人提供政治献金达到在商业交易中获取优势地位的目的。			
14	有可以准确记录任何政治献金的程序。			
15	公司公布其自身及子公司所提供政治献金的详细资料，或者声明未提供任何政治献金。			
16	公司公布其所倡议的重点关注问题（top issues）的详情。			
慈善捐款				
1	有涵盖慈善捐款的书面政策。			
2	有确保慈善捐款不被用作贿赂的幌子的程序和控制措施。			
3	慈善捐款有审批程序，并有指定的审批级别。			
4	有监督慈善捐款的程序，以确保其不会被用作贿赂的幌子。			
5	有对接受慈善捐款的机构进行尽职调查的程序，以确保没有外国公职人员与将在业务开展中获得利益的机构有关联。			

续上表

序号	具体措施	有	无	不清楚
6	有可以准确记录慈善捐款的程序。			
7	如果公司有基金或信托，则其捐款应受制于程序和控制措施，以确保其不被用作贿赂的幌子。			
8	公司公布其自身及子公司所有的慈善捐款详情。			
赞助				
1	有涵盖赞助的公开书面政策。			
2	有确保赞助不被用作贿赂的幌子的程序和控制措施。			
3	有符合正常采购程序的赞助审批和付款程序。			
4	有对接受赞助的机构进行尽职调查的程序，以确保没有外国公职人员与将在业务开展中获得利益的机构有关联。			
5	有监督赞助的程序，以确保其不会被用作贿赂的幌子。			
6	有可以准确记录赞助的程序。			
7	公开公布赞助名单。			

四、尽职调查原则

1. 尽职调查原则的含义

在《〈2010年反贿赂法〉：商业组织防止关联人贿赂程序指引》中，尽职调查原则是指"商业组织要使用尽职调查程序，采取成比例和基于风险的方法，对为该组织或代表该组织提供服务或将要提供服务的人员开展尽职调查，以减轻已识别出的贿赂风险"[1]。可以说，尽职调查是商业组织用来减少贿赂风险的有效工具之一。因此，企业应在其拥有有效控制权的所有商业实体中实施其反贿赂计划，并利用其影响力，鼓励在其有重大投资或与其有重

---

[1]　See The Bribery Act 2010: Guidance About Procedures Which Relevant Commercial Organisations Can Put into Place to Prevent Persons Associated with Them from Bribing, p.27.

大商业关系的其他商业实体中实施同等计划。[1]

《〈2010 年反贿赂法〉：商业组织防止关联人贿赂程序指引》主要从以下 3 个方面对开展尽职调查的意义和如何开展尽职调查进行了说明：[2]

（1）尽职调查作为公司良好治理的一个要素而牢固确立，而与预防贿赂有关的尽职调查通常构成更广泛的尽职调查框架的组成部分。尽职调查程序既是评估贿赂风险的一种形式（见原则 3），也是减少贿赂风险的一种手段，尤其是对特定的潜在第三方中介机构进行尽职调查可以显著降低贿赂风险。尽职调查在减少贿赂风险所起的作用上的重要性证明了将其作为一项原则的正当性。

（2）尽职调查程序应当与已识别出的贿赂风险成比例，它既可以在组织内部开展，也可以通过外部顾问开展。但要注意的是，旨在预防贿赂的尽职调查将因特定关系所产生风险的不同而有很大不同。例如，如果当地法律或习惯规定必须使用代理商，那么商业组织就通常需要在做出任何承诺之前开展彻底的尽职调查并尽可能减少风险，因为商业组织一旦与之建立了商业关系，就很难从中解脱出来。又如，商业组织的合并或彼此收购，都会产生特别重要的尽职调查影响。

（3）尽职调查应使用基于风险的方法。例如，在风险较低的情况下，商业组织可能会认为没有必要以尽职调查的方式进行大量工作，但在风险较高的情况下，就可能需要开展尽职调查，包括对拟定的相关人员进行直接询问、间接调查或一般调查。一般而言，可能需要更多信息的是注册的潜在和现有的关联方（如公司），而不是个人，因为前者更为复杂，因此此类尽职调查可能涉及直接要求提供有关个人背景、专业知识和商业经验的详细资料。

---

[1]　See Transparency International, The 2010 Bribery Act UK Adequate Procedures Guidance on Good Practice Procedures for Corporate Anti-Bribery Programmes, p.65.

[2]　See The Bribery Act 2010: Guidance About Procedures Which Relevant Commercial Organisations Can Put into Place to Prevent Persons Associated with Them from Bribing, pp.27–28.

2. 遵循尽职调查原则的示例性做法

在《〈2010 年反贿赂法〉：商业组织防止关联人贿赂程序指引》附件 A "《2010 年反贿赂法》案例研究"中，针对尽职调查原则的案例是第 6 号和第 9 号案例。通过将这两个案例结合在一起，可以将场景假设为：一家公司在国外开展业务，但根据当地习惯或业务开展需要不得不依靠特定的当地代理商运营或与当地政府打交道，而该公司并不是很清楚如何对其开展尽职调查。为此，该公司可以考虑采取表 10.11 中的任何一项或多项做法。

表 10.11　商业组织遵循尽职调查原则的示例性做法 [1]

尽职调查原则
◆ 在聘用代理商之前对其进行与风险成比例的尽职调查和背景调查，可以使用调查问卷或其他方法，调查个人或企业的基本信息
◆ 明确声明代理商所提供服务的确切性质、成本、佣金、费用和报酬支付方式等
◆ 考虑如何与代理商建立良好关系，包括代理商如何获得服务报酬以及如何确保其遵守适用于外国公职人员的有关法律法规
◆ 要求查看或提交代理商自己的任何反贿赂政策，如果是法人团体，还可以要求代理商提供相关报告程序和记录
◆ 对是否真的需要代理商、代理商是否具备所需的专业知识、代理商与外国公职人员之间是否存在互动或关系密切、要支付的费用是否合理且与商业有关等关键的商业问题保持警惕
◆ 在聘用代理商后，定期更新尽职调查
◆ 每年或定期更新与代理商的合同
◆ 定期前往外国实地检查代理商的情况

---

[1]　本表是根据《〈2010年反贿赂法〉：商业组织防止关联人贿赂程序指引》附件A "《2010年反贿赂法》案例研究"中的第6号和第9号案例研究并经整理得出。参见The Bribery Act 2010: Guidance About Procedures Which Relevant Commercial Organisations Can Put into Place to Prevent Persons Associated with Them from Bribing, p.38,41。

3. 关于尽职调查原则的检查清单

根据《英国〈2010 年反贿赂法〉充分程序指引》的有关内容，公司开展尽职调查主要涉及以下 6 个方面，可以对照表 10.12 中的清单进行检查：[1]

（1）商业关系（business relationships）：要明确公司商业关系的形式，而不论是受控实体还是关联公司，例如代理人、合资企业、联营企业、顾问、分销商、承包商、分包商或供应商，然后评估不同形式商业伙伴的潜在贿赂风险以及公司在多大程度上可以要求和影响其反贿赂计划或个人行为；

（2）子公司（subsidiaries）：公司应在其拥有有效控制权的所有商业实体中实施其反贿赂计划，并利用其影响力，鼓励在其有重大投资或与其有重大商业关系的其他商业实体中实施同等反贿赂计划；

（3）重大投资：指的是投资方不是子公司，但公司在该实体中拥有大量股份并具有一定影响力的投资，对此进行尽职调查是适当反贿赂计划的必然要求，这可以确定它们是否以符合反贿赂计划的方式运作；

（4）代理人和其他中间人（intermediaries）：贿赂的高风险领域之一，尤其是在国防、采掘业和建筑业等政府大量参与的行业或部门，因为腐败的员工可以利用代理人或其他中间人将贿赂款项从账面上抹平，而且代理人主动采取行动可能会卷入贿赂，从而使公司在不知情的情况下受到牵连；

（5）合资企业（joint ventures）和联营企业（consortia）：可以被用来输送贿赂，因为某个成员可能在其他合伙人不知情的情况下行贿，因此监督其他合作伙伴的反贿赂计划的执行情况是一项关键任务，这就需要有正式的程序规定对相关企业和各方进行定期和彻底的审查，并规定要检查的领域；

（6）承包商（contractors）和供应商（suppliers）：承包和采购是极易发生贿赂和回扣的领域，因此，除了法律风险，腐败的承包商和供应商也是企业运营过程中的一个重要风险，而且，一家公司可能与成千上万家承包商和供应商打交道，关键的选择是如何在其风险方法和资源范围内进行适当的尽职调查。

---

[1] See The Bribery Act 2010: Guidance About Procedures Which Relevant Commercial Organisations Can Put into Place to Prevent Persons Associated with Them from Bribing, pp.66–76.

表10.12 关于尽职调查原则的检查清单 [1]

序号	具体措施	有	无	不清楚
商业关系				
1	有要求或鼓励在与公司有重大商业关系的实体中实施与公司自身相当的反贿赂计划的政策。			
2	公司公开报告称将反贿赂计划扩展到其商业关系。			
3	公司有使用尽职调查应对商业关系中贿赂风险的程序。			
子公司				
1	有在公司有效控制的所有商业实体中实施其反贿赂计划的政策。			
2	有适用这项政策的程序。			
3	有对并购遗留风险（legacy risks）进行尽职调查的程序。			
4	公司使用员工人数或百分比、营业额、国家、业务单位等衡量标准，公开报告其反贿赂计划在公司有效控制的所有实体中的实施程度。			
重大投资				
1	公司在进行重大投资前对其进行尽职调查。			
2	有鼓励公司在有重大投资的实体中实施与其自身相当的反贿赂计划的政策。			
3	有鼓励公司在有重大投资的实体中实施与其自身相当的反贿赂计划的程序。			
4	公司定期监督其重大投资，以检查其反贿赂计划是否充分有效。			
5	公司公开报告重大投资政策及其实施情况。			
代理人和其他中间人				
1	有程序来审查是否有任命代理人的有效商业案例。			

[1] See Transparency International, The 2010 Bribery Act UK Adequate Procedures Guidance on Good Practice Procedures for Corporate Anti-Bribery Programmes, pp.66–76.

续上表

序号	具体措施	有	无	不清楚
2	公司的政策是在任命代理人和其他中间人之前开展尽职调查。			
3	在任命代理人和其他中间人之前，有开展尽职调查的程序。			
4	公司有适当地记录尽职调查审查的程序。			
5	公司公开报告接受尽职调查审查的代理人和其他中间人的数量和（或）百分比。			
6	所有中间人的任命都需要经过高级管理层的批准。			
7	有规定支付给代理人和其他中间人的报酬是对其所提供合法服务的适当和正当报酬的政策。			
8	有确保支付给代理人和其他中间人的报酬是对其所提供合法服务的适当和正当报酬的程序。			
9	公司的政策是向代理人和其他中间人支付的报酬应通过合法渠道支付。			
10	有确保支付给代理人和其他中间人的报酬是通过合法渠道支付的程序。			
11	公司的政策是不向代理人和中间人支付离岸账户款项。			
12	有确保不向使用离岸账户的代理人和中间人付款的程序。			
13	有要求代理人和其他中间人以合同形式同意遵守公司反贿赂计划的政策。			
14	有要求代理人和其他中间人以合同形式同意遵守公司反贿赂计划的程序。			
15	在与代理人、顾问和其他中间人签订的所有合同中，都有程序规定查阅记录的权利、调查合作以及与合同有关的类似事项。			
16	有向公司的代理人和其他中间人提供建议和文件（解释遵守公司反贿赂计划的义务）的程序。			
17	有可以向代理人和其他中间人清楚地告知在其违反公司的反贿赂计划时公司将采取的制裁措施的程序。			

续上表

序号	具体措施	有	无	不清楚
18	有以合同形式要求代理人和其他中间人保存适当的会计账簿和记录的程序，以供公司、审计师或调查机构检查。			
19	公司有记录与代理人和其他中间人之间关系的重要方面的适当程序。			
20	有监督代理人和其他中间人行为的程序。			
21	如果代理人和其他中间人行贿或以与公司的反贿赂计划不符的方式行事，则公司有权终止合同。			
22	公司有对行贿或行为与其反贿赂计划不符的代理人和中间人实施制裁的程序。			
合资企业和联营企业				
1	在加入合资企业或联营企业之前，有开展尽职调查的程序。			
2	有确保公司对其保持有效控制的合资企业和联营企业的反贿赂计划与其自身的反贿赂计划一致的政策。			
3	如果公司对合资企业或联营企业没有有效的控制权，则有程序向该企业中的其他实体公布其反贿赂计划，并鼓励他们采用与该反贿赂计划一致的反贿赂计划。			
4	如果尽职调查显示合资企业或联营企业的反贿赂计划与公司的反贿赂计划不一致，则有程序建立对合同的保护。			
5	公司有监督其合资企业或联营企业的合作伙伴的反贿赂计划和绩效的程序。			
6	如果合资企业或联营企业的政策和实践与公司的反贿赂计划不一致，则公司有采取适当行动的程序。			
7	在发生贿赂或可能合理地认为已经发生贿赂的情况下，如果公司无法确保合资企业或联营企业的反贿赂计划与其反贿赂计划一致，则公司有程序按计划退出该协议安排。			
8	公司公开报告因不符合公司的反贿赂计划而终止的合资企业或联营企业的数量。			

续上表

序号	具体措施	有	无	不清楚
	承包商和供应商			
1	有开展尽职调查的程序来评估潜在的承包商和供应商，以确保他们有有效的反贿赂计划。			
2	公司有避免与已知或合理怀疑行贿的承包商和供应商打交道的程序。			
3	公司有向承包商、分包商和供应商沟通其反贿赂计划的政策。			
4	公司有向承包商、分包商和供应商沟通其反贿赂计划的程序。			
5	公司公开报告对承包商和供应商的培训措施。			
6	公司有监督重要承包商和供应商的程序，以确保他们有有效的反贿赂计划。			
7	如果承包商和供应商行贿或其行为与公司的反贿赂计划不符，则公司有权终止合同。			
8	公司公开报告因不符合公司的反贿赂计划而终止的承包商和供应商合同的数量。			

五、沟通（包括培训）原则

1. 沟通（包括培训）原则的含义

根据《〈2010 年反贿赂法〉：商业组织防止关联人贿赂程序指引》的规定，沟通（包括培训）原则是指"商业组织要进行与其所面临的贿赂风险成比例的内外部沟通（包括培训），确保其预防贿赂的政策与程序在整个组织内得到贯彻和理解"[1]。沟通（包括培训）有助于提高员工对其所处商业组织的贿赂预防政策与程序及如何正确履行承诺的认识和理解，从而达到预防贿赂的目的。

---

[1] See The Bribery Act 2010: Guidance About Procedures Which Relevant Commercial Organisations Can Put into Place to Prevent Persons Associated with Them from Bribing, p.29.

◆ 就沟通而言，商业组织至少需要注意以下 3 个方面：[1]

（1）在开展沟通时，要根据受众与商业组织之间的不同关系，区分内部沟通和外部沟通，注意使用适当的内容、语言和语气。同时，可以根据商业组织面临的不同贿赂风险、该组织的规模以及其业务范围和性质进行不同的沟通。

（2）内部沟通应传达"高层基调"，但也可以侧重于相关政策与程序的实施及其对员工的影响。这些沟通可以包括关于特定领域的政策，如决策、财务控制、招待和促销支出、通融费、培训、慈善与政治捐赠、违规处罚以及对不同级别管理层的明确规定。对于可能在许多国家开展多种业务的商业组织而言，内部沟通是一种非常有用的管理工具。

（3）对外沟通（例如通过发布声明或行为准则）其贿赂预防政策可以消除现有和潜在的关联人的顾虑，并对那些意图代表其从事贿赂行为的人起到威慑作用。此类沟通可包含有关贿赂预防程序、控制、制裁、内部调查结果、招聘、采购以及招标规则的信息。

◆ 就培训而言，商业组织至少需要注意以下 4 个方面：[2]

（1）培训应当与风险成比例，但无论风险水平如何，一些培训都可能有效地牢固建立反贿赂文化。培训可采取教育和提高认识的形式，使人们认识到贿赂所构成的威胁（尤其是在组织经营的行业或领域）和应对威胁的各种方式。

（2）一般培训对于新员工或代理人而言往往是强制性的，并将其作为入职过程的组成部分，但也要根据具体岗位的具体风险进行适当的调整。同时，还应根据特定人员的特殊需要、采购等高风险职能部门以及在高风险国家工作人员的特殊需要，安排培训。有效的培训往往是持续性的，并需要定期监测和评估。

---

[1] See The Bribery Act 2010: Guidance About Procedures Which Relevant Commercial Organisations Can Put into Place to Prevent Persons Associated with Them from Bribing, pp.29–30.

[2] See The Bribery Act 2010: Guidance About Procedures Which Relevant Commercial Organisations Can Put into Place to Prevent Persons Associated with Them from Bribing, p.30.

（3）要求关联人接受培训可能是适当的，这对于高风险的关联人而言尤其重要。在任何情况下，商业组织可能都希望鼓励关联人接受有关预防贿赂的培训。

（4）现在有许多不同的培训方式可供选择，例如传统的课堂或研讨会方式，以及电子学习和其他基于网络的工具，但不管是哪种方式，培训都应确保其目的得以实现，即参与培训的人对相关政策和程序的实践意义有了坚定的理解。

2．遵循沟通（包括培训）原则的示例性做法

在《〈2010 年反贿赂法〉：商业组织防止关联人贿赂程序指引》附件 A "《2010 年反贿赂法》案例研究"中，涉及沟通（包括培训）原则的案例主要是第 7 号案例。该案例假设的场景是：一家小型英国专业设备制造商在具有较高贿赂风险的外国聘请了一名个人作为当地代理和顾问，以协助其在该国赢得合同和拓展业务。为此，该制造商可以考虑采取表 10.13 中的任何一项或多项做法。

表 10.13　商业组织遵循沟通（包括培训）原则的示例性做法 [1]

沟通（包括培训）原则
◆使参与投标的员工充分了解公司的反贿赂声明、行为准则，并在适当情况下，在投标书中包含其反贿赂政策的细节
◆在代理和顾问协议中包含关于贿赂预防措施的适当合同条款，例如要求该人不得提供或支付贿赂、赋予公司审计该人的活动和支出的权利、要求该人向公司报告官员的任何贿赂请求，以及在对该人的活动产生怀疑时赋予公司终止合同的权利
◆使公司员工充分了解适用于招待费和通融费等相关问题的政策与程序，包括所有的财务控制机制、对任何违规行为的处罚，以及关于如何报告任何可疑行为的说明
◆在适当情况下，为公司在外国工作的员工提供专门准备的培训，以补充信息

---

[1]　See The Bribery Act 2010: Guidance About Procedures Which Relevant Commercial Organisations Can Put into Place to Prevent Persons Associated with Them from Bribing, p.39.

3. 关于沟通（包括培训）原则的检查清单

通过上述分析可知，商业组织应当对反贿赂计划进行有效的内部和外部沟通，并公开披露关于该方案及其实施机制的信息。同时，董事、经理、员工和代理商都应当接受有关反贿赂计划的适当培训。在适当情况下，承包商和供应商等也应当接受此类培训。对此，商业组织可以对照表10.14中列出的关于沟通（包括培训）原则的检查清单，评估自己是否以及在何种程度上遵循了该原则。

表 10.14　关于沟通（包括培训）原则的检查清单 [1]

序号	具体措施	有	无	不清楚
	内部沟通			
1	有使所有员工了解其反贿赂计划的程序。			
2	有向所有员工提供有关反贿赂计划的书面指导的程序。			
3	商业行为准则以员工所使用的主要语言公布。			
4	公布员工对反贿赂计划的认识和理解情况的调查结果。			
5	公布员工对廉洁承诺（特别是反贿赂政策）的看法的调查结果。			
6	公布已签署阅读反贿赂指引的员工人数和百分比信息。			
7	公布关于反贿赂指引所使用语言的数量的信息。			
	外部沟通			
1	有公开披露关于反贿赂计划及其实施机制信息的政策。			
2	根据《全球报告倡议》中的"可持续性报告框架"报告其反贿赂计划。			
3	根据《联合国全球契约的十项原则》第10条原则（反腐败）报告其反腐败计划。			

---

[1]　See Transparency International, The 2010 Bribery Act UK Adequate Procedures Guidance on Good Practice Procedures for Corporate Anti-Bribery Programmes, pp.55,58–60.

续上表

序号	具体措施	有	无	不清楚
培训				
1	有确保对新员工进行适当就职或入职培训的程序，以便其清楚地了解商业组织的反贿赂计划、期望以及违规时的处罚程序。			
2	有持续对董事、经理和员工进行适当培训的程序，以便其清楚地了解商业组织的反贿赂计划、期望以及违规时的处罚程序。			
3	根据风险评估调整培训内容。			
4	董事和员工的记录包括记录其接受反贿赂培训的文件。			
5	定期评估培训活动的有效性。			
6	公开报告反贿赂培训的范围和质量。			
7	有继续对代理商进行适当培训的程序，以便其清楚地了解商业组织的反贿赂计划、期望以及违规时的处罚程序。			
8	在适当情况下，有程序向承包商和供应商提供持续的培训。			
9	有培训合同工的程序，以便其清楚地了解公司的反贿赂计划。			
10	公开报告对代理商的培训措施。			
11	公开报告对供应商的培训措施。			

4. 企业支持反贿赂计划的有关措施

除了沟通（包括培训），为了更好地支持反贿赂计划的实施，企业至少可以从以下 5 个方面采取有关措施，并对照表 10.15 中列出的检查清单，评估自己是否以及在何种程度上采取了这些措施：[1]

（1）对反贿赂计划实施的支持：由于反贿赂计划的成功实施在很大程度上取决于财务、法律、安全、内部审计等支持性职能部门的能力，企业应确保这些业务领域的员工或分包商具备实施该计划所需的技能和资源；

（2）行业的反贿赂集体行动：如果企业在腐败盛行的市场运营，则可以

---

[1] See Transparency International, The 2010 Bribery Act UK Adequate Procedures Guidance on Good Practice Procedures for Corporate Anti-Bribery Programmes, pp.60–63.

寻求鼓励支持透明度与廉洁建设的举措，例如参加国际倡议行动、与其他公司就部门或地区的反腐败举措进行合作、支持当地的反腐败组织、举办反腐败论坛等；

（3）内部控制方面的反贿赂商业原则：企业应建立并维持有效的内部控制系统，以打击贿赂行为，包括对公司会计与记录保存惯例做法以及与该计划有关的其他业务流程的财务和组织制衡；企业应保存准确的账簿与记录，以适当和公平地记录所有的财务往来；反贿赂计划应充分记录主要政策和程序的文件控制系统，以确定角色和责任，跟踪和更新方法、政策和程序的一致性，并提供审计跟踪，而如果没有详细的书面计划，反贿赂系统就可能无法识别和解决漏洞；

（4）准确的会计账簿与记录：准确的会计账簿与记录对反贿赂计划至关重要，因为借此可以检查是否遵循了"充分程序"、通过确定改进措施以提高反贿赂的有效性，以及为执行反贿赂政策和法律而进行的调查或诉讼提供确凿证据；所有的交易都应真实记录在官方会计账簿中，企业不应保留"账外账"；应定期召开跨部门会议，审查内部控制制度和整个反贿赂计划的有效性；

（5）处理突发事件：公司应制定应对和处理突发贿赂事件的计划，明确规定在涉嫌或发现贿赂事件时由谁负责调查；在发生严重事故时，公司公共事务和联络部门需要参与；如果需要对事件进行调查，将由法律、内部审计或安全等专职部门领导；与董事长、首席执行官和董事会的沟通至关重要；为此，可以成立一个专门小组或将相关职责委托外包，以便在此类事件中使用专家的专业知识或避免因控制失效而可能产生的潜在冲突。

表 10.15 关于企业支持反贿赂计划有关措施的检查清单 [1]

序号	具体措施	有	无	不清楚
对反贿赂计划实施的支持				
1	有为支持反贿赂计划的实施提供适当培训和资源的程序。			
行业的反贿赂集体行动				
1	公司是行业反贿赂倡议行动或工作组的成员。			
2	公司是反贿赂倡议行动的成员或支持该行动。			
3	公司参与当地的反贿赂集体行动。			
内部控制方面的反贿赂商业原则				
1	公司有反贿赂内部控制制度。			
2	内部控制包括对公司会计与记录保存惯例做法以及与该计划有关的其他业务流程的财务和组织制衡。			
3	有审计委员会来负责监督内部控制、财务报告程序和包括反贿赂在内的相关职能。			
4	公司确保财务往来有适当的职责分离。			
准确的会计账簿与记录				
1	有落实问责制的程序，以在整个公司及其子公司实施内部控制和保留准确的账簿与记录。			
2	有可以准确、公正地记录所有财务往来的账簿与记录的程序，以备随时接受检查。			
3	有跨部门的会议来审查内部控制系统的有效性。			
4	有确保不存在"账外账"、未充分说明的交易或虚假分录的程序。			
处理突发事件				
1	有处理贿赂事件的程序。			

---

[1] See Transparency International, The 2010 Bribery Act UK Adequate Procedures Guidance on Good Practice Procedures for Corporate Anti-Bribery Programmes, pp.55,58–60.

续上表

序号	具体措施	有	无	不清楚
2	有审查和决定是否向官方报告贿赂事件的程序。			
3	公司公开报告各种涉及贿赂的公共法律案件。			

六、监控与审查原则

1. 监控与审查原则的含义

在《〈2010年反贿赂法〉：商业组织防止关联人贿赂程序指引》中，监控与审查原则是指"商业组织要对旨在预防关联人贿赂的程序进行监控与审查，并在必要时对这些程序进行改进"[1]。实践中，商业组织本身及其所处的外部环境和面临的贿赂风险都会随时发生变化，因此就需要对贿赂预防程序进行监控与审查，并随时或定期根据这些变化对其进行改进。企业至少可以遵循以下商业原则：一是企业应建立反馈机制和其他内部流程，以支持反贿赂计划的持续改进，尤其是定期审查其适合性、充分性和有效性；二是高级管理层应定期向审计委员会、董事会或同等机构报告反贿赂计划审查的结果；三是审计委员会、董事会或同等机构应对反贿赂计划的充分性进行独立评估，并在企业年度报告中向股东披露评估结果；四是企业应定期审查和审计内部控制制度，特别是会计账簿和记录保存做法，以保证其设计、执行和有效性。[2]

根据《〈2010年反贿赂法〉：商业组织防止关联人贿赂程序指引》的规定，商业组织可以从以下3个方面对贿赂预防程序进行监控与审查：[3]

（1）考虑使用广泛的内部和外部审查机制。为遏制、发现和调查贿赂行为而建立的制度，如内部财务控制机制，将有助于深入了解贿赂预防程序的

[1] See The Bribery Act 2010: Guidance About Procedures Which Relevant Commercial Organisations Can Put into Place to Prevent Persons Associated with Them from Bribing, p.31.

[2] See Transparency International, The 2010 Bribery Act UK Adequate Procedures Guidance on Good Practice Procedures for Corporate Anti-Bribery Programmes, p.77.

[3] See The Bribery Act 2010: Guidance About Procedures Which Relevant Commercial Organisations Can Put into Place to Prevent Persons Associated with Them from Bribing, p.31.

有效性。员工调查和培训反馈可以提供关于程序有效性的重要信息，并为员工和其他关联人提供一种使其了解反贿赂政策持续改进的手段。

（2）考虑向最高管理层提交正式的定期审查和报告。商业组织可以借鉴其他实践信息，例如相关的贸易机构或监管机构可能会在其出版物中强调关于好的或坏的做法的示例。

（3）考虑寻求某种形式的外部核查或认证，来确保反贿赂程序的有效性。商业组织可以申请由行业协会或类似机构为该组织出具独立的反贿赂合规证明，但此类证明并不一定意味着该组织的贿赂预防程序就是充分的。

2. 关于监控与审查原则的检查清单

通过上述分析可知，商业组织的董事会或同等机构可以考虑是否委托外部核查或认证，以加强对反贿赂计划的内部与外部鉴证，同时还可以考虑公开披露已经进行的外部审查以及相关的核查或鉴证意见。对此，商业组织可以对照表 10.16 中列出的关于监控与审查原则的检查清单，评估自己是否以及在何种程度上遵循了该原则。

表 10.16　关于监控与审查原则的检查清单 [1]

序号	具体措施	有	无	不清楚
1	进行连续和（或）不连续的评估，以支持反贿赂计划的持续改进。			
2	使用关键绩效指标来鼓励和衡量反贿赂计划改进和实施的进展。			
3	与利益相关者，特别是供应商和承包商进行讨论，以获取他们对方案的意见。			
4	在各业务部门之间对反贿赂计划进行内部基准测试。			
5	对反贿赂计划进行外部评估。			
6	有确保有充分的审计跟踪来支持所有被记录的交易的程序。			

[1]　See Transparency International, The 2010 Bribery Act UK Adequate Procedures Guidance on Good Practice Procedures for Corporate Anti-Bribery Programmes, pp.81–82.

续上表

序号	具体措施	有	无	不清楚
7	有与相关业务人员讨论反贿赂计划内部审查结果的程序。			
8	有处理通过内部审查发现的不足的程序，并有文件载明对其进行弥补的行动计划和时间表。			
9	外部顾问被用来监督反贿赂计划并对其提出意见。			
10	参与反腐败活动和学习最佳实践，以改进反贿赂计划。			
11	进行自我评估，并将结果应用于反贿赂计划的改进。			
12	有确保内部控制系统（特别是会计和记录保存做法）接受定期内部审查的程序，以确保其在反贿赂方面是有效的。			
13	有供高级管理层监督反贿赂计划的程序，定期审查其适当性、充分性和有效性，并酌情加以改进。			
14	有供高级管理层定期向审计委员会、治理委员会、董事会或同等机构报告反贿赂计划审查结果的程序。			
15	有可快速向高级管理层和董事会报告任何问题或关切的程序。			
16	有供审计委员会、治理委员会、董事会或同等机构对反贿赂计划的充分性进行独立评估的程序。			
17	有供审计委员会定期向董事会报告其对反贿赂计划充分性进行独立评估的程序。			
18	有可利用事件经验来改进反贿赂计划的程序。			
19	有向政府报告贿赂事件的适当程序。			
20	董事会或同等机构已考虑是否委托外部核查或鉴证计划。			
21	已进行外部核查或鉴证。			
22	核查或鉴证意见已公开发布。			
23	公开发布关于反馈机制和其他内部流程范围和频率的说明，以支持反贿赂计划的持续改进。			

续上表

序号	具体措施	有	无	不清楚
24	公开发布关于事件调查和解决程序的说明。			
25	公开公布与其有关的贿赂案件细节。			

第三节　中小企业与《2010 年反贿赂法》合规

英国司法部在发布正式的法定指引（即《〈2010 年反贿赂法 〉：商业组织防止关联人贿赂程序指引》）的同时，还发布了针对中小企业的非法定指引，即《〈2010 年反贿赂法 〉快速入门指南》。该指南以问答的形式，提出了与《2010 年反贿赂法》有关的 9 个关键问题并对其进行了解答，从而为中小企业快速理解和遵守该法提供了入门指南。该指南的核心要点包括：《2010 年反贿赂法》仅涉及贿赂犯罪，不涉及其他经济（金融）犯罪；如果商业组织构成商业组织未能防止贿赂罪，则商业组织只有证明采取了"充分程序"来预防贿赂，才有可能获得对该严格责任的抗辩权；如果商业组织面临的贿赂风险很低或者根本没有贿赂风险，则商业组织可能完全不需要采取任何贿赂预防程序；该法不禁止合法的招待费、促销费或其他业务开支，但禁止一切形式的通融费（见表 10.17）。

表 10.17　《〈2010 年反贿赂法 〉快速入门指南》问答 [1]

序号	问答
1	问：该法涵盖了什么犯罪？
	答：该法仅涉及 4 种贿赂犯罪（即行贿罪、受贿罪、行贿外国公职人员罪和商业组织未能防止贿赂罪），不涉及其他形式的白领犯罪以及欺诈、盗窃、会计和账簿犯罪、公司法犯罪、洗钱罪、竞争法犯罪等。

---

[1] 本表根据《〈2010年反贿赂法〉快速入门指南》并经整理而得出，参见The Bribery Act 2010—Quick Start Guide, pp.3–7。

续上表

序号	问答
2	问：商业组织何时有可能承担责任？
	答：如果高级管理人员构成贿赂犯罪，那么商业组织可能会承担责任，该人员的行为将归于组织。如果为商业组织提供服务的人从事贿赂行为，商业组织也可能要承担责任，但可以通过证明建立了"充分程序"进行抗辩。
3	问：需要怎么做才能获得抗辩权？
	答：如果能证明商业组织建立了用于预防贿赂的"充分程序"，就能获得抗辩权，而何谓"充分的"取决于商业组织面临的贿赂风险以及所开展业务的性质、规模和复杂程度。可以参考前文所述的 6 项指导原则决定是否以及如何采取行动。
4	问：如何评估风险？
	许多商业组织只面临很低的贿赂风险或者根本没有贿赂风险（尤其是如果其业务主要在英国开展）。如果在海外经营，则风险可能较高，因此需要考虑所开展业务的国家、行业、项目价值和期限、类型、员工、交易对手、合作伙伴等。
5	问：如果不存在风险，是否还需要采取复杂的程序？
	答：不需要。如果贿赂风险很低，就不需要采取任何程序来预防贿赂，但如果风险较高，就需要采取与该风险成比例的程序。不一定需要大量的书面文件或政策，对微型企业而言，就反贿赂政策向关键员工进行简单的口头提醒即可。
6	问：是否需要对所有供应商都开展尽职调查？
	答：不需要。只需要考虑对实际为商业组织提供服务或代表其提供服务的人员进行尽职调查；不太需要考虑对供应链下游的人员进行尽职调查。决定在哪里进行尽职调查和需要做多少调查取决于对贿赂风险的评估。具体而言：如果风险低，只需要确保为组织提供服务的人是真实可信的，通过业务联系人、当地商会或协会、互联网等途径进行查询即可；如果风险高，还需要确保关联方等不会从事贿赂行为，为此可以向组织的代理人索要简历、财务报表或账目、推荐信等，也可以通过私人接触对个人进行评估，但并不一定需要使用复杂和昂贵的技术。

续上表

序号	问答
7	问：是否需要聘请律师或顾问就商业组织面临的风险、采用的程序或应开展的尽职调查级别提供建议？
	答：不需要。组织没有义务聘请律师或顾问来帮助其评估所面临的风险、可能采取的程序或要开展的尽职调查，尤其是在组织认为风险很低或根本不存在的情况下。该法不要求对组织已采取的任何贿赂预防措施进行外部证实。
8	问：能否根据该法提供招待费、促销费或其他商业支出？
	答：能。英国政府不打算将真实的招待费或类似的合理的、成比例的业务开支纳入该法，因此组织既可以继续提供真实的招待费、促销费或其他业务开支，也可以继续提供赛事门票、请客户吃饭、给客户送礼物、支付合理的差旅费等。
9	问：能否根据该法提供通融费？
	答：不能。因为通融费是贿赂。在英国，先前的法律和《2010年反贿赂法》都没有对此类付款提供豁免。但是，可以继续支付法律规定的行政性收费或快速通道服务费用，这些都不属于通融费。

为了掌握出口型中小企业对《2010年反贿赂法》和《〈2010年反贿赂法〉：商业组织防止关联人贿赂程序指引》的了解情况、建立贿赂预防程序和所花费成本的情况、海外出口和经营行为受该法影响的情况以及因该法或该指引而遇到的任何具体问题，英国政府在2014年1月7日至24日以电话访谈和田野调查的方式，对500家出口型（正在出口或计划在未来5年内出口）中小企业（包括微型企业、小型企业和中型企业）[1]进行了调查。

2015年7月1日，英国政府发布了名为《深入了解中小企业对〈2010年反贿赂法〉的认识及该法的影响》（Insight into Awareness and Impact of the Bribery Act 2010 Among Small and Medium Sized Enterprises）的报告。该报告强调，"一个充满活力和高效率的出口型中小企业部门是政府增长战略的一

---

[1] 根据英国《2015年小企业、企业和就业法》第33条的规定，小型企业的员工人数一般少于50人，微型企业的员工人数一般少于10人。

个基本要素。因此，至关重要的是，中小企业不要因误解其影响和目的而寻求对该法和司法部指引作出不成比例的、繁重的和代价高昂的反应"[1]。

根据该报告，本次调查的主要发现包括：[2]

（1）约三分之二（66%）的中小企业表示，他们知道《2010年反贿赂法》；在这些中小企业中，超过三分之二（72%）表示其公司对该法有足够的了解和理解，并能够实施适当的反贿赂程序。

（2）在表示了解《2010年反贿赂法》的中小企业中，只有约四分之一（26%）表示了解司法部发布的《〈2010年反贿赂法〉：商业组织防止关联人贿赂程序指引》；在这些中小企业中，大多数阅读了该指引（75%）并发现该指引有用（89%）；同时，一些中小企业正在使用关于预防贿赂的其他指引（占了解该法的中小企业数量的33%）和专业建议（24%）。

（3）了解该指引的公司更有可能制定贿赂预防程序（76%），而不了解该指引的公司则相对较少制定贿赂预防程序（50%）。

（4）半数以上（59%）的中小企业没有评估被索贿的风险，有半数以上（53%）的中小企业没有制定贿赂预防程序；与中型公司（39%）相比，没有评估被索贿风险的更可能是微型公司（79%）；同样地，与中型公司（33%）相比，未制定贿赂预防程序的公司更可能是微型公司（69%）。

（5）在制定了一些贿赂预防程序的中小企业中，几乎所有（94%）的中小企业都表示他们有财务与商业控制，如记账、审计和支出批准；有仅比该比例稍低的公司表示其最高管理层承诺不会通过贿赂赢得业务（88%），并有针对违反其反贿赂规则行为的纪律程序和处罚（74%）。

（6）就中小企业贿赂预防程序的成本而言，迄今为止的平均支出为2730英镑，中位数支出为1000英镑（有22%表示其到目前为止无支出）——平均数和中位数之间的差异反映了因少数公司给出特别高数值的回答而导致平均数出现偏差；这与规模密切相关，微型公司支出最少，中型公司支出最

---

[1]　See HM Government, Insight into Awareness and Impact of the Bribery Act 2010 among Small and Medium Sized Enterprises (SMEs), 2015, p.3.

[2]　See HM Government, Insight into Awareness and Impact of the Bribery Act 2010 among Small and Medium Sized Enterprises (SMEs), 2015, pp.14–39.

多；在这种程度上，调查结果反映了成比例观念的应用，尤其是越是大公司和那些出口到高风险市场的公司，越倾向于将更多的资源用于预防贿赂。

（7）中小企业主要将支出（按平均支出计算）用于以下具体的贿赂预防程序：财务与商业控制（3250英镑）；对已有或可能的关联人的尽职调查（1740英镑）；关于贿赂隐患的培训或意识提升（780英镑）；书面员工政策文件（760英镑）；口头通报和传达预防贿赂的必要性（240英镑）；报告贿赂（包括"说出来"或举报程序）（90英镑）；最高管理层承诺（30英镑）；违反公司反贿赂规则行为的纪律程序和处罚（30英镑）。

（8）贿赂预防程序的一般年度成本也随着公司规模的扩大而增加，但在总体水平上，平均年度支出为1160英镑，中位数年度支出为500英镑（有26%的中小企业表示其一般年度支出为零）。

（9）极少数中小企业（6%）表示，他们或代表其公司行事的代理人曾被索取小额贿赂，即通融费；在发生这种情况的国家中，最有可能的是中国（有9家中小企业提到）、俄罗斯和沙特阿拉伯（分别都有3家中小企业提到）。

（10）《2010年反贿赂法》并未对中小企业出口产生任何具有普遍性的负面影响，大多数中小企业（占了解该法的中小企业数量的90%）表示该法根本没有影响；同时，绝大多数了解该法的公司（90%）表示，他们没有遇到与《2010年反贿赂法》有关的具体困扰或问题。

总体而言，《2010年反贿赂法》对英国出口型中小企业产生的影响是积极的，该法及司法部的指引推动了出口型中小企业的合规建设，而且它们采取的合规措施通常是成比例的、务实的和低成本的。显然，英国立法与执法机构对待出口型中小企业的做法具有重要的借鉴意义和参考价值，而且，英国的实践表明，在推动企业反贿赂合规建设时不必过于担心会对中小企业造成潜在的负面影响。但是，该报告也表明，向中小企业沟通并引导其遵守反贿赂法及其有关法律文件是一项需要持续开展的重要的系统工程。

第四节　商业组织反贿赂合规：最佳实践做法

本书第八章和第九章分析了《2010年反贿赂法》的11个典型执法案例，包括7个达成暂缓起诉协议的贿赂案件。这些案件大多涉及商业组织未能防止贿赂罪。其中，商业组织是否及如何获得"充分程序"抗辩对其他企业从事反贿赂合规工作具有较大的价值，因为这些案件中商业组织的做法得到了英国严重欺诈办公室和法院的评价。哪些是好的做法，哪些是坏的做法，一目了然。无论是对于在英国开展业务或所开展业务与英国有关联的商业组织，还是对于其他依法合规经营的商业组织，这些实践做法都值得学习、参考或借鉴。需要指出的是，前文第五章第四节已经介绍了商业组织如何进行反贿赂合作——包括自我报告，与之不同，本部分主要是总结上述执法案例中的最佳实践做法。

一、自我报告

如前文所述，自我报告，即自我检举，在美国一般被称为自我披露[1]，是指"公司在执法机构收到任何有关公司自我报告所涉及行为的检举或启动调查之前，向执法机构报告公司和（或）其官员、雇员、代理人的可疑犯罪行为（不必承认公司的刑事责任）"[2]。在英国，自我报告是决定执法机构是否向商业组织提供暂缓起诉协议和该协议能否得到法院批准的首要关键因素。

商业组织在自我报告方面的最佳实践做法，包括但不限于：

◆ 在发现并确认违法行为后，要"真正积极主动"地向执法机构进行自

---

[1]　See FCPA Resouce Guide, 25 November 2020, https://www.justice.gov/criminal-fraud/fcpa-resource-guide.

[2]　2017年12月8日，澳大利亚联邦检察部（Commonwealth Department of Public Prosecutions，CDPP）和澳大利亚联邦警察局（Australian Federal Police，AFP）联合发布了《海外贿赂自我报告最佳实践指引》（Best Practice Guidelines for Self-reporting of Foreign Bribery）。该指引有助于更好地理解公司自我报告，因此本部分将引用其中的一些内容。参见AFP and CDPP Best Practice Guidelines: Self-Reproting of Foreign Bribery and Related Offending by Corporations, 8 December 2017, p.2, https://www.cdpp.gov.au/sites/default/files/20170812AFP-CDPP-Best-Practice-Guideline-on-self-reporting-of-foreign-bribery.pdf?acsf_files_redirect。

我报告；

◆ 自愿地、及时地、迅速地向执法机构进行自我报告，尤其是尽可能在发现违法行为和（或）有关证据后第一时间进行自我报告；

◆ 可以通过口头或书面形式向执法机构进行自我报告，例如，可以在发现违法行为后第一时间进行口头自我报告，然后在进一步查明事实或真相后再进行更为细致的书面自我报告；

◆ 在进行自我报告之前，可以自行或委托律师事务所等第三方开展内部调查，尤其要尽可能在执法机构或监管部门干预之前启动或完成调查，但要注意"不要陷入无休止的内部调查循环"，因为内部调查只是事后的危机处置，它不会必然导致公司更深层次的系统性变革，然而，毫无疑问，危机处置和内部调查往往是反贿赂和反腐败合规改革的开始，它为公司在事后总结经验和改进合规体系提供了契机；[1]

◆ 在进行自我报告时或之后的适当时间，要向执法机构报告内部调查的结果，并提供所有相关的报告和材料等；

◆ 切勿掩盖罪行，因为掩盖罪行比犯罪行为本身更严重；

◆ 在发现可疑的违法违规行为后，可以向英国任一相关的执法机构（如严重欺诈办公室、国家打击犯罪调查局等）报告，因为向一家执法机构的报告一般等同于向其他执法机构报告，但向国外执法机构报告通常不会被英国国内执法机构认可；

◆ 在进行自我报告时，要向执法机构全面、准确地披露所有信息，因为这会体现出商业组织对自我报告的重视程度；

◆ 公司要认识到自我报告的外在价值，尤其是海外贿赂属于复杂且隐蔽的犯罪，公司自我报告的重要性在于：（1）对海外贿赂进行自我报告既符合董事的道德义务，也符合公共利益；（2）自我报告是协助执法机构及时调查和起诉海外贿赂犯罪的非常重要的第一步；（3）在决

---

[1] See Lloydette Bai-Marrow, Former UK Prosecutor: Don't Get Caught in an Endless Cycle of Internal Investigations, 9 June 2021, https://fcpablog.com/2021/06/09/former-uk-prosecutor-dont-get-caught-in-an-endless-cycle-of-internal-investigations/.

定一家公司是否应因其自我报告的行为而受到起诉时，自我报告是检察机关应考虑的一个相关公共利益因素；（4）如果一家公司自我报告其违法行为并随后受到起诉，那么自我报告的事实以及该公司与执法机构更广泛合作的性质和范围都是法院在量刑时必须考虑的减刑因素；[1]

◆ 公司要认识到自我报告对公司的内在意义，包括：（1）"真正积极主动"地查明并解决公司内部的不法行为；（2）遵守董事的法定义务和信义义务，以公司的最大利益行事；（3）控制公司的刑事责任；（4）尽可能减少名誉损失；（5）表现出与执法机构合作调查该行为的意愿；（6）最大限度地提高公司在任何有关公司诉讼中可获得的量刑折扣；（7）做一个好的"企业公民"；[2]

◆ 公司要注意，执法机构会对任何自我报告的行为进行独立调查，包括对公司有关该行为的任何内部调查和报告的质量和真实性进行独立评估，因此公司应就有关行为和公司在其中的角色向执法机构进行全面和坦率的披露，并充分利用所有文件和潜在证人，协助执法机构进行调查和任何后续诉讼；[3]

◆ 公司要认识到，自我报告在道德和声誉上都是必要的，它不仅是正确的做法，更表明公司认真对待道德行为，而且，它可以大大降低公司被起诉的可能性，并开启了暂缓起诉协议和民事追缴的可能性。[4]

---

[1]　See CDPP and AFP, Best Practice Guidelines for Self-Reporting of Foreign Bribery, 8 December 2017, pp.2–3, https://www.cdpp.gov.au/sites/default/files/20170812AFP-CDPP-Best-Practice-Guideline-on-self-reporting-of-foreign-bribery.pdf?acsf_files_redirect.

[2]　See CDPP and AFP, Best Practice Guidelines for Self-Reporting of Foreign Bribery, 8 December 2017, p.3, https://www.cdpp.gov.au/sites/default/files/20170812AFP-CDPP-Best-Practice-Guideline-on-self-reporting-of-foreign-bribery.pdf?acsf_files_redirect.

[3]　See CDPP and AFP, Best Practice Guidelines for Self-Reporting of Foreign Bribery, 8 December 2017, pp.3–4, https://www.cdpp.gov.au/sites/default/files/20170812AFP-CDPP-Best-Practice-Guideline-on-self-reporting-of-foreign-bribery.pdf?acsf_files_redirect.

[4]　See Ethical Business Conduct: An Enforcement Perspective, 6 March 2014, https://www.sfo.gov.uk /2014/03/06/ethical-business-conduct-enforcement-perspective/.

二、合作

英国严重欺诈办公室的一位前主任曾指出："对于一家希望获得暂缓起诉协议的公司而言，严重欺诈办公室会有什么期待呢？实质上是：合作、合作、合作"，也即，"由公司及其律师表现出来的最大限度的合作是暂缓起诉协议流程的内在组成部分"。[1] 显然，对于涉案企业而言，与执法机构的合作非常重要。

商业组织在合作方面的最佳实践做法，包括但不限于：

◆ 与执法机构的合作应当是全面的（即毫无保留的）、诚实的和持续性的，绝不能仅仅为了"留下合作的印象"而对合作存在"精心安排"的企图，即合作不能停留在形式上[2]，也不能停留在口头上，而是要落实在行动中，因为执法机构判断商业组织是否合作不仅会看其怎么说，更会看其怎么做；

◆ 公司要认识到，只有当合作达到"非凡或堪称典范"的标准时，商业组织才有可能获得暂缓起诉协议，才有可能获得至少 50% 的减刑折扣；

◆ 公司要认识到，在自我报告后与执法机构之间合作的水平和质量是法院考虑暂缓起诉协议是否符合司法公正的关键因素；

◆ 在调查、诉讼和暂缓起诉协议有效期间，应保留所收集的全部材料，并将其作为内部调查和第三方审查的组成部分；

◆ 披露公司掌握、保存或控制的所有信息和材料，例如：向执法机构自愿披露所有的内部调查信息；尽可能向执法机构提供尚未经过审查的数字材料；向执法机构提供所需的所有财务数据，并全面配合将对这些数据进行的评估；

◆ 可以有限度地或完全放弃相关的诉讼和法律职业特权，并主动解决其

---

[1] See Ethical Business Conduct: An Enforcement Perspective, 6 March 2014, https://www.sfo.gov.uk/2014/03/06/ethical-business-conduct-enforcement-perspective/.

[2] See Deferred Prosecution Agreements: What do We Know So Far?, 1 July 2014, https://www.sfo.gov.uk/2014/07/01/deferred-prosecution-agreements-what-do-we-know-so-far/.

他与特权有关的问题；

◆ 配合执法机构对内部调查提出的要求，积极安排面谈的时间和记录，并连续报告调查结果；

◆ 在执法机构的同意和指导下，妥善处理媒体询问、政府参与、发布公告等问题，避免对执法机构的调查产生任何外部影响；

◆ 如果执法机构有所要求，就尽可能避免坚持自己进行内部调查，尤其是拒绝向执法机构提供证人面谈记录和所收集的证据，因为这会被该办公室认定为"践踏证据"和不合作；

◆ 确保所聘请的法律顾问或其他外部顾问在代表其与执法机构打交道时予以全面合作，尽可能避免与执法机构对立，因为即使后续采取补救措施也会被该办公室认定为商业组织不合作；

◆ 不清算涉案公司及其关联公司（包括母公司、子公司、姊妹公司等）；

◆ 配合国内执法机构及经其同意的其他国内外执法机构或官方、非官方的外部调查。

三、预防、补救和改进

在前文所述达成暂缓起诉协议的 7 个贿赂案件中，涉案公司的合规体系尤其是合规计划在事前、事中和事后都对其具有显著的影响。其中，值得注意的是，涉案公司和严重欺诈办公室在所签署的暂缓起诉协议中对合规计划和合规官的用语有所变化。

一是涉案公司使用了首席合规官（Chief Compliance Officer）、首席道德官（Chief Ethics Officer）及首席道德与合规官（Chief Ethics and Compliance Officer）的用语。一般而言，公司的首席合规官会领导公司的合规工作，主要负责监督和管理组织内部的合规问题。实际上，这一角色长期存在于被严格监管的金融、医疗等行业的公司，但在其他公司，则是因美国 21 世纪初的会计丑闻、《萨班斯－奥克斯利法案》（Sarbanes–Oxley Act of 2002）和《美国联邦量刑指引》（U.S. Federal Sentencing Guidelines）对合规提出新要求而导致公司任命额外的首席合规官。据美国《合规周刊》（Compliance Week）

发行人和编辑斯科特·科恩（Scott Cohen）的研究，首席合规官的激增可追溯至美国证券交易委员会委员辛西娅·格拉斯曼（Cynthia A. Glassman）在2002年的一次讲话。[1] 在这次讲话中，格拉斯曼指出，为了充分履行《萨班斯–奥克斯利法案》和委员会的规则，公司应该有一名负责公司合规与道德问题的官员，即企业责任官（corporate responsibility officer），他或她应具备以下特征：有足够的资历和权力来采取必要的行动；得到首席执行官和高级管理层在理论和实践上的全力支持；能够接触高级管理层并向其定期报告；能够定期或不定期地直接向董事会报告。[2] 之后，首席合规官、首席道德官或者首席道德与合规官逐渐成为公司的一个重要职位。

二是在严重欺诈办公室签署暂缓起诉协议的10个执法案件中，严重欺诈办公室和涉案公司对合规计划的称谓共有3种，包括"公司合规计划""合规与道德计划"和"道德与合规计划"（见表10.18）。可见，公司合规计划中越来越强调道德元素，但公司使用哪种称谓均不影响执法。需要再次指出的是，如前文所述，犯罪发生时、自我报告时和未来的公司合规计划同样重要。

表10.18　SFO签署暂缓起诉协议的10个执法案件中的合规计划

年份	案件	DPA中关于合规计划的称谓
2015	标准银行股份有限公司案	公司合规计划
2016	沙克拉德有限公司案	公司合规计划
2017	劳斯莱斯股份有限公司案	公司合规计划
2017	特易购百货有限公司案	公司合规计划
2019	信佳Geografix有限公司案	合规与道德计划
2019	古拉普系统有限公司案	公司合规计划

[1]　See Chief Compliance Officer, https://en-academic.com/dic.nsf/enwiki/5038899.

[2]　See Speech by SEC Commissioner: Sarbanes-Oxley and the Idea of "Good" Governance by Commissioner Cynthia A. Glassman, 27 September 2002, https://www.sec.gov/news/speech/spch586.htm.

续上表

年份	案件	DPA 中关于合规计划的称谓
2020	空客公司案	合规与道德计划／道德与合规计划
	杰富仕护理与司法服务（英国）有限公司案	公司合规计划
	航空服务有限公司案	—
2021	阿美科福斯特惠勒能源有限公司案	道德与合规计划

随着英国反贿赂合规实践的不断成熟，首席道德与合规官、道德与合规计划是较为推荐的用语，这样的用语不仅凸显了合规元素，也凸显了道德元素。

1. 关于预防的最佳实践做法

在前文所述达成暂缓起诉协议的 7 个贿赂案件中，涉案公司未能获得"充分程序"抗辩的原因的反面即是公司可以采取的预防贿赂或腐败的最佳实践做法，这些做法包括但不限于：

◆ 谨慎决定甚至直接禁止与高风险国家的政府进行交易；

◆ 如果与高风险国家的政府进行交易，尤其是涉及第三方，应认真进行尽职调查，特别是要识别、记录和处理所发现的贿赂和腐败危险信号；

◆ 公司的合规团队要真正发挥作用、参与到对交易的评估过程中，以识别出业务部门可能忽视的贿赂和腐败风险或其他实质性问题；

◆ 要建立对贿赂和腐败零容忍的文化，而且这种文化应当是积极的，即公司要在合规方面有所作为；

◆ 在集团或公司层面实施新的道德与合规计划，包括新的培训计划、政策、程序和内部控制，这有助于发现已有的贿赂和腐败风险及违法违规行为；

◆ 要确保在公司日常运营或交易中所采取的合规措施是有效的；

◆ 要确保公司的合规架构尤其是反贿赂和反腐败合规架构合理、有效；

◆ 第三方和采购尤其是招投标是贿赂和腐败风险的高发领域，因此尽职调查和合规审查非常关键；

◆ 可以委托外部第三方对公司合规计划进行审查，并在其协助下设计或改进反贿赂和反腐败合规计划，包括制定有关政策和程序；

◆ 公司在进行并购时，要进行细致、谨慎的并购前调查，警惕潜在的反贿赂和反腐败执法风险；

◆ 可以在董事会层面设立相关的专门委员会，例如道德与合规委员会，并确保其发挥职能作用，尤其是确保其掌握真实、准确、完整的信息；

◆ 根据公司的规模和业务范围等，通过相应程度的努力，确保公司员工遵守《2010 年反贿赂法》及其他可适用的反贿赂和反腐败法；

◆ 公司应考虑建立健全反贿赂合规计划，反贿赂计划是指"整个企业的反贿赂行动，包括价值观、行为准则、详细的政策和程序、风险管理、内部与外部沟通、培训和指导、内部控制、监督、监控以及保障"[1]。

2. 关于补救和改进的最佳实践做法

在前文所述达成暂缓起诉协议的 7 个贿赂案件中，涉案公司在发现违法违规行为后普遍采取了补救措施，并对未来的合规计划作出了承诺，这也是它们能够获得暂缓起诉协议的原因。需要指出的是，其中的一些做法也是预防性措施，但在此亦再次强调。从总体上看，此类措施包括但不限于：

◆ 公司在发现可疑行为后，要立即予以确认并上报最高管理层，然后开展内部调查，同时及时向执法机构进行自我报告并与其进行全面合作；

◆ 在查明违法行为后第一时间着手改进公司合规计划。例如，空客公司

---

[1] See Transparency International, Assurance Framework for Corporate Anti-Bribery Programmes, 2012, p.3.

开展了"集团范围内的合规审查和革新"，信佳 Geografix 有限公司的母公司信佳集团在集团范围内采取了一项"公司复兴计划"，特易购百货有限公司和其母公司的其他商业部门采取了一项"全球金融转型计划"；

◆ 对前员工和现有员工进行纪律审查，对有问题的员工采取辞退、要求其辞职或退休等措施，同时可以撤换高级管理层，任命新的董事会、董事会执行委员会、总法律顾问、首席执行官、首席财务官等，以体现公司文化和人员上的变化；

◆ 需要的话，可以建立或考虑重组公司的道德与合规团队，以确保其独立于业务，例如：建立董事会道德与合规委员会，由其对道德与合规计划进行独立监督；任命新的道德与合规官，由其直接向总法律顾问和道德与合规委员会报告；将法律与合规职能部门合并，由其向总法律顾问汇报工作；

◆ 可以在合规总监等关键岗位招聘经验丰富的合规人员以及额外的合规官，或者使用道德顾问，来改善公司合规治理结构和能力；

◆ 可以对公司原有的汇报条线进行改进或重组，以确保合规官独立于业务部门；

◆ 在必要的情况下，对公司的内部流程进行改进或重大调整，例如改进或重新设计公司的内部财务控制；

◆ 进行合规审查，审查公司现有的内部控制、政策和程序的执行情况，以遵守《2010 年反贿赂法》和其他可适用的反贿赂和反腐败法，特别是要建立健全反贿赂和反腐败政策、程序和内部控制；

◆ 对于大型跨国集团而言，所花费的合规费用在很大程度上代表了对合规补救和改进的重视，可以为其带来显著的外部正面评价；

◆ 公司可以聘请外部顾问评估其反贿赂和反腐败政策、程序和内部控制，但更重要的是对评估报告中提出的问题和建议作出回应，即采取实质性行动；

◆ 广泛监督反贿赂和反腐败政策与程序，对其进行定期审计、调查和审查；

◆ 在整个集团或公司层面，开展系统、全面的反贿赂和反腐败风险评估；

◆ 制定合规风险评估框架，并将合规风险评估程序落实到业务部门；

◆ 制定有针对性的、持续性的反贿赂和反腐败培训计划，定期为所有员工提供关于道德与合规的强制培训，为所有中高风险岗位的员工提供专门的反贿赂和反腐败培训；

◆ 在改善公司道德与合规培训的同时，作出最高级别的道德与合规承诺；

◆ 按照执法机构（如严重欺诈办公室）的要求，与其进行事中和事后的全面合作；

◆ 可以使用内部或外部的"独立审查人"或"准监控人"，所花费的代价会比使用合规监控人小，但却可以起到几乎同样的效果，这也是英国执法机构（即严重欺诈办公室）所认可的；

◆ 可以委托第三方对公司的反贿赂和反腐败政策及其实施情况编制独立报告，报告所包含的信息一般涉及以下方面：第三方使用情况、监控培训完成情况的措施、反贿赂和反腐败培训有效性及员工意识水平提高的程度等；

◆ 对于大型跨国集团而言，集团可以为其子公司的贿赂和腐败行为承担责任，并采取为其支付经济制裁款项、审查并加强和改进其道德与合规计划、为其向执法机构提交报告等合规措施。

附录一

英国《2010 年反贿赂法》目录

一般贿赂罪
（General bribery offences）

行贿外国公职人员罪
（Bribery of foreign public officials）

商业组织未能防止贿赂罪
（Failure of commercial organisations to prevent bribery）

1. 《2010年反贿赂法》（Bribery Act 2010），2010年4月8日，参见：
    https://www.legislation.gov.uk/ukpga/2010/23/contents。

2. 《〈2010年反贿赂法〉——解释性说明》（Bribery Act 2010 -
    Explanatory Notes），2010年4月8日，参见：https://www.legislation.
    gov.uk/ukpga/2010/23/notes/data.pdf。

3. 《2013年犯罪和法院法》附件17"暂缓起诉协议"［（Crime and Courts
    Act 2013）Schedule 17 Deferred prosecution agreements]，2013年12月，
    参见：https://www.legislation.gov.uk/ukpga/2013/22/contents/enacted。

4. 皇家检控署：《公司起诉指引》（Guidance on Corporate Prosecutions），
    参见：https://www.cps.gov.uk/legal-guidance/corporate-prosecutions。

5. 检察长和严重欺诈办公室主任：《暂缓起诉协议实务守则》（Deferred
    Prosecution Agreements Code of Practice），2014年2月14日，参见：
    https://www.cps.gov.uk/sites/default/files/documents/publications/dpa_
    cop.pdf。

6. 量刑委员会：《欺诈、贿赂和洗钱犯罪：最终指引》（Fraud, Bribery
    and Money Laundering Offences: Definitive Guideline），2014年5
    月23日，参见：https://www.sentencingcouncil.org.uk/wp-content/
    uploads/Fraud-Bribery-and-Money-Laundering-offences-definitive-
    guideline-Web.pdf。

7. 司法部：《〈2010年反贿赂法〉：商业组织防止关联人贿赂程序指引》
    (The Bribery Act 2010: Guidance About Procedures Which Relevant

Commercial Organisations Can Put into Place to Prevent Persons Associated with Them from Bribing），2011年3月30日，参见：http://www.justice.gov.uk/downloads/legislation/bribery-act-2010-guidance.pdf。

8. 司法部：《〈2010年反贿赂法〉快速入门指南》（The Bribery Act 2010 – Quick start guide），2011年3月30日，参见：https://www.justice.gov.uk/downloads/legislation/bribery-act-2010-quick-start-guide.pdf。

9. 刑事诉讼规则委员会：《〈2013年刑事诉讼（第2号修正案）规则〉指引》[A Guide to the Criminal Procedure (Amendment No. 2) Rules 2013]，2013年12月3日，参见：https://www.justice.gov.uk/courts/procedure-rules/criminal/docs/2012/guide-to-criminal-procedure-amendment-no-2-rules-2013.pdf。

10. 刑事诉讼规则委员会：《2013年刑事诉讼（第2号修正案）规则》[Criminal Procedure (Amendment No. 2) Rules 2013]，2013年12月3日，参见：https://www.legislation.gov.uk/uksi/2013/3183/contents/made。

11. 严重欺诈办公室：《SFO公司自我报告指引》，即《SFO操作手册》之《公司自我报告指引》（Corporate Self-reporting Guidance），2012年10月，参见：https://www.sfo.gov.uk/publications/guidance-policy-and-protocols/guidance-for-corporates/corporate-self-reporting/。

12. 严重欺诈办公室：《SFO公司合作指引》，即《SFO操作手册》之《公司合作指引》（Corporate Co-operation Guidance），2019年8月，参见：https://www.sfo.gov.uk/publications/guidance-policy-and-protocols/sfo-operational-handbook/corporate-co-operation-guidance/。

13. 严重欺诈办公室：《SFO合规计划评估指引》，即《SFO操作手册》之《评估合规计划》（Evaluating a Compliance Programme），2020年1月17日，参见：https://www.sfo.gov.uk/publications/guidance-policy-and-protocols/sfo-operational-handbook/evaluating-a-compliance-programme/。

14. 严重欺诈办公室：《SFO暂缓起诉协议指引》，即《SFO操作手册》之《暂缓起诉协议》（Deferred Prosecution Agreements），2020年10月23日，参见：https://www.sfo.gov.uk/publications/guidance-policy-and-protocols/sfo-operational-handbook/deferred-prosecution-agreements/。

15. 严重欺诈办公室主任和检察长：《2010年反贿赂法：严重欺诈办公室主任和检察长联合起诉指引》（Bribery Act 2010: Joint Prosecution Guidance of The Director of the Serious Fraud Office and The Director of Public Prosecutions），2019年9月，参见：https://www.cps.gov.uk/legal-guidance/bribery-act-2010-joint-prosecution-guidance-director-serious-fraud-office-and。

1. ABB Ltd（通用电气布朗–博韦里有限公司）案
2. Airbus SE（空客公司）案
3. Airline Services Limited（航空服务有限公司）案
4. ALCA Fasteners Ltd（ALCA 紧固件有限公司）案
5. Alstom Network UK Ltd & Alstom Power Ltd [阿尔斯通网络（英国）有限公司和阿尔斯通电力有限公司] 案
6. Amec Foster Wheeler Energy Limited（阿美科福斯特惠勒能源有限公司）案
7. Anna Machkevitch（安娜·马奇维奇）案
8. Barclays Bank（巴克莱银行）案
9. Bombardier Inc（庞巴迪公司）案
10. British American Tobacco（英美烟草股份有限公司）案
11. Chad Oil（乍得石油公司）案
12. Chemring Group PLC and Chemring Technology Solutions Ltd（化学集团股份有限公司和化学技术解决方案有限公司）案
13. Dartnell and Mundy（达特内尔和蒙迪）案
14. De La Rue Plc（德拉鲁股份有限公司）案
15. ENRC Ltd（欧亚自然资源有限公司）案
16. F.H. Bertling Ltd (Angola operations) [伯特林有限公司（安哥拉运营公司）] 案
17. F.H. Bertling Ltd (Project Jasmine) [伯特林有限公司（贾斯敏项目）] 案

18. GlaxoSmithKline PLC（葛兰素史克股份有限公司）案
19. Glencore Group of Companies（嘉能可集团公司）案
20. GPT Special Project Management Ltd（GPT特殊项目管理有限公司）案
21. Graham Marchment Greenergy（格雷厄姆·马什门特）案
22. Güralp Systems Ltd（古拉普系统有限公司）案
23. Innospec Ltd（因诺佩克有限公司）案
24. Julio Faerman（胡里奥·费尔曼）案
25. KBR, Inc.（凯洛洛·布朗·路特有限公司）案
26. Petrofac PLC（派特法股份有限公司）案
27. Rio Tinto Group（力拓集团）案
28. Rolls-Royce PLC（劳斯莱斯股份有限公司）案
29. Sarclad Ltd（沙克拉德有限公司）案
30. Securency PTY Ltd（安保有限公司）案
31. Skansen Interior Limited（斯堪森室内有限公司）案
32. Smith and Ouzman Ltd（史密斯和欧兹曼有限公司）案
33. Soma Oil & Gas（索马石油天然气公司）案
34. Standard Bank PLC（标准银行股份有限公司）
35. Sustainable Agroenergy PLC and Sustainable Wealth Investments UK Ltd [可持续农业能源股份有限公司和可持续财富投资(英国)有限公司]案
36. Sweett Group（斯威特集团）案
37. Swift Group（斯威夫特集团）案
38. Ultra Electronic Holdings PLC（超电子控股股份有限公司）案
39. Unaoil Group（尤那石油集团）案